Carl J. Burckhardt   Memo

Carl J. Burckhardt

Memorabilien

Erinnerungen und Begegnungen

Verlag Georg D. W. Callwey München

Herausgegeben vom Kuratorium Carl J. Burckhardt
Redaktion Charlotte König

CIP-Kurztitelaufnahme der Deutschen Bibliothek
Burckhardt, Carl Jacob
Memorabilien: Erinnerungen u. Begegnungen. –
München: Callwey, 1977. – ISBN 3-7667-0389-7

ISBN 3 7667 0389 7

Herstellung Heide Hohendahl, München
Schutzumschlaggestaltung Baur + Belli Design, München
Satz, Druck und Bindung Ebner, Ulm
Lithos Brend'amour, Simhart & Co., München
Printed in Germany

INHALTSVERZEICHNIS

EINIGE BETRACHTUNGEN ZU MEINEM CURRICULUM VITAE

In Basel, noch im 19. Jahrhundert, kam ich zur Welt. Ich habe den früheren Geist dieser freien Stadt gekannt. Mein Großvater wie mein Vater haben ihrer Regierung angehört. Während mein Großvater noch die Ruhe und Sicherheit der ungebrochenen alten Welt besaß, endete das Leben meines Vaters im Kampf um Werte und Anschauungen, die innerhalb der Gemeinschaft schon nicht mehr festzuhalten waren. Meine Mutter war in Genf geboren und aufgewachsen; von Kind auf war für mich auch der französische Teil der Schweiz eine Heimat. Wenn ich während der Sommermonate vom Landhaus meines Großvaters im Jura aus das Rheintal zwischen Schwarzwald und Vogesen betrachtete, konnte ich nicht verstehen, daß dieses mein Landschaftsbild von einer Grenze zerrissen war.

Meine glücklichsten Schuljahre verbrachte ich nicht im alten humanistischen Gymnasium meiner Vaterstadt, sondern in dem Landerziehungsheim Glarisegg am Bodensee, wo der Bauernsohn Werner Zuberbühler, der Leiter der Schule, für mich zu einem Freund wurde, von dem ich in einer der schönsten Gegenden Mitteleuropas mehr über Natur und Menschen lernte, als später von allen Erfahrenen oder Gewitzigten. Ihm, mit seinem völlig sichern Gefühl für Werden und Wachstum, und sodann dem Zürcher Historiker Ernst Gagliardi, der die Spannungen seines italienischen Ursprungs und seines Wirkens im deutschen Sprachgebiet, die Spannungen seiner schwierigen und zarten Natur stets in äußerstem Bemühen auszugleichen hatte, verdanke ich die Hinneigung zur Geschichte.

Meine Studien führten mich nach München und Göttingen. Große Lehrer wie Wölfflin, Brandi, Husserl, der freundschaftliche Verkehr im Hause des fast im geheimen über eine unermeßliche Bildung verfügenden Sanskritisten Jakob Wackernagel sind mir immer gegenwärtig.

Nach Abschluß meiner Studien setzte für mich die den unruhigen Nachkriegszeiten eigentümliche wechselvolle Anforderung durch beständig und überraschend von außen an mich herantretende Aufträge ein. Ich hatte den Kriegsbeginn 1914 in Göttingen erlebt und werde niemals den großen, düstern und gesammelten Ernst vergessen, den ich in der schweigenden und dann das Lutherlied anstimmenden Menge beim Ausmarsch jenes Göttinger Regimentes spürte, von dem nur ganz wenige in eine vollkommen veränderte Welt zurückkehren sollten. Dieser veränderten Welt fand ich mich gegenübergestellt, als ich bei Kriegsende als Mitglied unserer Gesandtschaft nach Wien und mitten in den Zusammenbruch des Habsburgerreiches geschickt wurde. Die letzten Reste der einst von Karl V. angestrebten europäischen Ordnung lagen in Trümmern vor mir, und diese Trümmer wiederum bekamen im Licht des heranbrechenden, alles in Frage stellenden ungeheuren technischen Zeitalters, das ausbrach wie ein Gewitter, ein höchst eigentümliches Leben. Damals begann meine Freundschaft mit Hugo von Hofmannsthal, die während seiner letzten Lebensjahre sich immerzu vertiefen sollte. Sein unvergleichliches Gespräch, von dem auch der Kenner seiner Werke sich keinen Begriff zu machen imstande ist, verlieh der zerrissenen Epoche eine große, einmalige Deutung. Nach der Wiener Aufgabe führte eine Mission mich in das geschlagene, zu neuer Zusammenfassung mächtig einsetzende türkische Reich. Im Jahre 1924 sodann begann für mich eine kurze Zeit des Sammelns. In den folgenden Jahren wurde ich Professor für neuere Geschichte an der Universität Zürich, wo ich wohl die glücklichsten Jahre meines Lebens verbrachte. Sie führten mich bis in den Beginn der dreißiger Jahre; dann wurde ich an das Universitätsinstitut für Internationale Studien nach Genf berufen. Ein Jahr darauf folgte meine Ernennung zum Mitglied des Internationalen Komitees vom Roten Kreuz, Dunants Gründung. Unter Leitung der bedeutenden Persönlichkeit Max Hubers lernte ich etwas von der Kunst des Planens auf weite Sicht unter Hintanstellung persönlicher Wünsche und Urteile, im vorliegenden Falle immer auf das eine Ziel gerichtet, dieser ehrwürdigen Institution in ihren Beziehungen mit allen politischen Regimen, die sich in wirrem Wechsel heranbildeten, die Fähigkeit zu erhalten, im Kriegsfalle zu helfen. Damals schrieb ich das Buch über den Aufstieg des Kardinals Richelieu, der, um die von ihm als richtig erachteten Ziele zu erreichen, wie Ranke es verstanden hat, mehr Haß auf sich zu nehmen fähig war, mehr Mißverständnis, als andere gemeinhin zu tragen vermögen. Am Tage des Abschlusses dieser biographischen Arbeit wurde ich an die Internationale Rotkreuzkonferenz nach Tokio delegiert. Dort wohnte ich dem ersten mir zugänglichen Vorgang der babylonischen Sprachverwirrung bei, angesichts einer sich schon als aussichtslos darbietenden Lage, die sich mir unter dem eigentümlichen Gesichtswinkel der für so viele Zeitgenossen innerlich schon überwundenen humanitären Bestrebungen darbot. Meine damalige Reise führte mich nach Peking und durch Indien, durch einen im Aufbruch befindlichen, von der europäischen Leidenschaft des Nationalismus erfaßten Kontinent. Zurückgekehrt, versuchte ich vergeblich, innerhalb der großen humanistischen Vergangenheit unseres Kontinents die Arkana zu finden. Zu Beginn des Jahres 1937 sodann wurde ich, vor allem durch die Zusprache Mottas, veranlaßt, das Amt eines Hohen Kommissars des Völkerbundes in der »Freien Stadt Danzig« zu übernehmen, und zwar in einem Augenblick, in welchem die nationalsozialistische Regierung des kleinen Staates mit der Völkerbundstradition gebrochen und meinen Vorgänger, den pflichttreuen Iren Sean Lester, vertrieben hatte. Die Aufgabe, die mir gestellt wurde, war eine völlig andere als die aller meiner Vorgänger. Nicht mehr stand ich in unmittelbarer Beziehung zum Rat des Völkerbundes; es war aus den Außenministern Englands, Frankreichs und Schwedens ein Dreierkomitee gebildet worden, das die aus der paradoxalen Lage sich ergebenden Stöße auffangen sollte. Von diesem Komitee erhielt ich meine Instruktionen, die dahin lauteten, Einmischungen in die inneren Angelegenheiten der Freien Stadt tunlichst zu vermeiden und alles vorzukehren, um den Ausbruch von Konflikten zu verhindern. Die allgemeine Tendenz dieser Instruktion entsprach meinem eigenen tieferen Willen. Ich habe in jener schwierigsten Zeit, die ich durchlebt habe, alles versucht, um trotz meiner sehr geringen Wirkungsmöglichkeiten zur Erhaltung des Friedens beizutragen. Diese verzweifelten Bemühungen setzte ich mit allen mir zu Gebote stehenden Mitteln noch fort, als ich diese Friedenserhaltung schon für unmöglich erkannt hatte und als in beiden Lagern, hüben und drüben, einem Mann das Friedensstreben zum Vorwurf gemacht wurde.

Nach Ausbruch des Krieges kehrte ich nach Genf zurück und habe nach bestem Können, immer in engster Zusammenarbeit mit Huber, am Aufbau des großen, freiwilligen Apparates des Internationalen Komitees vom Roten Kreuz mitgewirkt. Nach der Schaffung dieses Apparates setzte ich mich mit allen Kräften für die erdrückende Aufgabe der Hilfe für Kriegsgefangene und notleidende Zivilbevölkerung ein. Gegen Kriegsende, als ich Hubers Nachfolge übernommen hatte, wurde ich in die Lage versetzt, zwischen einer Aufgabe, die mir mein eigenes Land stellte, und der Fortführung meiner Rotkreuzaufgabe einen Entschluß zu fassen. Zwingende Umstände entschieden für mich und ohne mein Zutun. Ich übernahm die Vertretung der Schweiz in Frankreich und habe während Jahren in Paris Not, widerstreitende Gewalten und unvergängliche, hohe Eigenschaften des französischen Volkes in einer Weise kennengelernt, die mich dieser Nation gegenüber, die mir so viel Gutes erwiesen hat, in die Lage brachte, die ich innerhalb meiner vielgeliebten deutschen Sprache dem deutschen Volk gegenüber glaube stets besessen zu haben: die Lage dessen, dem eine tiefe Achtung es ermöglicht, über jedes vorschnelle Urteil hinaus nie nach den Taten einzelner, sondern im Bewußtsein der hohen und hellen Werte, die in diesen vielgeprüften Nationen den Irrungen die Waage halten, immer eine unerschütterliche Hoffnung zu bewahren. Am Rande meines siebenten Lebensjahrzehntes angekommen, habe ich nun versucht, dort wieder anzuknüpfen, wo ich einst in den kurzen und stillen Zürcher Jahren gestanden hatte, und in der Zeit, die mir noch übrigbleibt, die Aufgaben wieder aufzunehmen, die nicht von außen an den Menschen herantreten, sondern aus seinem eigenen Wesen stammen. Wenn ich durch die letzten Jahrzehnte bis zu diesem Punkte durchgekommen bin, so verdanke ich dies vor allem dem Menschen, der in meinem engsten Lebenskreise, und den nächsten Freunden, den Freunden auch im weitern Umkreise, die mir das Höchste geschenkt haben, was wir uns zwischen Geburt und Tod zu schenken vermögen: Vertrauen.

VATERSTADT

Recht willkürlich werden Bezeichnungen wie »Mittelalter« oder »Neuzeit« angewandt. Es gibt keine mit einem genauen Datum abgrenzbaren Epochen, die durch bestimmte Zustände, Gewohnheiten und Sitten sich scharf von vorhergehenden oder nachfolgenden Perioden unterscheiden.

Die Stadt, in der ich meine ersten Lebensjahre verbrachte, besaß innerhalb der Kreise, in die ich hineingeboren wurde, noch ausgesprochen mittelalterliche Züge. Die Angehörigen einer bestimmten Schicht hielten sich in ihrer Mehrheit für protestantische Christen. Sie verlängerten ihr durch den Tod unabwendbar begrenztes Leben, indem sie zwischen der Vorstellung von Belohnung und Strafe an ein durch keine Zeitspanne bemessenes ewiges Leben, eine andere Existenzform ihrer eigenen Persönlichkeit, glaubten oder sie wenigstens erhofften. In ganz anderer Weise, irdisch nach rückwärts, strebten sie diese Verlängerung des Daseins ebenfalls an, und zwar durch eine enge, respektvolle Verbindung mit ihren Vorfahren, mit den Einstigen, die ihrer Sippe, oder mit solchen, die ihrem Freundeskreis angehört hatten: Verbindung mit Toten.

Mittelalter: Auch nach der Reformation herrschten Mächte der menschlichen Vorstellung, die in entscheidenden Zügen altertümlicher waren als die Anschauungen der Antike und die Vorgänge, die man Renaissance und Aufklärung nennt, überlebten.

Im Mittelalter war die christliche Menschheit an eine allem übergeordnete göttliche, durch Jesus Christus offenbarte Macht gebunden. Tun und Lassen unterlagen ihrem Geheiß und ihrem Richterspruch. Ob man gottergeben, gehorsam, widerstrebend oder hadernd das Leben bestand, entschied über alles Weitere. Diese Macht trennte Tat und Untat und förderte das Bestreben, sowohl vor einer jede Autorität in sich vereinigenden obersten Instanz wie vor dem Mitmenschen in Zucht und Ehren zu bestehen. Man hatte ehrenhaft zu handeln und zu fühlen, Ehre einzulegen, und die Ehrenhaftigkeit jedes einzelnen zierte die Sippe, der er angehörte. Dieser Ehrbegriff, dieses über Reue, Zerknirschung, selbstauferlegte Buße führende Streben unterstützte einen uralten, vorchristlichen, ja heidnischen Willen zum Zurückschauen, zum Bewahren und zum Verklären des Gewesenen.

Auch der Sinn für das Sakrale war durch die Reformation nicht völlig gebrochen worden. Er hatte sich innerhalb einer durch das Wort und durch rationale Begründungen bestimmten Glaubensform, jenseits von der großen Sprache der Bilder und dem Schauer, der vom geweihten Gegenstand ausging, in Ehrfurcht vor der ungeheuren, durch die Offenbarung verbürgten Gottesnähe erhalten.

Wie viel von dieser Gewißheit, von dieser Ehrfurcht und Überlieferungstreue war in jener höchst seltsamen Gruppe alteingesessener Familien der kleinen Stadt Basel in der zweiten Hälfte des 19. Jahrhunderts vorhanden! Daß neben oft sehr äußerlichen, ja flachen Überzeugungen – »Gott nährt und mehrt den, der ihn ehrt« – wahre Frömmigkeit sich in vielen Herzen erhielt, ist ebenso gewiß wie die Tatsache, daß gerade in dieser Stadt am Rhein in einzelnen zugewanderten oder, seltener, auch in autochthonen Gestalten eine glaubensfeindliche Sprengkraft vorhanden war, von deren Existenz und weltweiten Wirkung ich bis über mein zehntes Lebensjahr hinaus auch nicht den Schatten eines Schattens gewahrte.

Ich war umstellt von etwas Eindeutigem: von einer durch Regieren, Befehlen, Verwalten und durch eine gewisse, niemandem unterstellte Selbstherrlichkeit geformten Menschengruppe, die sich in einer unnachahmlichen, ganz besonderen Spielart der niederalemannischen Mundart verständigte, Jahrhunderte gemeinsam verbracht hatte, hundertfältig verschwägert und verwandt war, sich für vornehm hielt und dieses Bewußtsein der Vornehmheit dadurch komplizierte, daß sie in dieser Qualität noch eine interne Hierarchie anerkannte. Diese Hierarchie war zweifellos stark durch wechselnde materielle Überlegenheiten bestimmt, sie schuf aber einen Stolz ganz besonderer Art, weil er, lokal gesehen, zwar Kurs besaß, außerhalb des engen Stadtbereiches aber, in Gegenwart ausländischer Größen, stets die Tendenz zeigte, zu versagen und einer merkwürdigen Verlegenheit Platz zu machen. Derartiges gehörte zur wohlbekannten Skurrilität der alten Reichsstädte und somit während der ganzen zweiten Hälfte des 19. Jahrhunderts, ja bis 1914, zum noch auf Schritt und Tritt vorhandenen mittelalterlichen Lebensstil.

Kurze Zeit darauf mag sich manches geändert haben, aber mein frühes

Leben war umstellt von derartigen Zuständen, ihren Vertretern und, in meinem Fall, vor allem von ihren Vertreterinnen.
Am Anfang standen in meinem Gesichtskreis, alles mitbestimmend, vier für meine Vorstellung uralte Respektspersonen weiblichen Geschlechts: die drei Schwestern meines Großvaters, des verehrten, geliebten pater familias, und sodann die Schwester meiner nicht mehr gegenwärtigen Großmutter. Im Hause dieser letzteren bin ich geboren; dort habe ich bis 1902 gewohnt.

FRÜHE KINDHEIT

Am Rhein zu Basel steht dieses Geburtshaus[1]. Noch heute erhebt es sich aus der Feuchte des Strombeckens, am steilen Uferhang hinansteigend zur Höhe des breiten Hügels, auf dem das Münster lagert. Noch kann man vom stillen Münsterplatz aus, in der sonnigen Ecke der Kathedrale gegenüber, diese auf ihrer Südseite unscheinbare Wohnstätte betreten. Auf der Nordseite aber, über dem Strom, steigt ihre Front zwischen einem angedeuteten Säulenrand hoch empor. Ein breiter Altan teilt den Bau in der Mitte seines Anstiegs.

Meine ersten Erinnerungen sind an dieses stille, weitläufige Haus gebunden, in dem man kaum einen Laut vernahm außer dem gewaltigen Rauschen des Stromes, hin und wieder dem Ruf der Flößer, dem fernen Rollen eines Wagens, dem Klang der Pferdehufe, dem Glockengeläute der Kirchen, Orgelton und Chorgesang.

Aus meinem über dem weiten Münsterplatz gelegenen Zimmer gewahrte ich den romanischen Teil der in rotem Sandstein erbauten Kirche, den Chor und das Querschiff, jenen Teil des Gotteshauses, der einst dem großen Erdbeben von 1356 standgehalten hatte, sodann die Pforte des Heiligen Gallus und über diesem Tor mit seinen wunderlichen Tieren und seinen Totenschiffen das große steinerne Glücksrad und das in vielen Farben leuchtende Rundfenster. Immerfort hat dieses Rad sich in meinem Sinn gedreht. Auf seiner höchsten Stelle, dort, wo die Uhren die Mittagsstunde ankündigen, wankt ein Thron; der König, der sich an seinen Sitz klammert, scheint schon die Krone zu verlieren. Gleich, so dachte ich einst, wird er selbst weggeschleudert werden. Zu meiner Rechten, dort, wo der Uhrzeiger die dritte Stunde angibt, jagt ein anderer Herrscher dem Abgrund zu. Wo die sechste Stunde ihr Zeichen hat, wird ein Kaiser oder König vom Rad zermalmt. Aber dort, wo die neunte Stunde angezeigt wird, beginnen schon andere Monarchen hinaufzusteigen, und schon will der am höchsten hinauf gelangte nach dem Fuß des mittäglichen oder mitternächtigen obersten greifen – und immer dreht sich das Rad.

Der »Ritterhof« in Basel

Als Siebenjähriger mit seiner Schwester Theodora

Wenn ich mein Zimmer verließ, sobald ich allein gehen konnte, ergriff es mich jedesmal in dem schmalen, quer durch das Stockwerk laufenden Hausflur wie ein lispelnder Tumult von tausend Stimmen, leise noch, wie das Raunen einer ans Ohr gehaltenen großen Muschel: das war das Rauschen des Stromes. War ich dann mit Herzklopfen zum Gehäuse der inneren Treppe gekommen, die bis in den kalten Ufergarten führte, wurde das Geräusch immer stärker; die damals noch so raschen Wassermassen wühlten im Strombett, und war man dann an der Ufermauer des Gartens angelangt, hörte man das Knirschen des mächtigen Geschiebes, des Alpengesteins auf seinem Marsch. Diese innere Treppe ist wie eine Zauberröhre, die aus der oberen Welt des Menschenreiches in den wildwuchernden Schattengarten führt, zwischen hohe, wogende Gräser, dorthin, wo das Laub aller Bäume durch die von den Wassermassen mitgerissene Luft in Aufruhr ist.
Mein Kindermädchen, das ich »Hülla« nannte, eine Bauerntochter, besaß jene Gabe, die man bisweilen das »zweite Gesicht« nennt. Aus einem ihr sichtbaren Zwischenreich konnte sie erzählen, als kehre sie eben daraus zurück. Sie kannte die guten und die bösen Geister, die in den Gebüschen unseres schmalen Ufergartens in langen Nebelnächten Versammlung hielten. Die guten rief ich an wie Gespielen, von denen mir keine Unbill widerfahren konnte.
Wenn ich aus dem Bezirk der Ahnin hinaustrat und nun auf steinernen Stufen immer weiter abwärts stieg, erreichte ich die geschwungene Treppe. Sie kreiste im Rund um einen wahren Abgrund, und auf diesem Teil der Reise wohnte die Angst. Die Heimat, die Eltern waren unendlich fern, die Gegend, in der die Ahnin wohnte, war auch verlassen. Aber immer weiter abwärts mußte man gehen, Stufe um Stufe, bis dorthin, wo im zweiten Stockwerk die Fensterläden stets geschlossen blieben; hier dunkelte es. Dann kam das allerschwerste Stück, jetzt wurde der Abstieg steil, eine wahre Kellertreppe begann, die zuletzt auf eine Tür hinführte. Die Türe war nur angelehnt, sie gab nach; hinter ihr aber warteten die Elfen, Hüllas Elfen. Hier war alles hell. Die Wände des Pflanzenkellers waren blaßrot getönt, Kakteen standen dort, Passionsblumen an ihren kleinen Holzgerüsten, es herrschten Kühle, Norden, Helle des den Himmel spiegelnden Stromes, es roch nach Fischen, nach vermodertem Holz, nach Akazienblüten. Jetzt konnte man weder singen, noch rufen, noch schreien – das Rauschen des Stromes war so nahe, daß es alle andern Töne verschlang. Inmitten von rotem und weißem Oleander hing die Schaukel, ein altertümlicher

kleiner Sessel mit Rücklehne. Und nun das Schaukeln, das Wiegen, Taumel zwischen zarter Röte und dem Grün des Moders an feuchten Wänden! Die Geister, die Freunde trieben mich an. Im Halbkreis des Schwunges, an der gewölbten Decke, zitterten und huschten leuchtende Kreise, geworfen von den spiegelnden Fluten. Ja, dort schwang ich mich auf und nieder, ließ ganz sachte eine Hand los und versuchte, die tanzenden Ringe aus Licht zu fassen, wenn die Schaukel stieg, aber schon senkte sie sich wieder, und sie blieben unerreichbar.
Dieses Haus, das für mich so viele Wunder enthielt und in dem meine Eltern die frühen Jahre ihrer Ehe verbrachten, gehörte der Schwester meiner Großmutter väterlicherseits. Während der Wintermonate durfte ich die Tante Marie[2] täglich zu Beginn der Dämmerung besuchen. Von den Elfen im Garten aber konnte ich nicht sprechen, das spürte ich. Sie kannte nur strenge Engel, die Wache hielten. Die »Ahnfrau« steht vor mir als eine schmächtige, in Spitzen gehüllte Greisin. Ich sehe ihr Wohnzimmer so genau, als hätte ich mich eben gestern innerhalb seiner Wände aufgehalten.
Sie erzählte viel, leise vor sich hinredend. Eigentlich sprach sie mit sich selbst, an der Auffassungsgabe eines Kindes vorbei, oder besser, das kindliche Auffassungsvermögen nur streifend, so daß ständig etwas Eingang fand und sich in eine kleine Mythologie verwandelte. Sie sprach in einem fernen, leicht klagenden Ton, der hin und wieder durch ein flüchtiges Lächeln versöhnt wurde. Da tauchten dann immer aufs neue leitende Gestalten auf, wie ihre vielgeliebte Freundin Clara Schumann, die wiederholt in ihrem »Auf Burg« genannten Hause geweilt hatte, und die sie für ein völlig unschuldsvolles Wesen hielt. Oder sie sprach von ihren Freundinnen, den Schwestern Vansittart, die aus London allsommerlich zu Beginn ihres Schweizer Aufenthaltes erschienen. Die Namen blieben mir haften, Schumann erweckte, weil meine Mutter mit ihrem tiefen Alt Schumann-Lieder sang, schon musikalische Ahnungen. Der Name Vansittart (ich hatte die Damen erblickt) rief eine Vorstellung von England hervor; handgesponnene Wollsachen, wildlederne Handschuhe, kleine Sonnenschirme, hochgeschnürte gelbe Reiseschuhe anstelle von Knopfstiefeln waren mir aufgefallen. Ein seltsamer Ton, im Ohr haftend, begleitete diese Bruchstücke der Anschauung; er entstand durch das englische Anlehnen der Zungenspitze an den Gaumen.
Aber da gab es noch viele andere Bewohner des kleinen Olymps meiner Großtante Marie. Es wurden Männer erwähnt, die der verstorbene

Gatte, der in späteren Jahren mit ihr verheiratete Philosoph Karl Steffensen[3], besonders geschätzt hatte und die sie deshalb verehrte. Schleiermacher – ach, wie oft hörte ich ihn nennen – stellte ich mir als Greis mit langem, weißem Haarwuchs und grauen Augen vor, der mit mageren Fingern Schleier wob, die seinen Anhängern nebelartig um die Köpfe wehten. Uhland, der Gatte hatte Uhland gekannt, so durfte denn auch Uhland in dieses halbbewußte Vor-sich-Hinsagen Eingang finden. Bisweilen wurde der Anfang eines Gedichtes wiedergegeben: »Droben stehet die Kapelle«, ohne Fortsetzung. Einzelne Worte wie »stehet« erregten meinen Unwillen, aber ich zeigte ihn nicht, denn nun traten Fürstlichkeiten auf: der »edle Kaiser Wilhelm I.«, der Herzog von Mecklenburg, der Großherzog und die Großherzogin von Baden, von der gesagt wurde, sie sei »leutselig«, und dies wiederum war ein Ausdruck, der mir nicht gefiel, denn das Wort »selig« gehörte in die Sphäre der gehobenen Berichte der alten Dame, in denen sie von der kristallenen Stadt sprach, in der man in mildem Lichte, bei fernklingender Choralmusik nicht wandelte, sondern schwebte, von Ewigkeit zu Ewigkeit, als Belohnung für ein frommes Leben. Ich kann mich jederzeit in die innere Trostlosigkeit zurückversetzen, die dieses nie endende Schweben, vorüber an kristallenen Wänden, in mir auslöste; und nun dieses »leutselig«, das einer Großherzogin verliehen wurde. Welch geheimnisvolle Wesen waren Großherzoginnen! Wie brachte sie dies zusammen: die »Leute« und die »Seligkeit«? Aber kein Zweifel, der gute Kaiser Wilhelm und mit ihm die mächtige Königin Viktoria hatten im Stufenbau der Tante ihre Throne aus Elfenbein und Gold, weit über allen andern. Kaiser Franz Joseph wurde nicht erwähnt, denn er war katholisch.

Kleine Bilder befanden sich in einem Schubfach, dessen Inneres mit grünem Samt überzogen war. Die Bilder wurden hervorgenommen, wurden gezeigt, oder es lagen schon bei meinem Erscheinen zur Abendstunde schwere Bände der illustrierten Familienzeitschrift «Daheim« bereit. Die Seiten waren aufgeschlagen, auf denen die mitreißenden Zeichnungen der vorphotographischen Epoche prangten, auf denen »die Queen«, wie die Tante sagte, von einer berittenen indischen Leibgarde begleitet, in goldener Karosse, der jubelnden Volksmenge zunickend, durch die Straßen des großen London fuhr. Bereits war Wilhelm II. zu sehn, wie er auf dunklem Streitroß eine Parade der Gardekürassiere abnahm.

Alle Urteile, über jeden und jede, wurden am Maß evangelischer

Frömmigkeit gemessen, und selbst Uhland wurde mit leichtem Vorbehalt erwähnt, denn wer wußte, wie es sich mit seiner »Christusnähe« verhielt? Christus, der Herr Jesus, bald das kleine »Christkind«, bald der Jüngling im Tempel, der Predigende, der den Tempel Reinigende, endlich aber Christus auf dem Wege nach Golgatha und am Kreuz erhielten in der Unterweisung, die mir zuteil wurde, etwas für mich Befremdendes, Süßliches. Christus war traurig, wenn man böse handelte, er konnte leiden, wenn irgendein auf unserem Planeten vorhandener Mensch fehlging; stets jedoch war er bereit zu verzeihen, denn die Reue des Menschen war ihm willkommen. Jeden Schritt, den wir taten, begleitete seine allgegenwärtige Aufmerksamkeit, er behütete unsere Pfade, und wenn wir irregingen, konnte er uns auch strafen. Strenger als er war der »Liebe Gott«, aber Christus hielt Fürsprache bei ihm für unsere Schwächen.
Es war ein Glück für mich, daß ich auf Spaziergängen, sobald wir allein waren, mit meinem Vater von den eindringlichen Berichten der Greisin sprechen konnte. Er gab männliche und deutliche Auskunft, der ich nach und nach entnehmen konnte, daß seine Frömmigkeit aus tiefem Respekt vor einem großen Geheimnis bestand, zu welchem Worte des Gottessohnes, sein Handeln und sein Erleiden immer aufs neue, für und für in allen Lebenslagen, verheißungsvoll blieben. Eine genau bemessene Beigabe von Humor ließ auf diesen Gängen die Lehren der Tante zwar als wohlgemeint, ja rührend erscheinen, aber sie gehörten, das merkte ich, einer Gemütsstimmung an, die nicht die meine sein sollte. In diesem Zusammenhang habe ich denn auch zum erstenmal die mir damals unverständliche Bezeichnung »Pietismus« gehört.
Das dämmerige Wohnzimmer der alten Frau: dunkelgrüner Samt, ein Spannteppich mit großen Girlanden, schwere, faltenreiche Fenstervorhänge, ein weißer, warmer, messingbeschlagener Kachelofen, tiefe Lehnsessel, das weitausholende Kanapee, ein blanker runder Tisch, der, wie die kleinen Schränke, aus Mahagoniholz hergestellt war. Auf den vielen leichten Tischen befanden sich Schalen und Kandelaber aus Alabaster. Die Daguerreotypien – die schönen Bildnisse aus der Frühzeit der Fotografie – waren im Schatten. Für mich standen sie alle in Beziehung zum Vorüberrauschen des nächtlichen Rheins und auch zum Glücksrad. In der Mitte des mattglänzenden Tisches brannte eine Öllampe; ja, zur Zeit des Leuchtgases noch eine Öllampe, die in der mit Teppichen und Vorhängen gesicherten völligen Stille durch das Fallen ihrer Tropfen sehr langsam den Zeitablauf bedeutungsvoller als

das Ticken der Alabasteruhr auf der Konsole maß und eindringlicher vom Vorübergehen aller Erscheinungen sprach. Nie hat mich das Gefühl verlassen, das mich in jenem Dämmerraum beim matten Aufleuchten der Goldrahmen überfiel, als ich begriff: dieser Tropfen fällt kein zweites Mal, und schon bildet sich der nächste, der zu fallen hat. Das Wesen derart bewahrter Vorstellung kann nie mehr verlorengehn. Großtante Marie war einst eine Schönheit von jener besonderen Art gewesen, die das frühe 19. Jahrhundert gekannt hat: ein Wesen von äußerster Zartheit, verletzbar, von einer ständigen Angst erfüllt, die Schranken einer auf Befreiung vom Leib und auf jenseitige Gnade gerichteten Hoffnung einbrechen zu sehen. Sie hatte viele Bewerber von sich gewiesen, es ging das Gerücht, sie sei einem berühmten Gelehrten aus ihrem eigenen Stamm ausgewichen, oder sie schwebe durch Conrad Ferdinand Meyers Gedicht »Engelberg«. Die Kräfte der Natur sind in solchen Wesen, wie sie eines war, nicht abgestorben; sie streben nach sublimen Zuständen, auf eine besondere Art von Innigkeit hin, von der aus sie nach außen ermahnend und tröstend, aber auch rügend und hemmend wirken. Wie reich an solchen Erscheinungen wie diese Patin ist die Menschheit durch Jahrtausende gewesen! Die alte Kirche mit ihrer großen, mehr und mehr in Verlust geratenen Seelenkunde hatte ihnen ihren durch weise Verhaltensregeln gesicherten Platz angewiesen. Das ans Wort der Schrift gebundene Denken der Reformatoren hat sie dann als einzelne sich selbst überlassen.

Die Frau, derer ich hier gedenke, war innerhalb von biblischem Zierat aufgewachsen. Über diesen Zierat hinaus, über etwas, das sie wie neogotisches Rankenwerk umschloß, hat sie die Welt, die böse laute Welt, nie wirklich gesehen, nur ständig als Bedrohung gescheut. Sie war eine Spenderin, ihren Besitz verteilte sie an Bedürftige. Sie war eine Stifterin, die bronzenen Torflügel der Galluspforte sind ihr Geschenk. Sie spendete Orgeln an Dorfkirchen im Gebirge. Aber auch seltsame und unerwünschte Gartenhäuschen mit der eingebrannten Inschrift »Klein aber mein« trafen, in großen Kisten verpackt, plötzlich bei verlegenen Empfängern ein. Ihr Haus, das Haus, von dem wir sprechen, hat sie der akademischen Gesellschaft zur Benutzung für unbemittelte Professoren vermacht. Auch unterstützte sie eine Unzahl von Witwen und Waisen. Um diesen einsamen Lebenslauf zu verstehen, muß man einige seiner Voraussetzungen kennen.

War das Antlitz der Ahnfrau steinern? »Sie hat ein steinernes Gesicht«, hatte Hülla gesagt, aber ich glaubte es nicht. Das Gesicht erinnerte

mich an die Rose von Jericho, welche die alte Frau einer ihrer unerschöpflichen Laden entnahm und sie in eine Wedgwood-Schale ins Wasser legte. Da begann die verdorrte Pflanze sich zu entfalten. Sie würde, des war ich gewiß, zu einer weißen Rose werden. Bisweilen auch entzündete die Greisin eine Kerze hinter einem seidenen Schirm, der in einen Rahmen aus Ebenholz gespannt war. Auf dem Schirm erblickte man eine junge Frau, umgeben von Bäumen eines dunklen Parkes. Ihr Blick war dorthin gerichtet, wo ein Streifen Abendrot über einem Weiher erlosch, auf dessen Spiegel sich schon silbernes Mondlicht ausbreitete. Das hatte der Großvater der Ahnfrau gemalt. Kaum jemals sprach sie von ihm, aber in ihren Gedanken war er stets gegenwärtig. Dieser Großvater, der Vater ihrer Mutter, war David Hess zum Bekkenhof[4], der Verfasser einiger sehr ungewöhnlicher Bücher: einmal der Lebensbeschreibung Salomon Landolts, des Landvogtes von Greifensee, sodann derjenigen Johann Caspar Schweizers[5] und seiner Gattin Magdalena[6], einer Freundin Mirabeaus, also eines Zürcher Ehepaares, das die ganze Französische Revolution und ihr Vorspiel mit wacher Aufmerksamkeit in Paris miterlebt und von seinen Erfahrungen in Briefen und Berichten ein reiches und kluges Zeugnis abgelegt hat.
Hess entstammte einer Familie, die in die Reihen der sogenannten »regimentsfähigen« Geschlechter Zürichs gehörte. Seine Vorfahren waren die Inhaber des Zürcher Postregals gewesen. Im Jahre 1620 hatten die drei Brüder Hans Georg, Johann und Ulrich Hess die erste ausgebreitete Postverbindung zwischen Zürich und Lyon begründet, die sich dann über Frankreich, Italien und Deutschland ausdehnte. Diese private Unternehmung übertrug Johann Hess anno 1677 dem 1662 in Zürich gegründeten kaufmännischen Direktorium, unter der Bedingung, daß sein Neffe Kaspar Hess die Stellung des leitenden Direktors erhalte. Von nun an bekleidete durch mehrere Generationen hindurch immer ein Hess diese Stellung; so der Großvater Davids, Kaspar, geboren am 22. Juli 1720, der Onkel des Mannes, der hier unsere Aufmerksamkeit festhält. Er war der Vater jener Magdalena.
Tante Marie empfand ihrem Großvater David gegenüber eine eigentümliche Mischung von bewundernder Pietät und abweisendem Urteil, das wohl in spätern Jahren durch ihren Gatten verstärkt wurde. Der Herr des heute noch, nunmehr in Staatsbesitz befindlichen Bekkenhofes in Zürich, hatte, noch im 18. Jahrhundert aufgewachsen, als Soldat und Gutsbesitzer in der Welt gelebt. Der junge Offizier in holländischen Diensten war dann mit geschwächter Gesundheit in die

Heimat zurückgekehrt. Neben städtischen Ämtern, die er versah, neben seiner Tätigkeit als Schriftsteller und seinem liebenswürdigen Dilettieren in der Malerei, war er einem großen Freundeskreis innerhalb seines Landes, Deutschlands und Frankreichs verbunden. Seine Korrespondenz ist überauus vielseitig.

Tante Marie hat einmal, sein Andenken betreffend, eine seltsame Tat begangen. Sie stieg seufzend die vielen Treppen des von ihrer verwitweten Mutter erbauten Hauses bis zum Rheinufer hinab. In der Hand trug sie einen starken, versiegelten Briefumschlag. Sie durchschritt den steil abfallenden, kleinen Garten, begab sich zur Ufermauer und warf dort dieses Kuvert in den Strom. Woraus bestand sein Inhalt? Er bestand aus Briefen, die Goethe an David Hess gerichtet hatte. Goethe war für diejenige, die solches vermochte, ein Heide und sein Wandel sündig.

Von Hess aber wäre noch zu sagen, daß er in seiner Heimat nie ganz heimisch und ein seltener Vogel gewesen war. Seine Mutter, das späte Kind eines Bergwerkbesitzers aus den Pyrenäen, der de la Tour hieß und ursprünglich aus St. Gallen stammte, hatte Hessens Vater, ihren spätern Gatten, kennen gelernt, als er einem Schweizerregiment in französischen Diensten angehörte. Seine Frau konnte sich in die Verhältnisse im damaligen Zürich nie einleben. Etwas von ihrer fremden Art blieb auch dem Sohn eigen. Seine erste Gattin Anna Hirzel, eine Zürcherin, starb in frühen Jahren und hinterließ ihm einen einzigen Sohn, der während seiner Studienjahre einer Typhusepidemie erlag. Die zweite Gattin des bemerkenswerten Mannes, aus dessen Buch »Der Landvogt von Greifensee« Gottfried Keller so vieles übernommen hat, war eine Baslerin[7]. Sie entstammte dem ebenfalls heute noch erhaltenen Barockhaus, dem sogenannten »Blauen Haus«, in dem während des Vormarsches der Alliierten, 1814, der Kaiser Franz Quartier genommen hatte – ein Umstand, aus dem sich manche Beziehungen zu Österreich ergaben, die sich jedoch, des rigorosen Protestantismus der Tante wegen, wieder verwischten.

Ihr Lebenskreis aber blieb in ihren jungen Jahren abwechslungsreich. Bisweilen schilderte sie einen Ferienaufenthalt, den sie zuerst beim Schwager ihres Großvaters, dem Herrn von Breiten-Landenberg[8], dann im Hause Zum Rechberg beim Landammann[9] Junker Reinhard[10] in Zürich verbrachte, worauf sie sich auf das Gut ihres Basler Onkels ins Schloß Ebenrain bei Sissach[11] begab, um schließlich diese Reise bei ihren Verwandten im Schloß Wildenstein[12] zu beenden. Auch dieser

Schilderung haftete etwas von Schuldgefühl an, gehörten jene fernen Eindrücke doch in die Welt des untergegangenen, des bestraften, leichtsinnigen und prachtliebenden 18. Jahrhunderts.

Sie starb an einem schweren, lange dauernden Leiden. Zuletzt versank sie in Schwermut, die einem Christen wohl nicht ansteht, da sein Weg ein Weg der höchsten Hoffnung sein soll. Meine Mutter vermochte es während dieser Zeitspanne nicht mehr, den Druck einer solchen Nähe, einer durch Schweigen eingemauerten, durch gellende Klagerufe verratenen Verzweiflung auszuhalten. Sie veranlaßte meinen Vater dazu, ein Haus zu erwerben und zu ihren geliebten Bäumen in eine Gegend zu ziehn, in der Garten sich an Garten reihte.

Eines aber ist mir in dem Raum der Mahagoni-Zierschränke und des Jasminduftes, als ich zwölfjährig war, noch geschehen. Tante Marie lud mich an einem Mittwoch, an dem nachmittags schulfrei war, zum Mittagessen ein. Als ich bei ihr erschien, war auf einmal alles ganz anders. Der westliche Wind schlug lauen Regen um Türme und Giebel. Auf dem großen Kanapee saß ein junges weibliches Wesen, ein Wesen von solcher Schönheit, daß mir das Herz schlug, eine Prinzessin aus den Märchen der Hülla. Selbst die Engel hatten sich aus dem Raum zurückgezogen, und zum ersten und einzigen Mal waren die Geister aus dem Wassergarten heraufgestiegen. Hier nun waren sie zu einer Festversammlung zusammengekommen. Sie musizierten unhörbar, doch gewaltig. Alles war erfüllt von einer süßen Macht. Die aus fernen Kontinenten, von fernen Inseln gebrachten blankpolierten Hölzer der Möbel, die dunkle Seide ihrer Überzüge, das Gold der Rahmen, das Silber unverständlicher Gegenstände, alles war von einem nie gekannten Drang erfüllt. Die Lippen des schönen Geschöpfes bewegten sich und formten Worte in einer fremden Sprache. Diese Worte erschienen mir wie ein sich ausbreitender Fächer aus Oleanderblättern. Das Wunderwesen aber war die damals sechzehn- oder siebzehnjährige Maria Carmi[13].

Hülla

Ganz anders als die Erzählungen der Ahnfrau, die den Räumen, den Spitzengeweben einer schon verschollenen Bildungswelt angehörten, waren die Berichte Hüllas, meiner Kinderfrau. Auch sie erzählte, und in ihren Geschichten gingen Mächte um.

Um Hülla wirklich zu hören, müßte man ihre Geschichten ins Alemannische übertragen.

Hülla war sehr nahe an dem, was wir irrtümlicherweise das Unheimliche nennen und was auf dem Grund aller Volkslieder und Märchen liegt.

Eines Tages sollten wir einen Gang bis zur obersten Rheinfähre machen, uns übersetzen lassen und auf der andern Seite der Stadt den sonnigen Rheinweg entlangschlendern bis zur alten Brücke mit ihren Jochen aus Eichenholz. Hülla hatte ein ängstliches Gesicht, und hinter ihrer Stahlbrille waren die Augen voller Schreck. Sie hielt mich bei der Hand, und ihre Finger fühlten sich an wie eine kalte erstorbene Masse. Langsam gingen wir über den Münsterplatz, um den Kirchenchor herum in den kühlen Kreuzgang. Hülla blieb stehen. Sie atmete kurz, sie litt Schmerzen. Dann zogen wir beide durch die alte Totenstadt, an der Sankt Niklauskapelle vorbei. Zur Rechten sahen wir den besonnten, stillen Garten der Mitte durch die ihn umschließenden Spitzbogenfenster. Zur Linken stieg die große, ernste Sykomore empor, die ihre Wurzeln in den Grund des einstigen Kinderfriedhofes senkt. Um diesen verlassenen Totenacker ging Hülla langsam herum. Sie hob mich auf das Gesims einer Grabplatte und setzte sich neben mich. Aus dem geplanten weiten Gang war nichts geworden. Da saßen wir nun, ein paar hundert Schritte vom Haus, und um mich am Fragen zu hindern, fragte Hülla selbst: »Hörst du etwas?«

Über die Sandsteinfliesen zogen Lichtscheiben und Ringe, lautloseste aller Bewegungen des Sichtbaren in der Welt. Sie wellten über die Grabsteine wie ein fließendes Gespinst, als hänge die Wirklichkeit der steinernen Platten, der den Boden deckenden, an den Wänden hochsteigenden Grabmäler der im Herrn Verstorbenen in einem unzerreißbaren goldenen Netz und würde gehoben, gesenkt wie von einer auspendelnden Waage.

»Hörst du etwas?« lispelte Hülla. »Sei ganz still. Hörst du nichts?« Und schon hörte ich. Ich spürte den Druck der blau angelaufenen

Hand mit den weißen Fingern. Sie hielt mich fest am Unterarm, und nun vernahm ich: Tapp, tapp, unaufhörlich, wie von kleinen nackten Füßen.
»Das ist das tote Kind des Wucherers«, meinte die Gequälte; »das muß um den Kindertotenacker laufen, so viele Tage als er Taler in seine Truhen gelegt hatte.«
»Kann ich mit ihm reden?« fragte ich.
»Nein, um nichts in der Welt! Niemals Tote anreden. Später, wenn du groß bist, gehe über einen Friedhof nur in den ungeraden Stunden. Da geschieht dir nichts. Aber in den geraden Zeiten, da kann dich etwas anwehen.« Dann redete sie weiter: »Wenn einer stirbt, muß man das Haus während des Begräbnisses nie leer lassen.« Und sie berichtete: »In meinem Dorf wohnte ein Metzger, der war einer Hofbäuerin den Preis für zwei Milchkälber schuldig, und eines Morgens, als sein Weg ihn nahe an ihrem Hof vorbeiführte, sagte er sich: gut, jetzt mache ich den Umweg und zahle der alten Englerin ihr Geld. Die Englerin hauste zusammen mit ihren beiden Söhnen. Der Metzger nahm den Pfad über die Wiesen. Als er in die Einfahrt des Gehöftes trat, war alles still. Sind sie noch auf dem Rübenacker, fragte er sich. Gegen die Gewohnheit war die Haustüre geschlossen. Er drückte auf die Klinke, die Tür drehte sich in den Angeln, und der Metzger stand in der Küche.
›Hallo!‹ schrie er, ›sind alle gestorben hier?‹
Da hörte er eine heisere Stimme: ›Es ist fast so.‹ Es war die Stimme der alten Englerin.
Da es dunkel war, weil alle Läden angelehnt waren, rief er: ›Wo bist du?‹
›Hier am Herd, Metzger.‹
Er trat näher und sah, wie die Alte mit der Feuerzange die Glut schürte.
›In Ordnung‹, sagte er, ›ich bringe das Geld.‹
›Leg's auf den Tisch!‹
So tat er. Nie war ihm die Alte so gleichgültig vorgekommen. Nicht einmal nachgezählt hatte sie. Sonst hatte sie immer etwas auszusetzen, verlangte mehr als man ihr schuldig war. Der Metzger dachte darüber nach als er über die Matten ging und wieder zur Straße gelangte. Als er rüstig auszuschreiten begann, sah er ein paar sonntäglich gekleidete Leute, die vom Waldweg herkamen. Die beiden Englersöhne waren dabei. Als sie auf gleicher Höhe waren, begrüßte er sie: ›War ein Begräbnis heute?‹
›Ja‹, antwortete der ältere der beiden.

Und der Metzger: ›Ein Verwandter?‹ Und wie für sich: ›Deshalb habe ich die Mutter so gleichgültig gefunden. Nicht einmal das Geld, das ich brachte, hat sie nachgezählt.‹
Die beiden Engler glotzten ihn an. ›Die Mutter‹, sagte der ältere, ›du hast mit der Mutter gesprochen?‹
›Wieso? Was ist dabei?‹
Der Engler, fast drohend: ›Es ist die Mutter, die wir begraben haben.‹
Jetzt war es am Metzger, die Augen aufzusperren. ›Ich habe sie beim Eid gesehen, so wie ich euch sehe.‹
Da meinte eine alte Magd: ›Ich hab's euch gesagt, man müßte das Haus nicht allein lassen; jetzt wird die Tote erst beim Sonnenuntergang weggehen.‹
Die beiden Engler und die andern aus dem Trauergeleite setzten sich an den Wegrand, um abzuwarten, bis die Sonne hinter den Bergen herunter war. Als sie das Haus betraten, war die Tote nicht mehr da. Aber das Geld des Metzgers lag auf dem offenen Herd, in dem die Glut noch nicht erloschen war und die Feuerzange noch warm.«
Darauf versuchte Hülla sich zu erheben, brach aber zusammen. Sie regte sich kaum, und von ungeheurem Schreck erfüllt stand ich neben ihr. Schritte nahten, ein Herr blieb stehen, sagte: »Ich komme gleich wieder«, und er verließ uns, um Hilfe zu holen. Wir wurden nach Hause gebracht.
Später besuchte ich Hülla regelmäßig im Spital, wo sie Aufnahme im sogenannten Pfrundhaus gefunden hatte.

* * *

Gottesfurcht als ein Gleichgewicht zwischen Respekt und Vertrauen: Geschick, Schicksal und wie all diese gewaltigen Worte heißen, sind von Ihm gesandt, lösen sich auf in der Vorstellung einer letzten Endes unvermeidbar gütigen Vorsehung. Faßbar sind sie nicht, sie bleiben unerforschlich, sie treffen, sie schlagen tiefe Wunden, auch für die Wunden muß man danken, denn alles, über die Grenzen des Gefängnisses Welt hinaus, hat seine Verlängerung ins Unendliche, und jedes Leid, jede Qual, je härter sie sind, lösen sich in unvorstellbarer, unverdienter Freude auf, und über allem wirkt die Gnade.
Der Augenblick, in dem die Menschen die »Auflösung« in der Harmonie verloren, ist genau feststellbar; man hört ihn. Strafe? Lohn? So einfach ist es nicht. Nach Lohn zu streben, wäre vermessen. Es geht nicht darum, denn die Gnade ist alles, und was in unserem Verhalten, in un-

serem Tun hohes Verdienst ist, wissen wir nicht. Glauben tut Not, Zweifel und Anfechtung fliehen, nach dem offenbarten Gesetz zu leben ist so selbstverständlich wie das Atmen, und fest steht dabei, daß auch dies dem Menschen in seiner Schwäche unerreichbar ist, daß er die Grenzen seines Strebens nie zu überschreiten vermag, und daß der Rest immer Reue, Abbitte und das stille, innige, sohnhafte »Dein Wille geschehe« sei, aber auch dies nur mit Scheu; denn wie dürfte man für sich selbst den Ausspruch gebrauchen, den der Sohn Gottes am Kreuze tat.

All dem war so, und dadurch bildete etwas völlig Unverrückbares eine Mitte der Gemeinschaft. Dies war für das Kind ohne jeglichen Begriff und ohne irgendeinem Begriff sich annähernden Wert, war als etwas Ruhendes, als die Grundgegebenheit vorhanden. Dieses Ruhende war überall, wohin man schaute. Unter einem heiteren Licht stand Er nicht, nein, der Himmel war verhängt, aber an seinen Kindern war ein fast unheimlicher Glanz, keinem andern vergleichbar, ein Glanz, der schmerzte, und das war nicht anders bei einem Ratsherrn, der, von zwei Braunen gezogen, zurückgelehnt im offenen Wagen durch die Straßen fuhr, als bei Hülla mit ihren großen blauen Händen, die nicht mehr recht fassen konnten, plötzlich den gefaßten Gegenstand zu Boden fallen ließen, was sie dann an ihrem in Leinen gehüllten hageren Körper zittern ließ, während aus den braunen, fassungslosen Augen die Tränen rannen.

Beide, jedes in seiner Weise, standen der alte Herr und die Dienerin in einer Ordnung, an der sie nicht zweifelten. »Guten Tag Sophie«, sagte er – nie nannte er sie Hülla –, und sie antwortete: »Guten Morgen Herr Ratsherr«[14]. Nie gab er ihr die Hand, und es hätte sie tief erschreckt, falls er es einmal würde getan haben. Und doch war diese Ordnung eine ganz gebrechliche, vergängliche. Er wußte es auch, denn sie hatte nie daran zu denken gewagt, gerade weil es für ihn wie für sie so selbstverständlich war, daß in der Wirklichkeit, die es gab, in der ewig dauernden, sie völlig gleich waren, durch nichts unterschieden, ja, daß die Ersten fürchten mußten, die Letzten zu sein. Es war nicht ganz auszuschließen, daß Hülla sich versprach, der alten Respektsperson die Hand zu reichen, ja, ihr helfen zu dürfen, wenn diese strenge Verheißung des Herrn auch ihn treffen sollte. Ja, wohl möglich, daß solch ein Gedanke sie streifte, um ihr gleich vermessen zu erscheinen, ohne dadurch ein Gefühl der Sicherheit und des Glücks zu stören, das auf der Gewißheit beruhte, daß alle Gläubigen gerettet waren.

Tante Sophie

Tante Sophie Merian[15] bewohnte allein das weitläufige Familienhaus, den Ritterhof[16], dessen Name vom Deutschen Ritterorden stammte, der einst das große Grundstück besessen hatte. Ihr einziger Bruder hatte darauf verzichtet, sich dort niederzulassen; er hatte ein Haus mit schönen Gärten, den sogenannten Rosengarten, erworben.
Bei Tante Sophie war alles klar, geordnet, sachlich. Sie besaß einen genau sondernden Lebensverstand, einen bis zuletzt ungebrochenen Willen und einen unbestechlichen Gerechtigkeitssinn, der auf einer nie versagenden, ruhigen, völlig unsentimentalen Güte beruhte. Sie verfügte über eine weite, durch seltenen Qualitätssinn gestufte Bildung. Alle praktischen Aufgaben, die an sie herantraten, löste sie bis zuletzt mit Leichtigkeit. Sie hatte während kurzer Zeit in einer besonders glücklichen Ehe mit einem bedeutenden Gatten gelebt. Er erkrankte an einem Gehirntumor. Als sehr junge Frau wurde sie zu seiner Pflegerin und mußte es erleben, daß der Kranke nach qualvollen Leiden, gegen die es damals keine Mittel gab, im Jahre 1872 starb. Von diesem Zeitpunkt an blieb sie allein. Bei ihr gab es keine von Schwermut erfüllten, von religiösen Träumen umschwebten Dämmerstunden. Bei ihr herrschte – so schien es mir – auch wenn die Lampen brannten, immer Tageslicht. Selbstverständlich war sie bibelfest. Ihr großes historisches Wissen verlieh den klugen Gesprächen, die sie gerne mit gelehrten Männern führte, eine feste Grundlage. Besonders eng war die Beziehung zu ihrem Onkel, dem Bruder ihrer Mutter, dem Historiker Wilhelm Vischer[17], der einst entscheidend dazu beigetragen hatte, daß der von Professor Friedrich Ritschl[18] in Leipzig aufs wärmste empfohlene Friedrich Nietzsche[19] als Extraordinarius der klassischen Philologie im Jahre 1869 an die Basler Universität berufen wurde; schon 1870 erhielt er das Ordinariat.
Sophie Merian hat mir wiederholt von Nietzsche gesprochen. Sie sagte mir: »Er war einer der rücksichtsvollsten und höflichsten Menschen, denen ich begegnet bin. Bevor er erkrankte, habe ich ihn kaum näher gekannt. Einmal war er mein Tischnachbar im Hause meines Onkels. Er klagte über die Schwierigkeiten, die ihm das Klima bereite, er sprach über qualvolle Migränen und andere gesundheitliche Beschwerden. Die Frau des Hauses, in ihrer resoluten Art, bemerkte über den Tisch hinweg: ›Ich weiß genau, was Ihnen fehlt, Herr Nietzsche, Sie sollten

heiraten!‹ Der in dieser barschen Weise Angesprochene tat mir leid. Er schaute stumm vor sich hin, das Gespräch nahm einen andern Verlauf, dann sagte er zu mir: ›Ich habe immer wieder einen schweren Traum; da sitzt eine Kröte auf meinem Handrücken und trinkt mein Blut. Ich darf nicht heiraten.‹«

Ich stand zwar erst am Ende meiner Schuljahre, als mir dies von der Bewohnerin des Ritterhofes erzählt wurde, aber für die Genauigkeit der Aussage kann ich mich verbürgen. Nietzsche wußte, was ihm bevorstand.

Sophie Merian hatte ein sicheres politisches Urteil. Sie verfolgte das Weltgeschehen mit größter Aufmerksamkeit. Innenpolitische Entwicklungen beurteilte sie kühl, ohne Leidenschaft. Ich habe oft feststellen können, daß sie im Ausdruck zurückhaltend blieb, aber stetig versuchte, auf die passionierten Reaktionen meines Vaters gerade auf diesem Gebiet einzuwirken, wie sie denn überhaupt, und insbesondere mir gegenüber, immer sich bemühte, die für sie aus dem andern Hause, dem Hause am Münsterplatz stammenden Anlagen, oder was sie dafür hielt, einzudämmen, ohne sich ihre Besorgnis anmerken zu lassen.

Einmal, als ich mich in der dritten Gymnasialklasse befand, durfte ich während einer längeren Abwesenheit meiner Eltern bei ihr wohnen; sie sah dann täglich meine Aufgaben mit mir durch. Nie habe ich ein so gutes Zeugnis nach Hause gebracht wie am Abschluß dieses Aufenthaltes.

Sophie war eine ausgezeichnete Schachspielerin. Täglich spielten wir eine Partie zusammen. Hin und wieder aber nahm sie ein anderes Spiel hervor, Mikado genannt, das darin besteht, einen kleinen Berg aus lauter federleichten, vielfach verzierten Stäbchen aufzuschütten und mit einem dieser mit einem kleinen Haken versehenen Stäbchen eines nach dem andern aus der Anhäufung herauszuheben, ohne daß die leiseste Erschütterung unter den darunterliegenden Stücken entstand. Bei dieser Gelegenheit hat sie einmal – was sonst nicht ihre Art war – eine kleine Sentenz ausgesprochen. Sie sagte nämlich: »So zart und behend, mit so ruhiger Hand sollte man es auch lernen mit den Menschen umzugehen.«

Sollte man es auch lernen! Läßt sich Derartiges lernen? Und was heißt »mit den Menschen«?

Es kommt völlig auf die Konstellation an. Der eine kommt im Laufe des Lebens nur mit gleichgültigen oder sogar meist wohlwollenden Personen in Berührung, der andere zieht eine meist durch intellektuelles Versagen und eine ihr auferlegte Grenze des Urteils bestimmte Menschengruppen an – zu seinem Verderben. Zu seinem Verderben, denn die Angehörigen dieser Gruppe sehen alles falsch, keine Belehrung kann sie über dieses Falsch-Sehen hinausheben. Durch ihre falsche Sicht untereinander verbunden, sind sie allen denen, die richtig sehen, die Richtiges, Unvermeidliches voraussehen, feindlich. Da hilft keine Regel des Spiels; sie bilden, besonders in sogenannten demokratischen Epochen, jeweils die Mehrheit. Sie haben Bleigewicht, und sie sind es, die schließlich alles zum Einsturz bringen und die Katastrophen herbeiführen, denen sie dann selbst nicht entgehen. Beim Mikadospiel ist die Materie, aus der die Stäbchen hergestellt werden, stets dieselbe, nur Format und Gewicht sind leicht verschieden. Menschen können dagegen nicht jenem hübschen Gleichnis der alten Dame entsprechen, weil sie nicht ruhen wie die Stäbchen, sondern sich innerhalb angriffsbegieriger Leidenschaften heftig oder schleichend selbst bewegen, nach Maßgabe ihrer Hypnoseanfälligkeit immer wieder und überall dem Irrtum dienen und die wirklicher Voraussicht Fähigen durch Entehrung und Verleumdung mundtot zu machen sich, kollektiv und als einzelne, bestreben.

Kassandra[20], des Priamos und der Hekuba Tochter, steht als Verkörperung eines Weltgesetzes vor uns. Aeschylos hat tief darüber nachgedacht, daß ihr Unglück damals seinen Ursprung nahm, als sie sich Apollon versagte. Der Gott verhängte über sie das Unheil, das darin bestand, daß niemand ihr glaubte. Sie wußte – und konnte nichts verhindern. Das Eingreifen in den Zwang des geschichtlichen Ablaufs war ihr versagt, der Blick ins dunkle Kommende war ihr verboten.

Sehr früh erschien mir durch das Anhören der Homer-Übersetzung von Voß und von Schwabs »Schönsten Sagen des klassischen Altertums«, die mir die »kleine Sophie«, die Schwester meines Vaters, vorlas, Kassandras Schicksal als tiefe Beunruhigung. Auf meine Frage, warum die Götter so hart und ungerecht an ihr gehandelt hätten, antwortete die geliebte Vorleserin mit ihrer leisen Stimme: »Ich denke, Apollo, ein Sonnengott, der Gott alles Hellen, Freudigen, Rettenden, gestatte nicht, daß der Mensch in die Schattentiefen kommenden Ungemachs blicke.« Ja, solche Gedankengänge waren ihr eigen. Vor einem Kind brachte sie ihre Einsichten merkwürdig versonnen zum Ausdruck. Ängstlich sich umwendend, ob niemand zuhöre, pflegte sie hinzuzusetzen, indem sie die Finger vor die Lippen legte: »Sag's niemand«, und mit scheuer Zärtlichkeit, »das ist unser Geheimnis.«

Auf diese Weise, aus uralten Vorstellungen antiker Völker, entstand – bei meiner geringen Einsicht in die sich beständig wandelnde Symbolkraft übermächtiger Personifikationen – in mir unbewußt ein Hang zur Erkenntnis einer Schicksalslehre, die mir dann lebenslang wichtiger zu sein schien als jede Psychologie.

Das von außen geheimnisvoll Einwirkende, das über uns Verhängte, die Götterkräfte, die unser Eigenwesen wechseln, erschienen mir wichtiger als der nahezu mechanische Ablauf unserer mit »Komplexen« behafteten Anlagen. Mich starrte die von außen einbrechende Ungerechtigkeit – die vielleicht nur scheinbare Ungerechtigkeit? – an. Aus diesem Grund hat mich später, während der stillen und einsamen Jahre, die ich, zwischen dem Tod meines Vaters und dem Antritt meiner Tätigkeit in Wien, in Zürich verbrachte, Calvins Prädestinationslehre aufs eindringlichste beschäftigt. Diese innere Auseinandersetzung hat aber nie zum Versuch einer zusammenfassenden Einsicht, nie zu einem wirklichen Kommentar geführt, sondern nur zu einer bis ins hohe Alter dauernden intensiven Aufmerksamkeit auf Schicksalswendungen, ob es sich um Völker oder um Individuen handelte.

Ganz früh war mir innerhalb des engen Kreises der mich umgebenden Familie dasjenige erstaunlich in seinen Ursachen, was man »Schicksalsschläge« nannte – unerklärliche Begebenheiten.

Mein Großvater und seine drei Schwestern: Er verliert seine Gattin, die nach der Geburt ihres dritten Kindes in unheilbare Melancholie verfällt; seine älteste Schwester, eben Sophie, sieht ihren heißgeliebten Gatten unter furchtbaren Qualen nach kurzen Ehejahren an einem Gehirntumor sterben; die zweite Schwester erlebt es, wie von ihren drei Kindern die beiden Söhne, bevor sie das zwanzigste Lebensjahr erreichen, einer Knochenkrankheit erliegen; seine dritte Schwester stirbt in jungen Jahren an einem Infarkt. Sie war verheiratet mit einem heitern Sportsmann von der tüchtigen, unternehmungslustigen Sorte, einem brillanten Reiter. Bei Frostwetter schlägt sein Pferd, im Schritt auf dem Glatteis der gepflasterten Straße, nach rechts als schwere Masse hin, der Kopf des Reiters trifft mit der Schläfe den Randstein – der junge Mann ist tot.

Einmal meinte Tante Sophie zu mir: »Um seinen Glauben muß man kämpfen. Einmal habe ich den meinen beinah' verloren, es hat lange gedauert, bis mir die Gnade widerfuhr, ihn wieder zu gewinnen. Das völlig Unfaßliche geschieht dann, wenn einem Menschen der sogenannte Verstand, durch den er sich behaupten soll und kann, zerrüttet,

Klassenbild, 1903
(Carl J. Burckhardt 2. Reihe von oben, vierter von links)

Sophie Jordan, genannt Hülla

wenn ihm seine sogenannte geistige Freiheit geraubt wird. Wo liegt dann seine Verantwortung? Gottes Wege sind für uns unfaßlich; er denkt und lenkt weit über unsere Verständnismöglichkeit hinaus. Hinnehmen und festbleiben ist alles.«
Über Hintergründe derartiger, in früher Kindheit sich aufdrängender Fragen redeten später oft mein Freund Ganz[21] und ich, als wir zusammen in Nicolai Hartmanns[22] Werken lasen (*Ontologie*). Da wurde uns dann deutlich, daß die Alten, zwischen denen wir aufgewachsen waren, die ganze Welt als auf den Menschen bezogen zu betrachten gewagt hatten, und daß wir dies nicht mehr konnten.
Seither sind auf dem Gebiete der Erkenntnis die alle Grundlagen verändernden Einsichten erworben worden, mit denen wir uns später auseinanderzusetzen hatten. Derartiges aber lag in meinem persönlichen »Zeitalter der Tanten« noch in weiter Entfernung. Vorerst blieb Sophie für mich der Inbegriff heller und geordneter Weisheit, was ihrem Namen entsprach. »Sie hat noch nie eine Unwahrheit gesagt«, stellte man in meiner Gegenwart fest.
Neben dem Reich der Tanten gab es dasjenige des Großvaters. In diesem fühlte ich mich am tiefsten geborgen und empfand es, was seine bestimmten Gefahren hat, bis zu meinem zehnten Lebensjahr als Paradies.

Großvater

Wenn Tante Sophie sachlich und lebenskundig wirkte, so erschien ihr einziger Bruder für viele, die ihn nicht näher kannten, als trocken. Und doch war bei ihm sehr viel verborgene Poesie vorhanden. Dies zu tarnen war sicher lebenslang sein Bestreben gewesen. Durch die plötzlich ausgebrochene geistige Erkrankung seiner Frau blieb er einsam, umsorgt nur durch seine unverheiratete Tochter. Diese war mit dem Namen der bewunderten Helferin, Sophie, getauft worden. Sie war ihr nicht ähnlich. Still, alle ihre eigenen uneingestandenen Wünsche ständigen Ansprüchen der anderen unterordnend, nur im Dienste ihres Vaters aufgehend, reich an Wissen, das sie nicht zu zeigen pflegte, opferte sie sich uns allen auf. Als ihr Vater starb, brach sie geistig zusammen.

Er aber, der Großvater[23], wurde zu meinem guten Stern, und ich glaube, ihn sehr früh verstanden zu haben. Seit er sich von seinen hohen Ämtern zurückgezogen hatte, verfügte er, im Unterschied zu meinem Vater, über Zeit.

Anfang Mai, vier Monate vor meinem sechsten Geburtstag, fuhr ich mit ihm im offenen Landauer durch den Hardwald auf den Schönenberg[24], den Sitz, den mein Großvater in den spätern Lebensjahren jeweils von April bis November bewohnte; ein Gut, das sich über der großen Rheinebene, entlang den sich langsam senkenden Ausläufern des Juras befand. An diese Fahrt habe ich mich immer mit größter Deutlichkeit erinnert. Ich konnte sogar später Lieder und Verse wiederfinden, die er damals summte und die mir vorerst nur als ein Klang im Ohr geblieben waren, aber bei denen einzelne Worte so stark hafteten, daß ich ihnen dann plötzlich wieder begegnete.

Diese Fahrt: das sprießende Laub der Buchen wiegte sich leicht und hell im frischen Licht unter einem schwachen Ostwind. Der Himmel war klar und leicht, die Ferne war fern.

Der alte Mann hielt meine Hand in der seinen. »Sagst du mir wieder einen schönen Vers, wie am Freitag?« bat ich, und der Großvater, meine Hand auf dem kühlen Leder des Sitzes hebend und senkend, begann sanft ein Zeitmaß zu schlagen, im Takt mit den Pferdehufen, dem Trab auf dem weichen Waldweg. Er murmelte ganz langsam, wie ein Geheimnis, Worte, die sich erst dann wieder zusammenfanden, als ich Gedichte zu lesen begann.

Er sagte:

»Die Welt treibt fort ihr Wesen,
Die Leute kommen und gehn,
Als wärst du nie gewesen,
Als wäre nichts geschehn ...«

Mir war geblieben: »Die Leute kommen und gehn«[25], eine bewegte Handlung. »Etwas, was man singen kann«, bat ich. Das Wehen in der Fülle hellströmender Grüne der Blätterkronen wurde stärker, schäumte auf in reiner Lust. Da fuhr er fort:

»... Die beiden schauen und lesen[26]
In stiller Nacht,
Was sie nicht gedacht,
Da es noch fröhlicher Tag gewesen.«

Diese vier Zeilen erkannte ich an den Worten »In stiller Nacht«. Plötzlich war es da, als ich an einem Sonntag auf der Reichenau in Eichen-

dorffs Gedichten las. Bei dem »Da es noch fröhlicher Tag gewesen« war ich gewiß: dies war es!
»Singen«, sagte ich, und ganz leise sangen wir miteinander »Gold'ne Abendsonne« und dann »Der Mond ist aufgegangen«. Der Tag hielt noch helle Stunden bereit. Der Großvater hatte sich zurückgelehnt, er schloß die Augen, und als ich ihn fragte, warum der Kuckuck noch nicht rufe, antwortete er mir nicht; er war eingeschlafen.

Dann fing wieder meine hohe Zeit auf dem Schönenberg an. Auf dem hellen Fußboden aus Tannenholz lag, wenn ich schlafen gehen mußte, noch das stille Rot des Westens. Den weißen Fliederstrauß, den man zum Empfang aufgestellt hatte, trug man hinaus auf die offene Veranda, die noch mit dem schönen alten Wort »die Laube« benannt wurde. Am nächsten Morgen begann ein warmer Tag. Ich wurde den schon blühenden Wiesen entlang zu der alten Buche geführt, dort, wo der Hochwald an den mit dichten Büschen bestandenen Hügelrücken sich anlehnt. Auf dem Schönenberg liebte ich alles, auch den Regen, das Quirlen und leise Klatschen, wenn man mit fest aufstampfenden Kinderschritten dem moosigen Rand des Waldes entlang ging oder in eine mit frischem Naß gefüllte Mulde neben dem Maulwurfshügel trat, so daß es prächtig aufspritzte. Ich liebte das Nachgeben der durchtränkten Lehmerde und spürte, wie die Baumriesen tranken, der Saft in den hohen Stämmen bis zu den äußersten Zweigen stieg, sah, wie die nassen Erlen im Wind silbern aufleuchteten und die Tannen noch schwärzer standen.
Unter der Buche gab es eine tiefe Grube. Sie war, wie man mir erzählte, vor sehr langer Zeit ausgehoben worden, weil man geglaubt habe, dort Gold finden zu können. Mein Großvater hatte rings um die Grube, im Windschutz des Adlerberges, Edelkastanien gepflanzt, und als der Platzregen einsetzte, führte man mich unter das schützende Dach des breitesten dieser Bäume. Als eine dunkle Frühlingswolke tiefziehend ihren Guß entströmen ließ, legte ich mich mit dem Gesicht ins bitter duftende Gras, im geschützten Bereich, an dessen Rand die Tropfen aufschlugen und in weißen Ringen zwischen dem Minzkraut zerstäubten. Da waren zwischen den zahllosen Rispen, Stengeln und Blättchen, unter dem Geflecht der im Regen quellenden Moose, auf kleinen »Plätzen« und »Wegen« viele Tiere; ja, Tiere. Da waren, wie die Erwachsenen sagen, Spinnen. Die Weberknechte auf ihren sich hebenden und senkenden Riesengestellen trugen ihre prallen Leiber rasch unter

die von Halm zu Blatt geworfenen Netzmaschen. Sie würgten Eintagsfliegen, die sich ins Trockene flüchteten und auch kleine Falter, die der Regen ihres Staubes entkleidet hatte; da klebten sie zwischen den Blättern des Augentrostes. Die Waldameisen aber stiegen über geknickte Halme, setzten über Furchen und bröckelnde Steintrümmer und trugen quer zwischen ihren Kiefern Holzspäne, die zehnmal länger waren als ihr Leib; sie schleppten auch Leichen. Verirrte Drohnen, kleine Schlupfwespen suchten unter den Lattichblättern Schutz. Da waren auch noch die roten Ameisen, die vom Überfall auf den Bau ihrer schwarzen Artgenossen zurückkehrten. Jetzt zögerten sie. Dort, wo schattige, wohlvertraute Pfade in der Breite eines Hirsekorns unter Blättern des Immergrüns zu ihrer Raubburg führten, schossen jetzt reißende Bäche, die zu Flüssen, Strömen und Seen wurden. Die Roten zögerten, dann stiegen sie, eine, darauf die andere und gleich die dritte und die vierte, auf einen schwankenden, als Brücke dienenden Halm. Eine Ameise stürzte ab und wurde im Strudel fortgerissen. Die übrigen kamen hinüber, andere hatten sich auf ein treibendes, drehendes Blatt eingeschifft und fuhren mit der Strömung.

Bei schönem Wetter mußte ich zwei Stunden lang lernen, und wenn es kalt wurde, der Regen andauerte, wurde ich von meinem Großvater sogar während vier Stunden unterrichtet.
Die Eisheiligen oder »gestrengen Herren« waren inzwischen vorübergezogen. Mamertus, Pankratius und Servatius waren hinter den dem Sommer zustrebenden, immer länger werdenden Tagen zurückgeblieben. Die letzten Maitage waren nach dem starken Regen wieder warm, die Wetterfahne zeigte Südwind an. Schon sah man abends an den Kämmen des Schwarzwaldes und der Vogesen kleine Gewitter wie Vorpostenkämpfe in lautlosem Wetterleuchten nach Sonnenuntergang vorüberziehen.
Vormittags, Ende Mai, saß ich mit dem Großvater in seinem grünen Zimmer. Es duftete nach den ersten Rosen, nach Honig und nach durchwärmtem altem Holz. Wir saßen, der alte Mann am schmalen Ende des grün eingelegten Tisches aus Zitronenholz, ich an der Breitseite zu seiner Rechten. Vor sich hatte mein Lehrer den Deckel einer Pappschachtel, und in diesem Deckel lagen eine kleine Handvoll Kieselsteine. Er nahm einen Stein heraus und legte ihn auf den Tisch.
»Was ist das?« fragte er. Der Stein lag in einem gebrochenen Sonnenstrahl, der durch die Blätter der rankenden Rosensträucher einfiel.

»Er ist schön«, sagte ich. »Warum ist er so rot?«
Aber das wollte der alte Herr nicht hören. »Nein«, sagte er, »nimm dich zusammen, was ist das?« Nun nahm er einen zweiten Kieselstein. Dieser war blaßgrau wie die Forellen am Sonntagsessen.
»Er ist von dort, wo die Forellen wohnen«, sagte ich.
Darauf der Großvater: »Jetzt erzähl mir keine Märchen, du sollst zählen lernen«; und rasch auf den roten weisend: »Das ist *ein* Stein.« Dann hob er den grauen auf und legte ihn neben den andern: »Und das sind zwei Steine. Das ist der erste, und das ist der zweite.«
»Warum ist der graue nur der zweite?« fragte ich. Ich konnte vom Wesen nicht loskommen.
»Also nehmen wir nur graue Steine«, antwortete der Geduldige. Er suchte zwei weitere graue Steine und legte zu meinem Bedauern den herrlichen roten vom Tisch, aus den Lichtstrahlen in die Schachtel zurück.
»Zähle sie jetzt!«
»Der ist etwas größer«, erklärte ich, »und er hat einen weißen Strich. Haben sie Namen? Wer hat sie gemacht?«
»Der, der alles gemacht hat, der liebe Gott.«
»Warum hat er sie gemacht?«
»Hör jetzt auf mit Fragen. Der liebe Gott will, daß du zählen lernst.« Und er zählte selbst an den Fingern: »Eins, zwei, drei, sag's mir nach.«
Ich wiederholte erwartungsvoll: »Eins, zwei, drei« und fragte gleich: »Warum geschieht jetzt nichts? Wenn der Vetter Hans zu seinem Hund eins, zwei, drei sagt, so springt dieser über den Stock.«
Der Großvater lachte. Dann schüttelte er den Kopf. »Sag's mir nach«, begann er wieder und zählte langsam bis neun und dann nochmals: »Sag's mir nach.«
»Eins, zwei, drei«, wiederholte ich, und auf die Drei hin flog eine schwere Hummel ins Zimmer, sauste um unsre Ohren, schlug gegen die Scheiben und fiel auf den Tisch. Der alte Herr warf das entfaltete Taschentuch auf die Surrende, schloß die Hand, hob sie auf, erhob sich selbst, schüttelte das Taschentuch zum Fenster hinaus und schloß das Fenster.
»Jetzt kann nichts mehr kommen«, sagte ich enttäuscht. »Eins, zwei, drei – es kommt nichts mehr.«
»Nein, aber dein Schädel soll jetzt aufgehen. Paß jetzt auf!« Und wieder zählte er, diesmal bis zehn.
Ich erklärte: »Zehn gefällt mir nicht.«

»Was soll das heißen?«
»Zehn ist viereckig und böse.«
»Wer bringt dir solchen Unsinn bei? Warum soll zehn böse sein?«
»Ich spür's.«
»Warum? Ich bin zehnmal, ja mehr als zehnmal älter als du. Du wirst bald sechs Jahre alt.«
»Was ist das, ein Jahr?«
»Ein Jahr ist der halbe Winter, der ganze Frühling, der ganze Sommer, der ganze Herbst und wieder der halbe Winter.«
»Letztes Jahr war kein Sommer, hat Dill gesagt. (Dill hieß der Pächter.) Gibt es lustige Jahre und auch traurige?«
»Um uns zu prüfen und zu bessern.«
»Warum bessert das Traurige?«
»Lassen wir das, das wirst du später begreifen.«
Hierauf stellte ich die Frage: »Wann mußt du sterben?«
Der Großvater: »Das weiß kein Mensch. Sterben kann man immer; darum muß man immer gut leben.«
»Das Sterben ist wie die Zehn, ohne Farbe«, meinte ich; »wenn die Farbe weggeht, dann kommt es.«
»Man muß lernen, ohne Farbe zu denken. Die Wahrheit hat keine Farbe. Sie ist weiß wie das Licht.«
»Ich will nicht«, sagte ich. Mein ganzes Wesen zog sich zusammen in großer Angst.
»Was willst du nicht?«
»Ich will nicht weiß denken. Ich will die Namen nicht, die immer gleich bleiben für Sachen, die jedesmal anders sind.«
»Welche Namen?«
»Das Jahr. Jedes Jahr ist anders. Aber der Frühling in der Stadt war leer, weil du nicht da warst; du warst noch in Rom.«
Und hierauf der Großvater: »Du sollst denken lernen wie ein Mann und nicht wie ein Mädchen.«
Aber ich glaubte nicht, daß Mädchen so denken wie ich. Ich überlegte; die Mädchen nehmen alles an, was ihnen die Großen sagen. Ich dachte an Susanne, die erzählt hatte: »Der Nachbar hat ein Fahrrad, mit dem kann er schneller fahren als die Pferdewagen.« Und Klaus, mein Freund aus der Kinderschule, hatte gesagt: »Wie kann er das ohne Pferd?« Aber Susanne hat gleich zu schreien angefangen und hat immer gerufen: »Der Vater hat's gesagt!« Dann hat sie sich die Hände vor die Ohren gehalten und mit dem Fuß gestampft. – So sind die Mädchen.

Über diese Unterrichtsstunde hat mein Großvater meinem Vater einen halb belustigten, halb besorgten Brief geschrieben.

Meine Abneigung gegen die Zahl zehn hat sich nie verändert. Dagegen begleitete mich durchs Leben eine eigentürmliche Zuneigung zur Neunheit. Zwölf und neun lächelten mich an. Die dreifache Trinität erschien mir als günstiges Omen. Wenn der alte Dill mir sagte, am Gründonnerstag müsse man neunerlei Kraut essen, ansonst man Fieber kriege, so berührte mich die Wohltat dieser Zahl. Hörte ich später von einem geometrischen Gebilde, dem Neunstern reden, so entstand in mir eine Art von stillem Vertrauen. Daß die Neun sich in der Multiplikation aus der Quersumme immer aufs neue ergibt, schien mir ihre Unzerstörbarkeit zu beweisen. Und warum sagt man wohl: er ist neunmalgescheit oder neunmalklug?
Als ich später einmal in der Brunnenkapelle des Zisterzienserklosters von Maulbronn stand und das neuneckig geformte Fliesenmuster erblickte, glaubte ich, nur durch einen Hauch von einer entscheidenden Erkenntnis getrennt zu sein. Vielleicht aber war ich in der frühen Kindheit einer solchen Erkenntnis viel näher als später.

Frühe Einwirkung großer Erzählungen

Ich war an Masern erkrankt, lag zu Bett im Rosengarten und wurde von meiner unverheirateten Tante, der Schwester meines Vaters, gepflegt. Hin und wieder brachte mein Großvater mir – es war mitten im Winter – kleine Töpfe mit frisch aufgeblühten Krokus. Die Tante las mir aus Gustav Schwabs »Schönsten Sagen des klassischen Altertums« vor.
Ich war von Hektors Tod so ergriffen, daß ich, als der alte Herr wieder einmal das Zimmer betrat und die Lektüre unterbrach, ausrief: »Stör uns nicht!« – worauf er traurig und ernst die auf meinem Nachttisch vorhandene Pflanze ergriff, sie aufhob und wortlos mit ihr den Raum verließ. Es ist wohl das erstemal, daß ich das Gefühl einer durch mich verursachten Katastrophe empfand. Ich brach in entsetzliches Geschrei aus, und nun geschah das noch viel Furchtbarere: auch die Tante begann herzbrechend zu weinen. Man war empfindsamer als unsere heutigen, durch Freud und seine Folgen und die Nutzanwendungen seiner Lehre emanzipierten und kampfgewohnten jungen Frauen.

Dieser Vorgang muß sich im Winter 1898–99 abgespielt haben. Meine Eltern verbrachten damals drei Monate in München. Nun, mein Geschrei und das Schluchzen der Tante wurden gehört. Versöhnlich und seine heftige Reaktion bedauernd, kehrte mein Großvater mit einem Buch in der Hand zurück. »Jetzt werde ich dir vorlesen!« Er suchte eine Seite in »Dichtung und Wahrheit«, schlug auf und begann. Er las Goethes »Knabenmärchen«.

Nun war ich ebenso plötzlich als vollständig aus der Welt meiner homerischen Helden entrückt. Etwas unsagbar Beruhigendes, innig beglückendes umfing mich. Die Sprache, ihre Bewegung, ihre Klangfolge wirkte wie ein Zaubergesang auf mich. Ich fühlte mich in eine warme Schattenecke am Rand lautlos spielenden, gleitenden und aufleuchtenden Lichtes versetzt, einer Traumwelt zugehörig, in sie zurückgekehrt.

Die »schlimme Mauer«, wie ich sie kannte und fürchtete, wie ich sie mit lustvollem Schrecken wiedererkannte und wie sie mich anzog – nun hatte sie eine Pforte, mit einemmal eine Tür zu den immer geahnten Wundern, die hinter ihr lagen.

Im Nu war ich selbst der Knabe im neuen Sonntagsgewand, mit der Weste von Goldstoff, mit gepuderten Locken. Und dann erschien Merkur und überreichte mir die drei Äpfel, den roten, den gelben, den grünen. Sie waren kühl und glatt anzufassen als seien sie aus Achat. Ich möge sie den drei schönsten jungen Männern der Stadt geben. Den drei schönsten? Was weiß ich von ihnen? Gattinnen sollen sie finden, was soll mir das bedeuten? Ich will die Äpfel behalten. Ich halte sie so, daß das Morgenlicht durchs Fenster auf sie fällt, und plötzlich beginnen sie sich auszudehnen, ganz langsam, immer noch fest und kühl, wie mir scheint, zu wachsen und wandeln sich in drei schöne Mädchen, Göttinnen, versteht sich, Göttinnen, die ich schon kenne: Juno, Minerva und Venus. Aber in meiner Vorstellung bleiben sie klein, zierlich, ebenmäßig, nicht größer als meine Kinderhand; ja, wie Schadewaldt es unterstreicht: »Frauenzimmerchen in mäßiger Puppengröße«. Sobald ich aber nach der einen, dann der anderen greifen will, sind sie verschwunden. Wieder bin ich dem Weinen aus Enttäuschung nahe – der Großvater liest weiter, plötzlich tanzt auf meiner Fingerspitze das allerliebste Mädchen: »Alerte«. Sie verweilt, aber sobald ich sie haschen will, erhalte ich jenen Schlag auf den Kopf, von dem Goethe berichtet, und in diesem Augenblick beginnt auch die Leonhardskirche zu läuten. Sie läutet zum Kirchgang, und der Großvater legt das Seidenband seines Buches, das er schließt, zwischen die Seiten und sagt: »Jetzt sollst du schlafen, bis wir wiederkommen. Morgen lesen wir zusammen weiter.«

* * *

An einem schönen Vormittag im Monat Juni des Jahres 1901 führte man mich mit einer gewissen Hast zu der Bank am Waldrand. Dort las ich nun selbst die Geschichte von den vier Haymonskindern. Dann dachte ich über meinen Liebling aus der Ilias, über Hektor nach. Meine Kenntnisse von Homer stammten noch aus Gustav Schwabs »Schönsten Sagen des klassischen Altertums«. Zu späterer Mittagsstunde als gewöhnlich kehrten wir ins Haus zurück. Mein Vater kam mir entgegen, legte mir die Hand auf die Schulter und sagte: »Heute früh ist dein Großvater gestorben.«

Damals erfolgte für mich die Vertreibung aus dem Paradies, der Abschluß der frühen Kindheit. Jetzt mußte ich ganz in die Stadt übersiedeln, in das Haus am Münsterplatz.

Ich trat vorerst in das Reich der Schwestern des Ratsherrn, der Großtanten, die wie eine Konstellation vor meinem begrenzten Blickfeld standen. Alle stammten aus der ersten Hälfte des 19. Jahrhunderts. Die eine vor allem wurde bewundert und auch gefürchtet, weil sie, wie gesagt wurde, vortrefflich war. Sie war, was man eine Respektsperson nannte. Vor ihr hätte man sich gehütet, sich eine Blöße zu geben, eine Fehlhandlung zu begehen, denn zweifellos war sie streng. Ich aber besaß ihre abwartende, prüfende Gunst. Sie war eine bestimmende Gestalt in der mir leicht unheimlichen Umgebung, nachdem ich die andere – jene des Beschützers meiner frühesten Jahre und seiner Gäste, der Bauernsöhne und des alten, erfahrenen Landarztes mit der weißen Weste – verloren und in der neuen Umwelt noch keine Freundschaften geschlossen hatte.

Die Eltern, überbeschäftigt, schienen mir schwer erreichbar, die Lehrer waren zur Freundschaft nicht geeignet, man kannte sie nicht. Sie erschienen mit dem Stundenschlag auf ihren Kathedern und verließen diese Magisterthrone wieder mit dem Stundenschlag. Sie traten aus dem Dunkel als Unbekannte, und als solche traten sie wieder ins Dunkel zurück. Stunde um Stunde mußte man seine Aufmerksamkeit widersprechenden Aufgaben zuwenden: dem Latein, dann auswendig zu lernenden Kirchenliedern, der deutschen Sprache, endlich der Rechnerei, einem Gewirr von Zahlen.

Aber das Bedrückendste war für mich das Latein. Da war bei mir, der Erinnerung wegen, Liebe und hohe Freude vorhanden. Wohlklang ertönte, wenn die Aussprache des Großvaters immer wieder aufklang – und daneben nun ein nachlässig krächzendes Alemannisch, das die mittelmeerische Herrschersprache ihres strengen Glanzes beraubte. Widerstand, Aufruhr, aus Schmerzen geboren, entstanden in mir. Dieses eintönige Auswendiglernen von Regeln anstelle jenes nun verklärten Wellenschlages der Weltsprache, fern von Apollos Licht – in Trotz und Widerwillen versetzte es mich.

Wenn die Volksschule für mich ein Spiel gewesen war, das mir mit seinen seltenen Zwischenfällen Spaß gemacht hatte, so geschah es, daß in meinem elften Jahr, nach dem Eintritt ins Gymnasium, alles, was ich zu lernen hatte, mir wie ein das Wesentliche störender Angriff erschien, so daß ich mich verschloß, weil es mich, um ordnungsmäßig erledigt zu werden, eine unwiederbringliche Zeit gekostet hätte und die schwer zu benennenden, zwingenden, dem Wachtraum nahen Vorgänge in meinem Innern schmerzlich unterbrach.

Es war für mich eine Zeit, in der ich immer eine eigentümliche Angst empfand, die mich zwang, etwas völlig Unbekanntem nachzusinnen, das mich als zukünftig und drohend anrührte, ohne daß ich in irgendeiner Weise zu erkennen vermochte, woraus es bestand. Nur eines schien mir am Rande des Bewußtseins bisweilen aufzutauchen: meine Sorge galt dem Vater, mit dem mich ein bewunderndes Staunen und eine Liebe, ein Vertrauen verbanden, wie ich es in dieser Weise nie wieder empfinden sollte. Nichts äußerlich Feststellbares war es, was mir Anlaß zu Bedenken hätte geben können. Oft heiter, immer angespannt tätig, ungewöhnlich erfolgreich erledigte mein Vater seine beruflichen Aufgaben. In allen freien Augenblicken aber stand er seiner Frau, mir selber und später auch meiner Schwester zur Verfügung. Er versuchte, im Sommer auf abendlichen Spaziergängen, im Winter, wenn das Wetter es erlaubte, bei sonntäglichen Ausflügen – vor allem öfters in der Richtung auf den Isteinerklotz hin, in die Gegend des mit Weiden und Erlen bestandenen Altrheins – alle Fragen, die ich stellte, zu beantworten. Er erzählte mir stundenlang Geschichten, an denen er selbst Freude zu haben schien. An vielen Abenden las er uns vor. Meine Mutter, diese junge, schöne Frau, saß bei uns, schien aber von der Lektüre wegzudenken, nach der andern Welt hin, in der sie aufgewachsen war und die sie hatte verlassen müssen. Etwas Unausgesprochenes war vorhanden, und das wußte ich.

Sodann wurde es mir überaus schwer, ein Städter zu sein. Wie meine Mutter, welche die Welt ihrer Kindheit und frühen Jugend suchte, suchte ich die Natur, die auf dem Schönenberg mich hatte tausend Wurzeln schlagen lassen und die nun abgerissen wurden. Es war kein Ereignis für mich, wenn man erwähnte, Herr X. habe Konkurs gemacht, oder ein neues Gesetz sei durch den Großen Rat, das Parlament der Stadtrepublik, erlassen worden. Ereignis war es gewesen, wenn droben auf unseren Jurahöhen der Sturm Waldbruch verursacht hatte, wenn ein Kalb geboren wurde, wenn der Trockenheit wegen Füchse bei der Brunnstube gesichtet worden waren oder ein Habicht eine Taube geschlagen hatte.
Wäre ich selbst ein Bauernkind gewesen, hätte ich von Kind auf schwere Bauernarbeit geleistet, so hätte ein Versetztwerden in die Stadt etwas ganz anderes für mich bedeutet: eine Art Fortschritt, eine Möglichkeit, um früh im Handwerk oder im Handel Aufstiegsmöglichkeiten zu finden. Nichts Schwärmerisches hätte mich mit der Natur verbunden.

Der Ausreißer

Einmal, im Jahre 1903 – meine Eltern hielten sich für längere Zeit im Ausland auf –, wohnte ich mit meiner kleinen Schwester und ihrer französischen Betreuerin, »Mademoiselle«, allein im Haus auf dem Münsterplatz und mußte mich wie täglich, ohne Zuspruch, auf den Schulweg machen. Ich dachte ständig daran, allen Gewalten entgegen, auf den verwaisten Schönenberg zurückzukehren. Zwar wußte ich, daß diese Rückkehr nicht möglich sein würde, aber ein Anlauf mußte gewagt werden.
Eines Tages, beim ersten Frühstück, hatte ich noch keinen endgültigen Entschluß gefaßt. Der nächtliche Regen hatte aufgehört, jetzt war der Tag wolkenlos. Die Kastanienbäume des Münsterplatzes standen in Blüte, die Pflastersteine glänzten in vielen Farben, auf dem Glücksrad über der Galluspforte, auf dem hellroten Stein des Münsters lag Morgenlicht. Der Entschluß brach aus in mir, als ich ein Stück Emmentaler Käse verzehrte und lustlos an den Stundenplan dachte.

Ich werde, so stand es plötzlich fest, nicht zur Schule gehen; ich werde mich auf Abwege begeben als ein nicht schuldbewußter Schuldiger. Abenteuer! Genau dieses Wort fiel mir in einer Art von wonnevoller Verlockung ein. Um Viertel nach sieben verließ ich das Haus. Ein späteres Weggehen wäre unklug gewesen; ich hätte Lehrern und gewissen Mitschülern begegnen können. Laufend erreichte ich den romanischen Teil des Münsters, ließ die über den Rhein sich erhebende schöne Pfalz hinter mir und betrat den Kreuzgang. Dort betete ich, immer im Gehen, kein Gebet um Verzeihung, kein Gebet um Hilfe für das Gelingen des Unternehmens, auch keine Bitte um Schutz vor den Folgen, nein, einzig ein Gebet darum, daß mein Streich meinen fernen Vater nicht betrüben oder erschrecken möge. Aber gleich dachte ich: ihm kann ich keine Lügen sagen, falls er es erfahren sollte, ihm werde ich alles erklären; er wird mich tadeln, aber er wird mich verstehen.

Um meinem Weg zu folgen, muß man die Topographie der Stadt Basel kennen. Ich ließ die Rittergasse beschleunigten Schrittes hinter mir, hielt es dann für besser, mich keinen Begegnungen in der langen St. Albanvorstadt auszusetzen. So betrat ich die Wettsteinbrücke, benützte die Treppe, die zum linken Rheinufer hinunterführt und gelangte vom St. Albantal ins letzte Außenquartier, in die sogenannte »Breite« vor der Kantonsgrenze. Nach der Birsbrücke aber befand ich mich bereits im Dorf Birsfelden – in der Schweiz –, wie mein Großvater zu sagen pflegte, oder im Baselland, wie mein Vater sich ausdrückte. Bei der Kirche des damaligen kleinen Dorfes angelangt, schweifte ich auf einen Pfad ab, der dem Rhein entlang führte, dort, wo der Gebirgsstrom noch reißend vorbeizog, starke Wirbel bildend. Dann ließ ich mich im dichten Uferholz nieder.

Plötzlich schreckte ich auf. Schritte wurden hörbar, ganz in der Nähe, leise polternd wie auf einem über freiem Raum erstellten Holzweg. Was war das? Gespannt hinhorchend kroch ich behutsam vorwärts. Jetzt erblickte ich einen Laufsteg und eine kleine, wie eine Pfahlbauanlage über das Wasser gebaute fensterlose Hütte, die nur mit einem Guckloch versehen war. Über dieser Hütte sah ich vier Stangen, an denen Schnüre befestigt waren. Diese Stangen reichten weit hinaus über den Wasserspiegel, und an ihnen hing etwas, das sich unter der Wasseroberfläche befand. Was bedeutete das lange seitliche Holzgitter, das dem Steg und der Hütte entlang aus dem Fluß ragte? Es war wohl angebracht, um einen stromaufwärts schwimmenden Fisch zu zwingen, genau dort vorüberzuziehen, wo der unbekannte Gegenstand an den

Stangen hing. Nichts hörte man nun außer dem Rauschen des jungen Rheins, dem Rascheln des jungen Laubes, wenn bewegte Luft kurz aus Westen einfiel. Plötzlich trat das Ereignis ein: Die Schnüre wurden straff, aus dem Wasser schnellte an den hochgerissenen Stangen ein viereckiges Netz, das sich augenblicklich zu einem Beutel zusammenzog, und in dem Beutel sprang, immer wieder zurückfallend, sich drehend, schlagend, ein großer Fisch. Aus der Hütte trat ein älterer Mann, ergriff den Beutel und faßte in die Kiemen eines gefangenen Salms. Er verschwand in der Hütte. Die Schnüre wurden wieder locker, dann trat der Mann nochmals hervor, öffnete das Netz, die Stangen senkten sich aufs neue, und es versank wieder unter dem Wasserspiegel.

Was hatte der Mann in seinem Unterschlupf getan? Durch welche Vorrichtungen hatte er das Hochschnellen der Stangen bewirkt? Wo befanden sich die Gewichte, mit denen man diese hölzernen Fangarme im Augenblick ihres Emporschnellens belastete, um sie beim erneuten Niedergehen sanft einzutauchen? Wie gern hätte ich den Fischer gefragt: »Was ist geschehen? Wo ist der Fisch? Lebt er noch?«

Jedoch keine Rede davon! Der Fischer hätte rauh und zornig werden können: »Lausbub, was tust du hier? Was treibst du dich herum?« Sicher kannte er einen Lehrer, der Lehrer einen andern, vielleicht einen meiner eigenen. Ich kroch lautlos zurück in den Schutz eines Haselstrauches. Er regte sich, wieder zog ein Hauch über die Büsche. Ich glaubte mich verstanden, umhegt, in einem Bereich, dem ich angehörte. Ich ergriff einen hellroten Kieselstein; auch er lebte. Ich hielt ihn in der Hand, bis er sich zu erwärmen begann. Seit wann lebte er? Schon lange hatte er sein Geheimnis bewahrt; und wie lange würde er noch da sein, ohne es zu verraten?

Während vieler Stunden lag ich so zwischen den Sträuchern. Einmal schlief ich ein, und als ich erwachte, hatte ich Hunger, was mich zwang, an Rückkehr zu denken. Wie sollte ich sie durchführen?

Wenn nur ein Fischerboot käme, rheinabwärts, immer dem Ufer entlang, das mich mitnähme! Allerdings, mit Ausnahme der Stunden von zwölf bis zwei Uhr waren alle Gefährlichen auf Kathedern oder in ihren Kontoren eingesperrt. Verließen sie diese, die einen um vier, die anderen um sechs Uhr, so mußten sie mit Büchern, zu korrigierenden Aufsätzen oder, die Herren aus den Kontoren, mit ihren Aktenbündeln gespannten Blickes vorwärtsstürmen. Trotzdem aber hätte einer fragen können: »Wo kommt der Junge her um diese Zeit? Er kommt mir so bekannt vor.«

Ein merkwürdiges Gemisch von Angst und von Lust, die Ursachen dieser Angst zu überwinden, überwog. Das sollte immer so sein, in allen Lagen bis spät im Leben.
Ich begann zu frieren. Der Strom schoß vorüber; noch riß er glänzende Lichtstreifen mit sich. Immer nah am Wasserrand, aber jeden Sandstreifen vermeidend, weil dort die Spur hätte zurückbleiben können, drückte ich mich mit äußerster Vorsicht durchs Buschwerk, und noch war alles reine Lust, bis ich das erste Haus von Birsfelden erreichte. Ich erwog den Rückweg: vielleicht hinüber in den rechtsufrigen Stadtteil Kleinbasel? Brücken entstanden in meinem Sinn – hölzerne, eiserne, steinerne –, viel mehr Brücken als in Wirklichkeit vorhanden waren. Die mittlere Brücke schied aus. Der Rheinsprung: das hieß Professoren und Studenten. Der Marktplatz war ausgeschlossen, oder gar die Augustinergasse: dort gab es »Spione«, jene Spiegel vor den Fenstern, in denen man jeden Vorübergehenden genau beobachten konnte, ohne selber gesehen zu werden. Ach, wären doch die Tage im Mai so kurz wie im Dezember! Wo bot sich ein Ausweg? Über die Birsbrücke in Birsfelden mußte ich unfehlbar. So lief ich denn, war schon jenseits der Birs, schwenkte ab, gelangte durch eine Seitengasse wieder an den Rhein, dann diesem entlang zur steilen Treppe. Beim Hinansteigen aber war mein Entschluß gefaßt.
Ich setzte mich wiederum in Trab, direkt in die gefährlichste aller Gassen, die Rittergasse. Jetzt stand ich vor dem Ritterhof, dem Haus der mächtigsten aller Tanten, Sophie. Ich drehte den Türknopf der Einfahrt. Das Tor schloß sich hinter mir. Links und rechts vor dem großen Hof befanden sich die beiden einander gegenüberliegenden Eichentüren. Ich läutete an der linken und hörte lange das Nachklingen der Zugglocke. Die alte Marie öffnete: »Wie siehst du aus! Man kämmt sich die Haare, bevor man Besuche macht; man meldet sich an!« schalt sie.
Die Tante war zu Hause; sie stand im Begriff, Schachaufgaben zu lösen. Sie saß, wie immer, aufrecht, ohne die Rückenlehne des Fauteuils zu benützen, im grünen Zimmer, das an der Vorderfront seine hohen, zwölfgeteilten Fenster auf die Gasse hinaus hatte, links und rechts vom Wandspiegel über der Konsole. Jetzt waren sie durch schwere Vorhänge verhüllt. Die Tante erblickte mich: »Marie«, rief sie der Enteilenden nach, »holen Sie eine Bürste und einen Kamm und nehmen Sie diesen späten Besucher mit!« Die Alte schüttelte den Kopf, ich folgte ihr, mußte Hände und Gesicht waschen, der Staub wurde mir von den

Kleidern gebürstet und die schmutzigen Schuhe waren auszuziehen, bevor ich zur Tante zurückkehre. Als ich wieder vor ihr stand, befahl sie: »Setz dich! Was hast du angestellt?«
Ich erzählte alles wahrheitsgemäß. Die Ursache meiner Fehlhandlung erklärte ich ausführlich. »Keine Seelenzustände!« wurde ich kurz unterbrochen. Allem Gehörten schenkte sie große Aufmerksamkeit, dem Geographischen wie dem Taktischen.
»Also, seit sieben Uhr früh hast du nichts gegessen? Du bleibst hier, wir essen zusammen. Ich frag' jetzt nichts mehr. Die arme Mademoiselle muß sich über dein Wegbleiben geängstigt haben; an sie hast du nicht gedacht!«
Nun holte die Tante ein mit Saffianleder überzogenes Tintenfaß und einen Federhalter. Dann schrieb sie, hielt das Blatt einen Augenblick über das Rohr der Petroleumlampe, läutete und sagte: »Jemand soll das sofort Mademoiselle auf dem Münsterplatz übergeben.« Zu mir gewandt, erkundigte sie sich: »Wie heißt dein Klassenlehrer?« Wieder schrieb sie, gab mir das Blatt, und ich las: »Geehrter Herr Lehrer! Mein Großneffe, Carl Jakob Burckhardt, fühlte sich gestern nicht wohl, und ich riet ihm, nicht zur Schule zu gehen. In Abwesenheit seiner Eltern bitte ich Sie, seine Absenz zu entschuldigen.«
Ihre Unterschrift war weder unterstrichen noch größer als die Buchstaben des Textes.
»Das«, so hieß sie mich, »gibst du morgen gleich dem Klassenlehrer. Glaub' nicht, daß ich dir nochmals aus einer solchen Lage helfen werde. Ich tu's deiner Eltern wegen, die bald zurückkommen. Sie würden eine solche Liederlichkeit sehr ernst nehmen. Das solltest du wissen.«
Ich spürte mein Versagen plötzlich bis auf den Grund.
Also auch dies war die gestrenge Tante Sophie, die, wie alle bestätigten, nie eine Unwahrheit gesagt hatte. Auch diesmal nicht: mir war nichts weniger als wohl am Morgen, als ich aufbrach.

DIE ELTERN

Meine Mutter

Meine Mutter[1], die aus einer hellen, geselligen Welt stammte, gelangte mit achtzehn Jahren in die Stadt am Rhein, die Stadt, an die sie sich im spätern Leben so völlig anschließen sollte. In ihrer Jugend aber fühlte sie sich wie eine Figur Ibsens, einsam und unverstanden. Sie klagte: »Ich bin ein gefangener Vogel.« Sie bezeichnete die untereinander so verschiedenen Tanten als Nonnen. Nur bei Tante Sophie machte sie eine Ausnahme. Dort fand sie stets das Wirken eines sie beratenden, humorvollen Verstandes, energische Vernunft, voll waltendes, aufmunterndes Verständnis und einen Gleichmut allen Rückschlägen, Schwierigkeiten und Nöten entgegen.
Ihre Heimat[2] war diejenige, die ihr Vater geschaffen hatte: ein großes Haus in einem weiten Park in jener sardisch-französischen Welt Genfs, nicht im Kreis der späteren Calviner, sondern im offenen, wechselnden, internationalen, rasch sich ergänzenden Milieu der Engländer, die den Kontinent liebten, der noch an Europa interessierten Südamerikaner, der frankreichfreundlichen Deutschen, die sich doch der Feuerprobe einer Niederlassung in Frankreich nicht aussetzen wollten.
Sie sehnte sich nach den großen Verhältnissen ihres Vaterhauses, nach der patriarchalischen Beziehung zu einer zahlreichen Dienerschaft, vor allem aber nach der von Kindheit an zwischen Brüdern und Schwestern geübten Kameradschaft mit Nachbarn, die, wie sie selbst, in angrenzenden Parks, mit Roß und Wagen, mit bändergeschmückten Merinos, hochgezüchteten Hunden, mit Fischteichen und Treibhäusern aufgewachsen, unangemeldet erschienen. Sie dachte an ihre Gespielinnen, die auf Ponys herumritten, zur Gitarre und Mandoline sangen, Theaterstücke und Scharaden spielten, eine brave, durch Engländerinnen und »Fräuleins« behütete Mädchenschar, und daß viel hübsche, leichte, hoffnungsvolle Wünsche in dufterfüllten Sommernächten

Der Großvater, Carl Burckhardt

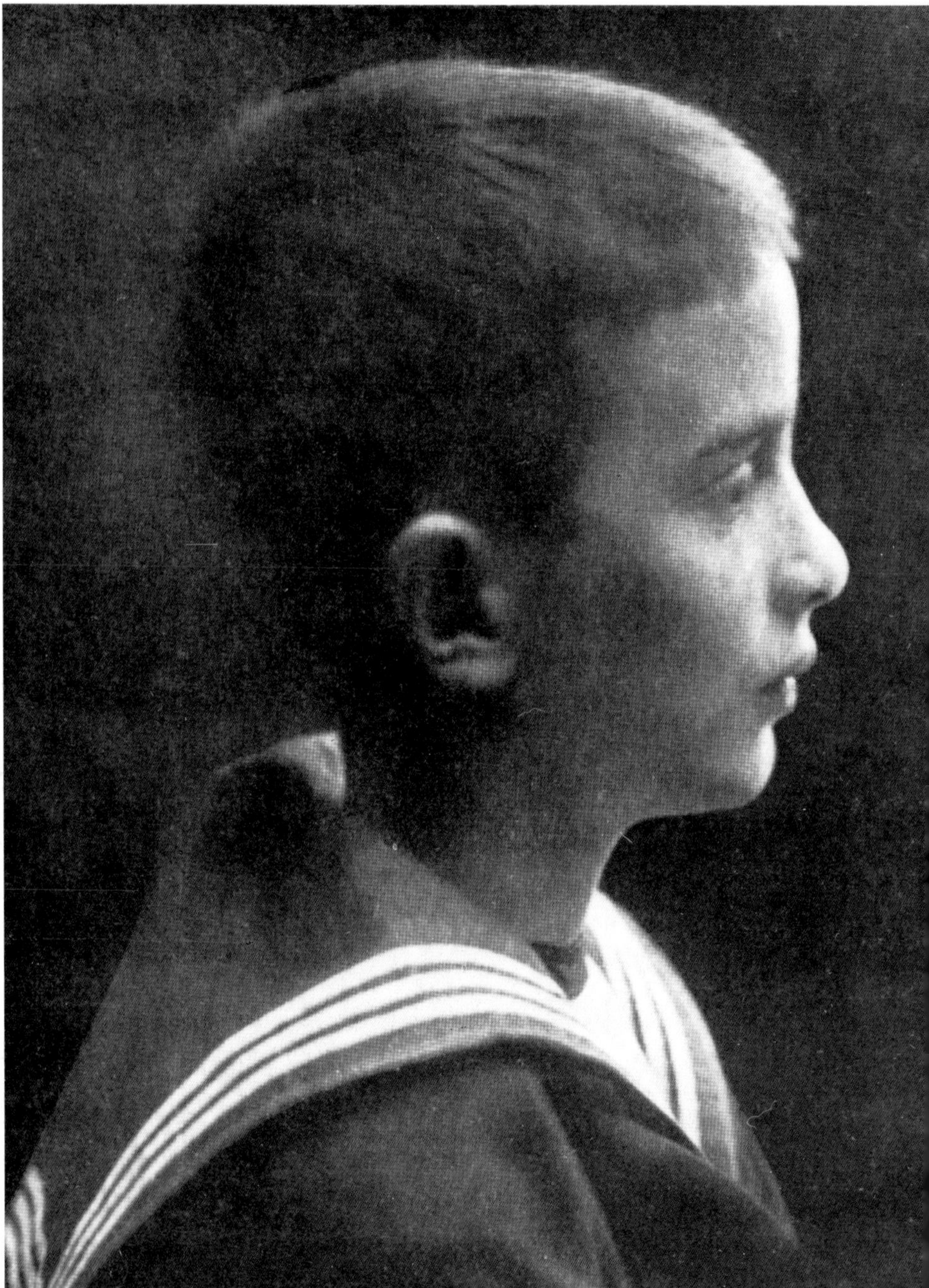

Mit 12 Jahren

durch die grünen Jalousien vorüberglitten, ohne daß Vernichtungen und Leid allzufrühes Sattsein, Überdruß oder zynische Erfahrungen je Eingang gefunden hätten. Eine aufeinander abgestimmte Jugend wuchs da heran, allzufern vom Leid der Welt, von der Wirklichkeit und ihrer schon beginnenden Enthüllung. Man redete zusammen in einer europäischen Hochsprache, aber mit einem eigentümlichen Provinzakzent, den man liebte. Die Mundarten des deutschen Landesteils dagegen empfand man als etwas Ohrenzerreißendes, und die »Fräuleins« aus Leipzig oder Hannover bestätigten einen in dieser ungeduldigen Abneigung.

Nun war die Mutter verpflanzt worden, verpflanzt nach Basel, in eine der seltsamsten städtischen Persönlichkeiten des alten Kontinents. Man denke: eine Stadtgemeinde von etwa sechzigtausend Einwohnern, in der soeben noch an der ältesten Universität des Landes gleichzeitig ein Nietzsche, ein Johann Jakob Bachofen[3] und ein Jacob Burckhardt[4] gelehrt hatten.

Meine Mutter war ein starkes Naturwesen mit lauter ihr selbst nicht erkennbaren Antrieben. Die Zucht, die in ihrer neuen Umgebung herrschte, den hohen Druckzustand innerhalb der bereits so gefährdeten Polis – wahrhaft einer geweihten Stätte –, die Werte, die für die Hüter nicht des Vergangenen, sondern des Dauernden ausschließlich galten, hat sie erst in ihren späteren Lebensjahren, nach dem Tod ihres Gatten in ihrer Weise verstanden, um dann zu versuchen, sich ganz an den Geist der alten Republik zu halten. Zu ihrer früheren Abwehr hat nicht nur der Druck einer für sie vorerst unbegreiflichen Strenge Anlaß geboten, sondern hat dann gerade, in oft paradox erscheinender Weise, die Furcht vor dem Abgleiten der Nachkommen aus dem in ihren Augen doch so übersteigerten Anspruch der Pflicht zu einer entgegengesetzten Haltung geführt, und zwar, weil in der ihr zu Beginn so unbegreiflichen Umgebung jene ihr tief unheimliche Melancholie vorhanden war, die – wie sie undeutlich, aber intensiv zu fühlen meinte – jeden Widerstand gegen das Hergebrachte von vornherein zum Scheitern bringen mußte.

Wie vielfältig bei Naturen, die, aus ihrem angestammten Erdreich verpflanzt, sich gegen das Wurzelschlagen in anderem Boden wehren, die Art dieser Abwehr sich gestaltet, habe ich an ihr erlebt, weil sie ohne verstandesmäßige Konsequenz genau dasjenige heftig von sich wies, was sie dann dennoch glaubte dauernd von mir verlangen zu müssen.

Ich sehe meinen Vater nur jung vor mir, schlank, rasch, leise, beherrscht, immer gütig beim Anhören und in der Art, Widerspruch und Auflehnung zu hören, aus Irrgängen zurückzuführen, zu klären, zu lenken. Ich habe ihn bisweilen im Zustand knapp entscheidender Bestimmtheit erlebt, niemals aufbrausend, nie verletzend. Alles, was im Innern des Menschen Sprengwirkung annimmt und sich nach außen befreiend entlädt, endete in seiner letzte Kraft erfordernden Zurückhaltung und wandte sich gegen ihn selbst.

Die Erschöpfungszustände, die mein Vater mit allen Mitteln des Willens zu verbergen suchte, waren mir schon sehr früh erkennbar, aber lange blieben sie mir unerklärlich. Das Auf und Ab seiner Natur, seiner Leistungsfähigkeit, erkannte ich früh, und ich fürchtete die gesteigerten Zustände fast mehr als den Rückschlag, der jeweils langsam einsetzte und dann sehr plötzlich zum Versagen in bleierner Müdigkeit führte. Solange er sich im Aufschwung befand, leistete er Außerordentliches scheinbar spielend. Kündigte sich das Absinken an, so widerstand er mit angespanntem Willen, den er kaum je durch Einschalten von Ruhepausen zu unterstützen versuchte.

Ich habe während meiner Schul- und Studienzeit ständig Sorge für ihn empfunden; diese Sorge lastete auf mir. Um jeden Preis hätte ich ihm Genugtuung und Freude verschaffen wollen, und gerade dies lähmte mich, vor allem, weil meine Gedanken ständig um etwas für mich Unfaßliches kreisten.

Daß man sich in der Schule wie später im Beruf zu bewähren, ja auszuzeichnen habe, war für die mir vorangegangenen Generationen meines Stammes, die einst auch Zeugnisse erhielten und Examen zu bestehen hatten, selbstverständlich, und würde ich weiter zurückgehen, zu den Urgroßvätern und ihren Vorfahren, immer könnte ich dasselbe Bestreben erkennen. Aber ich beabsichtige nicht, eine Geschichte des Herkommens aufzuzeichnen.

So vieles galt für selbstverständlich; das sittlich genau geregelte Verhalten, die völlige Unmöglichkeit, etwas »Unehrenhaftes« zu tun, die Unterordnung gewisser im Menschen vorhandener Naturkräfte unter den Begriff der »Pudenda«, oder auch die Scheu vor jedem Gespräch über materielle Fragen, bis zum Augenblick, in dem diese dann zum Beruf gehörten. Schließlich aber und vor allem galt immer wieder das Geheiß, ja die Notwendigkeit, sich dem Gemeinwesen freiwillig zur Verfügung zu stellen.

Mein Vater ist auch in seiner engsten Umgebung in bezug auf seine entscheidenden Bestrebungen nicht verstanden worden; besonders dann nicht, wenn er mit Gruppen oder einzelnen in Konflikt geriet und die Dehnbarkeit aller Lebenslagen, das verdeckte Vorgehen, die Wirkung der Zeit, das Abwartenkönnen des günstigen Moments gänzlich außer acht gelassen wurden und er augenblicklich und frontal vorging. Auch bei seinen Freunden hat ihm stets ein eigener Sinn für das Absolute gefehlt, die kaum je vorhandene lückenlose Solidarität. Meine Mutter sprach bisweilen von Don Quichotterie. »Was du jetzt unternimmst, ist undurchführbar«, sagte sie zu ihm. Es war Sorge für sein Durchhaltevermögen dabei, wenn sie sich in dieser Weise äußerte, vor allem aber eine durch keine Logik unterstützte, ihr angeborene Tendenz, alles durch den Gewinn von Wohlwollen, durch Überbrückung der Gegensätze, durch Aussöhnung der Gegner zu lösen. Oft vertrat sie den Standpunkt des jeweiligen Widersachers: »Versetze dich in seine Lage«, meinte sie. Durch die sachliche Unkenntnis der Streitfälle aber und den inneren Widerstand, den sie dem Erfassen dessen, worum es wirklich ging, entgegensetzte, entstand bei ihr eine Art von fast kindlicher trotziger Abwehr, von ungeduldigem Widerstand, wenn sie seinen immer ruhig vorgebrachten Argumenten nicht weiter zuhören wollte und das Gespräch abbrach. Diese Umstände führten dann dazu, daß er wortlos alles mit sich selbst abmachte und jede Mitteilung unterdrückte.

Pflicht war ein Wort, das man hin und wieder, stets als Ausgang eines kleinen Streitgesprächs mit tiefen Hintergründen hörte.
Ich saß unter dem runden Tisch eines Wohnzimmers, die Decke auf der Tischplatte reichte bis auf den Fußboden. Ich befand mich in einem dämmerigen Zelt, völlig still, beschützt, unsichtbar. Die Tischdecke war mit dunkelroter Seide gefüttert. In rotem Dämmerlicht kauerte ich, oder ich lag auf dem Rücken, den Kopf auf einem Kissen. Die Eltern sprachen.
Meine Mutter sagte: »Unterhalb Genua liegt ein Ort am Meer, er heißt Levanto, dort gibt es ein einziges Hotel. Mein Bruder war im Frühjahr dort, zwei Monate lang. Die Bucht sei herrlich, entlang dem Strand weitumfassend, gegen das offene Meer sich verjüngend, zwischen roten Felsen sich zu einer Pforte schließend.« Rote Felsen, das sah sie vor sich, das hatte der Bruder, der Onkel Fred[5], bestimmt nicht geschildert. Ich sah den Onkel, den Junggesellen vor mir in Levanto, im sauberen Hotel. »Ein so angenehmes Publikum, fast nur Engländer«,

hatte er geschrieben, aber sicher nichts von roten Felsen. Ja, ich sah ihn vor mir, schlank, mit dem Scheitel auf der linken Seite des allzu schmalen Kopfes und dem dunklen, leicht gesträubten Schnurrbart (später hätte ich gesagt, eines englischen Gardeoffiziers). Daß alles Englische ihm seit seinem zweijährigen Aufenthalt in London bewundernswert erschien, war mir, weil es oft erwähnt wurde, zu einer Vorstellung geworden. Deutlich erblickte ich ihn: Über die Bucht nach den roten Felsen blickend, weiße Beinkleider aus Flanell trug er, eine leichte, hellblau und weiß gestreifte Jacke, ein blaues Seidentuch in der oberen linken Tasche, der äußeren, gleich unter dem Knopfloch, in dem eine weiße Nelke, bisweilen eine Gardenie steckte, wie ich erfuhr und wie ich es sah, wenn er in seinem Genfer Park spazierte. An der Gardenie hatte er mir sogar erlaubt, den süßen Duft einzuatmen, etwa in den Jahren 1897/98 mag das gewesen sein. Sein Kragen war ganz anders als diejenigen der übrigen mir bekannten Herren. Bei ihnen waren die steifen, gestärkten Kragen an den Enden etwas geöffnet, spitz nach aufwärts in den Hals stechend, oder sie hatten nach links und rechts hinuntergebogene Ecken, zwischen denen man den Adamsapfel auf-und abrollen sehen konnte.

Der Onkel aber, der von Levanto und den Empfängen des dort ein Schloß besitzenden Marchese Tagliacarne erzählte, war ein Neuerer, was Kragen betrifft. Auch die seinen waren gestärkt, aber die waren, wie heute, doppelt; die oben geschlossene Form war bereits erreicht. Um eine Kravatte einzuführen, brauchte es eine sehr geschulte Hand, und diese besaß der Onkel. Kurz, in meiner Vorstellung wandelte er in Levanto am Strand mit einem alten englischen Oberst, den ich nach nicht zu langer Zeit kennen lernen sollte. Irgend etwas bei diesem ausgesprochen gutherzigen, freundlichen Onkel wurde, so schien es mir, immer leicht beanstandet. Er hatte keinen Beruf und schützte stets vor, er sei erholungsbedürftig.

Meine Mutter fuhr fort: »Nach diesem eintönigen Leben hier ist es nötig, endlich wieder einmal in die Weite zu gelangen, Meerluft zu atmen, Farben zu genießen. Ich bitte dich, mach dich im September frei, fahr mit mir nach Levanto! Der Bruder wird auch wieder dort sein; keine Gesellschaft ist so angenehm wie die seine. Wer hat einen so sicheren Geschmack wie er, sieht alles, was schön ist?«

Dann kam die Antwort: »September, da muß das Wintersemester vorbereitet werden. Ich kann nicht herumreisen; es handelt sich um Pflichten.«

Wann solche Gespräche stattfanden, weiß ich nicht genau; wohl so lange ich mich erinnern kann immer wieder, und stets hörte ich dieses schwere Wort Pflicht, das mir lange wie eine bleierne Last erschien. Woraus bestand sie? Wie verhielt sie sich zu der rasch aufflackernden Sehnsucht nach blauen Buchten, roten Felsen, nach dem Bruder Fred, der lebte wie die Lilien auf dem Felde und der von höflichen, leisen alten Engländern umgeben war, von Männern einer Sorte, die es in unserer heutigen Zeit kaum mehr gibt?
Ein Anflug von Erinnerung, die für vieles besteht, was einst gewesen ist. Sie gehört zur Zeit der verwöhnten, unbeschäftigten Frauen aus Ibsens Welt, aus westlichen Romanen. Da ihnen jeder Wunsch von den Augen abgelesen und erfüllt wurde, verfielen sie einem ständigen Wunschdenken, das mit bisweilen trotziger Beharrlichkeit Erfüllung heischte. Diese weiblichen Wesen brauchten lange Zeit – viel mehr als die Heutigen sich vorstellen können –, um erwachsen, um ernst zu werden. Aber wenn sie lange genug den kommenden Zeiten entgegengelebt hatten, verwandelten sie sich, wenn die Vorwürfe der Zeitgenossen auf sie und die Schicht eindrangen, der sie angehörten. Dann konnten sie – diese aus kindlichem Eigennutz und durch flatternde Wünsche von der Wirklichkeit abgetrennten Wesen – jene Stärke und eine ganz bestimmte klarsichtige Weisheit erreichen, worin erstaunliche Reserven an Haltung hervortraten und sie zu eindrucksvollen Persönlichkeiten werden ließen, wie es für die Frau, deren ich in Liebe und Bewunderung gedenke, der Fall sein sollte.
Vielleicht zu spät, um das Wichtigste zu vollbringen, das ihr aufgetragen gewesen wäre: einen ihr aufs äußerste ergebenen Menschen, der ihr am nächsten stand, über alle Grenzen hinweg zu verstehen, ihn zu erlösen, ihm Beistand zu leisten und in allen Lagen zu ihm zu stehen. Dies war und bleibt der Sinngehalt der Ehe. Sie kann über die dem Menschen verliehene Zeit hin eine Gemeinsamkeit des Wissens um Geheimnisse, die völlige Kenntnis von Wesen und Art eines Mitmenschen, die Solidarität, das sicherste Einstehen des einen für den andern verwirklichen wie keine andere menschliche Bindung. Sie kann wahrhaft ein Sakrament sein, wie die alte Kirche es festhält. Als ein seltenes Wunder vermag sie es, jenseits von allem Hingerissensein dahin und dorthin, durch Leidenschaften hindurch sich unzerstörbar zu bewahren. Sie kann es unerschütterlich, in voller Freiheit. Sie vermag es, solange eines vorherrscht – die unversiegbare Kraft jenes leisen Lächelns, das sagt: Alles, auch Gefahr, auch Schmerz – aber unser gemeinsames

Geschick wird im Innersten von all dem nicht berührt! Ich weiß, ich bin für dich vorhanden.
Es ist selten wie alles Vollendete. Aber daß es sich immer wieder verwirklicht, hier und dort, daß man im Laufe des Lebens auf dieses Wunder treffen darf, das ist eine Gnade.

Mein Vater

Mein Vater[6] – noch heute, wenn ich dieses Wort ausspreche, hinschreibe, ist es so groß, daß es mir beinahe den Atem nimmt; nicht das Allgemeine davon, nicht etwa die Vorstellung vom Lebensspender, Beschützer, vom Kundigen, Weisen, vom Herrscher, sondern, weit weg von solch mythischem Schauer, das völlig Einmalige: *mein* Vater, der meine, für welchen ich eine Freundschaft empfand, eine Liebe, ein Mitleid ohnegleichen, nichts anderem in meinem Leben irgendwie verwandt. Wenn ich daran gehe, über das Rätsel meiner Jahre nachzudenken, so steigt das eine Gefühl für diesen einsamen und so rührend kühnen Menschen auf wie eine mächtige Flamme in der Nacht, die weit im Umkreis die Landschaft mit ihren Höhen und Tiefen erleuchtet.

Vor mir, wenn ich sein Bild aufrufe, sehe ich einen mir sehr jung erscheinenden Mann, der heute – durch den Abstand der Lebensjahre, die er erreichte, und denjenigen, in denen ich nun angelangt bin – wahrhaftig mein Sohn sein könnte. Er war 1900 achtunddreißigjährig, und als er das Leben, zu Beginn des Ersten Weltkrieges, am 19. Februar 1915 verließ, hätte er noch neun Monate und neun Tage aushalten müssen, um am 5. Dezember seinen dreiundfünfzigsten Geburtstag zu erreichen, diesen Geburtstag, den er mit seinem 1831 geborenen Vater gemeinsam hatte.
Robert Boehringer[7] schrieb einmal in einem Gedicht, das er mir schenkte:

»... der trat in schwarz und weiß, ein wahrer herr
Verpflichtend, einsam aus dem Haus auf Burg[8].
Aus schmalem kopf, durchgeistigt hoher schläfe

Erschreckten unter dicht gezognen brauen
Seltsame augen den begegner, augen
Geschaffen das undenkbare zu schauen
Enthüllend, was der mund verschließen wollte,
Mit einem traum von dunkler traurigkeit.
Er heftete den blick auf recht und sitte
Vorlebend wie ers meinte, fast zu edel
Für diesen Stadt-Staat dem er treue hielt …«

Das ist einprägsam, und Wesentliches wird hier ausgesprochen. Hinter dem »schwarz und weiß« verbirgt sich noch eine Andeutung der Wappenfarben meiner Vaterstadt, die sie in der Schweiz mit Freiburg im Uechtland, in Deutschland mit Preußen gemeinsam hat.

Mein Vater war etwas mehr als mittelgroß, bis zuletzt sehr schlank. Der so vitale, gescheite, alles vorausdenkende und immer heitere Genfer Professor der Nationalökonomie und hohe Völkerbundsbeamte, William Rappard[9], besuchte einmal den Großen Rat des Kantons Basel-Stadt. Er sah meinen Vater auf der Regierungsbank sitzen. Später sagte er zu mir: »Ich sah ihn im Verlauf einer Debatte im Basler Rathaus; es war, als habe sich ein Mitglied des englischen Oberhauses aus der Zeit des Premierministers Salisbury dorthin verirrt.« Ein derselben Partei wie mein Vater angehörender Basler Politiker sagte einmal zu seinem Kollegen im Parlament, dem Genfer Horace Micheli[10]: »Was mir an Carl Christoph Burckhardt stets unerträglich blieb, war seine Ritterlichkeit.« In der Tat, diese Ritterlichkeit gehörte auch zu seinem Bild.

Wir leben nach zwei Weltkriegen innerhalb eines Zustandes, in dem von den Rechten und Pflichten des römischen »paterfamilias« wenig übrig bleibt. Das »Glied in der Kette«, für das der einzelne sich so lange gehalten hat, ist verächtlich gemacht worden, wirkt lächerlich. Die Verheißung völliger Unabhängigkeit des Individuums hat als Lockung mitreißenden Erfolg gezeitigt. Wie bald jedoch sollten die aus allen naturhaften Bindungen Entlassenen zu Sklaven von Moden und Massensuggestionen, von Parteidoktrinen werden und schließlich zu Staatssklaven! Die Entwicklung der Autoritätsfeindlichkeit zur zornigen Abwehr gegen die Väter hat schon lange vor den großen europäischen Bruderkriegen eingesetzt. Als die Literatur sie zwischen 1880 und 1914 sehr deutlich anzeigte, befand sie sich schon nahe an ihrem Abschluß, dem dann furchtbare Gegenschläge als Ausdruck übersteigerter Gewaltherrschaft folgten. Nach dem regellosen Auflösungsstreben kam härtester Zwang. Nichts Menschliches war dabei, keine Sohnesliebe zu den Vätern versöhnte die Ungerechtigkeiten, die jedem Abhängigkeitsverhältnis eigen sind. Im Theater der Jahrhundertwende wurde der Vatermord im grellen Licht der letzten Akte zu einer sich bald bis zur Selbstverständlichkeit abnützenden Gewohnheit. Erst nach diesem kaum ernst genommenen Auftakt setzte dann, in wenig folgerichtiger Weise, das große Sterben für die »Vaterländer« ein. Was auf den Bühnen der Großstädte als Menetekel sichtbar geworden war, gewann bald maßlos an Virulenz innerhalb der Sinnlosigkeit des durch Technik übersteigerten Mordens während der ersten Jahrhunderthälfte. Überdruß, Widerwille stellte sich allem entgegen, was einst gewesen war. Fast ausschließlich bestimmten wirtschaftliche Argumente die zur Wissenschaft ansetzende Soziologie.

Die Psychologie, die für Fehlhandlungen des einzelnen, des Heranwachsenden, einstige autoritäre Eingriffe Erwachsener verantwortlich machte, vertiefte die Trennung zwischen den Generationen. Derartiges gehört zur Voraussetzung der durch das 20. Jahrhundert hindurchziehenden Geschlechter, die zur Stützung ihres Verhaltens – nach dem man sie einmal beurteilen wird – die feste Überzeugung in Anspruch nehmen, sich unablässig im Fortschritt zu befinden. Daß der Fortschrittsgedanke zum Glaubensinhalt werden konnte, hängt damit zusammen, daß seit bald hundertfünfzig Jahren die exakten Wissenschaften und ihre technischen Folgen in staunenswerter Entwicklung sind. Das Wort »Wissenschaft« wird fast allgemein mit einer Unterwürfigkeit ausgesprochen, wie sie den jetzt entmythologisierten Leitbildern zur Zeit ihrer einstigen Geltung in so völliger und selbstbefriedigender Weise nie zuteil geworden war. Die Symbole sterben, aber die Formeln wachsen aus dem Boden, und sie reißen mit. Gegen 1900 erreichte der Zustand, den man Positivismus genannt hat, seine volle Wirksamkeit. Diese Wirksamkeit bestimmte das verwirrte sozialpolitische Credo der meisten Zeitgenossen, unter denen ich gelebt habe. Das freie Urteil verschwand, die Doktrin wurde vom Zweck zum Mittel, das mit größter Konsequenz und mit überlegenen Methoden schließlich dem ungeheuren Machtzuwachs einzelner Staaten diente; einer Macht, die, für die meisten unbemerkt und ungehört, zur alles bestimmenden Übermacht wurde und noch wird. Sich widerstrebende Thesen ließen innerhalb der allerverschiedensten mit dem Namen »Demokratie« bezeichneten Gesellschaftsordnungen die Fähigkeit,

rein außenpolitische Veränderungen deutlich zu erkennen, in unheimlich rascher Weise absterben.
Am Beginn meines Lebens standen zwei Männer von ausgesuchter Art vor mir, der ältere in Selbstverständlichkeit und Ruhe, sein Sohn schon im Auftrag zum Kampf gegen Kommendes, auch bereits in Abwehr gegen Zweifel, die ihn selbst ergriffen bis zur Niederlage. Da blieb dann ein Enkel übrig, vom ersten Erwachen an in Liebe an diese beiden Männer gebunden. Das Wort »Vater« wird ihm mehr bedeuten als alles andere in der Welt.
Für diesen Enkel, der seinen Großvater nur als Inbegriff weiser Erfahrung und abgeklärter Milde gekannt hat, erscheint die Strenge überraschend, die dieser seinem eigenen Sohn gegenüber anwenden zu müssen glaubte.
Nach Abschluß der vier ersten Gymnasialklassen wurde mein Vater, der fünfzehnjährige Carl Christoph, um Französisch zu lernen 1877 für ein Jahr nach Lausanne geschickt. Er sollte sich vor dem Eintritt in das Basler Pädagogium körperlich kräftigen. Die Anpassung an die neue Umgebung fiel ihm nicht leicht. Über seine Anlagen, sein Verhalten wurde dem Ratsherrn vom Pädagogen regelmäßig berichtet. Aber wie immer, gelangten nicht nur diese abgemessenen Urteile nach Basel, sondern auf Umwegen ebenfalls Redereien von durchreisenden Landsleuten, die dem noch scheuen und unter Heimweh leidenden Schüler irgendwo begegnet waren. Auf eine solche, durch verschiedene Zwischenträger wohl noch verschärfte Bemerkung hin, erhielt der Fünfzehnjährige im Oktober jenes Jahres von seinem Vater folgende Rüge:
»... Deine beiden letzten Briefe haben mir keine besondere Freude gemacht. Einmal waren beide geschmiert; sodann erklärte der erste schon nach zwei Seiten, der zweite gar schon auf der ersten Seite, Du wüßtest nicht, was zu schreiben. Es ist für einen bald fünfzehnjährigen Sohn ein bedenkliches Armutszeugnis, und Sophie gibt sich in ihren Briefen viel mehr Mühe, schreibt besser und schöner ...
Auch auf der Gordanne scheinst Du langweilig gewesen zu sein, und es ist sonderbar, wie Du Dich freust, wieder einen Sonntag zu Hause bleiben zu können und dann bald darauf klagst, Du wüßtest nicht, was mit Deinen drei Wochen Ferien anzufangen. Es scheint mir, Du solltest mit Studieren, Lesen, Klavierspielen, Reiten und Spazierengehen Dir zu helfen wissen, wenn Du auch gar keine eigenen geistigen Hilfsmittel in Deinem Kopfe hättest...
Diese Mahnungen sind das Resultat Deiner zwei letzten Briefe. Ich

hoffe sehr, ich brauche sie nie mehr zu wiederholen und Du nehmest Dich etwas besser zusammen...«
Die Antwort enthält Wesentliches. Zum erstenmal sehen wir den Knaben im Rechtsgefühl verletzt, zum erstenmal hören wir ihn klar über innere Vorgänge reden. Er schreibt: »... Ich leide darunter, mich niemandem mitteilen zu können, nur halbernste Gespräche über Wichtiges ertrage ich nicht. Ich habe mehr gelitten als andere Knaben meines Alters, ich denke immer viel an meine Mutter, und vielleicht ist mir alles viel mehr bewußt als Du glaubst. Deine Vorwürfe, ich ließe mich gehen, habe ich nicht verdient ...«
Über einen Vorfall aus seiner Schulzeit scheint Carl Christoph schwer hinweggekommen zu sein, denn er hat, was sonst nicht seine Art war, die Sache später wiederholt im Gespräch erwähnt.
Während eines der Winter, in dem sein Vater sich auf Reisen befand, wohnte der mutterlose Knabe im Hause seiner Tante Marie und jenes Philosophieprofessors, den sie in späten Jahren geheiratet hatte. Während dieses Aufenthaltes brachte Carl Christoph, wie stets, ein ausgezeichnetes Zeugnis nach Hause, das der Onkel Karl Steffensen unterschreiben sollte. Unter der Rubrik »Betragen« aber stand, mit einem Ausrufezeichen versehen, das Wort »Einbläser!« Beim Lesen dieser Bemerkung versetzte der norddeutsche Philosoph dem Knaben eine Ohrfeige, die heftiges Nasenbluten zur Folge hatte. Dieser Vorgang erschien dem Kind als eine Ungerechtigkeit; mit Recht, denn ein Einbläser ist ganz einfach hilfsbereit.

Nach dem Abschluß der Mittelschule, des Pädagogiums – von dem mein Vater sagte, er habe dort vielleicht die glücklichsten Jahre seines Lebens verbracht –, studierte er, wie einst sein Vater und sein mütterlicher Großvater und Onkel, Jurisprudenz, zuerst in Basel, dann in Göttingen und zuletzt in Berlin. In Göttingen übernahm er eine Preisarbeit, die den Titel trug »Sinn und Umfang der Gleichstellung von dolus und lata culpa im römischen Recht«. Die Fakultät verlieh ihm den Preis mit der Begründung, »da diese Untersuchung eine ebensosehr durch Fleiß, Gründlichkeit, Gediegenheit, wie durch eine nicht gewöhnliche juristische und historische Begabung ihres Verfassers, hervorragende, wissenschaftlich wertvolle und der Öffentlichkeit würdige Leistung enthält«. Die im Druck erschienene Abhandlung widmete Burckhardt seinem Vater.
Seine Studien schloß er in Basel mit dem Prädikat »summa cum laude«

ab, wie einst sein Vater in Heidelberg. Gleich nachher fuhr er zur weiteren Ausbildung nach Berlin.
Ein junger Schweizer erwähnte damals irrtümlicherweise gegenüber dem Gesandten der Eidgenossenschaft in Deutschland, Minister Roth[11], dem Freund Moltkes, Burckhardt wolle sich der diplomatischen Laufbahn widmen. Roth ließ ihn wissen, ein Posten an der Gesandschaft sei zu besetzen. Auf die Weisung seines Vaters hin – »Konsultiere deinen Arzt« – meldete Carl Christoph: »Ich habe angenommen. Wie Roth mir versichert, sind gesellschaftliche Ansprüche bei der anzutretenden Stellung nicht übermäßig.«
Im Dezember 1885 trat er als zweiter Sekretär seinen Posten bei der Gesandtschaft an. Nachträglich erscheint dieser Entschluß als gewagt, da er kurze Zeit vorher, während seines Militärdienstes, eine schwere Lungenentzündung durchgemacht hatte.
Burckhardt hat sich sehr an die bedeutende Persönlichkeit seines Chefs, des Gesandten, angeschlossen. Im Hause Roths in Trogen verbrachte er glückliche Tage. Auf der Treppe begegnete er damals zufällig einem ihm unbekannten Mädchen – dieses junge Mädchen sollte wenig später seine Frau werden.
Während seiner diplomatischen Tätigkeit in der deutschen Kapitale hat Burckhardt mit seinem Vater einen inhaltsreichen Briefwechsel geführt, der ein wertvolles Zeitdokument darstellt.
Aber, wie zu befürchten gewesen war, erlitt Carl Christoph schon nach weniger als zwei Jahren einen schweren gesundheitlichen Rückfall. Jetzt veranlaßten ihn die Ärzte, sich nach dem Abklingen der Lungenentzündung für längere Zeit in ein südliches Klima zu begeben. Diese Notwendigkeit hat ihm damals hart zugesetzt. Außerdem aber: Für einmal war er aus der würdigen, jedoch oft quälenden Enge seines bisherigen Lebenskreises entkommen und hatte in großen Verhältnissen politische Geschichte erleben können, Voraussetzungen, für die er geschaffen war, und die er in dieser Form nicht mehr finden sollte.

Es war die Zeit, die schon den Niedergang Bismarcks einleitete. Die Disproportion zwischen seiner Leistung, dem Ausmaß des ihm verliehenen Gelingens und der Rücksichtslosigkeit, ja unverhüllten Grobheit der gegen ihn gerichteten Angriffe wurde täglich deutlicher.
Im Juli 1945 verbrachte ich in kleinem Kreise einen Abend beim Präsidenten der provisorischen Regierung Frankreichs, dem General Charles de Gaulle. Einer seiner späteren Hauptgegner, der an dem Es-

sen teilnahm, glaubte ihm nach dem Munde zu reden, indem er den damals ebenfalls schon angeschlagenen Winston Churchill verächtlich machte und äußerte: »Dieser alte Säufer ist fertig, verbraucht; Staatsmänner sollten nie versuchen, sich an der Macht zu halten, wenn sie die Höhe der ihnen möglichen Erfolge überschritten haben.« Charles de Gaulle antwortete: »Nie war Bismarck größer als am Berliner Kongreß.« – Es folgte betretenes Schweigen.
Schon einige Jahre nach dem hier erwähnten Berliner Kongreß von 1878 wurde der gealterte, erkrankte erste Kanzler des deutschen Reiches gemaßregelt als sei er Irgendeiner. Der Ton, der jetzt in den Räten, in der Parteipresse gegen den geschwächten Greis angeschlagen wurde, war schmählich und verriet, bis zu welchem Grade man der immer noch vorhandenen Leistungsfähigkeit des seinem Sturz entgegengehenden Staatsmannes Rechnung getragen und wie sehr man zu diesem nahe bevorstehenden Sturz beigetragen hatte. Aus tiefstem Unmut, aus der spezifischen Ungeduld des hohen Alters heraus wandte er in der Abwehr Mittel an, die dem Bilde, das ein Teil der eigenen Nation und die übrige Welt sich von ihm gemacht hatten, abträglich waren. »Waidwund«, triumphierte man.
Carl Christoph schrieb damals: »Der Reichskanzler jagt einen Prozeß nach dem andern durch alle Instanzen. Er hat nicht die geringste Aussicht auf Erfolg.« Sodann lesen wir in einem seiner Briefe, im Gegensatz zu solchen für ihn ausgesprochen bedauerlichen Feststellungen: »Nie herrscht im Hause solche Stille, als wenn Moltke spricht. Er spricht leise, scharf und klar, immer zur Sache.« Bismarck aber redete weit von dem jeweiligen Gegenstand entfernt, als meine er, noch alles zum Ausdruck bringen zu müssen, was ihn oft in wahrhaft seherischer Weise bedrängte. Das ungeheure Wallen seiner Seelenkräfte hatte den Kanzler über die vielgerühmte Sachlichkeit hinausgehoben, die mit der jeweiligen Sache verschwindet.
Die seltenen Männer, die über außenpolitische Begabung verfügen, entsprechen einem Typus wie die großen Mathematiker, die Musiker, die Maler oder Dichter. Im Unterschied zu den Mathematikern, die, durch Gesetz menschlicher Logik bedingt, ihre Methoden anwenden, verfügt der politische Kenner über keine Methode. Er spürt und sieht das Ereignis voraus, jede leiseste Druckveränderung der Umstände wird ihm deutlich. Seine Einsichten kann er nicht erklären, über Argumente, die den andern verständlich sind, verfügt er häufig nicht oder doch nur in übertragener Weise, durch psychologisch suggestive Mit-

tel. Im übrigen steht er immer da wie einst Kassandra, Hektors unglückliche Schwester. Seine Einsicht bleibt jeweils, für einige wenige, bis zum Beginn seines physischen Niederganges verständlich, die hypnotische Kraft aber, über die er einst gebot, hat abgenommen, und genau jetzt setzt sein meist tragischer Untergang ein. Die Kraft, mit der er so lange auf seine Zeitgenossen einwirkte, ruft nun den Gegendruck, dem sie erliegen.

Man kann dem Täter und Könner nach längerer Zeit, wenn das Versagen der Nachfolger endlich erkannt wird, in plötzlicher Umkehrung Denkmäler errichten und für ihn fast immer falsche Mythen erfinden – man nimmt ihm von der Bitternis des Lebensendes nichts hinweg. Eine Ausnahme macht nur jener, der das Unwahrscheinliche zustande bringt, selbst seinen Nachfolger zu finden. Dies war beim Kardinal Richelieu der Fall, der den Vollender seines Werkes in der Person eines aus Neapel stammenden päpstlichen Diplomaten[12] entdeckte und diesen Kenner seiner Gedanken, Absichten und Ziele zuallerletzt noch durchzusetzen vermochte.

Basler Universitätslehrer

Daß mein Vater seiner Krankheit wegen die diplomatische Laufbahn nach so kurzer Zeit sehr widerstrebend verließ, ist gewiß.

Bei Abschluß seiner Berliner Tätigkeit hatte er an seinen Oheim Steffensen geschrieben: »Ich habe Schiffbruch erlitten«, und der gestrenge Gelehrte hatte geantwortet – indem er im Bilde blieb –, das Schiff habe nun mit neuer Fracht Kurs nach tieferen Meeren zu nehmen, was in seiner Sprache hieß: »Jetzt mußt du etwas anderes anfangen, das mehr Gewicht hat als die diplomatische Tätigkeit; deiner wartet die Universtität.«

Bei Anlaß der in Berlin erfolgten Erkrankung Carl Christoph Burckhardts schrieb ihm Steffensen am 31. Oktober 1886: »... In unserem Zeitalter ist der glücklich zu preisen, in dem wirklicher wissenschaftlicher Sinn erwacht. Je verworrener die menschlichen Lebenszustände werden, desto kostbarer ist die Friedensstätte ernster Forschung. Und wenn diese auf das tiefere Verständnis jener Verworrenheit selbst gerichtet ist, ist sie ja zugleich die Vorbereitung auf eine ruhige und besonnene Teilnahme am Kampf ... Bei uns geht's allerdings in diesem Augenblick leidenschaftlich zu, und Basel fährt mit vollem Dampf auf der Bahn des Fortschritts ...«

Die Verworrenheit der Anschauungen, die an der Basler Universität in der Tat, wie in den größten Teilen des deutschen Sprachraumes, in hohem Maße vorhanden war, läßt sich leicht erkennen. Im Verlauf des 19. Jahrhunderts wurden die Auffassungen, für die man sich einsetzte, in ihren Umrissen immer undeutlicher.
Ein Blick auf die Zusammensetzung des Lehrkörpers der Universität macht die Angriffe deutlich, denen jene bis 1875 innerhalb des Stadtstaates noch tragende und, wie gesagt, in vielem noch mittelalterlich bedingte Gesellschaft ausgesetzt war. Der Angriff auf die »Herren«, die noch nach dem Ersten Weltkrieg in Zylinderhüten und Gehröcken um neun Uhr vormittags mit Frauen und Kindern zur Predigt des Antistes[13] Arnold von Salis[14] ins Münster strömten – auch ein Johann Jacob Bachofen war dabei – wurden oft aufs heftigste, vor allem von den aus dem Ausland herbeigekommenen Demokraten angegriffen.
Vielfach von der durch private Zuwendungen lebenden Universität aus wurde schon früh die Auflösung der geltenden Ansichten und Gebräuche eingeleitet.

Eine starke Persönlichkeit innerhalb des Basler Lehrkörpers war der Theologe Carl Rudolf Hagenbach[15], ein geborener Basler, der u. a. das Buch »Über Ziele und Richtpunkte der heutigen Theologie« geschrieben hat.
Groß war die Wirkung von Wilhelm de Wette, einem 1781 geborenen Sachsen, der in Jena studiert hatte, 1809 in Heidelberg und schon ein Jahr später in Berlin ordentlicher Professor wurde. Von Berlin aus zog er sich vorübergehend nach Weimar zurück. Dort erreichte ihn 1822 der Ruf an die Basler Universität. Hier sollte er seinen Haupteinfluß gewinnen; er hat lange nachgewirkt. Sehr bald schon gehörte er dem Erziehungsrat an. Das Lehramt versah er bis zu seinem Tod im Jahre 1849. Seine Leistung war, wie diejenige Overbecks, konsequent bibelkritisch. Kanon und biblische Geschichte hat er mit dem Seziermesser behandelt. Leidenschaftlich bekämpfte er den Pietismus. Auf politischem Gebiet, bevor er den sicheren Port einer schweizerischen Universitätsstadt erreicht hatte, galt er als unversöhnlicher Gegner aller »Fürstendiener«. Sehr produktiv hat er über Basel hinaus in der ganzen Schweiz zum Entstehen des sogenannten Freisinns beigetragen, eines weitgespannten Freisinns, in dessen Reihen Männer von marxistischer Tendenz bis zu eigentlichen »High Tories«, wie etwa dem so bedeutenden Max Huber[16], Präsident des Haager Gerichtshofes, Platz fan-

den. Es entstand jene starke Partei, die während beinahe hundert Jahren vorbildlich regieren sollte und eine große Stabilität der politischen und wirtschaftlichen Entwicklung garantierte. In Basel war es anders: die dem protestantischen Konservativismus entgegentretende politische Gruppe nannte sich liberal.

Alle diese Andeutungen mögen das Wort »Verworrenheit« in Steffensens Brief begleiten. Sie wären relativ gewichtlos, wenn nicht Nietzsche erwähnt würde, der für kurze Zeit in der strengen, durch ihre eigentümliche Sprache abgeschirmten Stadt höchste Töne geistig gespannter »Konversation« angeschlagen hat. Auch in Basel wurde er vernommen, mit Staunen und mit Schreck, aber vorerst ohne unmittelbare Wirkung. Von den Basler Behörden ist er mit Respekt und viel Rücksicht behandelt worden. Die damaligen Stadtbewohner aber ließen sich nicht leicht bezaubern. Einige haben die außerordentliche Gegenwart dieses ergreifenden Geistes gespürt, über viele Skalen, von der Scheu vor dem schlechthin Unheimlichen bis zur Hingerissenheit, die sich dann nach dem Tode des Gewaltigen in kleinen Kreisen wahrhaft kultisch festigte und schließlich auf einer trivialen Ebene in das Selbstbewußtsein der Stadt überging: in den Stolz, einen Nietzsche besessen zu haben.
Nietzsches Weltruhm strahlte am stärksten etwa um 1925 aus, als der strenge Lehrer unter den in extremen Ausschlägen hin und her pendelnden, beeinflußbaren und zur Nachahmung neigenden Deutschen aufstand: als Stefan George sein so gewichtiges Zeugnis für ihn abgegeben hatte.
In den drei letzten Jahrzehnten des 19. Jahrhunderts wurde das Wort »Atheismus« mit äußerster Abwehr oder in bekennerischer Wucht viel gebraucht. Was stellten jene, die es anwandten, sich darunter vor?
Feuerbach hatte noch nicht versucht, einen Todesstoß gegen das Christentum zu führen. Er erklärte nur, es sei »weit gefehlt«, anzunehmen, daß er der Anthropologie eine nur untergeordnete Bedeutung zukommen lasse; eine Bedeutung, die ihr gerade nur so lange erhalten bleibe, als über ihr und ihr entgegen eine Theologie stehe, wobei Theologie zur Anthropologie erniedrigt werde. Er erhebe vielmehr die Anthropologie zur Theologie und nehme dabei auch das Wort Anthropologie nicht in der Bedeutung der Hegelschen oder der bisherigen Philosophie überhaupt, sondern in einem unendlich viel höheren und allgemeineren Sinn.

Bei dem schon erkrankten Nietzsche – der mit Jacob Burckhardt während der Pausen des Unterrichts am Pädagogium im Kreuzgang auf und ab ging – sprach sich der Zusammenhang zwischen Christentum und Humanität darin aus, daß bei Nietzsche ein »Übermensch«, ein werdender Gott in Erscheinung trat. »Gott ist tot«, hat er damals ausgerufen, und solche apodiktisch gefaßte Erklärungen pflegen ungeheuer lange immer wieder aufs neue zu wirken, so lange ihnen noch der leiseste Schauer des Blasphems anhaftet.

In der Zeit, auf die wir jetzt zurückschauen und in die mein Vater gestellt war, ging Nietzsche noch leibhaftig in den Straßen Basels herum. Sein Übermensch, mit dem Hammer des Wiederkunftsglaubens in der Hand, schritt hinter ihm, unheimlich wie ein zweiter Schatten. Der Philosoph lüftete beim Vorübergehen flüchtiger Bekannter seinen Hut und aß bei ernsten, wohlgesinnten Stadtbewohnern zu Abend, wo er, wie erwähnt, durch seine Zartheit, seine äußerste Höflichkeit auffiel und seinen Tischnachbarinnen, noch unbeeinflußt durch Sigmund Freuds Entdeckungen, ganz ohne Methode leicht deutbare Träume erzählte. Die Stadt hat ihn geehrt und ihm in praktischen und materiellen Fragen geholfen.

Und da war ebenfalls dieser alte Philosoph aus Flensburg, Steffensen, der mit flatternder Handschrift schrieb: »Verworrenheit.«

Da waren die Vertreter der Naturwissenschaften und immer noch große Kaufleute – Kaufherren, wie sie sich nannten –, die jetzt nach und nach zu Industriellen wurden und gespannt warteten, die Naturwissenschaften in ihre Bestrebungen einzugliedern.

Mein Vater hat in meiner Gegenwart ein einziges Mal von Nietzsche gesprochen, während eines Spazierganges im Hardwald, der sich einst von Birsfelden bis nach Pratteln erstreckte. Wir hatten uns für einen Augenblick auf eine Bank gesetzt. Da erschien ein junger Mann, wohl ein Student. Er schlug die mittleren Seiten eines Buches auf. Ich hatte auf dem Deckel den Namen Nietzsche gelesen. Als wir weitergingen fragte ich: »Nietzsche?«

Der Vater antwortete: »Auch du wirst ihn lesen. Dann vergiß eines nicht – was er auch ausspricht, sich scheinbar widersprechend, hundertfältig in einer Zaubersprache, das darf nie aus dem Ganzen seines Lebens, seines Denkens, seiner Lehre herausgerissen werden. Er hat das Ganze unserer menschlichen Existenz, unserer Leistungen, unserer Fehler, unserer unfaßlichen Situation in Frage gestellt, von allen

Die Mutter, Helene Burckhardt-Schazmann

Der Vater, Carl Christoph Burckhardt

Seiten; deshalb der scheinbare Widerspruch. Nimm nicht das eine oder das andere heraus, als Lehre, als Geheiß, betrachte das Werk dieses Mannes, sein Leben, seine persönliche Tragödie als ein Ganzes – da bist du nahe bei dem, was die Griechen ›Ananke‹ nannten und was wir mit Schicksal bezeichnen. Du begibst dich, wenn du Nietzsche liest, in ein ungeheures Labyrinth; überall, auf allen Wegen findest du Wahrheiten, die sich gegenseitig verschlingen. Du könntest einer übermächtigen Angst verfallen, irre werden innerhalb des zur höchsten Erkenntnis erhobenen Irrsinns. Ich habe auch gelesen in stillen Stunden; ich habe nichts verloren von dem, was ich behalten wollte (er betonte das »wollte«). Es war immer und überall, wo der Geist dieses Mannes unter höchster Lust und tiefsten Qualen vorüberzog, etwas Schützendes, und dieses Schützende kann ich nur mit einem öd gewordenen, mißbrauchten Wort bezeichnen: es war das Seltenste, es war Größe vorhanden.«

In Solothurn

Die wunderbaren Fügungen, von denen die Tante Marie sprach – die innerhalb des engsten Lebenskreises erfolgten Unglücksfälle, durchgemachte entsetzliche Leiden, jedes Unglück und scheinbar schreiende Ungerechtigkeiten –, derartiges gehört zu den ersten Aufstandsbewegungen, die einen ergreifen, erschrecken, einem das Gewissen belasten. Und es sind gar viele vorhanden, die einen in diesem Sinne bestärken. Wer ist dieser Gott, dieser bärtige, ewig alte, der die Welt erschaffen hat in überwältigender geometrischer Genauigkeit und dabei so vielfältig, daß kein Blatt an den Bäumen und Sträuchern dem andern gleicht? »Der liebe Gott«: warum lieb, wenn er denn allmächtig ist und so viel Unheil, Untat, Verbrechen, Qual und Schrecknisse zuläßt? Der immer alte Mann in Menschengestalt, der, auf den Wolken schwebend, auch den ewig schwankenden, zu allem fähigen Menschen nach seinem Bilde geschaffen hat.

Dann der andere: Gottes Sohn, der Herr Jesus, der zu unserer Erlösung (aus wessen Banden?) den grauenhaften Tod am Kreuz gestorben ist. Wer ist er? Wo ist er? Spürt man seine Nähe, wenn man ihn gerufen hat? Viele berichten davon. Von der Christusnähe spricht der Pfarrer, wenn er am Sonntagabend auf dem Heimweg von seinem Spaziergang auf dem Schönenberg beim Großvater einkehrt und auf der hinteren Laube ein Glas Most trinkt. Es war warm gewesen tagsüber. »Unser

Heiland wird es schon machen«, höre ich ihn sagen, während ich in der Laubenecke die Bleisoldaten aufstelle, die berufen sind, immer wieder die Schlacht bei Sedan darzustellen.
Mir erschien dieser Heiland, vermittelt durch die Prediger im Münster zu Basel und in der Dorfkirche von Pratteln, immer als ein strenger Herr, den anzusprechen ein Wagnis bedeutete. Weil er allwissend war, wußte er ja ohnehin alles, was sollte ihn ein einzelner mit Bitten belästigen? In der Vorstellung meiner Kindheit blieb er streng, und anders als streng, würdig im allerhöchsten Sinn, konnte ich ihn nicht verehren; nicht wenn er Lämmlein auf den Armen trug, nicht wenn er sagte: »Ihr Kinderlein kommet.«
Da war nun seine Mutter, die Jungfrau Maria. Zu ihr zu beten war mir verboten. Sie besaß die mütterliche Gnade vollkommenen Verständnisses, die sanfte Kraft der Einsicht ohne alle Worte. In unserer evangelischen Welt aber wurde sie nie genannt. Junge, schon Brillen tragende Theologen, Hebräisch lernende Jünglinge hörten gelehrte Vorlesungen über die historische, die nachweisbare Existenz Marias und ihres geduldigen Gatten, des alternden Josephs. Aber aus unserer Welt, in die wir hineingeboren wurden, uns an die Vorschrift halten mußten, war sie vertrieben.
Ich nehme an, ich war elfjährig, als mein Vater mich einmal an einem Feiertag, wohl zu Pfingsten, auf eine Wanderung im Jura mitnahm. Er sagte nachher zu meiner Mutter: »Carl ist kein anregender Reisebegleiter, er spricht fast gar nicht, man weiß nicht, ob er etwas sieht, ob er denkt.« Am ersten Vormittag besuchten wir die St. Ursus-Kathedrale in Solothurn. Es war das erstemal, daß ich mich in einer weiß-goldenen großen Barockkirche befand; eben begann ein Hochamt. Ich staunte und fühlte mich im Licht, in den am Gold füllig und reich gewordenen Strahlenbündeln, in den Wellen der Orgel- und Chormusik glücklich und versank im Anblick des weihevollen Vorgangs vor dem Hochaltar. Wir hatten uns in einer der hintern Bankreihen unter die Gläubigen gesetzt, die sich erhoben, wieder setzten, Kreuzzeichen machten, lauter für mich völlig Unbekanntes taten. Wir aber saßen ohne uns zu bewegen. Dann schritt der Bischof gegen Ende der großen, durch die widerhallende lateinische Sprache erhobenen und wie entrückten Feier durch den Mittelgang des Gotteshauses. In tausendfarbig sich brechenden Tropfen des Weihwassers erteilte er mit seinem Wedel den Jungen wie den Alten, den Männern wie den Frauen seinen Segen wie ein Sämann nach beiden Seiten. Mich traf ein Wurf der flüssigen Gabe

auf die Stirn, rann über die Wangen, und ein in dieser Weise nie mehr empfundenes Gefühl von Ruhe und Sicherheit erfüllte mich. Mein Vater aber, mit einer fast heftigen Bewegung, zog sein Taschentuch hervor, wischte damit das rinnende Naß von meinem Gesicht, nahm mich bei der Hand und zog mich, unter leisem Protest einiger Anwesender, aus der Bankreihe vors Kirchentor und rasch, als gelte es zu fliehen, die große fächerartige Vortreppe der Kirche hinunter. Erst auf der Straße ließ er mich los. Ich weiß noch, daß mir erbärmlich zumute war und daß ich, als wir abends auf dem Weißenstein angelangt waren, vor dem an diesem hellen Frühsommertag aufblitzenden Wall der Alpenkette fast unberührt blieb. Etwas hatte mich angerührt bei jenem ersten Anblick römischer Liturgie. Um es einfach zu benennen: das in Formen, Farben, Tönen, Gebärden zum Ausdruck kommende Sakrale, dem ich lebenslang nie ohne Ehrfurcht gegenüberzustehen vermochte, dessen Gegenwart in der Welt mich oft erfüllte und steigerte, und dessen Zerstörung ich, bis zum heutigen Tag, mit Schaudern wahrnahm.

Wenn ich an diesen Vorgang zurückdenke, höre ich die billigen Deutungen heutiger, wie man sagt »engagierter« Psychologen. Aber ich kann ihnen nur sagen, daß sie sich, im Banne festgelegter Doktrinen, irren, daß eine solche Begebenheit in einem kindlichen Gemüt nichts zum Inhalt hat, was im Kreise seines Vorstellungsvermögens überhaupt vorhanden sein könnte.

Ein Hinweis auf die Ursachen meines damaligen Ergehens könnte nur an dasjenige anknüpfen, was ich soeben vom inneren Suchen nach dem Mütterlichen angedeutet habe; nach dem Platz, den die Mutter Gottes in meiner innersten Welt einnahm, nicht etwa im Gegensatz zu mei ner so tiefen Vaterliebe, sondern auf einer ganz andern Ebene, als eine gestaltende, Leben schaffende, Leben behütende, Geheimnis wahrende, sittigende, helfende »Gottheit«.

Eines meiner beiden Gespräche mit Carl Gustav Jung streifte meine durch nichts von außen, aus menschlichem Bereich stammende geistige Begegnung mit Maria, Christi Mutter, in den endenden Kindheitsjahren, und da fanden wir uns in einer überraschenden Übereinstimmung.

Wie stark einst jenes Streben nach dieser Richtung hin in mir gewesen sein muß, kann ich an einem gewaltigen Zorn ermessen, dem ich während der frühen Gymnasialjahre auf einem Schulausflug nach dem Kloster Mariastein[17] erlag, und der mich beinahe zu einer Untat gezwungen hätte.

Da befand sich außerhalb der Klosterkirche – ich war seither nie mehr

dort und weiß nicht mehr, ob es da einen Kreuzweg gibt – eine kunstlose, aus der damaligen Gegenwart stammende Marienstatue am Wegrand. Einer meiner Mitschüler, der Sohn eines marxistischen Parteimannes, spuckte dieses Bildnis an. Ich stürzte mich ganz besinnungslos auf ihn, warf ihn zu Boden, faßte nach einem scharfkantigen Stein und wollte ihm die Schädeldecke zertrümmern. Wir wurden getrennt, aber meine mörderische Absicht hatte mich gänzlich besessen.
Das war der einzige, fast zur Ausführung gelangte gewalttätige Antrieb, dem ich im Laufe meines Lebens beinahe erlegen wäre. Viel später, im Zuge der psychiatrischen Auflockerung des Strafrechtes, war mir dieser Augenblick immer gegenwärtig, in dem ich mit dem scharfen Stein beinahe zugeschlagen hätte. Nehmen wir an, der kleine Junge, im Jahre 1902, wäre zum Mörder geworden! Zu seinem Glück blieb es bei der Balgerei.

Der mit meinem Vater in jenen Pfingsttagen unternommene Fußmarsch ist mir immer zutiefst im Gedächtnis geblieben. Ich hatte geschwiegen, weil ich völlig von dem Erlebnis in der römischen Kirche und dem Drang nach einer meine Fragen und Hilferufe aufnehmenden mütterlichen Instanz erfüllt war, weil es wallte in mir, drängend und wieder eine Leere zurücklassend. Kurz, mein Schweigen war wohl weder Scheu noch Widerstand; es war durch Vorgänge bestimmt, von denen ich wußte, daß ich sie nicht erwähnen dürfe. Und neben mir ging derjenige Mensch, für den ich alles auf mich genommen hätte.
Er seinerseits versuchte einige Male ein Gespräch anzuregen. Er tat es wie die meisten Erwachsenen, wenn sie sich an Kinder wenden, durch Fragen. »Weißt du schon etwas über den Kaiser Augustus?«
Ich wußte nichts. »Wir haben noch keine römische Geschichte gehabt.«
»Was habt ihr gehabt?«
»Schweizer Geschichte, die Schlacht bei St. Jakob an der Birs[18].«
Nun verstummte auch mein Begleiter, verlor sich an die Fragen, die ihm stets am nächsten waren, meist sozialer Art, an Berufliches, vielleicht Ferneres, viel Allgemeineres, bis an den Rand des Seins und meiner Sinngabe, vielleicht auch an seine merkwürdige Handlungsweise in der Kirche, ihre rasch sich auflösenden Gesetze, ihr ethisches Geheiß – was weiß ich.
Wir wanderten schweigend. Wie oft sollte ich mich nachher um die Frage bemühen, ob ich nicht damals Gelegenheit gehabt hätte, zu sa-

gen: verzeih, ich spüre längst, daß du niemanden hast, der Licht bringt, daß du nur von Imperativen umstellt bist. Unmöglich! So kann ein Kind nie denken, erst recht nicht reden; und doch war das alles in unaussprechlicher Weise im Bewußtsein schon vorhanden.

Es ist so, als ob das Bild, das ein Kind sich vom seelischen Ergehen eines älteren Menschen machen kann, wie eine Spiegelung auf einem dunklen, rasch fließenden Wasser erscheint. Man schaut angespannt auf die vorübergerissenen Spiegelbilder hin, sie sind trüb, ohne Umriß, sie entfliehen, sie entziehen sich, aber für das Kind wirken sie unheimlich anziehend, ja mitreißend innerhalb eines Vorganges von der Gewalt des Unausweichlichen. Helfen? Man kann keine Helfer gewinnen. Sich anzuvertrauen ergäbe nur Verwirrung, Mißgeschick, beginnend mit der Zurückweisung falschen Eindringens.

Vielleicht ist es in der Kindheit, daß man eine vollkommene Einsamkeit dadurch erkennen lernt, daß einem alles unmittelbar wird, daß man keine Mittel besitzt, um eine Handlung einzuleiten.

In solcher Lage versucht man zu beten. Man wendet sich an die Vorstellung einer alles verstehenden, alles wissenden, grenzenlosen und allmächtigen Gestalt.

Es schritt kein Engel neben uns. Engel heißt Bote, Bote Gottes. Wie gerne hätte ich Fragen über die Engel gestellt! Könnte man ihnen Gesuche anvertrauen? Gab es Menschen, die aus Scheu Mittler brauchten? Gibt es solche, die zu den Engeln beten? Ich hatte Bilder von der Himmelsleiter gesehen; sie führte immer höher hinauf in den Himmel, wo sie alle beisammen waren, denen die Macht, die Herrlichkeit, die Gnade, all dies Unfaßliche gehörte. Wo war dieser Himmel? Oben, tief im Firmament? Aber der sternkundige Onkel hatte gesagt, wir besiedelten einen kugelförmigen Planeten (was ist ein Planet?), eine frei oder gezwungen schwebende Kugel, die kein Oben und kein Unten kennt.

Mit keinem meiner Mitschüler konnte ich über solche Dinge sprechen. Es kreisten in dem Kind die Fragen: Glaube, was ist das? Gnade, die Glauben verleiht, woher? Von wem verliehene Gnade? Gnadenwahl? Fragen, lange vor der protestantischen Konfirmation im Münster zu Basel, bei deren Anlaß der Pfarrer – das Oberhaupt der damals noch staatlichen Basler Kirche, Antistes genannt – mir auf den Lebensweg den Spruch gab: »Nehme dein Kreuz auf dich und folge mir nach.« Ich empfand diesem Befehl gegenüber heftigen Widerstand. Wer hatte dieses harte Geheiß ausgesprochen? Der Pfarrer, sagte ich mir, aus der so großen Zahl der zur Verfügung stehenden Bibelstellen. Ich hatte auf eine Verheißung gehofft.

Der Gang auf den Feldberg

An das genaue Datum vermag ich mich nicht zu erinnern, als mein Vater mir eines Abends vorschlug, ihn am nächsten Tag auf den Feldberg zu begleiten. Wir würden erst gegen drei Uhr nachmittags zum Badischen Bahnhof gehen und von Badenweiler aus unsere Wanderung beginnen.

Hülla sagte: »Was hat das für einen Sinn? Jetzt im September ist es dann schon dunkel, und es wird kalt.« Diese Warnung hatte keinen Einfluß. »Der Aufstieg wird in der frischen Abendluft erfolgen, droben übernachten wir, und dann wandern wir am Sonntag weiter«, erhielt sie zur Antwort.

Sie packte meinen kleinen Rucksack. Gegen fünf Uhr abends waren wir in Badenweiler, und dann begann der Fußmarsch auf einem steilen Waldweg. Mein Vater ging langsam, damit ich Schritt halten könne. Nach einer halben Stunde machten wir halt und setzten uns auf einen moosbewachsenen Stein. Im September hört man beim Einnachten keine Vogelstimmen, höchstens da und dort ein leises, kurzes Rufen, ein Rascheln des Laubes. Schon auf jenem moosigen Stein wäre ich gerne eingeschlafen, dann aber verlieh mir ein plötzliches mächtiges Rauschen zusammenschlagender blätterreicher Äste und Zweige eines Ahorns in nächster Nähe gespannte Wachheit. Ein gewaltiger schwarzer Vogel, mächtig flügelschlagend, brach durchs Geäst, erschien einen Augenblick über dem Weg, berghinan, um wieder in den enggestellten Mischwald bei der ersten Wegbiegung einzufallen. »Ein alter Auerhahn!« rief mein Vater und faßte mich bei der Hand, bis das Schlagen der Flügel verklungen war. Wir verließen unsern Moossitz und stiegen weiter. Jetzt spürte ich kaum Müdigkeit; etwas Gewaltiges hatte sich ereignet, anderes, mehr würde kommen. Der herrliche, dichte, endlose Wald – Fichten, Buchen, Ahorn – stieg mit uns hinan. Nun wurde es mit einemmal dunkler. Das Spiel des aus Westen einfallenden Sonnenlichtes im Unterholz hörte auf, ein Wind erhob sich, und alles Laub begann zu zittern, dann zu schäumen, und jetzt, von jenseits des Rheinstroms, ertönte ferne noch, aber mächtig ein Donnerschlag, und fast unmittelbar nachher zuckte flach über den Grund ein gelber Schein, dem bald das Dröhnen aus dem unsichtbaren Himmel folgte. Nun schmetterten Blitze plötzlich von allen Seiten, wie es mir schien, hieben in die Stämme der hohen zusammenknickenden Fichten, deren Krachen, Brechen, Stürzen, Mitreißen der Nachbarn man wie einen Tumult vernahm, dessen Schallgewalt sofort von einem aus tiefstem Baß bis zu Falsettönen aufheulenden, pfeifenden Sturm fortgerissen wurde.

Jetzt herrschte Nacht. Man mußte sich festklammern, um von der Sturmgewalt nicht umgerissen zu werden. Plötzlich barst etwas über dem endlosen Wald, hoch oben, als risse eine viel hundert Meilen weite Decke aus Zeltstoff, und Wassermassen stürzten herunter. Im Nu waren wir naß bis auf die Haut, und schon schlugen Eiskörner uns auf Kopf und Rücken. Mein Vater hatte einen großen flachen Felsen rechts vom Weg erblickt. Überhängend bildete dieser Stein eine Höhle. Dorthin zog er mich mit aller Kraft, und dann lag ich in dem nach Osten offenen Unterschlupf auf gehäuften, trockenen Fichtennadeln. Ich versuchte meine am Leib klebende Jacke loszuwerden, im Rucksack eine Wollweste zu finden; der Vater half mir dabei, dann drehte ich mich mit unendlichem Wohlgefühl auf die Seite, und schon war ich weg, in tiefem Schlaf.

Ähnliches sollte ich nur noch einmal, mehr als sechzig Jahre später erleben.

Als ich erwachte, war noch immer tiefe Nacht, und noch fiel der Regen in schweren Güssen.

»Wir müssen bis zum Rasthaus gelangen. Jetzt hast du geschlafen, und wenn du die Zähne zusammenbeißen kannst, sind wir bald unter Dach; dort brennt dann ein wärmendes Feuer.«

Ich wäre lieber in der Höhle geblieben, aber es herrschte jetzt, nachdem sich der Sturm gelegt hatte, eine beißende Kälte, und wir schlotterten noch, als wir die Rucksäcke eilig und notdürftig wieder gepackt hatten und, zum Weg zurückgekehrt, erneut zu steigen begannen. Die Anstrengung des Anstiegs erwärmte, aber ich spürte meine Beine, als hätte man sie mit Blei gefüllt. Es war die Hoffnung, den großen schwarzen Vogel, den ich, der gußeisernen Verzierungen der Wettsteinbrücke wegen und allen Erklärungen entgegen, für einen Basilisken hielt – wiederzusehen, die mich am Klagen verhinderte. So stiegen wir denn von jetzt an Hand in Hand, eine Haltung, die ich lieber aufgegeben hätte, weil der hochgezogene Arm mich auf die Dauer schmerzte.

Einmal glaubten wir, trotz des Regens, nach der linken Seite hin einen schwachen Feuerschein wahrzunehmen. Ich wäre ihm gerne nachgegangen. »Dort sind Menschen«, sagte ich. Aber ich wurde weitergezogen, und nun wurde mir mit etwas gepreßtem Atem eine Geschichte erzählt.

»Lange vor dem Kommen des Heilands gab es einen Mann, der einen Namen hatte, der schwer auszusprechen ist. Versuch es, ihn dir zu merken; er hieß Demosthenes und lebte in der Stadt Athen in Griechenland, wo er geboren war. Es wurde gesagt, er sei der Sohn eines Schmieds gewesen. Aber dieser Schmied, sein Vater, war ein reicher Mann, der viele Werkstätten da und dort besaß, in denen Schmiede beschäftigt waren. Dieser Vater starb, als Demosthenes sieben Jahre alt war, so alt wie du jetzt bist. Jetzt übergab man den Knaben zwei Männern, die für ihn sorgen, seine Erziehung überwachen, sein Eigentum verwalten sollten. Sie waren nicht ehrlich. Sie betrogen den jungen Demosthenes, nahmen ihm seinen Besitz weg, nichts taten sie, um seine Erziehung zu fördern, um dafür zu sorgen, daß er etwas lerne, daß er arbeite.

Aus eigenem Antrieb, durch eigene Willenskraft erwarb er sich Kenntnisse und wählte als Kunst, in der er sich ausbilden wollte, die Beredsamkeit.«

Das Wenigste, was während des Anstiegs erzählt wurde, konnte ein Kind verstehen. Der Ton der Erzählung wurde zwar dem Auffassungsvermögen angepaßt, aber weder der früh verstorbene »Maschinenindustrielle« noch die betrügerischen Vormünder entsprachen einer Vorstellung, auch nicht die Bezeichnung »Beredsamkeit«, die als Kunst des Redens umschrieben wurde. Trotzdem wuchs in den auf jenen nächtlichen Gang folgenden Jahren gerade dieser Bericht sehr deutlich Stück für Stück zusammen.

Unmittelbar im Augenblick des Erzählens erreichten zwei Gedanken des Berichtes meine Aufmerksamkeit: Demosthenes, dessen Namen ich mir nicht merken konnte, besaß keinen Vater mehr und fiel zwei bösen Männern in die Hände; er wollte aber etwas lernen, und zwar die Fähigkeit, in solcher Art reden zu können, daß alle Menschen, die ihn hörten, einen starken Eindruck von seinen Worten empfingen. Warum ihm dies notwendig erschien, begriff ich nicht, wogegen aber der Umstand, daß er gerade auf dem Gebiete des Sprechens schwer behindert war, meine Anteilnahme erweckte. Er stotterte. Was es mit dem Stottern für eine Bewandtnis hatte, wußte ich: Man stotterte, wenn man Angst hatte, wenn man, auf frischer Untat ertappt, Auskunft erteilen,

Rede und Antwort stehen mußte. »Hast du dieses kostbare Glas zu Boden geworfen?« – »Ja«, dann aber die Folgen! Oder »nein«, was eine sogenannte Lüge war, etwas sehr Schlimmes, eine Sünde. Oder: »Es ist mir aus der Hand gefallen, ich wollte es vor der Katze schützen«, aber die Katze hatte gar nichts damit zu tun. – In solchen Fällen stotterte man, machte man sich lächerlich, konnte man nicht, wie man gewollt hätte.

Also, der Mensch, in dessen Namen das Wort »Most« vorkam, stotterte immer, nicht nur, wenn er Angst hatte, und dabei wollte er um jeden Preis besser reden als alle andern. Was tat er? Er ging an den Rand des Meeres, und wehte der Sturm gegen die Felsenküste, so strengte er seine Stimme aufs äußerste an, um Lärm und Schall der gegen die Felsen einbrechenden Brandung zu übertönen, weil er bereits vorhatte, dereinst das Geschrei der Volksmenge, ihren Tumult zu übertönen. Er schloß sich auch monatelang in eine unterirdische Kammer ein, ließ sich dabei die Hälfte seines Schädels kahl scheren, um nicht mehr vor Menschen erscheinen zu können. Beim Schein einer kleinen irdenen Öllampe schrieb er die Reden, die er vor dem Volk von Athen zu halten beabsichtigte – einige Meisterwerke.

Er rüttelte die trägen Athener auf, die zu Helfershelfern derer wurden, die sie unterwerfen wollten. Er donnerte gegen den König Philipp von Mazedonien, so wie es eben über den tausend Baumkronen und unsern Köpfen gedonnert hatte. Er schürte die Flamme des Stolzes auf die eigene Gemeinschaft, auf ihren Ruhm, die Liebe zur Heimat Athen.

»Aber«, so fuhr der Erzähler fort, »wie ich sagte, er stotterte, und stottern durfte ein Volksredner nicht, wenn er nicht, was für einen Redner das Schlimmste ist, lächerlich werden wollte. Was tat er? Wieder ging er an einen einsamen felsigen Küstenstrich, wo die Wellen hart anschlagen, sich schäumend und rauschend vermischen. Er füllte seinen Mund mit glatten Kieselsteinen, übte und übte, bis die Zunge trotz ihrer Belastung so elastisch wurde, daß sie alle Laute und Töne so genau und deutlich mitformen konnte, wie man es noch nie vernommen hatte. Jetzt hörte man Demosthenes, den Redner, auch in den hintersten Reihen der Volksmassen, die nie Ruhe zu halten vermögen. Er traf die Menge mit jedem Satz wie durch einen wohlgezielten Steinwurf ins Schwarze. Er ballte sie zusammen, weißt du, wie eine große Kugel aus Lehm und drehte diese Kugel, so daß allen, aus denen sie sich zusammensetzte, Hören und Sehen verging. Aus viel tausend Kehlen jubelte man Demosthenes zu, hingerissen folgte ihm ein jeder, bereit zum

Kampf gegen den Barbaren, den Mazedonier. Und so kam es zum Krieg, zur Schlacht von Chäronea[19], mit der blanken Waffe, Pfeil, Schwert und Speer. Jeder waffenfähige Athener mußte mitkämpfen, auch Demosthenes. Und nun? Er zog aus mit den andern, als ihre Reihen aber ins Wanken kamen, geschah etwas Furchtbares: Einer der ersten, der die Waffen fortwarf und die Flucht ergriff, das Schlachtfeld verließ, war Demosthenes selbst, der seit Jahren den Abwehrwillen seiner Mitbürger gestärkt, Abwehr bis zum letzten Blutstropfen verlangt hatte. Man bewunderte ihn über alles, man verherrlichte seine vollendete Rednerkunst, seinen stählernen Willen, mit dem er sie, allem entgegen, errungen hatte – und jetzt?
Wir wissen nicht genau, wie es sich mit seiner Flucht vom Schlachtfeld verhielt. Wie ein jeder, der hervortritt, hatte er neben den Bewunderern und Anhängern auch Feinde. Diese hießen ihn nun ›ehrlosen Feigling‹, ›Verräter‹ und ›todeswürdigen Schuft‹. Aber seine Mitbürger waren Athener. Sie blieben gerecht, sie wogen ab: einen Augenblick der Schwäche gegen so lange Zeiten des Wollens, des Durchhaltens. Sie setzten ihm, als er gestorben war, ein Denkmal, auf dem zu lesen war: Demosthenes, hättest du so viel Kraft und Mut als Beredsamkeit besessen, hätten die Mazedonier Griechenland niemals unterworfen.
Zur Zeit Alexanders des Großen hatte Demosthenes aus Athen flüchten und sich verbergen müssen. Nach dem Tod dieses Weltveränderers war er zurückgekehrt. Alexanders Nachfolger jedoch, Antipater[20], verlangte seine Auslieferung. Wieder ergriff er die Flucht vor den Häschern des Mazedoniers. Sie holten ihn ein. Er bat sie, ein Wort des Abschieds an die Seinen schreiben zu können. In seiner Feder war Gift verborgen, er führte sie an den Mund, trank das Gift und starb – ein zweites Mal hatte er das Schlachtfeld verlassen.«
Und dann, in einem merkwürdigen Ton, den ich später so sehr begriff und der mir die ganze ferne Geschichte beleuchtete, sagte mein Vater wie für sich: »Darf man das unter bestimmten Umständen?«
Ich habe oft über diese Episode in der kalten Gewitternacht nachgesonnen. Warum Demosthenes? Wegen seiner gewaltigen Willensanstrengung? Dem Versagen dieses Willens auf dem Schlachtfeld? Dem Aufsuchen des Todes, den er bei jedem auf ihm lastenden Ereignis geflohen hatte? All dies viel später, nachdem die Trümmer der damaligen Erzählung auf dem dunkeln, nassen Waldweg nach Jahren Stück für Stück wieder gesammelt worden waren. Durch die Anstrengung des Kindes hindurch, ohne Einsetzen des wählenden Verstandes, war der

Bericht von jenem fernen Lebenslauf, am Bewußtsein vorüber, in die Tiefen der Erfahrung gesunken. Sie blieben im Zusammenhang mit jener Angst, von der die Rede war, von dieser wie von einem Magnet angezogen und ordneten sich später zu einem Ganzen, das mit dem Schicksal des Erzählers verschmolz.

Der Regen setzte aus. Schwere Tropfen fielen von den überhängenden Ästen der Fichten. Der Sturm tobte anderswo, der Wind begleitete uns. Sobald man stehenblieb, setzte das Frieren wieder ein. Der Weg schien kein Ende zu nehmen. Kein schwarzer Riesenvogel rauschte mehr durch die Zweige. Endlich rief der Vater – es wurde lichter, wir betraten einen Weidegrund: »So, hier sind wir!« Und wahrhaftig, ein dunkler Würfel, das Rasthaus, wurde sichtbar. Ja, dunkel war der Würfel, aber durch keine Spalte drang ein Lichtstrahl. Mein besorgter Führer pochte an die Haustüre, schlug an die Läden, rief, schrie – nichts. Das Rasthaus war geschlossen, verlassen. Hier auf der baumlosen Wiese pfiffder Wind noch scharf.

»Wir müssen zurück«, sagte der Vater, »zurück ins Tal. Ich werde dich auf dem Rücken tragen.«

»Nein«, erklärte ich, »es geht bergab.« Ich glaube im Schlaf gegangen zu sein. Erwacht bin ich, als wir stehenblieben. Wieder sahen wir die rote Glut, die mich beim Aufstieg angezogen hatte. Jetzt ertönte heftiges Hundegebell. Ein großer schwarzer Köter stürzte aus den Büschen und bleckte die Zähne. »Sitzen!« befahl der Vater. Wir setzten uns an den Wegrand. Dann erklang ein Pfiff, ein riesengroßer schwarzer Mann teilte das Gebüsch, faßte den Hund. »Woher?« fragte er. Der Vater berichtete. Der Schwarze schaute mich an: »Mit dem Kind?« Er bückte sich und nahm mich auf den Arm. »Es ist noch weit bis hinunter. Kommen Sie sich wärmen, wir sind Köhler.« Über der glühenden Holzkohle, weit in die Runde, stand durchleuchteter Wasserdampf. Ein junges Weib trat aus der Hütte, gab mir heiße Milch zu trinken und wickelte mich in Decken. Von da an weiß ich nichts mehr bis zum nächsten Morgen, als Sonne in die Hütte schien. September – es war schon spät. Wieder wurden wir verpflegt; wir dankten. »Bedank dich recht«, wurde ich ermahnt. Das war nicht nötig. Am liebsten wäre ich geblieben, bei dem schwarzen Hund, den Ziegen, der warmen Glut, den Gastgebern.

Nachmittags waren wir wieder zu Hause. Es wurde getadelt, von allen Seiten. Einem Kind so etwas zuzumuten! Immer alles mit dem Willen durchsetzen! Das Kind hatte etwas Fieber und wurde gezwungen, ei-

nen ganzen Tag im Bett zu bleiben. Aber das Abenteuer hatte ihm gut getan. Schade, daß so etwas nicht regelmäßig wiederholt werden konnte, sondern fast ein Einzelfall blieb, auf den man körperlich nicht vorbereitet war. Das Gemeinsame verband uns beide, Vater und Sohn, noch tiefer; wie tief – das konnte niemand ahnen.
Gegenwart – Vergangenheit: Im Schwarzwald war ich während meiner Kindheit und frühen Jugend noch oft, wohl fünf- oder sechsmal auf dem Feldberg, dann jahrelang nicht mehr, um erst nach 1945 in der Besatzungszeit und unter sehr besonderen Umständen dorthin zurückzukehren. Mit Aufmerksamkeit aber halte ich fest, daß alle Bilder jener Landschaft, die ich in mir bewahrte, die in mir wuchsen, in starker Beleuchtung hervortraten oder sich verdunkelten, stets Bilder vom Anmarsch bei jener nächtlichen Wanderung im Gewitter waren, vom Rückmarsch im Halbschlaf und von allen jenen auf dem für mich abenteuerlichen Gang empfangenen Eindrücken, Gerüchen, Tönen, bis zum Niederkrachen der vom Blitz gefällten Fichten.
Dieser eigentümliche Vorgang des Sichaneignens vollzog sich während des Tages, an dem man mich mit Gewalt im Bett hielt und ich leicht von Halbschlaf zu Halbschlaf fieberte. Mein Vater erschien mittags und abends, aus seinem Amt zurückkehrend, bei mir. Wenn er dann an meinem Bett saß und mir wie während unseres gemeinsamen Ganges, von dessen wirklichem Verlauf nur wir wußten, wieder die Hand hielt, spürte ich eine Sicherheit und ein Zusammengehören, auf das ich, weit in die Zeit hinaus, immer mit völliger Gewißheit vertrauen konnte.

Tod des Vaters

Im Jahre 1915 wurde zum Pächterhaus auf dem Schönenberg eine telefonische Verbindung eingerichtet. Anrufe gab es selten. Am 16. Februar wurde mir ausgerichtet, mein Vater habe überraschenderweise angerufen, er beabsichtige am folgenden Nachmittag einen Spaziergang zu machen und werde uns besuchen. Er habe im Sinn, die Trambahn zu benutzen und wünsche nicht mit dem Pferdewagen abgeholt zu werden; er komme zu Fuß durch den Geißwald.
Ich ging ihm bis zum Steinbruch entgegen, weil ich beobachtet hatte, daß der erste und scharfe Anstieg aus dem Dorf ihm das Atmen erschwerte und und er nicht im Gehen sprechen konnte.
Der 17. Februar war ein wohl unter Föhndruck stehender lauer Tag. Um halb drei Uhr nachmittags wartete ich am Ausgang des Geißwal-

des. Franz[21] blieb in dem von meiner Mutter angelegten kleinen Terrassengarten zurück und setzte seine Arbeit fort, die darin bestand, die Weide, die im Herbst am Eingehen gewesen war, die er geschnitten hatte und die zu einem großen gesunden Baum werden sollte, rings um den Stamm und über das Wurzelwerk mit einem Erdgemisch zu umgeben, von dessen guten Eigenschaften er gehört, oder das er sich ausgedacht hatte. Er erläuterte seine Arbeit, als mein Vater und ich eingetroffen waren und unter der dürren Rosenlaube oberhalb des stellenweise noch von großen Schneeflächen bedeckten viergeteilten kleinen Blumengartens saßen. Dieser war das Werk meiner Mutter, die einst aus der größten Gartenkultur in die kärglichste geraten war und nie aufgehört hatte, darüber zu staunen, daß man mitten in weite Wiesen, die jeden Platz boten, um zu bauen, ein Haus, wie eine Vorstadtvilla, hart am öffentlichen Durchgang, ohne Übergang in den landwirtschaftlichen Betrieb, in Baumgärten der alten Art, in Äcker und Wiesen gestellt hatte, um seinem Pächter so wenig bebaubares Land als möglich wegzunehmen.

Da saßen wir zu dritt im leichten, wärmenden Wind vor der weiten Ebene, die uns über ihre Felder bis zum Rhein, über kleine Bauerndörfer mit ihren von dunklen Ziegeln gedeckten großen Dächern bis zu den Schwarzwaldbergen jenseits des Stromes blicken ließ.

Franz erklärte meinem Vater, der aufmerksam zuhörte, die Erdmischung, die er gemacht hatte. Ich bewahre noch einen Zettel, der sich zufällig unter Briefen erhielt, auf dem in Franzens Handschrift steht: 1/12 Lehm, 1/6 Humuserde, 1/4 Kreide und 1/12 Sand. Wo hatte er sich Kreide beschafft? Mein Vater fragte ihn und stellte noch einige andere präzise Fragen, bei denen ich einen aufmerksam gespannten Ausdruck bei ihm bemerkte und leise erschrak, denn ich glaubte zu erkennen, daß er sich zu seiner Anteilnahme an dem Mitgeteilten in altgeübter Beherrschung zwang, und daß er weit von all dem entfernt war, so unendlich weit, daß mein alter Schreck sich bis zu einem würgenden Gefühl spannte. Wo war er? Was entstand? Welcher unbekannten, unfaßlichen Zone der grenzenlosen Möglichkeiten, der geistigen Möglichkeiten des Menschen entstammte es? Ging es um einen Entschluß? Entschluß wozu? Ging es um den Vorgang des letzten Jahres, über den er mit mir nie mehr auch nur mit einem Wort gesprochen hatte seit einem abendlichen Gang auf die Tüllingerhöhe, wo ich keinen andern Trost gefunden hatte als den mir in der Unordnung meines Gedächtnisses als Zitat eingefallenen trotzigen Ausspruch: »Nur der Pöbel urteilt nach dem Ausgang einer Sache«. Aber jetzt, beim Zusammensein mit dem geliebten Mann, das ein letztes sein sollte, fiel mir ein: in diesem zornigen Wort, das sich mir aufgedrängt hatte, war nichts enthalten, was denjenigen, dem ich es damals in meiner Ausweglosigkeit zu zitieren versuchte, erleichtern konnte. »Pöbel«, dieses Wort enthielt für ihn, was er in Betracht zu nehmen sich gestattete, um darin einen Trost für erfahrenes Unrecht zu finden, indem er es mit Stolz überhöhte.

Aber an jenem 17. Februar 1915 war von nichts Derartigem die Rede. Franz hatte sich erhoben: »Ich muß nach den Pferden sehen.«

Nun waren wir allein. Aber während dieses Alleinseins wurde kein Wort gesprochen, das Zugang zu dem Schreck, der mich erfüllte, gefunden hätte. Nur der Anblick dieses edlen, schmalen Gesichtes mir gegenüber tat es. Die Augen schauten auf einen so fernen Punkt hinter mir, daß diese Ferne für mich unvorstellbar wurde, etwas mich hinüberriß. Ein Augenblick trat ein, in dem ich fragen wollte: Was geschieht dir? Was kann ich tun? Das sind doch alles völlig vergängliche Ursachen, die dem Verbrauch durch die Zeit anheimfallen; nach einer Wegstrecke tritt die Wahrheit hervor! – Aber ich spürte, daß mir die leiseste Andeutung verboten war. Mir fehlte die Sachkenntnis über das Vorgefallene. Auf welche Weise hätte ich sie gewinnen können? Durch wen? Durch den Vetter, der, nachdem das Unglück geschehen war, zu mir sagte: »Ja, es ist eben dafür gesorgt, daß die Bäume nicht in den Himmel wachsen«?

Damals, bei meinem letzten Zusammensein mit dem Vater unter dem letzten Schein der Februarsonne, als Kühle und Feuchtigkeit sich bemerkbar machten, stellte sich, weder von seiner noch von meiner Seite, kein auch noch so schwacher Ansatz zu einer Aussprache ein, die aus dem Umkreis des Alltäglichsten hinausführte. Kein Wort fiel, das eine Andeutung des Kommenden, das einen Ratschlag enthalten hätte.

»Hat man die Fichten über der Kälberweide, die im Herbst geschlagen wurden, schon abtransportiert?« fragte er. »Was lieferte die obere Brunnstube? Wann kommen die Wegmacher?«

Dann fragte ich, ob Franz den Dogcart bereit machen sollte.

»Nein, ich möchte zu Fuß gehen. Begleitest du mich bis zum Dorf? Aber bitte nicht weiter.«

Wir brachen auf. Als wir uns den ersten Häusern von Pratteln, diesmal auf dem Fußweg, näherten, erzählte der Vater: »Wir haben ein schönes Konzert gehört, ein Orchesterstück von Max Reger über das Thema

einer Klaviersonate Mozarts. Ständig hatte ich dieses Thema im Ohr, und jetzt ist es wie weggewischt.« Ich pfiff es. »Ja, das ist's. Siehst du, jetzt hast du es gefunden; das ist recht.«
Er gab mir die Hand: »Geh jetzt!« – Wir waren am Dorfrand angelangt, und ich sah seine schmale Gestalt noch weiterschreiten. Ich hätte laut um Hilfe schreien mögen – um Hilfe gegen was?

Am übernächsten Tag fanden hinter Füllinsdorf, auf der andern Seite des Tales, jenseits der Ergolz Kavalleriemanöver statt. Franz wollte dem Vorgang beiwohnen. Um halb sechs Uhr morgens ritten wir weg. Dann galoppierten wir hinter den Truppen und durch ihre Formationen hindurch.
Plötzlich überfiel mich ein Zwang. »Ich muß zurück«, rief ich meinem Freund zu, »wir treffen uns mittags.« Erstaunt schaute er mich an. »Wie du willst«, meinte er etwas mürrisch.
Noch warf ich einen Blick auf die Rheinebene. Da lag Rheinfelden, und der Strom leuchtete im schrägen Morgenlicht. Was war es? Es war reine, unerklärbare Angst, ohne jede Ahnung, woher sie stammte; dieselbe Angst wie all die Tage zuvor, aber nicht nur drängender – obwohl ohne jede Vorstellung einer Ursache –, sondern zwingend.
Als ich im Hof des alten Hauses aus dem Sattel sprang, dem Pferd, das sich sogleich an seinen Stand im Stall begab, die Zügel festband, sagte ich: »Gleich – ich komme gleich.« Dann geschah unmittelbar hintereinander zweierlei: ein Milchkalb trat aus dem Grünfuttergang, dessen Türen man offen gelassen hatte; es schaute mich mit seinen unschuldigen großen Augen an, etwas Leitendes entstand, und in diesem Augenblick wußte ich, daß etwas Furchtbares geschehen war, etwas Unwiederbringliches. Und nun erschien Heiri, und sein immer lachender Blick war ernst, beinahe finster. Er war angerufen worden, ich hätte sofort in die Stadt zurückzukehren. Ich wußte mit Sicherheit: Es war geschehen. Nie habe ich innerhalb des privaten Schicksals ein Ereignis so genau gesehen, bevor ich noch seinen wirklichen Gehalt kannte.

Im kleinen Arbeitszimmer meines Vaters lag auf dem Schreibtisch sein Ehering. Meine Mutter hielt einen zerknitterten Brief in der Hand, einen ganz kurzen Abschiedsbrief, der nur die Mitteilung dessen enthielt, was er zu tun beschlossen hatte, was er durchführte. Gleich trafen Nachrichten ein.
Wilhelm Vischer, sein Vetter gleichen Alters, hatte eine am Abend

vorher in den Postkasten gelegte Mitteilung erhalten, die das Vorhaben ohne Begründung enthielt. Nur die Worte »meine Angelegenheiten sind seit Monaten in der größten Unordnung geblieben, hilf den Meinen«, waren zu lesen, dann hörte die Meldung mitten in einem Satz auf, ohne Unterschrift.

Den Abend vor der schweren Tat hatte der Einsame mit meiner Mutter in einem befreundeten Haus beim Bridgespiel verbracht. Zu diesem Zeitpunkt waren die Briefe schon geschrieben.

Ein Pfarrer war früh morgens meinem Vater auf der Straße begegnet und war mit dem steifen Hut, wie man sie damals trug, gegrüßt worden. Dann war der Entschlossene weitergegangen, durch den Grenzort Birsfelden, das damals kleine, langgestreckte Dorf hindurch, war nach links abgebogen, in der Richtung zum Rhein, war auf den Pfad, den ich einst bei meiner leichtsinnigen Schulflucht genommen hatte, dem Rhein entlang bis zu der Salmenwaage gegangen, die ich ehedem angeschlichen. Er hatte sich die Taschen seines schweren schwarzen Tuchmantels mit großen Steinen gefüllt und war ins reißende Wasser gesprungen; genau an der Stelle, von der er mir einmal erzählt hatte, der Schöpfer des Basler Rheinhafens, Ingenieur Gelpke, habe gesagt: »Einen, der hier hineinfällt, findet niemand wieder.«

Wenn ich einfach erzählen würde, was in den nächsten Tagen und Wochen um mich herum und in mir selbst geschah, müßte ich Jahre vor mir haben, um bis zum Ausdruck dessen zu gelangen, was mir in keinem andern Zeitraum widerfahren ist.

Man mußte nun den im Strom verschwundenen Körper suchen. Die erste dieser Nachforschungen hatte ich zu begleiten und mit mir meines Vaters treuer Genosse, der Hund Prinz. Er war seit dem Ereignis wie außer sich. Er raste laut aufheulend im Garten herum, versuchte über die hohen Gitter auf die Straße zu gelangen, an die Kette gelegt, verweigerte er jede Nahrung. Er schrie – die Nachbarschaft beklagte sich.

Nun wurde ich angewiesen, den Hund an die Leine zu nehmen und zwei Polizeibeamte zu begleiten. Das Tier, atemlos, durch die Halskette gedrosselt, riß mit äußerster Gewalt am Riemen. Bevor man den Weg nach Birsfelden eingeschlagen hatte, den man wegen der Aussage des Pfarrers wählte, strebte das Tier über die Straße in dieser Richtung. Der Hund riß, als hätte er einen mit einer Tonne beladenen Wagen zu ziehen, keuchte, ächzte. Als wir bei der Birsbrücke angelangt waren, schlug der eine meiner Begleiter vor, den Ungebärdigen für eine Weile

zu übernehmen. Er griff nach der Leine, die ich weiterhin festhielt, aber das Tier knurrte heftig, bleckte die Zähne, sprang an gegen den Wohlgesinnten.
Als wir das Dorf und den schmalen Pfad dem Rhein entlang hinter uns gebracht hatten, schlug ich vor, Prinz abzuhaken. Er jagte nicht weg, er nahm mit tiefer Nase etwa zehn Meter vor uns eine Spur auf, genau, ohne Ablenkung, wie ein bayerischer Schweißhund. Dann gab er plötzlich Laut und stürmte vorwärts. Bei der Salmenwaage bog er ab, und als auch wir dort eintrafen, tanzte, sprang und schrie er auf der vorderen Terrasse des hölzernen Bauwerks. Auch mich schien er nicht zu erkennen; sobald man sich ihm näherte, nahm er Angriffsstellung an. Niemanden ließ er an die Plattform gelangen. Er bückte sich über ihren Rand, starrte ins Wasser, sprang aber nicht in die vorüberreißende Flut, wie ich einen Augenblick angenommen hatte. Schließlich warf er sich auf die Planke, hechelnd, als wäre er durch einen Schuß getroffen. Auf keinen Anruf, keine fast zärtlich wiederholten, wohlbekannten, ihm vertrauten Worte ging er ein.
Immer werde ich der beiden Männer gedenken, die mich begleiteten. Sie sprachen nicht – warteten. Schließlich bat ich sie – waren sie doch im Dienst – zurückzukehren. Nun blieb ich allein bei dem Tier – bis es den Kopf hob, mühsam aufstand, mir die Hand leckte und mit gesenkter Rute mir auf den Rückweg folgte.

* * *

Seit den fernsten Fernen der antiken Welt gibt es etwas, was in noch natürlich gebliebenen Völkern bis heute vorhanden ist. Verächtlich nennt man es – Blutrache. Nun ist es so: Mein Vater, dessen geistige Potenz eine ungeheuer hohe war, litt an einer moralischen Überempfindlichkeit, die ihm immer wieder, jedesmal wenn er ungerecht behandelt wurde, in einem Maße zusetzte, die ihn in Zustände schwerer Depression versetzte, aus denen er dann, immer mit größerer Mühe, jeweils aufs neue bis zur Überleistung auftauchte. Mit noch jungen Jahren hätte vielleicht die endgültige Prüfung, die ihm auferlegt wurde, durch Mittel des äußeren, des bewußt räsonierenden Willens überstanden werden können, er hätte sich langsam und überlegt aus einer unerträglich gewordenen Umgebung entfernt und gewonnene Zeit benützt, um das ihm böswillig entrissene Recht wieder zu gewinnen.
Worum handelte es sich? Ein politischer Gegner hatte ihm im Parlament unbegründete und schwere Vorwürfe gemacht. Mein Vater ver-

lor während eines Augenblicks die Kontrolle über seine Replik und antwortete: »Es ist ungeheuerlich, daß man sich von einem Anwalt, der das falsche Zeugnis eines Zeugen bezahlt hat, derartiges gefallen lassen muß.« Sein Gegner replizierte: »Haben Sie den Mut, diesen Ausspruch außerhalb der parlamentarischen Immunität zu wiederholen?« Natürlich wiederholte der in dieser Weise Herausgeforderte Wort für Wort. Es folgte eine Ehrbeleidigungsklage des erwähnten Anwalts. Der Prozeß fand statt, mein Vater wurde verurteilt. Ein Jahr nach diesem Spruch der Basler Justiz machte er seinem Leben freiwillig ein Ende.

Viele Jahre später, als ich in Paris lebte, bat mich ein Bankdirektor um eine Unterredung. Er teilte mir mit, daß er mit dem einstigen Kläger in dem soeben erwähnten Prozeß jahrelang in naher Beziehung gestanden und daß der Betreffende ihm auf dem Sterbebett anvertraut habe, er fühle sich schwer belastet, denn er habe 1915 im Verfahren gegen meinen Vater einen Meineid geschworen; der ihm seinerzeit gemachte Vorwurf der Zeugenbestechung sei berechtigt gewesen.

GYMNASIUM BASEL

Es ist immer möglich, durch sogenannte Nachforschungen die Erinnerung an Selbsterlebtes zu ergänzen. Immer jedoch entsteht bei diesem Vorgehen etwas Unechtes. Wenn man das von andern Aufgezeichnete oder aus dem Winkel ihres Gedächtnisses Hervorgeholte zum eigenen Besitz dazunimmt, so ist es unvermeidlich, daß man sehr viel inzwischen Hinzugekommenes, ähnliche fremde Erfahrungen und Anklänge beimischt.

Schicksalskunde, also mehr als nur psychologische Einsicht zu erwerben, die Einwirkungen von Umständen und Begebenheiten auf bestimmte Individuen zu beobachten und festzuhalten und daraus eine Summe zu ziehen, hat mich immer angezogen. Manche Lebensläufe mir vertrauter Menschen bleiben mir in der Weise gegenwärtig, in der ich sie, meiner eigenen Art entsprechend, zu erkennen vermochte. Ich habe das deutliche Bild eines seit Jahren verschwundenen Menschen, aber doch wieder nicht so, wie man ein Bildnis besitzt; ein fließendes Element führt ihn vor meinem Rückblick vorbei. Ja, so sah ich ihn einst, dann wieder anders, bis zu seinem Verschwinden. Wie hat er sich als Toter in mir verändert? Würde ich ihm heute auf der Straße begegnen, ich könnte vielleicht an ihm vorübergehen ohne ihn zu erkennen. Er ginge vorbei, so wie er in einem bestimmten Zeitpunkt wirklich war, aber nicht so, wie er sich in meiner Vorstellung inzwischen verändert hat.

Unternehme ich es somit, etwas über Erfahrung mit Menschen, über ihre Verwirklichung in meinem Bewußtsein aufzuzeichnen, so will ich es vermeiden, Erkundigungen einzuziehen, um das Bild meines eigensten Besitzes nach »Richtigkeit« hin zu prüfen und zu verändern. Ich will versuchen, nur dasjenige aufzuzeigen, was nun, so spät im Leben, noch vorhanden ist.

Dem Lebhaften, Geselligen in mir stand immer ein Bedürfnis nach Alleinsein gegenüber oder das Bedürfnis, mich in kleinem, vertrautem

Kreise aufzuhalten. Ich habe wirklich einsame, und ich habe auch Jahre überreich an menschlichem Umgang gekannt. Wenn ich durch den Klang irgendeiner Stimme, irgendeiner Gebärde, durch ein Lachen plötzlich an längst Verklungenes gemahnt werde, so stehen den meisten, die meine Worte lesen, völlig Unbekannte gegenüber, einstige Gestalten, die keine Spuren hinterlassen haben, die nie innerhalb öffentlicher Vorgänge sichtbar geworden sind. Im Weltgeschehen hervorgetretene Männer, durch dies oder jenes ausgezeichnete Frauen habe ich manche getroffen, wie es unvermeidlich ist, wenn man vorübergehend an den Rand des Geschehens gestellt wird. Aber nicht diese sind mir besonders eindrücklich geblieben, sondern eine große Zahl von Menschen, die in keiner auffindbaren Kunde irgendeiner Art aufbewahrt werden, ja gänzlich Vergessene stehen mir heute am nächsten.

Sheldon

Während ich die vier unteren Klassen des Basler humanistischen Gymnasiums besuchte, war ich besonders dem englischen Kameraden Sheldon verbunden. Er war der Sohn eines Offiziers, der in Indien stand; seine Mutter hatte er als kleines Kind verloren. Die Schwester dieser Mutter hatte einen Deutschen geheiratet, und dieser Deutsche namens Fritz war ein angesehener Reitlehrer. Er leitete die größte Reitanstalt meiner Vaterstadt. Sein Bruder war im gleichen Fache an der Universitäts-Reitschule in Tübingen tätig. Der in Basel Tätige und seine Frau hatten es übernommen, den englischen Neffen zu erziehen. So war er denn eines Tages unter uns Elfjährigen erschienen, höflich in einer für seine Kameraden fremden Weise, stolz bis zuletzt. Anfangs verstand er wenig Deutsch. Er hatte einen Langschädel, war aschblond, und auffallend waren seine großen, sehr hellblauen Augen, deren Blick noch nicht hart zu werden vermochte, sondern immer nach etwas Fernem, niemand Mitteilbarem, in seinem noch so kurzen Leben schon weit Zurückliegendem Ausschau zu halten schien. Er war mutig, verteidigungsfähig, und sein Ehrgefühl verfocht er bedingungslos, unprovozierte Angriffe beging er nie.

Fast jede Woche kam er zu mir. Wir spielten im Garten, übten uns im Stelzenlaufen und im Radfahren, wir saßen stundenlang hinter regennassen Scheiben im Gartenhaus oder, sobald die Sonne schien, unter einer Blutbuche und fabulierten gemeinsam. Ich mußte Begebenheiten erfinden, er schöpfte sie irgendwoher, seltsam, verworren, wahrscheinlich aus den frühen Berichten einer indischen Amme. So weiß ich noch aus verschiedenen, allerdings später hinzugekommenen Zufällen, wie er einmal erzählte:

»Es gab einen Herrscher, den Herrscher der weißen Dämonen. Das war ein guter und gerechter Gott. Er verstand die Menschen, und wenn ein Mensch gut gelebt hatte, wußte er es und verhalf ihm später drüben in einem andern, seinem Reich zu dem Glück, das er verdient hatte.«

Wenn er mir derartiges wie ein Geheimnis anvertraute, blickte Sheldon gleichzeitig verzückt und erschreckt auf. »Sag es niemand, versprich's mir; die andern würden mich auslachen. Ich darf auch zu Hause nicht von diesen Sachen reden.« Dann aber fuhr er fort, nicht geheimnisvoll wie ein träumender Kelte, sondern sachlich, bemüht, den Gang seiner Geschichte zu bewahren und nichts zu vergessen:

»Also, diesen Dämon gab es; er war mächtig. Auf der Erde aber gab es einen König, eingeschlossen in seine Menschengestalt, der war auch mächtig, aber eben nur wie ein Mensch es sein kann. Das Besondere an ihm war, daß er seine Macht immer aufs beste gebraucht, daß er durch Jahre und Jahre immer fromm gelebt hatte, hilfreich und weise. Als er alt war, betrat eines Tages ein Abgesandter des weißen Herrschers aus dem unsichtbaren Reich den Raum des irdischen Königs, grüßte ihn und sagte: ›Unser Meister hat dich immer im Auge behalten, er hat dich gewählt. Morgen wirst du diese Erde verlassen, ich hole dich, du wirst mir folgen. Du wirst in der Ewigkeit bei uns sein, befreit von allen Mühen. Eine einzige Probe hast du vorher noch zu bestehen – wir müssen vor dem Aufstieg dorthin zusammen noch durch die Hölle wandern; ich werde an deiner Seite sein.‹

Der irdische König dankte und sagte: ›Ich bin bereit.‹

Am nächsten Tag, nach dem Einbruch der Dunkelheit, erschien der weiß leuchtende Abgesandte. Der irdische König folgte ihm lautlos durch die Luft. Nach langem Flug erblickten sie die Höllenpforte. Die Torflügel öffneten sich, und die beiden stiegen vereint in die Tiefe. Da sahen sie Furchtbares. Der irdische König aber sprach kein Wort, er gab keinen Ton des Entsetzens von sich, er ging völlig stumm seinem Begleiter zur Seite. Dieser wunderte sich; war es Teilnahmslosigkeit?

Einmal standen sie vor einem vielfach gefesselten Mann, dem die Schädeldecke fehlte. Auf das ungeschützte Gehirn fiel in regelmäßigen Abständen ein Tropfen geschmolzenes Blei. Das derart getroffene, bis zum äußersten Grad des Schmerzes versehrte Gehirn jedoch heilte innerhalb eines Augenblicks, vernarbte, und gleich fiel der Tropfen wieder.

Jetzt blieb der irdische König zum erstenmal stehen und fragte: ›Für welche Untat?‹

Der Begleiter antwortete: ›Zu grauenhaft, um erzählt zu werden.‹

Der König: ›Für wie lange?‹

Der Begleiter: ›Für die Ewigkeit.‹

Der König: ›Was kann ihn erlösen?‹

Der Begleiter: ›Nichts. Es sei denn, es bringe einer das unmögliche Opfer, freiwillig an seine Stelle zu treten.‹

Der König: ›Ich bin dazu bereit.‹

In dem Augenblick, in dem er diese Worte sprach, geschah etwas Ungeheuerliches: Unter unvorstellbarem Getöse zerbarst die Hölle, es gab keine Hölle mehr.«

Nun gewiß, Sheldon erzählte nicht in gehobenem Ton oder klar zusammenhängend. In einem immer noch mühsamen Gemisch von Deutsch und Englisch, bisweilen durch Hindustani-Worte unterbrochen und wie abwesend redete er.

Mich beschäftigte noch lange nachher die Bedeutung von Sühne, Opfer und Übernahme fremder Schuld. Ich wagte nicht, mit meinem Vater davon zu sprechen. Ich fürchtete, meine Anfrage würde unbetont, aber tiefernst durch den Hinweis auf die Liebeslehre unseres Heilands beantwortet. Die katholische Lehre von der Gemeinschaft der Heiligen war mir unbekannt. Hier stand ich vor etwas mir Fremdem und doch Verwandtem, aufgestiegen aus dem Vertrauen eines einsamen unverstandenen Kindes.

In diesem Zusammenhang ein Beispiel der über Jahre verteilten, merkwürdigen Koinzidenzen.

Der Gatte Christiane von Hofmannsthals, der bedeutende Indologe Heinrich Zimmer[1], hat eben diese Geschichte[2] anders und neben vielen andern Legenden veröffentlicht. Dort habe ich sie viel später einmal gelesen, als ich schon über die Mitte des Lebens hinausgelangt war. Ich erschrak, plötzlich erkannte ich den kindlichen Bericht des kleinen Engländers. Das Gelesene habe ich dann wieder vergessen; es verlor

und erhielt sich in der frühen kindlich-mündlichen, eindrucksvolleren Fassung.
Fast fünfzig Jahre nach dem Kindergespräch im Garten und wiederum Jahre nach der Lektüre von Zimmers Text auferstand eines Abends dieser große Bericht wieder in mir. Dies geschah in einer Umgebung, die von derjenigen seines Ursprungs so fern war wie sich nur denken läßt.
Ein kleines Dorf, Verrières-le-Buisson, nahe von Paris, im Departement Seine-et-Oise gelegen, ist ausgezeichnet durch eine Kirche des 13. Jahrhunderts und ein schloßartiges Gebäude, von wahren Gärten der Armida[3] umgeben. Dort hat zu unserer Zeit eine Fee mit ihren Brüdern gelebt, und zwar während der Jahre, die ich nach dem Zweiten Weltkrieg in Paris verbrachte. Sie hieß Louise de Vilmorin[4]. Ihre Brüder waren Gartenkünstler, Blumenzüchter, Samenhändler, Landschaftsgärtner größten Stils, wobei das Wort Stil den Sinn eines ständig neu erschaffenden, überaus französischen Schönheitsgefühls enthält. Louise, die Dichterin, hatte eine durch die Quintessenz nationaler, jahrhundertealter Vorzüge gesammelte, ins Zauberische gesteigerte Begabung, eine weibliche Gestalt von vollendeter Schönheit mit Gesichtszügen reinsten Ebenmaßes im ständig wechselnden Schimmer ewig bewegter Einfälle und Empfindungen. Heiß war ihr Begehren, einsam, ahnungsvoll ihr Staunen, gleichzeitig besaß sie kühle Ordnungskraft und schweifende Neugier nach Seltenem und Nächstem. Sie hatte Willen, Mut, kannte den plötzlichen Aufschwung zum Sublimen, und dabei war sie erfahren in den Lebenskünsten bis zur virtuosen List, voller Sinnengewalt, aber auch dieser nie unterworfen. Es wäre viel zu stammeln, um die Ton- und Farbenfülle eines solchen Wesens auch nur durch einen Strahl zu beleuchten. Sie hat die Erfüllung erlebt, als ewig Junge bis ans Ende ihres Lebens von einem der großen Dichter und Künstler unseres Zeitalters[5] ganz erfaßt und in ihrer Vielfalt geliebt und erhoben zu werden.
Jetzt erwähne ich diese Frauengestalt eines Sommertages wegen, an dem ich in Verrières-le-Buisson bei ihr und ihren Brüdern erschien. Man führte mich in ihr Schlafzimmer; sie saß am offenen Fenster im vollen Licht. Eine kleine, zierliche Südfranzösin, vielleicht eine Phönizierin, bürstete und entwirrte und bürstete wieder im Sonnenglanz Louisens Haar; es nahm kein Ende. Man blickte über den Hof auf die in den Tiefen noch blühenden und in allen Spielarten leuchtenden grünen, blauen, violetten Blättermassen. Man hörte einen Brunnen flie-

ßen. Dann öffnete sich die Zimmertür nur schmal, und tänzerisch betrat Jean Cocteau den kleinen, engen Raum der Dichterin, legte sich auf ihr schmales Eisenbett und begann, nach der Zimmerdecke schauend, gleich zu reden, weil er immer redete, wenn er nicht gerade schrieb. Er hatte mir damals ein überraschendes Angebot gemacht: er wollte ein paar Sätze, die ich im Ingrimm gegen ein bestimmtes Individuum über Shakespeares Jago geschrieben hatte, auf Französisch wiedergeben, um die Qual der Übersetzung zu vermeiden. So begann ein Gespräch. Das auf Duftwellen des Parks einströmende Licht nahm ab, strahlte noch einmal stärker, anders, farbengewaltiger auf und erlosch. Später saßen wir am Tisch zum Abendessen, und mit einem ging etwas Dunkles durch den Raum, von Louisens unvergeßlich klangvoller Stimme, ihren in Arabesken wie Leuchtkäfer steigenden und sinkenden Einfällen und unerschöpflichen, leicht parodierenden Zitaten begleitet. Dieses Dunkle kam wieder und stellte sich hinter des scheinbaren Gauklers Cocteau Stuhl.

Cocteau war traurig über die Welt, ihre Unfaßlichkeit, über die Mühe des Lebens, die Unmöglichkeit, von den andern richtig erkannt und eingeschätzt zu werden. Es war die Zeit, in der er sein Buch schrieb, das den Titel trägt: »La Difficulté d'être« (Die Schwierigkeit zu leben) – und zwar in einer ganz bestimmten, fast allen unzugänglichen Welt, nämlich in Paris zu leben, wo man nicht schweigen kann, sondern gezwungen ist, alles, von den ureigensten Geheimnissen bis zur sausenden Persiflage, so übertragen allusorisch durch Beleuchtungseffekte oder blitzschnellen Rösselsprung zu zeigen, daß es sein Erscheinen in sich selbst zurücknimmt und zerstäubt.

Cocteau machte eine in Lässigkeit verhüllte Anstrengung, er vollzog einen Willensakt, er redete jetzt – es war ein Vorwand – von Jago. »Gibt es nichts, das uns von dem erlöst, was diese Figur verkörpert?« Mit halber Stimme stellte er die Frage.

Da fiel mir die Geschichte des kleinen Sheldon ein, so wie ich sie eben niederschrieb, fast in der Weise des kleinen Kameraden und doch vom gelesenen Text Zimmers beeinflußt. Der merkwürdige Dichter blickte vorerst starr auf mich, hörte angestrengt zu, und dann war dieses lange, pferdeartige, von allen Dressuren, Praktiken und Moden des Zeitalters gegerbte Gesicht plötzlich von Tränen überströmt.

Ein Jahr später saßen wir in der Pariser Erstaufführung eines seiner Stücke, deren geringe Wirkung ihn unglücklich machte. Es war die Première seines Wiedertäuferstückes »Bacchus«. Cocteau, der Spürer hatte früh innerhalb der ständigen, heute besonders rohen Wiederkehr der deutschen Wiedertäufer diese Tonlage revolutionär genannter Vorgänge vernommen. Und nun trat in einem bestimmten Augenblick sein Bacchus mitten auf die Bühne und gab in einem großen Monolog die Geschichte des kleinen Sheldon wieder, seine Ammengeschichte aus Indien. Aber niemand im Publikum weinte.

Nach diesem Abschweifen in völlig Unvereinbares, der überraschenden Wanderung eines Berichtes wegen, will ich nur noch etwas über Sheldon sagen. Wir trafen uns wie zuvor, aber seltener. Es wurde ihm, mäßiger Zeugnisse wegen, nicht oft erlaubt, zu mir zu kommen. Er wurde als Reiter und Pferdepfleger abgerichtet und mit äußerster Strenge gehalten. Am Ende der Sommermonate, vor den großen Ferien, händigte man uns beiden besonders schlechte Schulzeugnisse aus, die wir nach Hause zur Unterschrift bringen mußten. Nun kenne ich die Ursachen des damals eintretenden Unglücks nur aus Gerede und der eifrigen, aus Neugier und Schreck gemischten Verbreitung des Gerüchtes. Der Oheim, der Erzieher, der Statthalter, vielleicht der Wohltäter, der Pferdedressur treibende Reitlehrer zog dem Neffen die Hosen herunter und hieb mit der Reitpeitsche auf ihn ein. So wurde erzählt. Ich weiß nicht, ob dieser Bericht stimmt. Ich weiß nur, daß Sheldon sich des Revolvers seines Oheims bemächtigte und sich erschoß.
Er hatte viel für mich bedeutet, und wie wenig hätte es gebraucht, um ihn vor der Verzweiflung zu schützen.

Stramm

Während meines letzten Schuljahres in Basel war ich plötzlich von einem einzigen Fach, der »Naturkunde«, völlig bezaubert. Andererseits hatte eine Empfindung des Widerwillens, ja des Hasses in sachlich unbegründeter Weise von mir Besitz ergriffen wie eine Krankheit, die mich nicht losließ. Immer und überall, wo ich mich befand – auf dem Absatz eines dunklen Treppenhauses, auf der Straße, mitten im Verkehr oder nachts hinter den geschlossenen Vorhängen meines Schlafzimmers –, trat mir eine hagere, in einen verblichenen, fleckigen Gehrock gehüllte Gestalt entgegen, wobei das durch eine rasende Askese geprägte kadaverblasse Gesicht mit den kleinen, stechenden Augen stets feindlich starr auf mich gerichtet war. Diese gerade noch knapp inkarnierte, noch nicht zum würgenden Gespenst gewordene Erscheinung war unser Latein- und Griechischlehrer. Sobald er das Klassenzimmer betrat, wie ein Automat stoßweise die paar Schritte zum Pult zurücklegte und für mich als Verkörperung alles Feindlichen bolzengerade auf seinem hohen Sitz thronte, warf er mir einen Blick zu, den ich nicht aushalten konnte. Dann begann er sein grammatisches Verhör.

Dieser Mann wurde von einem großen Teil der älteren Schüler – der Schüler, die das Gymnasium schon hinter sich hatten – aufs höchste geschätzt und bewundert. Er war für sie der Magister; er war mehr als ein Mensch, war »Wissenschaft« schlechthin. Er war ein Prinzip: das Prinzip der mit Selbstaufopferung bezahlten Akribie. Von seinen vielen Anhängern wurde er nie mit seinem Familiennamen bezeichnet; man nannte ihn »Stramm«. Es ist möglich, daß heute noch einige am Leben sind, die ihm warme Dankbarkeit bewahren. Vielleicht sind es die Besten. Der Durchschnitt der Schüler fürchtete ihn, und mir scheint, ich könne sagen, er sei der einzige Mensch gewesen, der mir tiefsten Schrecken eingeflößt habe. Mir war, als könne dort, wo er seinen Fuß hingesetzt hatte, kein Gras, kein Kraut und kein Moos mehr wachsen. Meinen schreckhaften Haß gab er mir ganz offensichtlich mit äußerster Konzentration zurück. Es gab dabei nie einen Zwischenfall oder einen Ausbruch; nie hat er mich angeschrien oder bedroht. Nachdem ich dann das Basler Gymnasium verlassen hatte und in meinem glückhaften Port am Bodensee angelangt war, soll er – wie meine einstigen Mitschüler mir erzählten – noch oft plötzlich mit ausgestrecktem Knochenfinger auf die Stelle gezeigt haben, wo sich einst mein Platz befand: »Dort hat er gesessen, einen Scheitel hat er gehabt!«

Was war das? Was ging da zwischen einem jungen Menschen am Rande der Kindheit und einem angehenden Greis nahe am Zusammenbruch vor sich? Es handelte sich um viel mehr als um eine Abneigung. »Stramm« ist nicht viel später in verwirrtem Zustand gestorben. Sein Zimmer, in dem er zu Ende litt, hatte er mit Schnüren in der Weise eingeteilt, daß niemand ohne Erlaubnis sich seinem Bette nähern konnte.

Rudolf Burckhardt

Nun traf es sich in jenem letzten in meiner Vaterstadt verbrachten Schuljahr, daß eine andere Persönlichkeit unter meinen Lehrern auftauchte: ein hochbegabter, für sein damaliges Alter fast jünglingshaft erscheinender Biologe, ein Universitätsprofessor, Sohn unseres Rektors. Auch er gehörte zu den von höchsten geistigen Anlagen gestreiften einsamen Gestalten unserer Stadt, die anders waren als der gültige Schlag, dem »man« angehörte, anzugehören hatte. Er wurde beiseite geschoben, man bezweifelte seine Leistungen, seinen Rang, er wurde als Fremdkörper abgestempelt. Man nannte ihn prätentiös, er wurde als »Poseur« eingestuft. Dabei lebte er still für sich, völlig in den Wundern des Lebens aufgehend. Aber einmal bot er dem Gerede eine Handhabe, die nicht mehr losgelassen wurde.

Im Jahre 1901 beging die Stadt die Vierhundertjahrfeier ihres Beitrittes zum Bund der Eidgenossen. Im historischen Umzug stellte unser neuer Naturkundelehrer den 1501 regierenden Bischof von Basel dar. Ich hatte mein zehntes Lebensjahr noch nicht erreicht, als ich den Festzug sah. Ein einziges Bild ist in meiner Erinnerung haften geblieben: die Gestalt des geistlichen Herrschers, dargestellt von diesem neuen völlig unfaßlichen Naturkundelehrer Rudolf Burckhardt. Er ritt einen reich geschmückten, müden Zelter und segnete das ewig schaulustige Volk. Sein Profil unter der Mitra blieb mir immer so gegenwärtig, als wäre es mit einem Meißel in eine Schieferplatte eingegraben.

In Robert Boehringers Buch »Mein Bild von Stefan George« findet sich ein gutes Bild von ihm, das ihn so darstellt, wie wir ihn vier oder fünf Jahre nach jenem bunten Mummenschanz der Stadtfeier zu unserem Erstaunen das Klassenzimmer haben betreten sehen. Boehringer hat den Meister seines Kreises bei Rudolf Burckhardt kennen gelernt, welchem dieser seine Schrift »Die Biologie der Griechen« geschickt hatte, worauf der Dichter sich bei ihm ansagte, ihn aufsuchte, von Boehringer als dem besten Sprecher seiner Gedichte erzählen hörte und dann Burckhardt bat, den jungen Mann, der über diese Fähigkeit verfüge, kommen zu lassen, nachdem er schon selbst versucht hatte, den Studenten in dessen Wohnung aufzusuchen. Diese Begegnung erfolgte in Basel 1905, und damals war es, daß ich meinen Namensvetter im Gymnasium als völlig überraschende, ortsfremde Gestalt das Katheder vor unserer aufrührerischen, aufgerührten Majorität besteigen sah:

Rudolf, den »Bischof von Basel«, geboren 1866, damals gegen vierzig Jahre alt. Aus der Gemeinschaft seiner Stadt beschwor er durch die ihm und seiner Art Zuwiderlebenden einen wahren Triumph des Ostrazismus[6] herauf, indem er eines Tages, wieder im vollen bischöflichen Ornat, während der großen Pause ans Fenster seines über dem Hof des Gymnasiums gelegenen Arbeitszimmers getreten war und die auf dem Pflaster ihres Auslaufs tobenden oder Zwiesprache haltenden Schüler gesegnet hatte. Daß die katholische Kirche Beschwerde erhob, ist verständlich, Blasphemie! Aber das war eine Formalität, war nichts, gemessen an dem Steinhagel, den die nicht katholischen Mitbürger, die sogenannten Freidenker und die Protestanten, auf den zarten, femininen Gelehrten schleuderten.

Nun saß er plötzlich uns allen gegenüber. Es war ein heller Tag, die Sonne schien voll durch unsere Fenster. Der neue Lehrer begann zu sprechen. »Zieht die Gardinen«, befahl er mit leiser Stimme, und als dies geschehen war und wir in gedämpftem Licht auf unseren Holzbänken saßen, ordnete er an: »Jetzt wird zehn Minuten lang geschwiegen. Vergeßt jetzt alles, was euch beunruhigt, was durch eure Körper geht, nachher erzähle ich euch etwas.« Man hörte noch schlecht unterdrücktes Lachen, von einer bestimmten Stelle aus die Frage: »Für was wird der bezahlt?«, und dann wurde es wirklich still.

Als aber die zehn Minuten abgelaufen waren, begann der Ungewohnte, Überraschende: »Wir sprechen heute vom Nußbaum.« Dann folgte eine Belehrung, eine Darstellung, eine Erzählung, die mich vom ersten bis zum letzten Wort in den Zustand angespannter Aufmerksamkeit versetzte, in einen Zustand so voller Glück, daß ich beinahe hätte weinen können. Was war neben dem Aufrufen des Wirklichen, des Wesentlichen, des Artmäßigen, Wahren dieses bisherige Abklappern des Linnéschen Systems, das Gerede über Lippenblütler, die Vivisektion massenhaft welkenden Wiesenschaumkrautes gewesen!

Während der Zeit, in der ich den Vorzug hatte, Schüler Rudolf Burckhardts zu sein, rückte ich im Fach Naturkunde in eine rangmäßig vorzügliche Stellung; in einem Fach, das mir bisher fremd, ja fast widerwärtig geblieben war.

In persönlichen Kontakt mit dem bewunderten Lehrer trat ich nur zweimal. Das erste Mal hielt er mich auf der Treppe an und fragte, ob ich etwas Ungewöhnliches sehen wolle. Er führte mich in sein Laboratorium und zeigte mir dort den größten Lachs, den ich je gesehen habe. Der Fisch war schon seziert, und seine inneren Organe lagen geordnet auf einer Glasplatte. Der Professor erklärte mir jeden Bestandteil des Leibesinhaltes, dann erzählte er mir spannend und genau Geschichte und Lebensgewohnheit von Salm und Lachs. Es erschienen dann zwei Studenten, und es konnte kein Gespräch mehr stattfinden.

Wochen später führte der Zoologe uns an die Ufer eines zu jener Zeit einsam gelegenen großen Sumpfes im Elsaß, nahe der Grenze. Man fing mit kleinen Netzen allerlei Wassertiere. Unser Leiter berichtete über jedes, ob Molch, ob Fisch, Muschel oder Insekt. Zwischen großen Schilfgärten schimmerte silbergrau und leicht bewegt die Wasserfläche. Einmal wurden die Halme heftig bewegt, und aus ihnen tauchte ein junges, eng umschlungenes Menschenpaar auf. Ich schaute gebannt in seine Richtung. Unser Lehrer wandte sich fast heftig nach mir und tadelte: »Was geht dich dies an! Warum willst du dich nicht zusammennehmen, aufpassen und zuhören?«

Rudolf Burckhardt übernahm dann eine wissenschaftliche Mission an der Adria. Ich weiß nichts von ihm, kenne niemanden, der ihn gekannt hat. Ich ahnte, daß von jeher Schweres auf ihm lastete. Gesteigert trat aus seinem feingliedrigen Wesen sein stets zu Höhepunkten der Einsicht vordringendes Wissen, das er als einen ihm anvertrauten, ständig von außen gefährdeten Schatz empfand. Etwas Schutzsuchendes war immer bei ihm zu spüren. Er hatte versucht, sich einem von starkem Willen und strengstem geistigen Anspruch geleiteten Dichterkreise anzuschließen. Auch das bannte seine Angstzustände nicht. In Rovigno schied er am 14. Januar 1908 freiwillig aus dem Leben.

Nach jenem Schuljahr, in dem mir Naturkunde zu einem Zaubergarten geworden war, verließ ich Basel, und es begann meine schönste Jugendzeit in Glarisegg.

GLARISEGG

Charly Clerc

Und nun Glarisegg[1]. Endlich wieder Land, ein völlig unversehrter Untersee. Hochwald, in dem im Sommer Frauenschuh blühte in unserem Rücken, vor uns der See, der zarte Zug der Hügel am deutschen Ufer, in der Ferne die Reichenau und dahinter das Deutschland der Jahre zwischen 1900 und 1914, eine mir noch unbekannte, wie mir schien grenzenlose Welt. Keine Wochenendhäuser, keine Fabriken, keine Automobile auf den Uferstraßen. Jetzt war ich in ein Paradies zurückgekehrt. Dort fand ich Lateinlehrer, Griechischlehrer, zuerst den dichterisch bewegten Neuenburger Charly Clerc[2], dann seinen streng geschulten, von der Göttinger Universität zurückgekehrten Landsmann Marcel Du Pasquier und endlich, in der letzten Zeit vor der Maturität, den bedeutenden Philologen Banderet.

Schon in den allerersten Tagen nach meiner Ankunft in der geliebten Schule fragte mich Clerc: »Was ist dir mit dem Lateinischen passiert?« Ich erzählte ihm meine ganze Geschichte. Er sagte darauf: »Ich werde dich nun in der ersten Zeit allein unterrichten, und jetzt gehen wir ein wenig spazieren.«

Er führte mich an den Waldrand unter eine Buche. Ich hatte bemerkt, daß er, bevor wir mein Zimmer verließen, ein Buch von meinem Tisch genommen hatte. Als wir nun im Schatten des Baumes saßen, sammelte er etwas Holz, schichtete es in geschickter Weise auf, entnahm seiner rechten Tasche eine Zeitung, entfaltete sie, trennte zwei Seiten ab, zerriß diese in Stücke, steckte sie unter den Holzstoß und zündete das Papier an. Bald stieg die Flamme empor. Er öffnete das Buch, zerriß auch dieses, trotz des starken Pappdeckels, in den es eingebunden war, und dann nahm er Seite um Seite und verbrannte sie. Auch der Pappdeckeleinband wurde zu Asche, und diese Asche war der letzte Überrest meiner lateinischen Grammatik.

»Später kaufst du dir wieder ein solches Lehrbuch, und dann wirst du die größte Freude daran haben. Ich wünsche mir seit langer Zeit, die »Aeneis« wieder einmal ganz zu lesen; dies werden wir nun zusammen tun, dreimal in der Woche, morgen fangen wir an. Morgen kommst du zu mir in mein Wohnzimmer, du bringst ein neues Heft und einen gespitzten Bleistift mit, und wir beginnen mit unserer Lektüre.«
So geschah es. Er las mir die ersten drei Seiten des ersten Gesanges vor; da hörte ich wieder eine andere Aussprache als jene einstige leicht italienische, diesmal die französische, die mich fremd berührte, aber nicht unmittelbar verdroß. Nachdem er gelesen hatte, bat er mich, eine Seite unter Vermeidung der allzu starken, abgehackten Betonung des Versmaßes meinerseits wiederzugeben, also zu rezitieren. Dann forderte er mich auf: »Versuche jetzt zu übersetzen.« Jedesmal, wenn ich über ein Wort stolperte, schrieb er dieses Wort in mein Heft, und dann erklärte er: »Worte sind Freunde, Freunde, die man gut kennenlernen muß. Sie haben ihre Geschichte wie ein Mensch, und sie haben oft eine sehr vielfältige Bedeutung. Man muß sie sich aneignen nach und nach.« Dann nahm er einige der Vokabeln, die er aufgeschrieben hatte, und begann über sie zu sprechen, bildete kurze, einfache Sätze, in denen sie vorkamen. Nun befreundete ich mich mit ihnen bis zur nächsten Stunde. Ich tat es in einer Art merkwürdig in die Tiefe dringendem Glücksgefühls. Clerc verließ uns bald. In den letzten Zeiten seiner Tätigkeit am Bodensee lasen wir fast täglich, auch in der Freizeit, gemeinsam lateinisches Schrifttum. Das Vokabular war mir zugewachsen, als lebte ich inmitten einer römischen Jugend der frühen Kaiserzeit. Am leichtesten jedoch fiel mir das Verständnis von Augustins Konfessionen. Mir schien, ich läse Französisch, und diese Sprache lateinischen Ursprungs erlernte ich gleichzeitig.

Um die Persönlichkeit des in Deutschland kaum bekannten schweizerischen Schriftstellers Charly Clerc zu verstehen, ist es nicht unwichtig zu wissen, daß der am 15. August 1882 Geborene Neuenburger war. Der Kanton Neuenburg mit seiner Hauptstadt gleichen Namens gehörte von 1707 bis 1848 zu Preußen. Diese Zugehörigkeit bestand weiter, als die kleine Republik am 12. September 1814 als 21. Kanton in die Eidgenossenschaft aufgenommen wurde. Erst 1848 wurde in Neuenburg infolge einer lokalen Revolution die Republik ausgerufen, die Verbindung mit Preußen gelöst und die Zugehörigkeit zur Eidgenossenschaft endgültig. Die hunderteinundvierzig Jahre der Bindung an die norddeutsche Dynastie haben den Bewohnern einen besonderen Charakter verliehen.

Historische Voraussetzungen auf kleinem Raum sind für jeden Schweizer in einem Maße bestimmend, das für Angehörige großer zentralisierter Staaten schwer vorstellbar ist. In der Geschichte Neuenburgs bestanden starke Gegebenheiten, aus denen sich die vorbildliche Mittlerrolle erklären läßt, die Clerc lebenslang zwischen der deutschen und der französischen Kultur ausüben sollte. Darüber hinaus befähigte ihn zu dieser Aufgabe eine große und höchst persönliche humanistische Bildung. Ein seine ganze Natur auszeichnendes Wohlwollen, ein vorherrschend versöhnlicher Zug, ein Optimismus, der überall das Wertvolle, überall auch gemeinsame, übereinstimmende Werte erkannte, und Freiheit des Geistes ließen ihn seine unkonventionelle Kenntnis der antiken Überlieferung zum Mittel werden, zeitgenössische Spannungen zwischen europäischen Sprachgebieten zu lösen und dem einen den geistigen Besitz und die geistige Leistung des anderen in oft überraschender Weise verständlich zu machen.

Clerc war ursprünglich Theologe, wie das bei vielen Historikern von jeher der Fall war. Seine theologischen Studien hatte er abgeschlossen, hat aber aus Gründen der Verantwortung, der Ehrlichkeit das evangelische Pfarramt nicht übernommen. Im Jahre 1914 erwarb er in Paris den Doktorgrad an der Philosophischen Fakultät. Seine Lehrtätigkeit hat er dann in der dem Lietzschen Landerziehungsheim nachgebildeten großen Privatschule Glarisegg begonnen.

Sein Erscheinen an den Ufern des Bodensees ist unvergeßlich. Unter vielfach von Weltanschauungen beschwerten Lehrern jener dumpfen Zeit vor dem ersten großen Krieg des Jahrhunderts erschien er als etwas für uns Deutschschweizer Neues. Seinen Ernst verbarg er hinter lauter Leichtigkeit, seine Tiefe hinter wohlwollender Ironie und sein schon damals erstaunliches Wissen hinter einer verschwenderisch wirkenden Konversation, die das Gewichtige, ja gerade das Entscheidende völlig beiläufig einzuflechten wußte. Er war mittelgroß, sehr beweglich, mit gallisch hängendem Schnurrbart und immer lachenden, raschen dunklen Augen, deren Blick nur auf Sekunden tief nachdenklich werden konnte, nicht träumerisch, nein, jeweils äußerst konzentriert. Alles schien ihn zu belustigen: die Treuherzigkeit, mit der Bildungsideale verwirklicht wurden, das damals beginnende »Jahrhundert des Kindes«, die Gewissenhaftigkeit, mit der die Lehrer sich selbst in Kin-

Mit 15 Jahren

Ernst Gagliardi

der zu travestieren versuchten, die säkularisierte Feierlichkeit gewisser Gebräuche wie die Lesestunden nach dem Abendessen, in denen beispielsweise »Soll und Haben« oder der als avantgardistisch geltende Roman »Jörn Uhl« von Frenssen vorgelesen wurde, wobei diese täglichen Veranstaltungen den Namen »Andacht« trugen.
Er lachte, und sein Lachen riß uns mit. Etwas ängstlich, etwas zögernd folgten wir ihm. Er verlieh uns Unabhängigkeit des Urteils und darüber hinaus etwas anderes, eine vielleicht mehr gallische als lateinische Fähigkeit: nicht den Anschein der Sache, sondern nur ihren Kern genau zu nehmen. Er erlaubte uns jenes Lächeln, von dem gesagt worden ist, daß, wenn der Höhlenmensch es besessen hätte, die Menschheitsgeschichte einen angenehmeren Verlauf genommen hätte.
Mir gab er Griechischunterricht, und wir trieben, wie bereits erwähnt wurde, Latein zusammen. Clerc erzählte griechische Geschichte, wie man ein Reiseerlebnis erzählt. Dann machte er Abstecher, zog Parallelen, vom Jahrhundert Pindars wechselten wir plötzlich in die byzantinische Welt hinüber, byzantinische Texte, die ihn gerade beschäftigten, gab er mir zum übersetzen, oder wir steckten leidenschaftlich wie Zeitgenossen in den Auseinandersetzungen des Perikleischen Athen, vertieften uns in Thukydides, mit einemmal aber waren wir mitten im Hellenismus, in Alexandrien, versenkt in den alexandrinischen Roman.
Auch das war eine Methode, für mich vorerst nicht die beste. Ich wurde gewissermaßen der trockenen Aneignung der Grundlagen enthoben und wurde verwöhnt. Wenn meine Erinnerung nicht trügt, so übersetzte nicht ich, sondern der Lehrer tat es im Zustand eines ständigen Entzückens, und er meinte, der Schüler habe die Arbeit geleistet. Sein Vorgehen aber hatte doch die größten Vorzüge. Von einigen kopfschüttelnden Beobachtern wurde es als dilettantisch bezeichnet. Dilettantisch aber war es gerade im positiven Sinn des so ungerecht fast stets nur tadelnd angewandten Wortes. Ja, das war seine Art des Unterrichtens: sie war erfüllt vom Geist des italienischen »dilettare«, was »ergötzen«, »erfreuen« und »lieben« heißt. Die heiteren Stunden mit Clerc haben mein Leben lang nachgewirkt. Die Grundlagen der griechischen Sprachkenntnis fehlten mir, als ich meine Maturität bestand, aber die Liebe, das wache Interesse, die glückliche Assoziation blieben mir nach der Schule und damit der heitere Wille zur weiteren Beschäftigung mit dem Gegenstand, wobei dann schließlich die berühmten Grundlagen fast nebenbei erworben wurden. Ob es sich um Grie-

chisch, um Latein oder um Französisch handelte, Clerc stellte uns in den Lehrstoff mitten hinein. Schon in der dritten französischen Unterrichtsklasse spielten wir Molièresche Komödien, und unser Lehrer, als »Arzt wider Willen«, hat uns den ersten großen schauspielerischen Eindruck vermittelt. Die Rolle war seiner euphorisch sprudelnden Seite und dem Unfeierlichen seines Wesens völlig entsprechend.
Da es bei ihm keine Pose gab, war er immer unmittelbar erreichbar. Jeder konnte mit seinen Problemen zu ihm kommen, und stets fand er einen Kameraden mit feiner moralistischer Schulung. Nie, trotz seiner Abwendung von der Theologie, verleugnete er den zur »Imitatio« hinstrebenden Christen. Die biblische Welt blieb für ihn eine geistige Heimat.
Nach jener Schulzeit haben wir uns, örtlich getrennt, nur noch selten gesehen, aber lebenslang blieben wir Freunde. Manchmal vergingen Jahre, bis wir uns wieder trafen, aber mit Clerc hatte man nie das Empfinden des Wiederanknüpfens, es war stets, als habe er nur gerade das Zimmer verlassen, um einen Band vom Büchergestell zu nehmen, man beendete gewissermaßen den Satz, den man beim letzten Zusammensein – vor Jahren – angefangen hatte.
Er blieb ein begeisterter Entdecker, willensstark, arbeitsfreudig, diszipliniert, neben der schweren Belastung des Mittelschullehrers in Genf stets die frühen Morgenstunden nutzend, um seinen plötzlichen geistigen Funden nachzugehen, sie zu bestimmen und gründlich kennen zu lernen. Einmal, bei einem abendlichen Besuch, sprach ich ihm von einer zufälligen Bahnlektüre. Ich hatte Ferdinand Gregorovius'[3] »Geschichte der Stadt Athen im Mittelalter« mitgenommen und war auf die erregende Gestalt des Michael Akominatos[4] gestoßen, des Metropoliten von Athen, der sich nach der Einnahme der Stadt durch die Franken auf die Insel Keos zurückzog, wo er 1220 starb. Diese meine Bemerkung genügte, um meinen Freund zu veranlassen, sich die Korrespondenz des Akominatos zu verschaffen, sie aufs gründlichste durchzuarbeiten, für sich zu kommentieren und vorzudringen bis zur Tragik der im Lauf der Geschichte immer wieder neu auftretenden Gestalten, die bewußt eine Welt, die ihnen alles bedeutete, unwiederbringlich versinken sahen. Clerc hat die Briefstelle hervorgehoben, durch die der Metropolit dieses Gefühl zum Ausdruck bringt: er schildert, wie er aus der Ferne die von der Sonne beleuchtete Akropolis sieht und schmerzlichst empfindet, daß die Herren der Stunde, die fränkischen Ritter, von nichts mehr wissen, was Athen einst der Welt bedeutete, und daß

selbst der Name Athen verschwunden und durch die Benennung »Fort Icette« ersetzt war.
Ein anderes Mal stieß Clerc in einem Archiv auf Briefe von zwei Abgesandten des theokratischen Beherrschers der Republik Genf, Calvins; Briefe zweier Missionare, die bei einem indianischen Stamm gelebt hatten und als erste den Begriff des »guten Heiden« in bewegten Worten einer aufhorchenden Christenheit nahebrachten, eine Saat auswerfend, die im 18. Jahrhundert aufgehen und zur These J.J.Rousseaus von der »ursprünglichen Güte« des Menschen führen sollte; zu der Auffassung, die der grandiosen Lehre von der Erbsünde in so folgenreicher Weise entgegenlief. Griffe, Funde, plötzliche Faszinationen!
1926 schrieb Clerc sein bedeutendes Buch über den »Geist des Heidentums«, ein auf umfassender Quellenkenntnis beruhendes Werk, das sich mit der antiken Inspiration zeitgenössischer Geistesströmungen auseinandersetzt. Er wanderte durch die Welt des Wissens und verweilte hier und dort in raschestem Wechsel, überall, wo er angesprochen wurde und in ein inneres Gespräch geriet. Seine theologische Arbeit zur Erlangung des Lizentiates an der Universität Neuenburg hatte zum Gegenstand »Jesus und Marc Aurel«. Acht Jahre später folgte seine der Sorbonne eingereichte Dissertation »Theorien über den Bilderkult bei den griechischen Autoren des zweiten Jahrhunderts nach Christus«.
Aber von dem Tage an, an welchem er sein Amt am Zürcher Polytechnikum übernahm, hat er dann als Lehrer voll und ganz seine Mittlerrolle zwischen lateinischer und deutscher Geisteswelt in einzigartiger Weise als Hauptaufgabe übernommen. Darin hat er mit seinem ganzen Temperament, mit seinem an der Koine des Altertums geschulten Fähigkeit, die Einheit in der Vielfalt zu erkennen, eine unablässig und bis in seine letzten Lebenstage wirkende segensreiche Aktivität entfaltet, die sich sehr bald über das begrenzte Problem der Eidgenossenschaft hinaus entwickelte, um sich einer europäischen Grundfrage, dem tragisch spannungsreichen und dabei so schöpferischen deutsch-französischen Verhältnis zuzuwenden.
Neben der Lehrtätigkeit und weit über ihre umschriebene Aufgabe hinaus, in Vortragsreisen, Interventionen an Kongressen und internationalen Aussprachen nahm die vermittelnde Haupttätigkeit einen großen Teil von Clercs Kräften in Anspruch, aber bemerkenswert ist, was er trotzdem als intensiv am Gemeinschaftsleben seines Landes teilnehmender Bürger an Gelegenheitsarbeiten bewältigte.

Seine antiken Studien wurden dabei weitergeführt; dies blieb der Goldgrund, von dem seine Aktion sich abhob. Stetig setzte sich daneben sein dichterisches Werk fort. Er schrieb Verse, und dann endlich, nach Bewältigung so vieler Tagespflichten, brach die ursprünglich nur dem Gespräch zugewiesene Grundanlage des mit seinem Pfunde so unverdrossen wuchernden Mannes durch: er begann zu erzählen.

Vielleicht hat sich während Clercs Lebzeiten durch den fast zärtlichen Diminutiv, den man seinem Taufnamen Charles verliehen hatte, eine leichte Verniedlichung des so ungewöhnlichen Menschen ergeben. Er war ein Kämpfer, ein mutiger, ausdauernder Arbeiter, und seine geistige Spannweite war bemerkenswert. Aber für seine Landsleute blieb er immer der Jugendliche, der stets wieder Beginnende, den man überall hinschicken, mit jeder durch den Tag bedingten Aufgabe betrauen konnte. Man hat den Rang seines Gesamtwerkes nicht immer nach Verdienst bemessen.

Merkwürdig: als dieser unverändert allen Anforderungen gerecht werdende Mann als Ordinarius in Zürich emeritiert war, kehrte er nicht in seine Heimat, an seinen Ursprungsort zurück; nein, er begab sich in den dritten Landesteil der Schweiz, in das Tessin. In diesem räumlich schmalen, an geistigen und künstlerischen Werten aber so reichen Vorraum Italiens, wo so viele Deutschschweizer und Deutsche die Verbindung zur Mittelmeerwelt gefunden haben, ließ er sich nieder. Hier setzte für Clerc ein neuer Aufbruch, eine neue Entdeckungsfahrt ein. Nach kürzester Zeit war er im vollsten Sinn Bürger einer neuen Gemeinschaft; an allen Fragen, die seine italienischen Landsleute beschäftigten, nahm er mit größter Frische teil, mitlebend, mitleidend, bisweilen mitstreitend, als wäre er von jeher einer der ihren gewesen, worüber seine Umgebung, die ihn so gastlich aufgenommen hatte, oft beinahe staunte. Von nun an erstreckte sich seine europäische Sendung auf den italienischen Raum. Gesellig und heiter fügte er sich dem neuen Lebensrhythmus ein, und zum Teil hat die erfrischende Wirkung dieser dem Kenner der Antike an vertrauten Voraussetzungen so reichen Welt vollends dazu beigetragen, seinen epischen Trieb zu befreien und voll zur Geltung kommen zu lassen.

Daß die späten Jahre des menschlichen Lebens so oft zum innersten Gehalt der Jugendzeit zurückführen, wird bei Clerc sichtbar, wenn man die Stoffe seiner Märchen, Legenden und Erzählungen wahrnimmt: sie sind meistens aus dem Umkreis der biblischen Welt entnommen.

Biblische Geschichte hörten die Kinder unseres Erdteils seit beinahe zweitausend Jahren. Im Gefolge dieser Geschichten begann der Neuenburger Dichter erfahren und weise, humorvoll und klug zu berichten, mit tiefem sittlichem Ernst, und alle Predigten, die der einstige Theologe nicht gehalten hat, verwandelten sich in epische Werte.
Clerc hat die starke Wirkung seiner späten Werke kaum erlebt. In hohem Alter, durch die abgelaufene Zeit seit seinen fernen Lehrjahren kaum verändert, feurig, einfallsreich, beweglich, dankbar für den Reichtum der Schöpfung ist er einen schweren Tod bewußt und aufrecht gestorben, allen Zeugen seines Abschieds ein Vorbild.

Banderet

Clercs schon erwähnter Nachfolger und Landsmann Du Pasquier veranlaßte mich, nach der dem Feuertod geweihten eine neue lateinische Grammatik anzuschaffen. Er tat recht daran; nun war ich reif, ihr ein zeitweise fast leidenschaftliches Interesse abzugewinnen. Was mir ein ödes Regelgewirr ohne lebendigen Gegenstand gewesen war, wurde mir unter der Anleitung dieses wissenschaftlichen Geistes zu einer wahren Biologie der Sprache. Meine Kenntnisse des Griechischen blieben zurück, weil alles Römische mich während jener Jahre so sehr erfaßte. Aber auch Du Pasquier führten seine Wege bald weiter, und nun erschien einer der außerordentlichsten jungen Philologen, bei dem ich Sprachlehre genossen habe, Banderet.
Als ich 1909 mit diesem heiteren und freien Geist Tacitus las, erzählte ich auch ihm einmal von meinen frühesten lateinischen Erfahrungen. Die aufs äußerste gespannte Charakteristik des Kaisers Tiberius, die Napoleon I. so heftig abgelehnt hat, führte mich dazu, mit Banderet von der aesopischen Weisheit zu sprechen.
Banderet meinte: »Das Aesopische läuft der heute auf uns eindringenden Psychologie völlig entgegen. In lauter methodisch geordnete Triebe, die sich um einen einzigen Haupttrieb gruppieren, wird jetzt der einzelne Mensch zerstückelt. Es gibt lauter durch Verwundungen früh erworbene Komplexe, die sich an Stelle von Tugend und Laster setzen und diese scheinbar erklären. Aber von der Kunst des menschlichen

Zusammenlebens erfahren wir nichts mehr. Die in den Tierfabeln enthaltene Menschenkunde ist noch bei den Spaniern des 17. Jahrhunderts rein vorhanden, Psychologie und Lebenslehre zugleich.«
Ein älterer Kamerad hatte uns bereits aus Wien, von einer begeisterten Propagandistin angefeuert, einige Fetzen jener Doktrin mitgebracht, die das Jahrhundert, das wir zu durchleben hatten, zu beherrschen begann.
»Aesop«, fuhr Banderet fort, »hat es ihn je gegeben? Die Geschichten, die unter seinem Namen laufen, wurden erzählt, soweit wir zurückzuschauen vermögen. Historiker haben Aesop ins 6. Jahrhundert v.Chr. verwiesen, sie haben ihn aber auch zum Zeitgenossen des Königs von Lydien, Krösus, gemacht, zum Zeitgenossen auch der berühmten Sklavin und Kurtisane Rhodopis, Erbauerin einer Pyramide, die vom Bruder der Sappho freigelassen worden sei. Einige halten ihn ganz einfach für den König Salomon, aber da geht die ganze Wirkung des weisen Sklaven, der klüger ist als sein Herr, verloren. So wurde er denn auch Joseph, dem Sohne Jakobs gleichgesetzt, der ja ebenfalls als Sklave hatte leben müssen. Aber was wird dann aus dem Buckligen, dem Behinderten, dem Bedauernswerten? Man hat ihm im Laufe der Zeit so viel biographische Einzelheiten angedichtet, daß wir ihn als einen von den Phantasien einer immer weiterspinnenden Erinnerung geschaffenen Menschen anschauen können, der länger im Gedächtnis der Menschheit gelebt hat als selbst von Göttern abstammende Gestalten.«
Banderet fuhr fort: »In der aesopischen Überlieferung ist eine Summe antiken Menschenverstandes vorhanden. Jetzt aber wollen wir uns einer ganz anderen Erscheinung der antiken Ratio zuwenden, indem wir uns an das große Epos *De rerum natura* machen. Wie wenig wissen wir von Lucretius! Der heilige Hieronymus stellt ihn als Opfer eines Liebestrankes dar, als einen im Kern seiner Gesundheit Getroffenen, der in den hellen Stunden arbeitete und sich während einer Krise seines Befindens mit vierundvierzig Jahren das Leben nahm. Cicero schrieb einmal an seinen Bruder Quintus: ›Das Epos des Lucretius ist genial und kunstvoll.‹ Was finden wir da? Epikureisches mit hohen Zielen. Der Dichter meint, nur wer seine Triebe zu bändigen vermöge, habe Aussicht, sie zu befriedigen. Den Seelenfrieden gewinne man nur, wenn man sich eine von allen übernatürlichen Einwirkungen befreite Welt vorstelle, eine sterbliche Welt, die unter eisernen Gesetzen stehe, in der wir ohne Furcht vor den Göttern und vor einem Leben nach dem Tode die uns zugemessene Zeit verbringen können. Gedanken Epikurs

und Demokrits! Die Psychologie des Lucretius ist bitter. Er entwirft ein Bild der verkommenen Gesellschaft seiner Zeit, beklagt eine fieberhaft sich ausbreitende Demoralisierung, ruhelos strauchelnd zwischen einem unsicheren Unglauben und der Sucht nach abergläubischen Gebräuchen. Seine Metaphern sind schlicht und streng, sie sind didaktisch und beharrlich. Mit beißender Ironie behandelt er Pythagoreer und Orphiker, und doch räumt er ein, daß alles, was zu den Kenntnissen der Menschen gehöre, auch wenn es sich um ihre selbstgeschaffenen Vorstellungen handle, eine gewisse Existenz besitze.«

Dies ist ein kurzer Auszug aus den Notizen, die ich mir damals von Banderets Kommentaren machte. Immer wieder betonte er, wie weit die epikureische Tendenz zurückreiche, seiner Ansicht nach bis Homer.

Wir lasen und lasen zusammen, in den letzten Zeiten täglich, oft bis spät in die Nacht. Julius Cäsar, den man mir entstellt hatte, wurde mir damals gegenwärtig, auch seine Entfernung vom ciceronianischen Stil und dessen Häufung ornamentaler Kunstgriffe. Sein Zurückgreifen auf die Griechen wurde mir deutlich, auf den in seiner schlichten Konzision so bewundernswerten Lysias, seine Kenntnis des Thukydides mit seinen packenden Härten. Dann kam Titus Livius dran. Bis zum 17. Jahrhundert hat er die europäische Geschichtsschreibung beeinflußt, indem er das ursprüngliche Rom verherrlichte. Er hat die römische Vaterlandsliebe während der ganzen Kaiserzeit unter dem Druck des Orients und kontinentaler Barbaren erhalten. Ich begegnete Tibull und Properz, aber dann kehrten wir zu Sallust zurück. Es fällt mir schwer auszudrücken, was dieser grandiose Schriftsteller mir in jenen jungen Jahren bedeutete. Auch er, um den dunklen Hintergrund seiner mitreißenden Erzählung zu vertiefen, erschien mir bisweilen Thukydides nahe, archaisierend, dabei immer durch den syntaktischen Schwung seines Satzes den Herzschlag des Lesers beschleunigend.

Banderet verließ die Schule nach Ende des Ersten Weltkrieges, um in Berlin seine Studien abzuschließen. Während der Spartakuskämpfe[5] erhielt er einen Kopfschuß, dem er augenblicklich erlag. Im Verlauf meines von praktischen Aufgaben erfüllten Lebens habe ich vieles von dem vergessen, was ich den hier erwähnten Männern verdanke. Erst spät kann ich mich jetzt ihrer in Ruhe und Dankbarkeit erinnern, wenn ich bisweilen in die antike Welt zurückkehre, die sie mir einst eröffnet haben.

Dies alles möge hier stehen meiner Liebe zur lateinischen Sprache wegen, die mich durchs Leben begleitet hat. Aber noch ist die andere in meiner Erinnerung wie verzauberte Zeit am Bodensee nicht zur Gegenwart geworden; wir haben vorgegriffen.

Fankhauser

Den Geschichtslehrer Fankhauser liebte und bewunderte ich. Als ich ihn näher kannte und wir Vertrauen zueinander gefaßt hatten, sagte er mir einmal:

»Wenn ich singe in der Nacht, so ist es, weil ich an eine Frau denke, eine Königin.« Ihre Fotografie stand auf einem Bücherregal. Immer betrachteten wir sie mit Scheu.

»Er irrt sich«, erklärte mein französischer Mitschüler Goley. »Ich kenne sie. Sie ist einfach eine Levantinerin von der schlechten Sorte. Sie ist nichts für ihn.«

Was hieß das: eine Levantinerin von der schlechten Sorte? Wir hätten ihn für diesen Ausspruch schlagen mögen! Nein, wir wußten: sie war eine Griechin. Ihr Profil war so rein geschnitten wie eine Kamee. In allen Gedichten, die wir hörten, ging sie um. Goley rezitierte. Er kannte viele Gedichte auswendig. Ich höre noch heute seine Stimme:

»Kalte Tropfen fallen herab
aus den Zweigen der Quittenbäume,
und es rauscht in den Blättern.
Es fließt von ihnen Schlaf hernieder.«

So übersetzte Goley für uns. »Es fließt von ihnen Schlaf hernieder«, und gleich war es für uns Irenes Schlaf, ihr heiliger Schlaf. Auf leisen Sohlen schlichen wir aus dem Zimmer.

Ja, Fankhauser sang, wenn alles still war. Einmal wachte ich auf. Schon zeigte sich leise Helle vor dem Fenster, die Vögel regten sich noch nicht. Da hörte ich singen, oder lauter Klagerufe ergaben einen Gesang. Es war das erstemal, daß ich einen Mann aus tiefster Brust klagen hörte; es klang wie der Hirschruf in der Herbstnacht.

Bei Tag aber war er immer tätig und klar. Alles, was uns bewegte, nahm er ernst. Nie war er neugierig, nie ungeduldig. Alles, was er auf unsere Fragen antwortete, führte er durch wie ein guter Zeichner, nach rückwärts, nach vorwärts, mit reinen Strichen, bis es in einer Perspektive stand und Raum gewann.

Das, was wir Geschichte nennen, erzählte er uns, wie es der Zustand am Ende der Kindheit erfordert, Hoffnung gebend. Er knüpfte bei Wesen an, die uns vertraut waren, bei Bergen, die wir kannten, Flüssen, an deren Ufern wir gestanden hatten.

Goley, der Dunkelhäutige, der im Gehen durch einen Tuberkuloseprozeß Behinderte, Goley mit der matten Haut und den langen Wimpern war ein guter Kamerad. Er versuchte uns zu begreifen. Er war rasch im Denken, sicher im Handeln, für alles fand er gleich das richtige Wort, und Worte mischte er so sicher wie Karten, mit denen er Kunststücke zu machen verstand. Das Erheiternde und Belustigende wie eine gewisse Tragik brachte er stets auf eine Formel. Aber gerade diese Formeln blieben uns fremd bei ihm. Für uns war so vieles vorhanden, was für unaussprechlich galt. Unser Altersgenosse Goley war, im Unterschied zu uns, erwachsen, und ihm lag vor allem daran, für erwachsen zu gelten. Er war schon »erfahren«, das wußten wir, aber von diesen Erfahrungen sprach er nie vor uns. Als ein Triestiner Mitschüler seine Mutter verlor, versuchte Goley ihn zu trösten. Der Triestiner war ein Österreicher, kein Italiener. Eine Mutter, das war für Goley noch innerhalb eines Bezirkes gelegen, in dem die Ehrfurcht galt. Aber der Triestiner stieß ihn zurück. »Er fühlt nichts«, sagte er. »Das gehört für ihn nur zu Sitten und Gewohnheiten.«

Fankhauser sammelte Goleys knappe Feststellungen. Er behandelte ihn mit ausgesuchter Höflichkeit, wie einen fremden Gast von Rang. Da Goley vor allem geschichtliche Werke las, glaubte der Lehrer, vieles bei ihm voraussetzen zu können. »Verkennt mir den Goley nicht«, sagte Fankhauser zu uns. »Mit dem, was euch an ihm stört, fangen die Mißverständnisse zwischen den Nationen an.«

Aber Goley wußte nicht, daß der Historiker sich für ihn einsetzte. Er sagte: »Er wird die falsche Tiefe nicht los. Anstatt zu merken, was für eine fadenscheinige Angelegenheit diese Irene ist, macht er eine Canova-Griechin aus ihr. Sie ist fünf Jahre älter als er. Er hält sie für eine Mischung aus der Braut von Korinth und Iphigenie. Ich habe sie kennen gelernt, als ich meinen Vater in Bad Vichy besuchte. Wüßte Fankhauser nur den hundertsten Teil der Wahrheit, müßte er sich an der großen Tanne am Bach aufhängen.«

Wir waren unsäglich empört.

Robert Burke war, wie einst der kleine Sheldon, der Sohn eines englischen Offiziers, der in Indien stand und seine Frau verloren hatte. Ausdrücklich muß ich ihn erwähnen, diesen stillen Menschen, der langsam aber stetig lernte, strenge Ordnung hielt, in allen körperlichen Übungen hervorragte und nie an unseren Gesprächen über allgemeine Fragen teilnahm. Goley achtete ihn, ja, in seiner Gegenwart machte er keine Bonmots. Er vermied es sogar, über Menschen zu reden. So nahm ich mir denn ein Herz und fragte Burke einmal, ob ich etwas mit ihm besprechen könne. Wir gingen auf der Straße auf und ab. Es handle sich um Fankhauser und um Goley. Fankhauser sei verlobt, Goley spreche schlecht von seiner Braut. Nach einigem Überlegen antwortete Burke:

»Das darf er nicht. Sie ist die Braut eines famosen Mannes, wer sie auch sein mag. Warum sprichst du mit mir davon?«

»Ich tue es, damit du ihm erklärst, er solle diese Sache nicht mehr erwähnen.«

»Warum ich?«

»Weil er nur auf dich hört.«

»Gut; zu mir hat er nie von ihr gesprochen. Ich muß warten, bis er es tut.«

»Das wird er nicht.«

»Das wird sich schon geben.«

Einmal erzählte mir Fankhauser selbst, wie alles gekommen war. Es war nach der Feldarbeit. Wir ruhten unter der großen Esche am Ufer und tranken Most. Den ganzen Morgen hatten wir Heu aufgeladen, dann blieben wir beide auf der Wiese, nachdem die andern nach Hause gegangen waren.

»Du magst Goley nicht?« fragte Fankhauser. »Ihr weicht ihm alle aus.« Und ohne die Antwort abzuwarten: »Für uns alle ist es schwierig. Er hat viel mehr Lebenserfahrung als wir alle. Er hat die Lebenserfahrung eines sehr alten Volkes. Alles sieht er mit der gleichen Lichtstärke. Oft scheint uns, er urteile zynisch, aber um so zu urteilen, muß man Mut haben.« Dann wieder, nach einer Pause, indem er an einem langen Grashalm sog und auf den See schaute:

»Hat er mit euch einmal von meiner Braut gesprochen?« Ich wurde rot und war verwirrt.

»Was sagte er?« Fankhauser legte mir die Hand auf die Schulter. Ein Mädchen könnte jetzt weinen, dachte ich, und mein Herz pochte.

»Nein«, rief nun Fankhauser rasch, »mißversteh mich nicht. Ich frage dich nicht aus, aber ich weiß, er kennt sie. Du wirst es etwas später be-

greifen. Es ist die Art, wie Goley die Menschen sieht. Es ist unheimlich, wenn es sich um jemanden handelt ...« er hielt inne.
Das war es ja, genau das. Aber nun, in festerem Tonfall, fuhr er fort: »Weißt du, es war in Mürren. Wir hatten die Erstbesteigung gemacht, von der ich euch erzählte. Als wir abends, am Tag nach der Rückkehr, vor dem Hotel saßen, ging sie vorbei. Es war so ein Augenblick, in dem man glücklich ist, stolz, mit gutem Gewissen. Von überall her spürten wir Wohlwollen, und als sie das zweite Mal vorbeikam, blieb sie stehen. Dann sagte sie: ›Würden Sie mich einmal auf einen wirklichen Berg mitnehmen?‹ Das war der Anfang.«
Am nächsten Tag sprach Fankhauser in der Unterrichtsstunde von Caligula. Goley nach dem Unterricht:
»Fankhauser und Caligula! Diese edlen Worte! Gewaltige Verbrechernaturen, auch in der Tücke etwas Großartiges. Was wissen wir heute von Caligula? Ein paar Schimpfworte, von seinen Zeitgenossen ausgesprochen und zufällig bewahrt. Nun, wie dem sei, Pathos ist eine gefährliche Sache. Was wird man in tausend Jahren über die Wanderprediger schreiben, die jetzt zwischen Ostsee und Adria unterwegs sind? Was bei Menschen wie Fankhauser so bedauerlich ist: er ist einer von denen, die Enttäuschungen nicht überleben können. Ich werde ihm doch noch einmal die Augen öffnen. Caligula, das wäre der richtige Mann für seine Braut.«
»Wir wollen nicht mehr, daß du von ihr sprichst.«
»Gut; das gibt eine längst überholte bürgerliche Tragödie. So lassen wir das. Aber was die wandernden Lemuren betrifft, zu deren Füßen ihr euch setzt, so ist die Sache viel ernster. Sie sind ansteckend. Mir graust vor nichts so sehr wie vor diesen falschen Propheten.«
Auch der gewitzigte Goley wußte nicht, daß selbst das Einfachste, Einfältigste, wenn es immer wiederholt wird, Hebelwirkung erhält.

Für mich waren die Geschichtsstunden Fankhausers ein Fest. Oft sprach er über unsere Köpfe hinweg. Ich habe noch ungeordnete Notizen zur Hand, die aus seinen Unterrichtsstunden oder aus Gesprächen, die ich mit ihm führte, stammen. Er sprach uns vom Sozialismus anders als die übrigen Lehrer, die sich für Sozialisten hielten. Der praktische Sozialismus, so meinte er, wurde von Wilhelm I. von Preußen geschaffen. Dieser praktische Sozialismus ist uralt, vorantik, ägyptisch in seiner Erziehung des einzelnen zur Pflicht für das Ganze. Er bewundert den Fleiß, wodurch er die Zeit und die Zukunft bejaht.

Eine Unterrichtsstunde ist mir noch gegenwärtig, in der er in Schwung geriet, von Nemesis, Ananke, Tyche, Fatum oder Kismet[6] redete. »Diese Gelehrten, die ihre geistige Existenz auf das Kausalgesetz gründen, sind«, so sagte er, »sich der Tatsache nicht bewußt, daß sie durch eine tiefe Angst, ja einen Haß die irgendwie unbegreiflichen Mächte des Schicksals empfinden. Später, nach Jahren, werdet ihr einmal gezwungen sein, über die Nichtumkehrbarkeit des Lebens nachzudenken. Napoleon sagte: ›Ich fühle mich gegen ein Ziel getrieben, das ich nicht kenne; sobald ich es erreicht habe, sobald ich nicht mehr notwendig bin, wird ein Atom genügen, mich zu zerschmettern. Bis dahin aber werden alle menschlichen Kräfte nichts gegen mich vermögen!‹ Er fühlte sich als Römer. Für ihn war England Karthago. Als Römer nahm er die Dinge wie sie sind: als immer gegenwärtige, zeitlose Größen. Heute streben wir danach, überall nur Funktionen zu sehen, Dynamik, analytische Geometrie, Differentialrechnung. Die Entelechie des Aristoteles dagegen war der einzige zeitlose, ahistorische Entwicklungsbegriff. Welch ein Irrtum der Deutschen, zu glauben, sie seien den alten Griechen ähnlich! Merken Sie auf das Wort *abeiron.* In keiner Sprache, die heute gesprochen wird, läßt es sich übersetzen. Es ist das, was keine Zahl im pythagoreischen Sinne besitzt. Es ist das Maßlose, die Unform. Es ist auch die Statue, die aus dem Block noch nicht herausgemeißelt ist.«
Oder er erklärte: »Der historische Materialismus betrachtet die Zeit als mathematische Dimension.«
Ja, er führte vor unseren Schulbänken Selbstgespräche, von denen wir nur einen kleinen Teil auffaßten. Es wäre noch manches darüber zu berichten. Er hatte die Tiefe eines Einsamen, der in einer engen Umgebung selten auf Widerspruch gestoßen war und über sie hinausdachte. Aber in der Welt, die sich in der Gewalt des Bösen befindet, hatte er sich nie zurechtgefunden. Recht behielt auf diesem Gebiet unser Kamerad Goley.
Eines Tages wurde uns mitgeteilt, Fankhauser werde uns verlassen. Sein Abschied war kurz. Mir sagte er: »Meine Braut wünscht nicht, einen Schullehrer zu heiraten.«
»Und nun?« fragte ich.
»Ich werde Medizin studieren«, erklärte er. Ich dachte: Jetzt hört bei ihm das Denken auf, und ich fürchtete, Goley könnte unsere in der Fotografie bewunderte Idealgestalt richtig gesehen haben.
Fankhauser tat, was er mir angekündigt hatte. Er brachte in England

ein kurzes Medizinstudium hinter sich. Er hat auch geheiratet. Seine Ehe dauerte nur sehr kurze Zeit. Dann verschwand er in Südamerika. Das Letzte, was ich von ihm hörte, war, sein lediges Pferd sei aus der Pampa zum Stall zurückgekommen, und in der Satteltasche habe man ein kurzes Wort gefunden, durch das er mitteilte, er habe sich erschossen, man finde ihn dort und dort.

Limbach

Eines Tages stand er da, ein neuer Lehrer, mager, mittelgroß, rothaarig und blaß, mit scharfen grünen Augen hinter der Brille. Er trug eine hochgeschlossene Litewka, was ihm – später hätte man gesagt – etwas »Linientreues« verlieh. Die Baskenmütze gehörte zu seinem Inventar. Im ersten Augenblick war er mir – ich kann es nicht schonender ausdrücken – ausgesprochen zuwider. Aber gerade dieses augenblickliche Abgestoßensein trug nach einiger Zeit dazu bei, daß die Beziehung zu diesem Altphilologen, Sohn eines protestantischen Missionars, für mich auf keinen Fall eine gleichgültige sein konnte. Die Warnung hatte ich wohl vernommen, aber ich war sogleich bereit, sie zu überhören. Limbach trug seinen »auf Bedeutung« hin zurechtgestutzten Kopf herausfordernd zur Schau, einen großen Würfel mit hoher, vom Augenbogen zum Haaransatz steil aufsteigender Stirn, über der das flammende Haar hochgebürstet war und ständig mittels eines kleinen Taschenkamms in dieser Lage erhalten wurde. Das Gesicht, meist fahl, lief oft plötzlich purpurrot an. Klotzig war die Nase, der Mund breit über einem Gebiß, das zwischen Zahn und Zahn weite Abstände aufwies. Die Hände waren klein, stark behaart und sommersprossig. Limbachs ganze Erscheinung, von einem federnden, springenden Gang getragen, konnte nie und nirgends übersehen werden. In seiner Häßlichkeit, dieser kraftvollen Zierde des Mannes, wirkte er vor allem auf Frauen.

Clémenceau[7], den man den »Tiger« genannt hat, erklärte einmal: »Man müßte den Kindern vor allem die Kunst beibringen, durch die Menschen hindurchzugehen.«

Etwas von dieser Kunst hat Limbach mir beigebracht. In seiner Lehre habe ich damals, gegen Ende der Pubertätsjahre, unter Schockwirkung zum erstenmal erfahren, was Vorsicht ist und begriffen, wo man auszuweichen oder nur gewappnet auf eine Beziehung einzugehen habe. Die mir durch die Begegnung mit diesem Manne auferlegte Probe hätte ich ohne Hilfe mir wohlgeneigter Personen nicht bestanden.

Limbach sollte mir Unterricht in den beiden alten Sprachen erteilen. Ich war damals der einzige Griechischschüler der oberen Klasse, die sich auf die Maturität vorbereitete. Auf Limbachs Initiative hin wurde ich in meiner kleinen Mansarde unterrichtet – vielmehr nicht unterrichtet, denn dieser Lehrer setzte sich aufs Fensterbrett oder aufs Feldbett und redete, während ich an meinem Tisch vor einer Ode von Pindar saß. Limbach war ein Schauspieler; seine Rolle war diejenige des von der Schar seiner Bewunderer geforderten Genietums. Er gab sich »umwittert«. Bis zum Glockenzeichen, das Stundenende und fünfzehn Minuten Pause ankündigte, war weder von der griechischen Sprache noch von Pindar die Rede. Limbach erzählte von sich selbst und von seinem Werk. Er schrieb Dramen und hielt am Jambus fest. Wenn er sich nicht über seine höhere Berufung ausließ, sprach er von »letzten Dingen« und immer wieder inquisitorisch von erotischen Problemen. Vor allem aber waren mit Vorliebe Personen aus unserem damaligen Lebenskreis Gegenstand seiner Äußerungen. Ging ich darauf ein, spottete ich etwas oder zog ich einen karikierenden Umriß, bekam Limbach einen gewissermaßen »erpichten« Gesichtsausdruck. Er warf sich auf die negative Seite meiner Worte, um sie dann festzuhalten und bei Gelegenheit verstärkt wiederzugeben. Alles wurde auf einen absichtsvollen Gebrauch hin zurechtgelegt. Er wiederholte augenblicklich, sie umbiegend und verstärkend, meine Formulierungen und rief dann: »Ja, ja, das hast du gesagt! Nimm's nicht zurück!« Nachträglich war in der Tat dann alles schwer zu leugnen. Ich ließ zu Beginn die Sache gehen und brauchte viel Zeit, bis ich merkte, daß er es mit allen so hielt.

Es war immer dasselbe. Die Stunde begann. Limbach schwang sich aufs Fensterbrett, und nun füllte der mächtige Kopf den Ausschnitt hinter dem Fenster, den fernen, gedankenvollen Blick, den die Reichenau begrenzte.

»Ich habe heute Nacht plötzlich zehn Zeilen gehört, als rufe eine Stimme sie mir zu, herrliche Zeilen. Polydips, der Rhetor, spricht sie, beißende Worte, einige von wahrer Explosionskraft, du mußt sie hören.«

Laufend verließ er mich und kehrte bald darauf mit dem dritten oder vierten Akt seines Stückes zurück. Am Ende der Stunde fragte er: »Hast du in den Oden weitergelesen? Ich werde dich am nächsten Freitag prüfen.«

Anfangs suchte er in nachhaltiger Weise Nähe; mehr als Nähe. Er suchte, und das merkte ich nur ganz allmählich, Macht über sein jeweiliges Gegenüber zu gewinnen. Deshalb sammelte er angebliche Aussagen, die ihm die Handhabe zu gewissen Erpressungen boten. Er schmeichelte, mimte weitgehendes Verständnis, aber dann, ganz plötzlich, drohte er. Das war sein halb unbewußtes taktisches Vorgehen. Im übrigen blieb er mit sich selbst beschäftigt. Dieser Dreißigjährige erzählte schon mit Vorliebe von seiner Kindheit, als liege sie sehr weit zurück. Im Vordergrund seiner Berichte standen die Konflikte, die er mit seinem Vater ausgefochten hatte. Daneben hatte er einen ausgesprochenen Hang zur Beichte, wobei aber alles Gebeichtete schließlich zu seinem Vorteil ausschlug und ihn in ein Licht stellte, in dem gesehen zu werden sein Wunsch war. Er war zu großem Haß fähig. Er suchte die verwundbare Stelle im Rücken seiner jeweiligen Feinde. Goethe war für ihn ein Gegenstand, der ihn immer wieder zu Verdächtigungen reizte. Dabei war er Künstler genug, um zu wissen, daß er beim Eindringen in die Goethesche Atmosphäre einen raschen Auflösungsprozeß riskierte. Gewiß, dessen war er sich voll bewußt, aber etwas Mächtigeres als die Furcht trieb ihn zur Lästerung. Unter den Zeitgenossen war der Gegenstand seiner fast verzerrten Abneigung der Wiener Dichter Hofmannsthal. Er sprach von dessen »rauschgifthaftem Ästhetentum«. Hofmannsthals Werke kannte ich damals nicht. Einmal, an einem Sonntag, durfte ich Hermann Hesse in Gaienhofen besuchen. Ich sagte: »Ein Wiener Dichter, den ich nicht kenne, Hofmannsthal, das soll ein Ästhet sein.« Hesse antwortete fast mit Schärfe: »Lassen Sie sich von Derartigem nicht anfechten. Hofmannsthal ist ein großer Dichter. Ich würde denken, daß er Ihnen einmal viel bedeuten könnte.« Hesse schrieb mir wenige Jahre vor seinem Tod, um mich an jenes Gespräch zu erinnern.

Limbach war in Wien gewesen. Dort hatte eine Frau starken Einfluß auf ihn gewonnen. Vielleicht bezogen sich seine Abneigungen auf eine Welt, die mir von Haus aus zugehörig war, ohne daß ich das geringste darüber wußte. Der mir zum Lehrer bestimmte Mann sprach in seiner Unrast von männlicher Erneuerung menschlichen Zustandes, von einer Zerstörung der alten Hierarchien und bereits von Führertum.

Die Urteile meiner Mitschüler waren in Bezug auf seine Person geteilt. Er hatte begeisterte Anhänger, denen er abends aus seinen Dichtungen vorlas, andere wieder mieden ihn. Er wurde verehrt oder beiseite gelassen, bisweilen auch verspottet. Über all diese Regungen der Meinung war er sehr beunruhigt; immer wollte er wissen, was dieser, was jener, vor allem was seine Kollegen über ihn geäußert hätten. Gerade in diesem Zusammenhang, im Zusammenhang mit seiner inneren Unruhe, versuchte er sich noch näher an mich zu halten und meine Beobachtungen zu sammeln.

Einmal besuchte er mich während des Sommerurlaubs auf dem Schönenberg. Mein Vater pflegte nach seinen strengen Tagen stets am Abend den Weg nach Hause vom Dorfbahnhof aus zu Fuß zurückzulegen. Limbach und ich gingen ihm entgegen. Sofort nach der Begrüßung erklärte Limbach: »Ich gehorche dem Reiz des Dunkels. Das zieht mich an in der russischen Seele, die süchtig ist nach einer Bruderwelt.« Dieser Satz blieb mir und dem in dieser Weise Angesprochenen im Gedächtnis. Meinem Vater war Limbach wohl eher »fatal«, aber er sagte es nicht, auch nichts darüber, daß ich mich augenscheinlich gerade an diesen Lehrer angeschlossen hatte. Er hat mich nicht gewarnt. Sein Verhalten hätte allerdings eine leichte Warnung bedeuten können. Wenn Limbach sich bei Tisch über den Pygmalionmythos verbreitete, lenkte er ab und erwähnte den Handel mit Purpurmuscheln in Sidon. Ein einziges Mal, ganz leise, korrigierte er den in seinem Übereifer sich irrenden Limbach, als dieser meinte, Swedenborg habe einen Aufsatz »Über den Begriff der Ironie, mit beständigem Hinblick auf Sokrates« geschrieben. Mein Vater warf ein: »Sie wollen sagen, Kierkegaard; so viel ich weiß, handelt es sich um seine Magisterpromotion.« Ich glaube, dieser minimale Zwischenfall war das Ende, der Beginn eines wirklichen Kampfes, den ich dann durchzustehen hatte. Limbach verreiste noch am selben Tag.

Von jetzt an war alles verändert. Zwar lud er mich noch einmal ein, wie er sagte, um »seine Schuld« abzutragen. Er lud mich nach Zürich ein, um dort mit ihm zu Abend zu essen und dann ein Nachtlokal zu besuchen. Als im Laufe der Vorstellung der schwarze Vorhang der kleinen Bühne zurückgezogen wurde, erblickte man eine auf einem Diwan liegende unbekleidete und äußerst vulgäre weibliche Person. Limbach betrachtete mich mit gespanntem Interesse von der Seite, um festzustellen, was diese Offenbarung auf mich für einen Eindruck machte. Nachher setzte der Angriff ein, fast übergangslos.

Hans Ganz

Heinrich Wölfflin

»Was bist du? Ein später, mißlungener Entwurf, dich brauchen wir nicht mehr. Über dich und deinesgleichen wird es hereinbrechen. Laß dir nicht einfallen, du könntest einem Mann wie mir standhalten! Alles, was du mir wie eine lecke Zinnkanne ausgeplaudert hast, weiß ich genau. Auch deinem geliebten Direktor und allen anderen werde ich es beibringen!«
Da sprach ich ein erstes Mal zur Abwehr mit unserem Französischlehrer Charly Clerc. Als sich dann endlich die Schleuse geöffnet hatte, stellte mir Clerc die Frage: »Warum meinst du, daß man ihm glauben wird?« Und dann: »Ich habe mich immer gewundert, daß du dich mit ihm eingelassen hast. Er wird übrigens bald verschwinden; nur einen leichten Schwefelgeruch wird er zurücklassen. Halte dich an mich, sprich mit niemand anderem darüber. Vertrauen für Vertrauen: er ist ein Besessener.« Und dann erzählte er mir eine üble Geschichte, deren Opfer seine eigene Frau gewesen war.
Limbach bewohnte den alten Gartenpavillon. Dorthin und von dort zurück, hin und her wurden seine und andere Schritte belauscht. Die Neugier Heranwachsender für Derartiges ist entweder sehr stark, wobei sie stets in Spaß und Gelächter endet, oder sie ist überhaupt nicht vorhanden. Wenn über Limbachs geheime Gänge, Widergänge, Schliche und triumphierende Enderfolge gesprochen wurde, verließ mein englischer Kamerad Burke jeweils gelangweilt den Raum. Gerücht über Gerücht lief um wie in einer Kleinstadt. Bisweilen war die Rede von einer zerstörten Ehe. Es hatte sich gefügt, daß der verletzte Gatte ein Kommentator originaler Dichtungen war, ein herzensguter Enthusiast, ein Kenner seines Faches, ein Preisredner und Klavierspieler, einer von den Grundehrlichen, der »ja« oder »nein« sagte und fähig war, mit äußerster Strenge zu handeln. Ich sollte ihn in seiner kasperlhaften Gestik, seiner sprudelnden Sprechweise später kennenlernen, seine Frau, die er als Folge der Ereignisse verstoßen hatte, bei einem von mir verehrten Pfarrherrn und seiner Heiterkeit ausstrahlenden Gattin treffen. Diese beiden wunderbar freien Menschen hatten damals, als es noch »Gezeichnete« gab, die von ihren Kindern getrennte »Sünderin« bei sich aufgenommen. Limbach war zu jener Zeit längst verschollen. Sein Opfer aber war gebrochen; es war noch die Zeit der Scherbengerichte. Mir war sie in jenem Pfarrhaus, ohne daß wir je ein Wort über anderes als Alltägliches geäußert hätten, eine Art stumme Verbündete, eine Mitwisserin, ein Opfer allerdings, neben dem ich mir wie ein Ritter Georg vorkam, der den Drachen getroffen hat.

Zur Strecke gebracht wurde der Drache aber nicht durch meine Streiche – die ersten, die ich geführt habe, und die völlig wirkungslos blieben. Da brauchte es Kräfte mit ganz anderen, mit tellurischen Hintergründen. Eine Frau erschien an dem kleinen, ins Schlendern geratenen, nach dem Bodensee noch verweilenden Rhein, der sich Untersee nennt; eine Frau aus den russischen Weiten.
Diese Frau fesselte den Drachen und nahm ihn vier Jahre vor dem Ersten Weltkrieg irgendwohin in die Ukraine, wo der Umwitterte dann, von der Mutter ablassend, der Tochter verfiel, an einem Gehirntumor erkrankte und als ein Verschollener verstorben ist.
Ich gebe wieder, was ich vor mehr als sechzig Jahren sah, erfuhr und in einer Weise erlebte, in die ich mich nicht mehr zurückfinden könnte, denn jener Mann, der möglicherweise völlig anders war als meine Erinnerung ihn mir aufzeigt, der Mann, den ich vielleicht – jenes verblichene Abbild aus dem Gedächtnis hervornehmend – ungerecht verzeichnet erblicke, hat mich früh gelehrt, mir Ohrenbläser, Versestecher und Mimen einer usurpierten Bedeutung fernzuhalten. Er hat mich gefeit wie Siegfried und Achill, aber da ich weder der eine noch der andere bin, blieben unendlich viel mehr verwundbare Stellen übrig als jene einer Achillesferse oder die vom Bad im Drachenblut durch das Lindenblatt ungeschützte Stelle. Aber meinen ersten Hagen habe ich kennen gelernt.

Otto von Greyerz

Otto von Greyerz[8] war während kurzer Zeit, nur im Unterricht und durch keinen persönlichen Kontakt, derjenige unter meinen Lehrern, der sich am eingehendsten mit mir und meiner Ausbildung befaßte. Seine Beziehung zu mir war für ihn wie für mich von Anfang an eine äußerst schwierige. Nach Grundanlagen waren wir verschieden, und es war unvermeidlich, daß wir in harten Konflikt geraten mußten, aber auch, daß dieser Konflikt sich wenigstens äußerlich wieder lösen sollte, wobei der Respekt für die Persönlichkeit des Otto von Greyerz seit meinem Eintritt in sein Haus, trotz aller Härte der späteren Auseinandersetzung, immer vorhanden war und in den Jahren der Reife sich endgültig festigte. Wenn Entscheidendes uns trennte, so verband doch eines uns unlöslich: die Liebe zur deutschen Sprache. Greyerz hat vorerst mit großer Geduld versucht, meine durch kein syntaktisches Wissen, keine grammatikalische Regel, keine Interpunktion gebändigte Schreibweise zwar nicht ihrer Freiheit zu berauben, aber sie zu ordnen. Aber er hat vor allem über ganz anderes, Wesentliches gewacht: er besaß in einem seltenen Grad sichere Kenntnis des deutlich bezeichnenden Wortes, des echten Bildes, der rhythmischen Mittel, die über den Worten ein Gefühl tatsächlich zum Ausdruck bringen.

Er war unerbittlich im Kampf gegen die Vortäuschung einer nicht vorhandenen Tiefe, er hatte eine treffsichere, eingreifende Abneigung gegen die falsche Metapher. Er wußte, daß Sprachentwicklung nicht identisch ist mit Sprachverfall. Für ihn war diese deutsche Sprache ein grandioses lebendes Wesen, für dessen Lebenskraft jede Generation verantwortlich ist, und in deren Veränderungen sie sich, wie durch keinen anderen Vorgang, selbst darstellt und richtet.

Es gab in meiner Schulzeit auf der Schulbank kaum ein größeres Vergnügen, als einen von Greyerz korrigierten Aufsatz zu überdenken. Von jedem seiner Einwände habe ich gelernt. Nie habe ich im Unterricht einen so sicheren und guten, zurückhaltenden Umgang mit Dichtung bis zur letzten Offenbarung lyrischer Kunst erfahren wie bei ihm. Wenn ich der Zerstörung höchsten poetischen Gehaltes gedenke, wie sie – ja, ich kann sagen – durch den Unterricht aller anderen Deutschlehrer, die ich ertragen mußte, ausnahmslos erfolgte, so ist die Erinnerung an die mit Greyerz verbrachten Stunden ein reines Glück, das Entstehen einer Aufnahmefähigkeit, die in Augenblicken bis zur Offenbarung führte. Greyerz war stark bis zur Unduldsamkeit im Ablehnen. Er stemmte sich gegen Entwicklungen, die seither zu letzten Konsequenzen geführt haben. Er glaubte nie an das Unvermeidliche. Ich dagegen glaubte schon früh daran. Früh auch wußte ich, daß alles vorübergeht, auch das Unvermeidliche, denn wäre es vermieden worden, käme es dennoch.

Am 8. Juli 1908 schrieb Greyerz an meinen Vater:

» ... Wir haben alle Carl lieb. Mir war er es fast vom ersten augenblick an. Ich sehe ihn noch heute, wie er zum zimmer hineintrat und weiß, wie sein blick, seine stimme und seine bewegungen mir als gutes vorzeichen erschienen. Der erste eindruck hat sich, auch durch einige ungünstige erfahrungen hindurch, bewährt. Wenn ich die seiten seines wesens, die anlaß zu klagen und zu einem energischen verweis des

herrn direktors anlaß gegeben, mild beurteile, so hat mein eigenes wesen die hauptschuld daran. Ich bin leider auch kein held in ordnung und pünktlichkeit, und wenn ich's schon in der anerkennung und unterwerfung unter diese notwendigkeiten etwas weiter gebracht habe, so steht es mir nicht an, gar zu eifrig auf Carls nachlässigkeiten loszuschlagen. Carls hang zur unordentlichkeit hat etwas unreif phantastisches, das wahrscheinlich von selber verschwinden würde, wenn man in seinem institut zeit hätte, darauf zu warten ... Manchmal scheint mir fast, in seiner anschauung dieser dinge spuke so ein gewisses aristokratisches vorurteil.
Im übrigen ist er ganz im werden, ein baum voller knospen, dem licht, der wärme entgegenstrebend, voll wahrheitsbedürfnis, kindlichen herzens und männlichen geistes – was kann man da alles hoffen! Ich wollte, er lernte bei uns brav und gewissenhaft arbeiten. Sein talent tut ihm da manchmal unrecht, so z. b. im klavierspiel ... Mein erster wunsch ist, Carl gründlich zu verstehen und ihm gerecht zu werden. Wie sollte er sich sonst mir anvertrauen? ...«

Ernst Gagliardi

Vor meiner Glariseggerzeit hatte Werner Zuberbühler eines Abends im kahlsten aller Räume, dem Durchgang vom Schloß zum Neubau, sämtliche Lehrer und Schüler versammelt. Er hielt eine kurze Ansprache. Mit großem Ernst und einer ihm sonst völlig fremden Traurigkeit benützte er ein Gleichnis, in dem von einem Schiffskapitän die Rede war, der zu seinem Schmerz sich gezwungen sah, einen seiner besten Offiziere zu entlassen, weil dessen Verhalten Besatzung, Passagiere und den Ruf der Schiffahrtslinie gefährdet habe. Diese Ansprache, gerade weil sie des den Tatbestand nicht unmittelbar deckenden Vergleichs wegen auf die jungen und jüngsten der Zuhörer geheimnisvoll wirkte, war in der Erinnerung meiner Kameraden, die ich beim Eintritt in die Schule vorfand, sehr stark haften geblieben. Die schon etwas von Legenden umsponnene damalige Szene gehörte zur mündlichen Überlieferung der Institutsgeschichte, und bereits in den ersten Wochen meines Aufenthaltes wurde sie mir in verschiedenen Varianten mitgeteilt. Es handelte sich, wie ich den Berichten entnahm, um Ernst Gagliardi[9], einen der besten, von den Schülern bewunderten noch jungen Lehrer von hoher Kultur und verständnisvollem Umgang, um einen ernsten, für viele wegleitenden Menschen. Kurz vor jener geheimnisvollen Ansprache war er verschwunden, und keiner hatte ihn wiedergesehen. Gerade dieses Verschwinden aber beschäftigte meine Kameraden; immer wieder kam man auf den Vorfall zurück. Auch wurde berichtet, zwischen Zuberbühler und dem Betreffenden habe kein Bruch stattgefunden, sie träfen sich noch hin und wieder und wechselten auch Briefe.

Einmal stellte ich den Geschichtslehrer Fankhauser, und er antwortete auf meine Frage nur: »Er hatte gegen die Sitte verstoßen.«

Die Sitte! Auch nach Jahren, viel späteren Jahren, in denen man rückhaltlos gegen einstigen Zwang Sturm gelaufen ist, mag der Vorgang als Ganzes sonderbar erscheinen. Erstaunlich aber wirkt aus der Erinnerung die wirklich lückenlose Diskretion, mit der von Dreizehn- bis Achtzehnjährigen nie an den Kern des Vorganges gerührt und diese Angelegenheit nie mit nackten Worten erwähnt wurde.

Eines Tages betrat Heini Schläpfer in seiner stürmischen Art mein Zimmer, setzte sich auf die Tischdecke und sagte: »Weißt du das Neueste? Der entlassene ›Schiffsoffizier‹ kommt auf Besuch; Zubi hat ihn eingeladen.«

Dann jedoch geschah nichts weiter. Ein Wochenende verging und noch ein anderes. Da die in Frage stehende Person mir unbekannt war und ich sie mit keiner Vorstellung verband, vergaß ich jene für die Kameraden so aufregende Nachricht.

Damals gehörte zu unserem Pflichtenkreis noch die täglich eine bis zwei Stunden dauernde Betätigung meist in der Landwirtschaft, bisweilen in Garten und Hof. An einem Dienstag erhielt ich den Auftrag, von halb zwei bis halb drei Uhr den durch ein spätes Gewitter des Vorabends mit Herbstblättern überschütteten Hof mit einem großen Besen zu reinigen. Es standen mir vier Weidenkörbe zur Verfügung, in die ich die Blätter zu füllen hatte, um sie dann dem Komposthaufen einzuverleiben. Mich verdrossen die dem Gewitter nachgesandten Windstöße, die alle meine zusammengekehrten Blätterhaufen und die in dem einen schon gefüllten Korb immer wieder aufwirbeln ließen, wobei die in der Schreinerei beschäftigten Kameraden, anstatt zu arbeiten, an den breiten geschlossenen Fenstern standen und mein Mißgeschick verspotteten.

Während ich solcherart mit den Naturgewalten kämpfte, trat eine kleine, zierliche, städtisch gekleidete und für mein erstes Empfinden seltsame Gestalt von der Landstraße herkommend um die Ecke in den Hof. Sie trug einen leichten dunkelgrauen Mantel, genau das, was man damals mit dem französischen Wort »paletot« bezeichnete. Die scheinbar winzigen Hände waren in Glacéhandschuhe eingeschlossen, was ich deshalb wahrnahm, weil sie einen »chapeau melon«, den bis in unsere Tage in der Londoner City noch erhaltenen harten runden Hut, vor mir, dem Knaben, in betont höflicher Weise schwenkten. Die ebenfalls auffallend kleinen Füße, in Knopfstiefel mit Glanzlederkappe gepreßt, schienen ihn zu schmerzen. – All dies ist mir in genauester Erinnerung geblieben, weil wir in unserer abgesonderten Welt bei Lehrern und Schülern obligatorisch eine Art Kleiderrevolution durchführten. Jung und alt trug blaue Kniehosen und in der kalten Jahreszeit bereits Pullover.

Jetzt stand dieser Bote von gestern plötzlich vor mir, und nun sah ich in sein Gesicht: ein rundes Gesicht mit hoher, gewölbter Stirn, blassen gepolsterten Wangen, zwischen denen die Andeutung einer in einen Zwicker eingeklemmten Stupsnase vorhanden war. Hinter den Gläsern hefteten dunkle, nicht mandelförmige, nein runde Augen einen Blick auf mich, der mich unmittelbar traf, denn er war überlegen forschend, neugierig und zugleich wissend, äußerst klug, beunruhigt und von einer schmerzlichen Güte erfüllt. Heute, fünfundsechzig Jahre später, sehe ich all das, was ich mit Worten festzuhalten versuche, mit einer solchen Genauigkeit, als stehe diese überraschende Gestalt leibhaftig vor mir, und ich hätte den unerfüllbaren Auftrag, sie sichtbar zu machen.

Der Ankömmling behielt den harten Hut in der Hand, verneigte sich beinahe feierlich vor dem auf den breiten Besen gestützten Jüngling, nannte sich Dr. Gagliardi, und in einer zurechtgemachten, seltsam rollenden Mundart fragte er: »Befindet sich Herr Direktor Werner Zuberbühler in seinem Büro?«

»Ich nehme an; darf ich Sie begleiten?«

Aber wieder setzte ein Windstoß ein, wild umflatterten uns meine Blätter, die Sisyphusarbeit mußte neu beginnen. Der Städter bemühte sich unbeholfen, trotz seiner Handschuhe vorbeiwirbelnde Laubfetzen zu erhaschen.

»Hilft Ihnen niemand?«

Er schien sich zu fragen, ob er sich seines Mantels entledigen solle.

»Gehen wir«, sagte ich und warf meinen Besen über den halbgefüllten, sich rasch entleerenden Korb. »Gehen wir, ich melde Sie an.« Mochte inzwischen ein Regenschauer die raschelnden Reste des Sommers auf die Erde kleben, dann würde man sie schon mit dem Rechen fassen können.

»Nein«, rief der Besucher, alle Worte am Gaumen hohl widerhallen lassend, »ich kenne den Weg genau.« Dann aber überlegend: »Bei diesen unvorhersehbaren Luftbewegungen allerdings ist es möglicherweise besser, Sie unterbrechen Ihre Aufgabe; eine Anmeldung beim Herrn Direktor wäre wohl geziemender, ich danke Ihnen; also – Dr. Gagliardi aus Zürich.«

So begaben wir uns die schöne Eichentreppe hinauf ins Schloß, und an der Tür zu Zubis Arbeitsraum klopfte ich, forsch wie unser Leiter es schätzte. Ich hörte: »Was ist los? Wer klopft?« Ich öffnete und sah die Zornesfalte auf der Stirn des Gebieters.

»Ein Besuch ist da, Doktor Gagliardi aus Zürich«, teilte ich mit.

»Gagliardi!« Zuberbühler, freudig überrascht, sprang auf. Dann aber: »Bist du fertig mit den Blättern im Hof?«

»Nein, der Wind ...«

»Gut, so warte, bis es regnet, es wird gleich regnen. Franellic soll dir helfen. — Also Gagliardi!«

Der Fremdling, sich verneigend, betrat den Raum. Zuberbühler packte ihn an beiden Ellbogen und schüttelte ihn. Ich verschwand. Kurz darauf begann es zu regnen. Mit Hilfe Franellics war die Arbeit bald bewältigt. Der Hof war sauber, wie gebohnert.

Abends nach Tisch bat der Direktor seinen Gast, uns etwas von seiner letzten Italienreise zu erzählen. Der Aufgeforderte schien zu erschrekken, dann sagte er leise: »Das kann ich nicht so aus dem Stegreif.« Verlegen stand er da, griff dann plötzlich in die rechte Rocktasche und zog einen schmalen Band hervor.

»Ich werde«, lispelte er, »etwas vorlesen und versuchen, es zu übersetzen — italienische Gedichte.« Dann begann er zögernd und beinahe akzentlos zu lesen:

Non è colpa maisempre empia e mortale
Per immensa bellezza un grand' amore,
Se poi si lascia rammollito il core
Si, che 'l penetri un bel divino strale.

Amore sveglia e muove e impenna l'ale
Per alto volo; ed è spesso il suo ardore
Il primo grado, onde al suo creatore,
Non ben contenta qui, l'anima sale.

L'amor, che di te parla, in alto aspira,
ned è vano e caduco; e mal conviensi
Arder per altro, a cuor saggio e gentile.

L'un tira al cielo, e l'altro a terra tira;
Nell' alma l'un, l'altr'abita nei sensi,
E l'arco volge a segno e basso e vile.[10]

Dann fing er an zu übersetzen, stockend. Ich versuchte in meinem Notizbuch nachzuschreiben, jedoch er setzte an, überlegte, nahm zurück, probierte das Versmaß nachzubilden — der Versuch mißlang.
In mein Zimmer zurückgekehrt, habe ich dann aufgeschrieben:

Hohe Liebe für vollendete Schönheit
bringt uns weder Schuld noch Tod.
Wenn das erweichte Gemüt sich dem göttlichen Pfeil
zum hohen Fluge überläßt,
leuchtet Feuerschein auf.
Die erste Stufe zum Schöpfer hin ist erreicht,
doch noch nicht gestillt, steigt die Seele weiter.
Jene Liebe, von der ich dir spreche
strebt immer nach Höhe,
nichts Eitles, Hinfälliges ist mehr in ihr.
Für das Geliebte zu glühen, ist
mit maßvollem, verhaltenem Herzen nicht möglich.
Den Einen reißt es himmelwärts,
den Andern ins moorige Erdreich;
in dem Einen strömt der Geist,
im Andern drängen die Sinne, die den Bogen nur nach
niedrigen, rasch vergänglichen Zielen richten.

Wir wollen an diesem jugendlichen Versuch, den Sinn von Michelangelos Aussage, die in geheimnisvollem Zusammenhang mit dem uns noch so fremden Besucher stand, zu deuten, nichts ändern. Merkwürdig war, wie viele unter uns das Gedicht des Meisters in Nachdenken versetzte. Der kleine Gast verschwand schon am nächsten Tag wieder. Es war, als habe er durch die Wahl dieser Verse in fremder, den meisten unverständlicher Sprache irgendwem eine Antwort geben wollen. Ich habe ihm dann meinen mangelhaften Übersetzungsversuch geschickt. Das war der Beginn eines gelegentlichen Briefwechsels.

Hans Ganz

Der andere Besucher war Johannes Ganz, der, wie so viele, die in der Schule am Untersee einige Jahre als Schüler verbrachten, sich auch noch später nie völlig aus dieser Gemeinschaft hat loslösen können. Während jenes ersten Besuches lautete sein vorherrschendes Wort »Selbstzucht«. Es war umgeben von Ausdrücken wie Haltung, Strenge, Disziplin, Opferbereitschaft, Zusammengehörigkeitsbewußtsein, Stoßkraft. Das war 1909. Ich weiß nicht, an welchem Brunnen er damals während seines Aufenthaltes in Deutschland getrunken hatte. Er war Schwimmer, Turner, Langläufer, bei allen athletischen Anlagen um Ertüchtigung bestrebt. Er sprach mit wahrer Begeisterung vom Militärdienst; sein Ziel war, möglichst bald Uniform zu tragen, Offizier zu werden. »Nur keine Hingabe an Stimmungen«, lehrte er. Stimmung war damals ein Leitwort an allen Ecken und Enden; sogar die Franzosen benützten es.

Ich las zu jener Zeit Gottfried Keller. Sobald ich entwischen konnte, setzte ich mich auf eine Bank im großen Garten der »Friedensrichterei« am Wasser, gegenüber dem badischen Ufer mit dem Schloß Marbach. Ganz versuchte einige Male, mir von dieser Lektüre abzuraten. »Das macht schlaff«, sagte er; »dieser begabte Taugenichts aus dem Dorf, dieser angehende Städter hüllt all seine Abneigung gegen Hierarchie in verführerische Landschaftspoesie. Auf einem melancholischen Hintergrund verherrlicht er den eigenen Typus, dem alle gleichen sollen. Nichts darf am Leben bleiben, was nicht Nagelschuhe trägt und Stumpen raucht.«

Aber ich las weiterhin Keller. Seine Menschen und seine Landschaft umgaben mich bei jedem Schritt, den ich machte.

»Sprichst du viel mit Ganz«, fragte mich Zubi.

»Überhaupt nicht.«
»Er wird bald wiederkommen und ganz anderes predigen. Er ist ein Prediger von der Sorte von Kellers Propheten; er stammt auch aus der Gegend, in der diese gelebt haben. Die Predigten bleiben sich gleich, die Sprüche, die abgehandelt werden, wechseln. Vielleicht wird er einmal theologische Interessen vertreten.«
Eines Tages tauchte er, mit einem anderen einstigen Schüler aus Deutschland zurückkehrend, in einem großen offenen Automobil ratternd auf und beschäftigte sich tagelang ölverschmiert mit Reparaturen des Beförderungsmittels. Der technischen Aufgabe waren weder er noch sein Reisekamerad gewachsen, ein Spezialist mußte aus der Stadt geholt werden. Während Tagen galt das einzige Interesse eines Großteils der Schüler jenen Bemühungen.
Ganz blieb lange Zeit in unserem Kreise. Er betätigte sich als Peripatetiker[11]: stundenlang konnte er mit Lehrern und auserwählten Zöglingen auf der ebenen Landstraße auf und ab gehen und lehrhaft seine augenblicklichen Anschauungen auseinandersetzen.
Gesundheit und Kraft trugen damals sein beständig schöpferisches Wirken. Kaum betrat er einen menschlichen Kreis, so wurde dieser an seinen Lebensstrom angeschlossen. Er war genialisch und verschwenderisch. Seine Aussprüche waren endgültig geprägte Gebilde. Ein ständiges Überspringen des Funkens von Pol zu Pol erlaubte überraschende Zusammenfassungen, unvergleichliche Charakterisierungen. Wie erheiternd in den Jahren 1910 und 1916, wenn er als Außenseiter an der Peripherie des leisen und strengen alten Basel, Staub aufwirbelnd, seine Begeisterung, Lob und Tadel von sich gab, mit mächtiger Vitalität den Tag meisternd. Jeder seiner Einfälle wirkte sich in Tönen aus, und wer ihn jemals improvisierend am Klavier gehört hat, mit gewölbten Lippen die Orchesterinstrumente nachahmend, zugleich mit der Linken dirigierend, der wird ihn sein Leben lang hören.
Seine Individualität schien im Glanz der Jugend völlig erfüllt zu sein. Sein eigentümliches und schweres Schicksal aber wollte es, daß seine mittleren und späten Jahre oft nur noch wie ein Abglanz des herrlichen Spiels seiner Anfänge erschienen. Qualvolle Jahre hat er immer wieder überstanden, während die Wucht seiner Begabung keine klaren Befehle mehr von ihrem Herrn und Meister erhielt und ausweglos von der Dichtung zur Musik, zur Pädagogik, zur sozialen Theorie wechselte und sich dann völlig überraschend auf eine Malerei in Nachbildung Cézannes warf, ohne Kontrolle, ohne Führung, ohne die stille Gewiß-

heit einer Berufung. Und doch, überall, auch in seinen späten Werken, zuletzt vielleicht vor allem in der Malerei, läßt sich in Augenblicken deutlich erkennen, was einst in ihm vorhanden war und dann, kurz nochmals aufleuchtend und gleich wieder verdunkelt, wie ein verborgener Schatz übrigblieb.

Schon als Kind ragte er hervor. Sein dem Durchschnitt nicht anzugleichendes Wesen ließ ihn in der Schulzeit zum oft unwirschen, schulmüden Einzelgänger werden, dann wieder zum Anführer, der alle Mitschüler überholte, zum Gegenstand bewundernden Erstaunens bei Lehrern und Kameraden. Das Universitätsstudium, das er leicht als Jurist hinter sich brachte, vermochte es nicht, ihn zu konzentrieren, ihm eine Wahl zu gestatten, eine endgültige Bahn anzuweisen.

Ganz war immer völlig fasziniert durch die Anwesenheit der konspirierenden Russen in der Schweiz. Er versuchte, allen diesen Gruppen näherzukommen, als Beobachter und vor allem durch persönliche Beziehungen. Ob er damals schon unter dem starken, für sein weiteres Leben bestimmenden Einfluß der aus dem Osten stammenden Gattin eines jungen, sich vor allem in eindrucksvoller Weise mit Graphologie befassenden Gelehrten stand, ist mir nicht bekannt. Diese Frau hat ihn wohl im Lauf jener Jahre mit der von vielen Unbefugten dilettantisch angewandten Psychoanalyse vertraut gemacht, wobei ihr stürmisches weibliches Temperament, ihre Macht ausstrahlende volle Natur ihn gleichzeitig suggestiv an die Erweckerin banden, ihn aber auch erschreckten und, seinen Eros spaltend, ihm einen bis zur Lähmung führenden Schreck vor jeder ausgeglichenen, naturhaften Beziehung zum anderen Geschlecht einjagten.

In jenen Jahren hat er eines der gedankenvollsten Bücher innerhalb der damaligen jungen Generation geschrieben, den Roman »Peter das Kind«.

Etwas Entscheidendes ist ihm damals geschehen: Er war ungeheuer zeitempfindlich, dem Zeitgeist ausgeliefert. Er hat in den Jahren kurz vor dem Ersten Weltkrieg, während des Krieges und in der Nachkriegsperiode die analytische Grundtendenz des Zeitalters ergriffen. Sie hat ihn aufgespalten und ihn vor sich selbst, wie auf der »Anatomie« Rembrandts, auf den Seziertisch gelegt. Er, der einst so Spontane, begann, ihm verdächtig scheinende Ursachen seiner Antriebe zu zerfasern. Die glücklichen Formulierungen, die wir vor allem in seinen wundervollen Jugendbriefen und überall in seinem Frühwerk finden, wurden in die Schablonen aufgezwungener Symbole eingefangen.

Seine dichterische Gabe erlag einer übermächtig ihn umstellenden Methode, und eben diesem Vorgang versuchte sein Talent unter Qualen sich in beispielloser Weise zu entwinden. Damals schrieb er die Worte »Wenn blaue Himmel aufgehen ohne Trost«. Schreiben konnte er vorerst nicht mehr, für lange nicht mehr. Als Musiker mußte er seiner einstigen Ausdrucksform entsagen, die Zeit gebot es ihm. Beim Entweichen in die Malerei, die ihm von Haus aus gar nicht lag – als Kind und junger Mann hatte er nie einen Strich gezogen und nie einen Farbfleck auf eine Leinwand gesetzt –, suchte er in verschiedenen Kontinenten die großen Spiegelbilder seines einstigen Wesens. Seine pädagogischen Bemühungen, die ihn in sein früheres Paradies – unsere gemeinsame Schule in Glarisegg – zurückgeführt hatten, entsprangen, wie seine erzieherischen Bemühungen, einem immer stärker werdenden Fluchtbedürfnis. Er floh aus der eigenen Angst in die Angst der andern. Den Jüngeren zuliebe, denen er sich als Helfer und Berater anbot, hat er sich verschwendet.

Unterweisungen

In jener Zeit wurde auf Anregung unseres sich selbst als positivistisch bezeichnenden Naturkundelehrer durch Einflüsse, die aus den Lietzschen, den deutschen Landerziehungsheimen stammten, für Schüler, die zwischen dem vierzehnten und achtzehnten Lebensjahr standen, das zweistündige Schulfach »Sexuelle Aufklärung« eingeführt. Diesen Unterricht erteilte die russische Gattin des soeben erwähnten Lehrers. Sie entledigte sich ihrer Aufgabe in sachlicher Weise, so als handle es sich um Botanik. Die Reaktion war nicht stark. Das zu jener Zeit für die meisten Schüler in großen Zügen schon bekannte Wissen ging in mehr oder weniger rüden Späßen unter. Anders verhielt es sich mit der uns anbefohlenen Lektüre von Auguste Forels[12] 1905 erstmalig erschienenen Buch »Die sexuelle Frage«. Da saß man denn oft während Stunden und ließ sich über seine mechanisch beschriebenen, psychosomatisch erklärten Vorgänge unterrichten, wobei die genaue Schilderung und vielfältige Nomenklatur zahlreicher sogenannter Perversitäten bei den meisten bis zur Roheit unbarmherziger Überlegenheitsge-

fühle führten und zum gelegentlichen Gebrauch von gräkolateinischen Bezeichnungen als Schimpfworte Eingang fanden. Beispielsweise wurde ein eleganter neapolitanischer Fechtlehrer fortan »der Sadist« genannt, einen nur kurze Zeit anwesenden Mitschüler bezeichnete man als den »Fetischist«, weil man ihn einmal, wie in Meditation versunken, bei der Betrachtung eines reparaturbedürftigen Paares von Bergschuhen beobachtet hatte.
Diesem Gebiet sollten spätere Zeiten des Jahrhunderts aus Anlaß analytischer Methoden und allgemeinen Aufruhrs gegen christliche Morallehren einen beträchtlichen Anteil innerhalb der Gesellschaftskunde und der psychotherapeutischen Bemühungen widmen.
Die uns erteilten Unterweisungen fielen auf einen besonderen Boden, vielleicht auch deshalb, weil in unserem Lebenskreis junge weibliche Erscheinungen nur selten und ephemer auftauchten und die meisten unserer damaligen Gemeinschaft geneigt waren, sie zu idealisieren und dies mit undeutlicher Hoffnung auf Vertreterinnen der Feminität ganz allgemein zu übertragen.
Ich erinnere mich, daß unser Genfer Französischlehrer Delarue den von Naturkraft strotzenden Triestiner Franellic einst bei unserer Forelschen Pflichtlektüre traf und bei dieser Gelegenheit meinte: »Ich weiß gar nicht, was diese Naturwissenschafter sich unter dem Wort, das sie beständig im Munde führen, dem Wort ›Seele‹, verstehen. Da liegt eine Unehrlichkeit vor, weil innerhalb ihres Vorstellungsraumes der Sinn dieses Wortes gar nicht präzise definierbar ist; deshalb kann es für jede Theorie herhalten.«

Ich nehme an, daß gut achtzig Prozent unserer Kameraden, rational und praktisch veranlagt, den großen im Gang befindlichen Ergebnissen der exakten Wissenschaften und ihrer Verwertbarkeit in Handel und Wandel entgegenlebten, und daß sie früh schon an ihre spätere Laufbahn in Wirtschaft, Technik, juristischen oder kaufmännischen Berufen dachten. Vom schwindenden Humanismus fühlten sich nur wenige angezogen; dies, obwohl wir, wie ich bereits erwähnte, gerade in diesem Bereich ausgezeichnete Lehrer hatten. Ein Schulpforta war das Landerziehungsheim Glarisegg in keiner Weise. Die Humaniora blieben Nebenfächer. Was mich betrifft, so war die Erfahrungsquelle auf diesem wie auf andern Gebieten der persönliche Kontakt mit Männern, die mir an Lebensjahren voraus waren, das Gespräch mit ihnen, die gemeinsame Lektüre, vor allem die Diskussion mit Freunden, unter denen der Genfer Louis Micheli[13] die wichtigste Stellung einnahm, sodann der mit Genf durch verwandtschaftliche Bande eng verbundene Gregory Gafencu, der spätere rumänische Außenminister und Botschafter in Moskau. Er war nicht mehr mein Mitschüler, aber er war ein sogenannter »Wiederkehrer«, der häufig und regelmäßig auftauchte und stets längere Aufenthalte drunten in der Wirtschaft am See, beim »Friedensrichter«, machte. Was Louis wie mich vom ersten Zusammentreffen an unter vielen anderen Gründen aufs engste mit ihm verband, war unser Interesse an der allgemeinen und zeitgenössischen Politik. Wir drei sollten im Laufe des Lebens mit den Weltvorgängen, die uns damals zu beschäftigen begannen, in Kontakt kommen, ich selbst nur peripher. Gafencu wie Micheli sind – der Rumäne aus großen Zusammenhängen heraus, der Genfer unter mediokren Verhältnissen – jung gestorben.

Gregory Gafencu

Gafencu[14] war in seiner frühen Jugend eine glanzvolle Erscheinung; alles schien ihm möglich zu sein. Zur Zeit seiner Aktivität als Glarisegger hatte er eine Schulzeitschrift mitbegründet, in der er, der Lateiner mit schottischem Einschlag, deutsche Aufsätze geschrieben hat, die ich heute noch, ihrer kraftvollen Natürlichkeit und ihrer sprachlichen Vollendung wegen, mit starkem Anteil lesen kann.
Als ich ihn kennenlernte, studierte Gafencu Jurisprudenz und Staatswissenschaften. Sein ernsthaftes Interesse galt der Außenpolitik. In seinem großen Zimmer beim »Friedensrichter«, das ihm zur Verfügung stand, wenn er in den Universitätsferien jeweils von Genf nach Glarisegg kam, wurde ihm ein breiter Eichentisch ans Fenster gestellt; vor sich hatte er den Blick seeaufwärts bis zur Reichenau. Auf dem Tisch aber waren immer große Atlanten aufgeschlagen. Wir setzten uns zu dritt, um sie zu betrachten.
»Hier habt ihr Rumänien, meine Heimat.« Er umriß die Grenzen des damaligen Königreiches mit der Spitze seines Papiermessers. »Dies ist das Gebiet, das der Kaiser Trajan zu Beginn des 2. Jahrhunderts n. Chr. erobert hat. Ihr wißt von Bessarabien, dem Grenzland zwischen

Dnjestr, Pruth und Schwarzem Meer. Seit 1367 gehörte es zum Fürstentum Moldau, und seit 1812 war es russisch. 1856 wurde es zu unserem Territorium geschlagen und 1878 am Berliner Kongreß wieder an Rußland abgetreten. Das ist lebensgefährlich; versteht ihr das? Vieles ist lebensgefährlich für uns, zum Beispiel das Erdölgebiet von Ploesti. Seid glücklich, daß ihr keine Petroleumvorkommen habt. Kommt ein Krieg, so wird es ein Weltkrieg sein. Was denkt ihr von einer Koalition? Rußland, England, Frankreich gegen das jetzt schon unter nationalistischer Propaganda sich aufspaltende Österreich-Ungarn, wobei vom Standpunkt der Weltinteressen, die auf dem Spiel stehen, der ungarische Einfluß mit seinen veralteten Stammesleidenschaften in der Vielvölkermonarchie verheerend wirkt. Das Nach-Bismarcksche Deutschland spürt die außenpolitische Wirklichkeit so wenig wie stets. Der alte Kanzler war eine ganz singuläre, tragische Figur; er spürte alles und konnte seinen Landsleuten nichts begreiflich machen. Sein Sechsundsechzigerkrieg hat den Ungarn den Erpressungshebel in die Hand gespielt. Niemand hat Bismarcks Rußlandpolitik begriffen, die Sache mit dem Rückversicherungsvertrag. Der alte Kanzler haßte Gortschakow[15] mit Recht; er wußte, daß auf ihn, selbst im Falle eines bindenden Bündnisses, kein Verlaß sei. Er suchte deshalb durch die Erneuerung der Rückversicherungsabmachungen eine viel elastischere Lösung. Für Deutschland liegt die Hauptgefahr gegenüber Rußland in der Unzahl der Konfliktmöglichkeiten zwischen dem Zarenreich und der Habsburgischen Monarchie. Der Siebzigerkrieg und die Annexion des Elsaß war, so denke ich, der einzige wirkliche Fehler, den Bismarck gemacht hat. Mir scheint, er wußte es. Es gibt Aussprüche von ihm, die darauf hinweisen. Ich habe letztes Jahr während des ganzen Winters Bismarck gelesen. Ich will versuchen, etwas über seine außenpolitische Kunst zu schreiben. Die Franzosen sind ein geschlossenes Individuum, das nichts vergißt. Sie kennen ihre Aktenbündel wie ein Provinzadvokat in Lille oder Rennes.«
Gregory hat nichts über Bismarck geschrieben. Ich habe mir 1909 manches notiert, was unser rumänischer Freund uns von seinen damaligen historisch-politischen, seinen frühreifen Gedankengängen mitteilte. Louis Micheli war solchen Ausführungen gegenüber skeptischer als ich. Er hielt Kriege zwischen europäischen Völkern, bei »der Höhe der von ihnen erreichten Zivilisation«, für unmöglich.
»Ein Zweifrontenkrieg für die Deutschen! Sie wären verloren!« rief unser bewunderter Kamerad immer wieder aus. »Denkt euch ein zer-

trümmertes Mitteleuropa, was wird aus den kleinen Völkern? Könnt ihr euch das vorstellen, ein Balkan, der vom Schwarzen Meer bis zur französischen Grenze reicht, lauter aufgesplitterte Kleinstaaten, verteidigungsunfähig! Und was bliebe übrig? Ihr solltet Tocqueville[16] lesen: Nordamerika wird nie genügend in die Rechnung einbezogen.« Die Einsicht, die der Neunzehnjährige damals besaß, konnte innerhalb seines späteren staatsmännischen Handelns nie wirklich angewendet werden. Sein Land geriet in die Lage, die er immer schon gefürchtet hatte: »Stellt euch im Kriegsfalle den Wettlauf nach unsern Ölquellen vor! Die Kohlenzeit ist vorbei, die Ölzeit beginnt, hat schon begonnen. Die menschlichen Kollektivitäten sind unersättlich, sie reißen alles an sich, sie denken an keine Folgen.«

Ich nehme nicht an, daß Gafencu mit Zuberbühler über solche Dinge gesprochen hat. Die beiden gingen immer stundenlang zusammen spazieren, aber ihre Gesprächsgegenstände waren andere.

Mit 22 Jahren, während der Münchner Studienzeit

Göttinger Studienzeit

MÜNCHEN

Wir fanden in München[1] eine helle, leicht vom Jugendstil berührte Wohnung in der ersten Etage eines auf der Südseite der Giselastraße stehenden Hauses. Die junge Witwe, unsere »Landlady«, sorgte für uns als wären wir ihre Brüder. Sie war lautlos, behende, immer heiter; man hörte sie nie, man sah sie selten, sie wirkte im Stillen, und was sie tat, bestand aus lauter Aufmerksamkeiten.
Hans Von der Mühll[2] bewohnte zwei große Zimmer, in denen alle Möbel weiß gestrichen waren. Mein alter Glariesegger Kamerad Jacki von Salis-Soglio[3] hauste zwischen uns beiden, und auf der andern Straßenseite hatten sich Alphons Ehinger[4] und unser Freund, der schwedische Schweizer Gustav de Geer[5], bei der Mutter unserer freundlichen Wirtin niedergelassen. Wir bildeten eine unzertrennliche Gruppe. Nie habe ich so viel sorglose Heiterkeit gekannt wie in jenen kurzen Monaten, in denen wir fünf alles gemeinsam unternahmen, ein Stoßtrupp der Teilnahme, des wachen Interesses, des Vergnügens in einer, wie uns in Augenblicken schien, fast unheimlich glücklichen Stadt; einer Phäakenstadt von größter Mannigfaltigkeit, die vom patriarchalischen Hof über einen landsässigen Hochadel, einen verdienstvollen Briefadel, ein heiteres, kraftvolles, oft recht biederes Bürgertum zu einem kunstreichen Handwerkerstand ohne schwere Spannungen und zu einer Arbeiterschaft reichte, deren Aufstieg man hilfreich zu fördern suchte. Sodann war die ganze Theaterwelt vorhanden, die Künstler in Scharen, vom akademisch mit Titeln und Würden gefestigten, eingegliederten, vermeintlichen Meister bis zu den Unabhängigen, die in die große Masse der Schwabinger übergingen, die sich gerne Bohème nannten und nennen ließen.

Heinrich Wölfflin

Oft war ich bei Heinrich Wölfflin[6] zu Gast. Er stand auf der Höhe seines deutschen Ruhmes und vertrat ihn mit einer von unkonventionellen, prägnanten Einfällen durchsetzten, Distanz schaffenden Würde. Damals befand sich seine geräumige Wohnung an der Widenmayerstraße. Er wurde von der aus dem Kaffee Spitz in Basel bezogenen Haushälterin Rosa fürsorglich und sorgfältig betreut. Da er ein Freund meines Vaters war, kannte ich ihn von Kind an. Ich hatte ihn zu Beginn meiner Schulzeit ein paarmal besuchen dürfen, als er am Fuße der Wettsteinbrücke in Kleinbasel wohnte; jedesmal hatte er uns Bilderbücher gezeigt. Innerhalb der Leisetreterzunft galt er für künstlerhaft, herausfordernd, unberechenbar, kurz genialisch, wie man sagte. Als er einmal abends spät nach einem Anlaß meine Eltern auf den totenstillen Münsterplatz zurückbegleitete, meinte mein Vater, des leichten Schlafs der »Jasmintante« wegen, unter deren Fenstern man stand: »Wir müssen leise reden«, worauf Wöllflin plötzlich mit Stimmgewalt zu jodeln begann.

In München hatte er sich in heiter vorsorglicher Weise meiner angenommen. Er war der große Geheimrat, der aus Berlin nach München gelangte, verehrte und auf deutsche Art vor allem auch von Frauen angeschwärmte Hochschullehrer der wilhelminischen Epoche, eine hohe Zierde der Münchener Universität, ein Meister. Mit dem zwanzigjährigen Studenten, der ich damals war, hat er sich nie anders als wie mit einem Erwachsenen, immer in der frischen, einfallsreichen Weise, die ihm in gelösten Augenblicken eigen war – nun ja – unterhalten, ohne jeden Anflug von poloniusartiger Ratgeberei, humorvoll, scharf definierend, besonders wenn er sich über Persönlichkeiten äußerte. Vorlaute und unreife Äußerungen nahm er gelassen hin. Schwierig waren für einen jungen Besucher Wölfflins Pausen. Aphoristisch, durchaus geprägt, machte er eine Feststellung, und dann schwieg er. Schwieg man auch, so endete die Audienz schweigend. Er erhob sich und sagte: »Also, melden Sie sich wieder; grüßen Sie Ihre Eltern.« Schon war man auf der Treppe.

Gerne äußerte er sich jeweils über seinen Freund Andreas Heusler[7]; den in Berlin wirkenden Basler, welcher aus der französischen Baslerskepsis sich auf eine gewisse Feierlichkeit umgestellt hatte. Wölfflin liebte diesen Freund, sein absolutes Qualitätsbewußtsein, den »eminenten Sinn für Musik«, er erwähnte des öftern seine wissenschaftliche Ahnenreihe, aber auch seinen schwierigen Zugang zur täglichen Wirklichkeit. Seine spezifische Berühmtheit beschäftigte ihn. »Mit Heusler spreche ich nie im Schweizerdialekt, da gibt es keinen Ausdruck für Menschenwürde«, bemerkte er einmal.

Bisweilen sprach der Geheimrat von Dilthey[8], mit Respekt und Einschränkung. »Fast zu viel, zu vielerlei«, meinte er, immer bedeutend über einer Grundlage erstaunlichsten Wissens, aber mit so viel Bezügen, daß schließlich das Ganze ein leichtes Schwindelgefühl hervorrufe.

Auch über Architektur, Skulptur, über Bilder sprach er bisweilen mit mir, und einmal lud er mich ein, mit ihm allein die Alte Pinakothek zu besuchen. Ich erwartete ihn am Eingang, und er führte mich direkt vor Rubens' »Amazonenschlacht«.

Eines Tages erhielt ich von Wölfflin die Einladung zu einer Mittsommerfeier mit der Weisung »Orientalisches Kostüm«. Zwei handgeschriebene Zeilen waren beigelegt: » ... um durch das Begehen dieses uralten germanischen Festes das Dionysische zu erwecken.«

Ich verfügte mich zur anberaumten Stunde in die Wohnung des Geheimrats. Was die Kostümierung betrifft, so hatte ich mir einen roten Fez angeschafft. Um so vermummter erschienen die meisten. Da nur Herren eingeladen waren, hatte jeder nach freier Wahl Damen mitgebracht. Diese Damen, vielfach der sogenannten Münchener Bohème entstammend, erschienen zum großen Teil in Kostümen, die man damals als höchst gewagt bezeichnete. Andere, aber legitimere Bestandteile der Professorenkreise waren auf das Stichwort »orientalisch« gar nicht eingegangen. Sie trugen ihrer Phantasie entsprechende »Eigenkleider«, etwas zwischen Peplon[9] und Laboratoriumsmantel. Da sie meistens recht hoch gewachsen waren, standen sie im großen Empfangsraum, den man zuerst betrat, in steifen Gruppen zusammen, die männlichen Vertreter der Universität gleichsam an der Strippe haltend. Inmitten ihres Karrees ragte die Familie Sulger[10] hervor; er ein Literaturhistoriker, bärtig und dürr, mit Zwicker, neben ihm seine angegraute Gattin, spindeldürr auch sie und vorwurfsvoll in expressionistischer falscher Güte machend. Neben ihr standen in Gewändern, an denen alles rechteckig war, ihre zwei Töchter, die auf die Namen Häschen und Rehchen hörten. Gulbranssons[11] Stift fehlte – aber die Phalanx der Ablehnenden stand, und wie ihre Anführer wirkten die Mitglieder der literaturbeflissenen Familie. Die dionysisch Gesinnten, die in dionysischer Absicht erschienen waren, prallten ab, standen bereits rauchend und nur hin und wieder leise lispelnd hinter den verachtungsvoll die neuen Ankömmlinge musternden Akademikern und ihrem Anhang.

Wölfflin war als Pascha oder vielleicht als Raja kostümiert. Er trug einen Turban, an dem eine weiße sogenannte Aigrette befestigt war; auch führte er, wenigstens zu Beginn des Abends, ein Krummschwert, dessen Griff mit vielen bunten Edelsteinen besetzt war. Sein Gesicht war dunkel geschminkt, die Augen wirkten hell und größer als wenn er normal gekleidet ging. Sie waren auf die Eingangstüre gerichtet, all denen entgegen, die den Raum betraten, ihre tiefen Bücklinge machten und nicht ihn, den Gastgeber den Damen, sondern die Damen und Dämchen dem Gastgeber vorstellten.

Einen dicken Perserteppich zur Seite schiebend, der an Stelle ausgehängter Türflügel den Hauptraum abschloß, versuchte ich mich möglichst ungesehen in den Nebenraum zu schleichen. Es gelang. Dieser Nebenraum war sehr wenig beleuchtet. In jeder Ecke lagen mit vielen Kissen bedeckte Matratzen, und um diese herum hatte man, wie es in manchen Biergärten üblich war, einen efeubewachsenen, grün gestrichenen Lattenkreuzverschlag mit schmalem Eingang aufgerichtet. War man einmal im Innern dieser verdunkelten Nischen angelangt, so mußte man nur einen Karton mit der Aufschrift »Eintritt verboten« anbringen, und man wurde in Ruhe gelassen. Hier wurde still, stumm, tolerant getanzt und geküßt. Schleifender, trostlos trauriger Boston und schon die ersten Tangos wurden von den als Kulis verkleideten Musikanten gespielt, die an der schmalen Wand gegen den Korridor ebenfalls auf einem Kissenberg saßen und zu ihrem Spiel mit rauhen Kehlen und jammervollen iberoindianischen Lauten dreistimmig mehr ächzten als sangen, und die Schattengestalten wallten eng aneinandergedrängt schlurfend und sich in den Knien wiegend dahin. Hie und da verschwand ein Paar hinter den Efeuwänden. Nur zwei Gestalten ragten hervor: eine wundervolle, schlanke und biegsame Tscherkessin mit nachtdunklen Augen, wie mir im Mausoleumslicht des der Lusttrauer geweihten Raumes schien, Clara Rilke[12], von ihrem Gatten schon seit einiger Zeit getrennt; ihr Kavalier aber, der sie hergebracht hatte, war Wolfskehl[13], der König von Schwabing. Er schien soeben aus den schwellenden Pfühlen seines Palastes und aus Harun al Raschids Zeit hervorzukommen. Beide Hände hatte er auf die Schultern der Tscherkessin gelegt, und mit ebenso siegesgewisser, herrscherlicher Überlegenheit wie begehrlichem Schimmern in den schon leise von der Erblindung getroffenen Augen schob er die Worpswederin, auf den flachen Sohlen seiner breiten Sandalen gleitend, durchs Gewühl der schwer atmenden und wortlosen Paare.

Baron Pilar

Das spielte sich in einer engen Mezzaninwohnung an der Maximilianstraße in München ab. Dort gab es Teegesellschaften. Eine ältere, unverehelichte Dame, die dem bayerischen Hofe nahestand, lebte dort mit einem uralten Vater. Wenn sie nicht Bekannte und Freunde empfing, ging sie täglich gegen fünf Uhr in Häuser, in denen man ebenfalls Tee und viele gestrichene Brötchen servierte. Sie war auch eine beliebte »Vierzehnte«: wenn eine Dame fehlte, war sie zur Stelle. Sie war heiter, voll von passenden, abgerundeten, völlig ungefährlichen Anekdoten, wohlwollend, hilfsbereit, niemals verbreitete sie einen Tratsch, nie gestattete sie eine persönliche Bemerkung, gar eine Kritik. Nur eine leichte Verschiebung der Tonstärke lag in der Art, wie sie sagte: »sie ist nett«, oder »sie ist *so* nett.«
Diese Dame hatte eine Nichte, die ziemlich regelmäßig nach München kam und dann in der engen Wohnung auch noch Unterkunft fand. Sie trug einen bekannten venezianischen Namen, war teils auf einem Besitz der »Terra ferma« an der Brenta, teils nach dem Tode des Vaters in Triest erzogen worden. Ihr Vater war italienischer Marineoffizier gewesen, ihre Mutter, die Schwester unserer Teestundengönnerin, hatte ihn nicht lange überlebt. Die Nichte bewunderten wir; sie hatte etwas Ländlich-Rundliches, Vergnügtes, trotz ihres Waisenstandes und ihrer augenscheinlichen Armut. Sie gehörte ins 18. Jahrhundert; sie war die arme Verwandte von Stande, von anderen armen Verwandten in völlig intaktem Familiensinn beschützt und gehegt. Sie war etwas Possierliches, leicht Schwerfällig-Tänzerisches und hatte eine Art, die Arme anzuschließen, die Vorderarme auszustrecken, die Hände leicht schlenkern zu lassen wie nach einem immer gleichen belustigenden Tanzrhythmus. Wir nannten sie den »geschälten Bären«, denn wie ein

junger liebenswerter Bär war sie, dabei außer ihrer venezianisch blonden Haarkrone von einer zarten, straffen, pastellfarbenen Haut überzogen. Sie gehörte einer ganz bestimmten Welt des Alpensüdfußes und der Adria an. Ihr bayerischer Einschlag war noch nicht »eingedeutscht«, sondern habsburgisch-wittelsbachisch und so altmodisch, wie man sich das nach dem Zweiten Weltkrieg kaum mehr vorstellen kann.

Nun, diese junge Dame ging aus, in einer schmal gewordenen Welt, die von den Gattinnen der Professoren als so furchtbar töricht, ja ganz einfach dumm und zerstörungswürdig angesehen wurde. Sie balancierte Teetassen, stand artig neben ihrer Tante, vermochte es, trotz der Teetassen die Hand zu reichen und noch dazu gestrichene Brötchen zu essen, perlend zu lachen und lauter unverfängliche Dinge zu sagen, wie: »In Triest war es im Dezember sehr schön, nein, kein Regen, nie, erst im Januar«, oder: »Das ist natürlich nicht immer so, letztes Jahr war es Weihnachten furchtbar kalt, einmal hat es sogar geschneit.« Sie küßte alten Fürstinnen die Hand und machte Hoheiten ihren Bärenknix. Wenn es aber gelang, einmal allein mit ihr zu reden, dann zeigte sie eine uralte und völlig sichere Menschenkenntnis, wie ich sie in dieser Weise, aber viel mehr mit Literatur verbrämt, in Frankreich und England wiederfand, in erstaunlichem Maße aber in Wien, und zwar nicht in der erfahrensten, klügsten Schicht des alten Europa, weder derjenigen, aus der Sigmund Freud hervorging, noch der anderen, welcher der Dichter des »Bruderzwistes« angehörte, sondern dort, wo das seinen Untergang mit Genuß vorbereitende Bürgertum nur Leere und Primitivität zu erkennen glaubt. Dieses liebenswürdige adriatische Münchner Kind aber sollte früh an einem unbegreiflichen Versagen seiner immer so unbeirrbar richtigen Erkenntnis in schwere Nöte geraten.

Eines Tages erschien der Baron Andreas von Pilar-Pilchau[14], Leutnant im Kaiserlich-Russischen Kavallerieregiment »Chevaliers Gardes«. Er erschien überall und brachte eine Konversation nach München, die bei seinem Vetter Hermann Keyserling sturmgewaltig und deshalb gewalttätig war, bei Pilar aber weich, reich, anpassungsfähig, einschmeichelnd und von einer Welterfahrenheit sondergleichen. Es gab keine Region, die er nicht kannte, geographisch und sozial. Auf alle Namen, die genannt wurden, sprang sein Assoziationsvermögen an. Eine wortreiche Psychologie stand ihm zu Diensten. Er sprach Deutsch, Russisch, Französisch, Englisch ohne Unterschied, und seine ausgezeichneten Manieren hatten nur einen leichten Fehler: daß sie fast zu gut waren. Er hatte, was immer leicht peinlich wirkt, Manieren bester Art, aber sie waren allzu virtuos. Das den zur Bohème neigenden Bürgern so liebe Stammeln war auf der Höhe einstiger »guter Art« auch in Form des Stotterns ein unerläßliches Ingrediens. Vielleicht machten gegen Ende die Engländer einen zu starken Gebrauch davon.

Also, Andy Pilar stotterte nicht. Damals, 1912, war er ein eleganter junger Herr, sehr gut angezogen. Die kalmückischen Züge hatte sein Gesicht von Anfang an, aber sie waren gewissermaßen durch einen wachen, rasch wechselnden, immer freudig erstaunt aufmerkenden Ausdruck, durch jugendlich glatte Haut, gelocktes Haar und den durch das Monokel veränderten Blick viel westlicher als später. Er war, wie alle Balten seiner Klasse, ein erstaunlicher Anekdotenerzähler. Die baltische Anekdote, ob sie sich nun innerhalb des engeren Kreises der »Landschen« abspielte oder in Petersburg, ja darüber hinaus, war bis zur Vollendung geschliffen. Sie war so oft erzählt worden, daß sie alles Zufällige verloren hatte und völlig auf die Pointe hin ausgerichtet war. Pilar war ein virtuoser Erzähler, die bayerische Venezianerin eine hingegebene, entzückte Zuhörerin. Alle Aristokratien, die während langer Zeit zusammen gelebt haben, besitzen einen den anderen, diffusen Gesellschaftsschichten kaum übermittelbaren, kaum zugänglichen Schatz an beziehungsreicher, von der Andeutung wie von einer Geheimsprache getragener Konzentration des bezeichnenden Zuges. Venedig war einst im Besitz einer totalen Typenlehre, nur den Eingeweihten verständlich, in der »Commedia dell'arte«, im Theater Goldonis zur Literatur erhoben. Unsere junge Freundin hatte gerade dieses Ingrediens in Triest, wo es fehlte, in München, wo es folkloristisch derb geblieben war, immer entbehrt. Nun, bei dem Kurländer fand sie es in einer überraschenden Zusammensetzung, fremd und vertraut, aufregend vor den gewaltigen Hintergründen eines unübersehbaren Kontinentes. Pilar vertrat das Ende einer Gruppe, die so lange katalysatorisch gewirkt hatte, bis sie von der kolonialen Dürftigkeit der aus USA stammenden Formel »Selbstbestimmung der Völker« aus der Wurzel gerissen wurde und in einer der unzähligen Emigrationen des 20. Jahrhunderts langsam verdorrte.

Wie dem auch sei, die Venezianerin beging einen bei der Sicherheit ihrer Einschätzung und Kenntnis des Menschen schwer faßbaren Fehler: sie verliebte sich in den Erzähler. Sie verliebte sich, und der Schreck, den dieser Umstand ihm einflößte, ist schwer zu schildern. Am Anfang hatte er nichts gemerkt, dann, als er der Sache gewahr wurde, entfloh er augenblicklich, ohne eine Spur zu hinterlassen. Die Aufregung war groß. Unsere Gönnerin, die Dame aus dem Mezzanin der Maximilianstraße, erschien in der russischen Gesandtschaft, sie schrieb Briefe, sie trieb alles Baltische, das erreichbar war, zusammen, erkundigte sich, klagte, beschwor, sprach vom Palais an der Brenta, das der Nichte einmal zufallen werde, vom Onkel in Detroit. Sie selbst war unverheiratet geblieben; sie wehrte sich für ihre Nichte wie eine Löwin. Die Nichte wurde blaß, ihre munteren Augen bekamen Schattenränder, aber standhaft begleitete sie ihre Tante von Tee zu Tee, von Gabelfrühstück zu Gabelfrühstück, standhaft, aber zugleich fassungslos. Was wußten wohlerzogene Mädchen im Jahre 1912?...

Bruder Paul

Für die Entstehung meines Bruders Paul[15] brauchen keine tiefenpsychologischen Deutungskünste angewandt zu werden. Mein Bruder Paul entstand aus einem Spaß, dessen Urheber nicht ich selbst war, sondern mein Freund und späterer Schwager Hans von der Mühll.
Da gab es in unserem Bekanntenkreis eine energische Witwe, die zwei unverheiratete Töchter hatte. Sie bewohnte in unserem Viertel eine kleine, mit sehr viel Hausrat angefüllte, durch Zimmerpalmen und japanische Fächer geschmückte Wohnung, und sie versandte sehr häufig Einladungen, mit Vorliebe für die Sonntage.
Hans traf sie auf irgendeiner jener zahllosen Teegesellschaften des Winters 1911/12. Sofort begann sie: »Ach, machen Sie mir doch die Freude, mit Ihrem Freund B. übermorgen den Nachmittag bei mir zu verbringen.« Hans, der beabsichtigte, mit mir skifahren zu gehen, dankte und erklärte, anstatt dies einfach mitzuteilen: »Leider muß ich verreisen.«
Die Dame: »Ach, wie schade! Aber übermitteln Sie meine Einladung an B.«
Hierauf Hans: »Es tut mir leid, er ist auch verhindert.«
Aber die leidenschaftliche Gastgeberin ließ nicht locker und rief: »Auch verhindert? Wodurch? Muß er ebenfalls verreisen?«
Hans hätte nun ruhig bejahen können; dies wäre die Wahrheit gewe-

sen. Nun lag aber im Ton der Enttäuschten etwas, das nach Inquisition klang, und so antwortete er: »Nein, er erhält Familienbesuch.«
»O, Familienbesuch! Kommen seine Eltern? Ich würde mich freuen, wenn ...«
»Nein, nicht seine Eltern, sein Bruder kommt, und er muß Sonntagabend schon wieder verreisen. Ich weiß, daß sie wichtige geschäftliche Dinge zu besprechen haben.«
Die Dame: »Ich wußte gar nicht, daß B. einen Bruder hat. Wie heißt er? Was tut er? Ist er verheiratet?«
Hans hätte nun besser daran getan, zu sagen: »Ja, er ist verheiratet. Er heißt Paul und ist Ingenieur von Beruf.« Aber aus Verzweiflung sagte er »ledig«, weil er im andern Fall noch eine Gattin hätte erschaffen müssen. Als ich abends meinen bedauernswerten Freund traf, meinte er finster und ernst: »Jetzt hast du einen Bruder.«
»Was soll der Unsinn?«
»Ja, einen Bruder Paul. Er ist unverheiratet und übt den Ingenieurberuf aus.«
»Ist er älter oder jünger als ich?«
»Drei Jahre älter, geboren 1888.«
Eine kleine Vorgeschichte hatte diese plötzliche Menschwerdung doch. Meine Mutter hatte einen Zwillingsbruder, und er hieß Paul. Solange sie lebte, hat sie mich immer wieder Paul gerufen. »Wo steckst du, Paul? Komm schnell, Paul!« Ich kam nicht. »Wo bleibst du?«
»Wen rufst du?« antwortete ich schließlich.
»Dich, hörst du denn nicht?«
»Ich höre, daß du Paul rufst. Ich heiße nicht Paul.«
»Nie habe ich Paul gerufen!«
Von dieser Eigentümlichkeit hatte ich gelegentlich erzählt, deshalb war Hans in seiner schwierigen Lage der Name Paul eingefallen. Und fortan gab es nun den Paul, den Bruder, und er wäre unsterblich gewesen, wenn wir ihn nicht schließlich, weil er uns doch zu viele Schwierigkeiten bereitete, hätten töten und dann begraben müssen.
Wenige Tage nach unserem Skiausflug sagte mir eine Bekannte: »Ich wußte gar nicht, daß Sie einen Bruder haben. Er soll sehr nett sein.«
»Ja, nett«, antwortete ich mit Grabesstimme; ich konnte Hans doch nicht im Stich lassen.
»Erzählen Sie mir von ihm! Er ist Ingenieur?« plauderte die Bekannte weiter. »Sieht er Ihnen ähnlich?«
»Nein, er ist blond und untersetzt.« Jetzt war Paul für allemal blond

und untersetzt. Ich war sehr beunruhigt, denn um den Schwindel aufrechtzuerhalten, brauchte es ein lückenloses Gedächtnis. Ich beklagte mich bei Hans. Er überlegte, dann riet er: »Lassen wir ihn für einige Jahre nach Amerika reisen, besser Südamerika. Es ist doch klar, daß ein Ingenieur nach Amerika gehen muß. Da kann niemand etwas dagegen einwenden, denn weißt du, wenn wir ihn jetzt schon umbringen, mußt du zum Begräbnis fahren, und wenn du zurückkommst, mußt du mindestens eine schwarze Armbinde tragen.«

»Also Amerika.« Wir warteten ab. Dort war er nun, und das war ja nicht so ungewöhnlich.

Hans erzählte, in einer Gesellschaft habe eine Dame erklärt: »Ich kenne Paul sehr gut; eigentlich ist er viel netter als Ihr Freund.« »Nett« war gewissermaßen die Scheidemünze des damaligen gesellschaftlichen Verkehrs. Alle, die an diesem Verkehr teilnahmen, waren ein für allemal »nett«.

»Hat Paul aus Amerika berichtet?« wurde ich gefragt. Nicht zu meinem Doppelgänger war Paul geworden, nein, zu einem gewichtigen Mann von ernster Führung. Das Phantom wurde zu Fleisch und Blut.

»Er sollte ja doch endlich sterben«, meinte Hans, besonders während einer Krisenzeit, in der wir aus den Befürchtungen nicht herauskamen, denn ein Besuch meiner Mutter stand in Aussicht.

»Jedermann wird deine Mutter nach Paul fragen«, sorgte sich mein Freund.

»Du bist daran schuld«, erwiderte ich recht herzlos. Aber die Katastrophe blieb aus bis zu meiner Übersiedelung nach Göttingen. Kaum dort eingetroffen, wurde ich gefragt: »Sie haben einen Bruder, wie heißt er?«

»Paul«, stöhnte ich. Jetzt war ich von Hans getrennt. Er konnte mir nicht mehr beistehen. Es mußte ein Ende gemacht werden. Kurz entschlossen erzählte ich, Paul sei in Amerika bei einem in Europa noch höchst seltenen Automobilunfall umgekommen. Nach einiger Zeit, die genügt hätte, um die Leiche nach Europa zu schaffen, fuhr ich für drei Tage nach Würzburg, aus dem regnerischen, kalten Norden in Frühlingsluft und Sonnenschein. Bei meiner Rückkehr von der angeblichen Beisetzung wurde ich mit Rücksicht behandelt, und die Zeit tat das Ihre. Nach und nach verblaßte das Phantom - allerdings nur in den andern, nicht in mir selbst, denn nun begann ich mir Pauls Lebenslauf vorzustellen, ihn mit reichsten Erlebnissen auszustatten, ja schließlich in dieser und jener Lebenslage um Rat zu fragen, war er doch der ältere.

GÖTTINGEN

Die Vorkriegswelt

Eine nie aussetzende Hoffnung auf etwas völlig Undefinierbares, das man Fortschritt nannte und nennt, setzte sich, von den widersprüchlichsten Vorstellungen erfüllt, während des ganzen 19. Jahrhunderts fort. Bereits seit 1848 erwarteten unzählige Europäer den Ausbruch eines Völkerfrühlings, wobei die aus der alten Christenheit überlebenden Leitbilder verblaßten und die Kirche ihre Heilslehre weitgehend an den Wissenschaftsglauben verlor. Schon der Rationalismus der Reformatoren des 16. Jahrhunderts hatte begonnen, die sakralen Vorstellungen vor allem durch naturwissenschaftliche Forschungsmethoden aufzulösen. Auf Postulate vorwiegend der Französischen Revolution zurückgreifend, erhoffte man nun in weiten Kreisen den Anbruch eines durch die schnell und schneller sich entwickelnde Technik vorbereiteten Goldenen Zeitalters, denn um eine durch staunenswerte Errungenschaften der Naturwissenschaften entstandene Technik im weitesten Sinne handelte es sich. Durch die ständig sich steigernde Schnelligkeit der Verkehrsmittel wurden die über Jahrtausende dem Menschen auferlegten Distanzen aufgehoben. Diese Entwicklung sollte von der Jahrhundertwende an einen reißenden Verlauf nehmen.

Bis zum Ausbruch des Ersten Weltkrieges waren die Gegenkräfte der alten Welt noch in mächtiger Weise vorhanden. Die römische Kirche schlug noch in ungebrochener Selbstsicherheit zurück. Unter Papst Pius IX., mitten in die soeben erwähnten Vorgänge hinein, mitten im revolutionären nationalistischen Aufbruch der italienischen Völker gegen die weltliche Stellung des Papsttums, wurden den »Aufgeklärten« paradox erscheinende Doktrinen, so der »Syllabus«, das Verzeichnis von achtzig Zeitirrtümern, die »unbefleckte Empfängnis«, die »päpstliche Unfehlbarkeit« autoritär verkündet. Außerhalb des religiösen Bereiches verteidigten sich die alten Institutionen wie z. B. die

Monarchien. Sie setzten sich mit zeitweise durchschlagendem Erfolg für ihre Erfahrungsgrundsätze ein, überzeugend durch den Ausgang ihres Handelns. Gewalt und Krieg wurden als Jungbrunnen für das gegenwärtige und alle künftigen Geschlechter gepriesen. Nietzsche hat mit der dichterischen Gewalt seiner Ideen, seinem Heroenkult viel zur Bereitschaft beigetragen, solche Anschauungen aufzunehmen.

Bismarck, als Ministerpräsident Preußens, hatte öffentlich erklärt: »Nicht durch Reden und Majoritätsbeschlüsse werden die großen Fragen der Zeit entschieden – das ist der Fehler von 1848 und 1849 gewesen -, sondern durch Eisen und Blut.« Auf dem Rückweg nach der Versammlung fragte ihn ein Kollege, der Kriegsminister Albrecht von Roon: »Welchen Sinn haben solch geistreiche Exkurse?«

Das neue deutsche Reich, das Bismarckische, die italienische Einigung unter dem Hause Savoyen durch den Grafen Camillio Cavour sind durch Kriege entstanden; vor allem aber ging der Zusammenschluß der nordamerikanischen Staaten unter dem Präsidenten Abraham Lincoln aus dem so überaus blutigen Sezessionskrieg hervor. Für den Zeitpunkt, in dem Bismarck jenen Ausspruch tat, sah er, was damals die nächste Zukunft betraf, richtig. Später aber dachte er ganz anders, weil sich alle Voraussetzungen geändert hatten. Da hat ihm der Ausgang des Ersten Weltkrieges recht gegeben.

Eisen und Blut! Drei diplomatisch in staunenswerter Weise gegen jede äußere Intervention abgeschirmte, isolierte Kriege – 1864, 1866, 1870 –, alle drei für Preußen siegreich, hatten die Entstehung jenes Deutschland verwirklicht, das nach dem Sturz seines Schöpfers als damalige Großmacht durch die erschreckende außenpolitische Ahnungslosigkeit der Nachfolger, seines neuen Kanzlers und eines sprunghaften, wirklichkeitsfernen Monarchen, in eine aussichtslose Lage hinein manövriert wurde.

Wieviel war den Kreisen, mit denen ich in Göttingen im Lauf des Frühsommers 1914 in Kontakt kam, wieviel war in jener Kleinstadt der akademischen Elite, die dort in höchster Qualität vorhanden war, von der Furchtbarkeit der Lage bewußt, in der man sich befand? Ich hatte keinen Überblick, hatte mich allzu abgeschlossen, dem ganzen Lehrbetrieb gegenüber skeptisch, während des unerschöpflich scheinenden Vorrats an verfügbaren Stunden und Tagen an Naturerlebnisse, an später ausgetilgte dichterische Versuche, an selbstgewählte Lektüre und an den Verkehr mit gleichaltrigen Studenten verschiedenster nationaler Provenienz hingegeben.

Aus den Aufzeichnungen des Bruders Paul

Weshalb Carl sich von München nach dem hannöversch-englisch-preußischen Göttingen begab, ist mir immer unbegreiflich geblieben. Kein Lehrer hatte ihn dorthin gezogen, auch kein Entschluß, nun endlich straffe, disziplinierte Arbeit zu leisten und nicht mehr die Phäakenluft der Isar zu atmen. Nein, mir scheint, es bestimmte ihn ausschließlich die Vorstellung, daß sein Vater dort vielleicht glücklichste Augenblicke seines Lebens verbracht hatte, Zeiten, an die er oft zurückdachte und von denen er dem einzigen seiner Umgebung, der dafür Verständnis hatte, in einer zurückhaltend scheuen Art zu erzählen versuchte.

Man hätte denken können, der Sohn werde nun Grundlagen erarbeiten, Diplomatik, Paläographie, Spätlatein, Mittelhochdeutsch treiben und größere Seminararbeiten, etwa bei Brandi[1], übernehmen. Brandi zog ihn an, seine Menschlichkeit, das Männliche, Offene, Sichere der Art, in der dieser deutschnationale Historiker in seinem so kurzen Zeitalter stand und eine Gestalt wie Karl V. aus dem europäischen Rahmen in einen deutschen übertragen wollte.

Nein, er nahm an keinem Seminar teil. Die Universität blieb ihm noch unheimlich. Nur eine Vorlesung hat er ohne je zu fehlen angehört: Husserls[2] Kolleg über die Allgemeine Geschichte der Philosophie und im philosophischen Seminar seine Behandlung ausgewählter Probleme der Phänomenologie.

Carl sagte, der Vortrag dieses Gelehrten habe ihn ständig gequält, ihn aber, als Gegensatz zu allem andern, nicht losgelassen. Wenn er von Ideen-Wesensschau hörte oder zur »phänomenalen geistigen Schau« aufgefordert wurde, spürte er schon der Terminologie wegen eine neue Notwendigkeit, der er sich widersetzte, die ihn aber festhielt. Das Abstandnehmen von der deduktiven Begriffsentwicklung, von allem, was über die Logik hinausgriff, zog meinen Bruder an; nur keine zwingenden Kettenschlüsse.

Merkwürdigerweise ging er keinen Zerstreuungen nach. Mit seinem Freunde Walter ritt er im Frühjahr und im Sommer täglich meist früh morgens in der Bahn oder draußen in den Wäldern. Walter war mit zwei bildschönen Stuten, einer englischen und einer irischen, und mit einem stilvollen Reitknecht in Göttingen eingetroffen. Er hing einer Erfindung nach und zog eine Menge Außenseiter der Universität an, junge Leute der verschiedensten Ursprünge. Mein Bruder dagegen wich, wie er es immer getan hat, auch damals schon aus, aber gerade dieser Umstand führte viele neugierige Gestalten zu ihm, und so sollte es bis an sein Lebensende bleiben.

Da war dieser große Tennisspieler aus Genf, von dessen Familie Napoleon I. gesagt hat, sie sei eine der erstaunlichsten, auf die er in dem ihm bekannten Europa gestoßen sei; sie bestehe ausnahmslos aus lauter hochbegabten Menschen. Bei einem Tennismatch, in dessen Verlauf der Genfer auf Göttinger Tennisplätzen im Begriff stand zu gewinnen, wurde er ausgepfiffen, aus keinem andern Grund als dem, daß er gewann und seine Sprache die französische war. Mein Bruder sagte damals zu einem baltischen Bekannten: »Es ist schon ganz nah«, und der Balte fragte lächelnd: »Was ist ganz nah?«

»Morgen seid ihr mitten drin; morgen, in ein paar Tagen, wenigen Wochen - und nachher ist alles, wozu Sie gehören, verloren.«

Ich habe solcher Aussprüche wegen damals, 1913/14, oft über meinen Bruder lachen hören. Auch ich selbst lachte, da ich ja nur aus einer Scherzfigur zu einem Beobachter und Zeugen geworden war. Auch nachdem ich in den Mäandern des Gerüchtes bereits mit Sorgfalt ausgetilgt war, blieb ich als Beobachter, ja als Richter immer noch vorhanden und versuchte es oft »bange zu machen«.

Urteilen, richten, das war oft peinlich; ich vermied es, wenn ich nicht dazu gewonnen wurde. Ich sprach über schon Geschehenes, ich sank hinab zum Kommentator. Ratschläge erteilen, das wäre etwas anderes gewesen; »tue das, tue es nicht, etwas nach rechts, etwas nach links, vorwärts, halt ...« Die Verantwortung aber wäre zu groß gewesen. Ich konnte doch nicht behaupten, sein Gewissen zu sein; er hätte mich als solches auch nicht anerkannt. Aber immerhin, mich, den Scherzgeborenen - und gerade, weil ich nur scherzgeboren und dadurch eine völlig gewichtslose Instanz war - befragte er, und wenn ich für kurze Zeit Ruhe fand und mich in Nichts auflöste, ertönte Carls Ruf: »Paul!«

Morgenritt

Das Leben zu Pferd mit Walter[3] gehört in eine ganz besondere Zone des Daseins innerhalb dessen, was wir die Natur nennen. Diese Natur ist etwas vollkommen anderes als jenes Gebiet, in das die Wissenschaft eingedrungen ist. Es ist ein Zusammenspiel von Kräften, die Formen angenommen haben, die auf dem über alle Begriffe herrlichen Gestirn, das wir bewohnen, auf uns einwirken, in uns eindringen, in uns verharren, uns bestimmen und verändern, mit Glück oder mit Schauern der Angst erfüllen. Lauter lebende Formen mit ihrem unsäglichen Geheimnis, dem Lebensgeheimnis, begegnen uns im Licht, im Schatten, im Dunkel der Nächte. Wir sind mitten drin in einer atmenden Fülle von Geschöpfen und nie stärker, spursicherer als auf dem Rücken der Pferde.

»Geschöpfe«, sagen wir; Werke eines Schöpfers. Hieroglyphen einer verborgenen Wahrheit, die sich im Sichtbaren, Hörbaren, Schmeckbaren offenbart. Es gibt eine Wahrheit besonderer Art, die sich nur im Pferd und durch kein anderes Wesen in derselben Weise kundtut. Pferdegeruch, selten geworden, wenn er mich anweht, dann entsteht eine Verbindung mit Erinnerung von Jahrhunderten gesättigt und von einem ans Herz gewachsenen Bewußtsein.

Was wir »Pferd« heißen, das schönste aller Tiere - wie wir unsere Erdmitbewohner nennen -, das Pferd mit seinem panisch seligen Fluchtdrang, mit seiner Zuneigung, seinem Haß, seiner Angst, seiner Mühsal, seinem Dulden, mit seinem Zorn, seinem Stolz, seiner Freude, seinem Mut, das Pferd - wie haben wir es durch Jahrtausende gequält, verhätschelt, geschunden, gefeiert und gelobt oder durch all unsere gewinnbringenden Unternehmungen hindurchgepeitscht, bis es vor Alter und Erschöpfung zusammenbrach und vom Abdecker abgeschlachtet wurde. Wie haben wir es bei all unseren mörderischen Untaten millionenfach geopfert, und nun, nach all dem Unsäglichen, das es für uns getan, wie bereit sind wir jetzt, es, falls wir es nicht mehr brauchen, von der Erdoberfläche verschwinden zu lassen. Wir sprechen in den Niederungen psychologischer Rezepthersteller von schematischen Mitteln zum Erzielen von Glück. Wo ist Glück, wann überfällt uns Glück? Auf dem Rücken der Pferde, beim Sehen, beim Hören. Cézanne meinte, die Welt, wie sie sich in der Landschaft seiner Heimat spiegle, sei unerschöpflich, weil er diese Landschaft »so ungeheuerlich liebe«. Da liegt es, das Glück: in der Liebe, der tiefen Liebe zum Sichtbaren. Aber wer, in zerquälter Eitelkeit, sieht die uns umschattende, umleuchtende, umduftende Welt noch mit Liebe, mit Leidenschaft? Wo wird sie dem Liebenden näher als vom Rücken der Pferde aus? Beberbecker Forst: die Morgenritte in dem mächtigen Wald, vier Uhr früh, die englische Stute, in der Trense drängend, neben der hoch im Blut stehenden Irländerin. In den alten, aus Osten von Licht durchfluteten, offenen Laubholzbeständen steht ein Sprung Rehwild, wirft auf, äugt, äst weiter. Die Stute macht einen weiten Sprung aus lauter Lust, ihre Ohren spielen. Ja, das war Fülle von Glück, bis man aus dem Sattel sprang. Das war das Geschenk eines Tages. Man hätte nur noch schlafen sollen, in den Tag hinein, oder Musik hören. Rhythmus, Takt, das Verhältnis zwischen dem Maß des leichten, zügigen Hufschlags im Trab und dem auf Waldwegen und Wiesen leise trommelnden, herzstärkenden Gleichmaß des Galopps.

Aus den Aufzeichnungen des Bruders Paul

... Ich frage mich: was tat er nach solchen frühen Stunden? Ich war nicht immer da, war vorhanden nur, wenn er mich rief, und das tat er nicht, wenn Sorgen ihm nicht nahe kamen, nicht an solchen Tagen der reinen, erfüllten Jugendfreude.
In seiner Göttingerzeit hat er, so wie man es damals tat, gedichtet. Ich sehe noch den großen gelben, sich anfüllenden Umschlag, in dem er die Gedichte aufbewahrte. Ich habe manche im Ohr: viel Wohlklang, zu viel für das kommende Zeitalter, und dann eben der Rhythmus, sein ihm eigentümlicher Rhythmus, den er nicht loswerden konnte. Keines der Gedichte ist mehr vorhanden. In einem bestimmten Augenblick hat er sie alle vernichtet. Er liebte und fürchtete zugleich den Reim, der Bild und Gedanken aus ihrer ursprünglichen Richtung drängte. Im Nachbarhaus wohnte ein junges Mädchen, ein schlankes Wesen mit großen grünblauen Augen, einem Körper wie aus weißem Marmor gemeißelt und schwarzem Haar. Ihr hat er zu einer weißen Rose, immer im Geschmack des Jahrhundertbeginns, ein Sonett geschrieben. Einmal, wohl gegen Ende der zwanziger Jahre, schrieb sie an ihn; der

Baron Andreas Pilar

Als Sechsundzwanzigjähriger

Mann, den sie inzwischen geheiratet hatte, war im Krieg gefallen. Er antwortete, hörte aber nichts mehr von ihr.

Fräulein Schlote

Wer die Nachwehen des 19. Jahrhunderts miterlebt hat, die Jahre von 1900 bis 1914, kennt eine jener merkwürdigen und seltenen Fristen, die im Ablauf der Geschichte bisweilen, und immer nur scheinbar, eintreten. Die Frist ging damals zu Ende. In den europäischen Ländern war man von Literatur und auch von Dichtung erfüllt. Man las, weit zurück über alle noch zugänglichen Epochen bis in die frühe Antike. Man las, weil es noch keine Massenmedien gab außer den hektisch zukkenden Aufnahmen des frühen Kinematographen. Die Sprache, in der man sich ausdrückte, entsprach noch der Sitte der oberen Schichten. Es waren aber überall in allen noch führenden Nationen Ereignisse eingetreten, die eine Grundwelle sozialen Protestes ankündigten. Im Theater sprachen die zu Klage und Aufruhr Bereiten in ihrer eigenen Ausdrucksweise. Diese hörten wir, als wir in Berlin eine Aufführung von Gerhard Hauptmanns Stück »Die Weber« besuchten. »Der große Auftakt zu derartigem erfolgte in Büchners ›Woyzeck‹«, meinte mein Bruder Paul; »da ist ein epochaler Beginn, der viel länger radioaktiv bleiben wird als diese Anklagerede Hauptmanns.«

Während des Göttinger Aufenthaltes las ich Schopenhauer, Zeitungen, oder ich tat etwas, was ich nicht »lesen« im üblichen Sinne nennen darf: ich las deutsche und französische Gedichte, mit Mühe englische, die mir durch eine merkwürdige Frau vermittelt wurden. Sie hieß Fräulein Schlote und war einst die Sekretärin Lord Haldanes[4].

Die Engländer bewahren ihm ein respektvolles Ansehen. Richard Burdon Haldane, später Viscount Haldane of Cloan, hätte beinahe in den Beziehungen zwischen Großbritannien und Deutschland vor dem Ersten Weltkrieg eine Entspannung zustande gebracht. Dieser 1856 geborene Schotte, in Edinburgh erzogen, studierte später in Göttingen. Seine Landsleute sagen von ihm, er habe mit größter Energie und in

unklarer Weise eine neohegelsche Philosophie vertreten. Sie verteidigen ihn gegen den Vorwurf, germanophil gewesen zu sein; nach Fräulein Schlotes Überzeugung war er es. Als Sir Henry Campbell-Bannerman[5] ins House of Lords gelangte, soll er Haldane zum Kriegsminister gemacht haben, weil die meisten in dieser Funktion ihr politisches Ansehen eingebüßt hätten. Haldane war ein hervorragender Verwalter; er gewann das Zutrauen der militärischen Hierarchie seines Landes. Er hat das kontinentale Expeditionskorps und die Territorialarmee weitgehend als schlagkräftige Reserve geschaffen und den Generalstab nach deutschem Vorbild aufgebaut, was im Ersten Weltkrieg entscheidend ins Gewicht fallen sollte, obwohl Lord Kitchener[6] wichtige Maßnahmen des Schotten aufhob.
Im Jahre 1912 begab sich der Viscount Haldane of Cloan als englischer Kriegsminister nach Berlin, um eine britisch-deutsche Verständigung in der Flottenpolitik herbeizuführen. Die Mission Haldanes in Deutschland ist viel ernster zu nehmen als die Historiographie sie im allgemeinen aufgefaßt hat. Ihr Mißlingen ist als großer weltpolitischer Unglücksfall anzusehen. Ihr Verlauf verdiente genaueste Untersuchung. An ihrem Mißerfolg trägt jener unheilvolle »homo fati«, Friedrich von Holstein[7], die größte Schuld, der Hauptratgeber für den außenpolitischen Kurs nach Bismarcks Sturz.

Selten habe ich bei einem betagten weiblichen Wesen von überaus generöser Natur gleichzeitig eine so anbetende Verehrung und Liebe für einen Auftraggeber und einen so hellsichtigen Haß gegen die Persönlichkeit feststellen können, an deren Einfluß die Absichten des von ihr vergötterten Haldane scheiterten. Hätte man sich den Vorschlägen des Engländers gegenüber in Berlin offen und positiv verhalten, so wäre die Isolation Deutschlands, die sie in jenen Jahren, 1913 und 1914, in ihrer ganzen Bedrohlichkeit wie einen Alpdruck empfand, nicht zustande gekommen.
Ich hatte versucht, bei Fräulein Schlote englischen Sprachunterricht zu nehmen. Von der ersten Lektion an, die in der Wohnung der alten Dame stattfand, sprachen wir aber nur deutsch, und zwar deshalb, weil sie augenblicklich von ihrem Idol zu reden begann, dann - ergriffen, angsterfüllt, den Tränen nahe, als stünde ein Dämon leibhaftig vor ihr - Anklage gegen den von ihr verabscheuten Holstein erhob.
»Holstein«, rief sie, ihre kleine Greisenhand zur Faust ballend, »niemand hat auf unsere Zukunft unheilvoller eingewirkt. Wenn eine Kata-

strophe eintreten sollte, trägt er eine Hauptschuld. Er war eine Hyäne; gehandelt hat er immer nur aus niedrigen persönlichen Gründen. Als Zerstörer und Verräter wirkte er immer allen höheren Interessen des Landes entgegen. Unter Graf Harry von Arnim[8], der seit 1872 Botschafter in Paris war, hat er seinen Vorgesetzten an Bismarck und Bismarck an Arnim verraten und den unglücklichen Konflikt zwischen dem Kanzler und dem Botschafter mit niederträchtigen Mitteln geschürt. Ins Auswärtige Amt nach Berlin zurückgekehrt, ist es ihm während langer Zeit noch gelungen, immer wieder Bismarcks Vertrauen zu erschleichen, wobei er ständig an Bismarcks Sturz arbeitete.« Sie ereiferte sich: »Das deutsche Volk hätte ihn ausspeien sollen aus seinem Rachen! Er ist an der Nichterneuerung des Rückversicherungsvertrages mit Rußland schuld; daran können wir zugrunde gehen. Warten Sie - hier!« Sie entnahm einem Schubfach ein blaues Heft, setzte eine randlose Brille auf: »Aussprüche Bismarcks[9], warten Sie!« Sie suchte in den Blättern; »Hier, Rußland; da lese ich - machen Sie Notizen; schreiben Sie auf, nachher übertragen wir den Text ins Englische.« Ich las, ich notierte:

»Ein russisch-deutscher Krieg würde England die Aufgabe, seine Interessen Rußland gegenüber wahrzunehmen, wesentlich erleichtern. Für Deutschland aber ist und bleibt ein russischer Krieg - siegreich oder nicht - immer eine große Kalamität.« Hinter diese Aussage hatte die alte Dame die Jahreszahl 1888 notiert. Ich blätterte weiter und schrieb auf:

»Die Vitalität der russischen Nationalität wird nicht minder zähe sein (als die polnische), wir werden meines Erachtens immer am besten tun, sie wie eine elementarisch vorhandene Gefahr zu behandeln, gegen die wir Schutzdeiche unterhalten, die wir aber nicht aus der Welt schaffen können.«

Und dann: »Frankreich hat nur seine östliche Grenze, Rußland nur seine westliche Grenze, auf der es angegriffen werden kann. Wir sind außerdem der Gefahr der Koalition mehr ausgesetzt als irgendein anderes Volk.«

Endlich: »Würden wir in einen russischen Krieg verwickelt, so würde der französische ganz sicher sein.«

Da war noch eine Eintragung in dem blauen Heft, ein Zitat aus dem Jahre 1876, wo Bismarck bereits zugibt, eine französische Tageszeitung, die geschrieben habe, er leide unter dem »Cauchemar des coalitions«, habe recht.

»Nun hören Sie noch dies«, rief meine Englischlehrerin; »hören Sie seine deutliche, hohe Stimme: ›Wenn wir zu wählen hätten zwischen der Abtretung des Großherzogtums Posen und des linken Rheinufers, so würde ich raten, lieber die Westgrenze preiszugeben als unsere Grenze im Nordosten zu verrücken!‹«
Jetzt war die Stunde vorüber; ein anderer Schüler Fräulein Schlotes wartete schon. Sie hatte gesagt: »Schreiben Sie auf, nachher übersetzen wir«, und leider nicht: »Übersetzen Sie mir das bis zur nächsten Stunde!«
Als ich wieder zum Unterricht erschien, empfing sie mich schon mit der Frage: »Haben Sie jemals einer so kläglichen Außenpolitik zugeschaut wie der seit dem 20. März 1890 in Berlin geführten?« - Keine Rede von unregelmäßigen englischen Verben!
»Haldane«, fuhr sie fort, »hat Bismarck nicht ganz überblicken können. Die Hintergründe der Gedanken des so wenig eisernen, seismographischen Kanzlers konnte er nicht völlig erkennen. Haldane meinte einmal: ›Rußland ist für uns auf dem Gebiet unserer asiatischen Interessen gefährlich, aber für einen westlichen Nachbarn, für Deutschland, was sollte es da suchen?‹ Ich wagte zu fragen: Österreich, Balkan, Konstantinopel? Österreich, unser Verbündeter nach dem dank Bismarck so meisterhaften Abschluß des Krieges von 1866. Ein Jahr nach Bismarcks Sturz war die französische Flotte schon in Konstantinopel. - Haldane schüttelte den Kopf: ›Denken Sie an den Krimkrieg, an die damalige Stellung Österreichs und auch Preußens.‹ - Ich wagte es nie, meinem Chef gegenüber *meine* Auffassung solcher Probleme wirklich auszusprechen. Bismarck hat sich meiner Ansicht nach im alle Verhältnisse ändernden Spiel der internationalen Kombinationen in der Außenpolitik immer auf das im Augenblick Nötige eingestellt, und zwar mit erstaunlicher Voraussicht, und er hat augenblicklich, seiner Kenntnis entsprechend, stets gegen innere Widerstände in Deutschland gehandelt. Seine Innenpolitik war der Außenpolitik immer untergeordnet. Die Polenpolitik, Bismarcks Stellung im Kulturkampf, seine Auseinandersetzung mit Wilhelm II. in bezug auf das Sozialistengesetz sind nur im Zusammenhang mit seiner Politik gegenüber Rußland zu verstehen. Ihm lag daran, das Interesse des Zaren, des Oberhauptes der orthodoxen Kirche, gegenüber der Kraft des römischen Katholizismus Polens, vor allem des polnischen Adels, zu unterstützen, und was seine Einstellung zum unaufhaltsamen Fortschreiten des Sozialismus in der zweiten Hälfte des 19. Jahrhunderts betrifft, so ist sein Verhalten

weitgehend darauf zurückzuführen, daß er von einem Verschwinden der monarchischen Staatsform in Rußland eine unvermeidliche Schwenkung des Riesenreiches nach westlichen Allianzen hin voraussah.«
»Und in seiner Innenpolitik?« fragte ich.
»Nun ja, man sagt, der Konflikt zwischen dem jungen Kaiser und Bismarck sei über den Gegenstand der Sozialgesetzgebung ausgebrochen. Es gab viel andere Gründe! Aber an der Gewalt der russischen Nation und der tyrannischen Härte, mit der sie ihre sozialen Veränderungen durchführen wird, bricht dereinst unser Vaterland zusammen.«
Man spricht meist belustigt von der Schwärmerei junger Mädchen und auch alter Frauen. Bisweilen ist es unrecht, zu lachen. Jene Konzentration gefühlsstarker Bewunderung, über die Grenzen jeder Objektivität hinaus, gehört zu den stärksten meinungsbildenden Mächten. Sie ist vorhanden bei Wesen, die sich nicht nach vielen Seiten verschenkt haben; sie hat einen asketischen Hintergrund. Die vielberufene »Frustration« sammelt bis zur Bedrohlichkeit Kräfte, die sich in späten Jahren des Menschen bis zum Hellsehen, bis zur hypnotischen Fähigkeit steigern können. Dies war bei dieser gleichzeitig noch so mädchenhaften und so naiven Greisin der Fall.

Einen Kult ganz anderer Art als für ihren englischen Chef oder Bismarck widmete sie auf geisterhafte Weise Beethoven. Sie sprach von ihm, als hätte sie ihn eben verlassen, ja, als sei er anwesend. Sie erhob sich plötzlich von ihrem Sitz, wankte zum Klavier und spielte, als ausgebildete Pianistin, einige Takte aus langsamen Sätzen von Sonaten oder gab Themen aus Orchesterkompositionen wieder; ihr Gesicht nahm dabei den Ausdruck wahrer Verzückung an.
»Da hat man gut reden von Europa, von Menschheit ganz allgemein und dergleichen: das ist deutsch und nichts anderes, wie Johann Sebastian, und wenn alles untergehen sollte, ist dies für immer unser unzerstörbares Testimonium«, erklärte sie und fuhr dann geheimnisvoll fort, »bisweilen ist er hier; er wird jeweils spürbar, aber nicht sichtbar. Und doch habe ich ihn einmal gesehen, so deutlich, wie ich Sie sehe, der Sie mir gegenüber sitzen. Das war in Grinzing. Ich besuchte ein Haus, das er bewohnt hatte. Ich betrat den Raum, in dem er die meiste Zeit verbrachte. Ich war allein. Ich betrachtete das Klavier, auf dem seine Hände am Werk gewesen waren, bis er die Töne nicht mehr hörte. Mit einemmal geschah etwas; es geschah in mir, aber auch außer

mir. Wie soll ich's Ihnen sagen, damit Sie es glauben? Das Zimmer wurde wie von einem mächtigen Druck erfüllt. Ich spürte ein Wirken, Weben, Drängen von elektrischen Strömen - Beethoven stand da mit dem Rücken gegen das Instrument. Er schaute mich an, ich zitterte am ganzen Leib, fürchtete mich, verlor aber keinen Augenblick das Bewußtsein, ich fühlte seinen Blick. Nachdem ich ihn gesehen hatte, senkte ich meine Lider, ich weinte, eine warme Strömung traf mich - dann, ebenso plötzlich, war alles aus, weg, vorbei. Ich stand da, bis auf den Grund erschüttert, dann begann mein Herz wie rasend zu schlagen - nichts mehr, Einsamkeit, Unheil lagen vor mir.«

Sie faltete die Hände und schloß die Augen. »Sie können es nicht glauben. Man soll aber vor derartigem nicht leichtgläubig sein.« Und dann fast pathetisch: »Ich erzähle es nie; Ihnen habe ich es erzählt.«

Diese Frau gehört zu den Toten, von denen man bisweilen Hilfe erhofft. Sie besaß, es ist mir im Laufe späterer Entwicklung des politischen Geschehens bis zum heutigen Tage auffallend geblieben, eine sehr besondere, durch eifrig geübte geographische, ethnologische, wirtschaftliche Orientierung und eine ganz seltene Kenntnis des politischen Personals auf der Bühne und an ihrem Rande, eine Art von fachlicher Vorbereitung zu ihren oft erstaunlichen, so düsteren Voraussichten für die Zukunft. Sie war imstande, Fehler des außenpolitischen Handelns scharf umrissen zu formulieren. Wie sie über Figuren wie den Reichskanzler Bülow[10] und Bethmann[11] urteilte, könnte, ex eventu nachgeprüft, verblüffend erscheinen. Einige Beispiele mögen dies nachweisen.

Einmal eröffnete sie mir, es war im Januar 1914: »Bismarck hat in seinen späten Jahren zuweilen die drei Kriege bedauert, die er, unter Abschirmung aller internationaler Interventionen, zur Erreichung seiner Ziele mitveranlaßt hat.« Sie blätterte in ihren Notizen und las: »›Ein Krieg, auch ein siegreicher, hat für die Nation keine wohltuenden Folgen.‹ Diesen Ausspruch tat er 1892. Seine Erfahrung wuchs, so lang er lebte. Was die Nachfolger dieses Mannes betrifft, so haben sie alle gegen seine Erfahrungen gehandelt, in jedem Punkt. Heute sind wir völlig isoliert. Unsere Verbündeten, Österreich und Italien, bedeuten bloß eine Belastung. Österreich wird auseinanderbrechen, Italien kann, schon seiner langen Küsten wegen, keinen Krieg gegen eine starke Seemacht führen; es muß kurz nach Kampfbeginn abfallen. Er hat auch früh erkannt, daß er die Stellung der Dynastie allzusehr gefestigt, ihre Befugnisse allzusehr erweitert hatte.«

Noch in jenem Januar 1914 hielt ich ihren Ausspruch fest: »Heute genügt ein internationaler Zwischenfall, und alles wird über uns herfallen. Unsere jetzige Führung wird unter dem Druck der Militärs die Nerven augenblicklich verlieren und in der Weise handeln, daß alle Schuld am Ausbruch des Unheils auf unserer Seite liegt.«
Für jedes Gespräch, das diese seltsame, hellsichtige Schwärmerin mit mir führte, hätte sie damals unter Anklage des Landesverrates fallen können. Heute noch sehe ich sie vor mir, höre ihre Stimme, spüre ihren Blick, aber nicht einmal an ihren Taufnamen erinnere ich mich. Ich sehe ihre kleine Wohnung, aber ich weiß nicht mehr, an welcher Straße sie lag. Es ist mir unbekannt, wann sie gestorben ist, und wir haben keine Briefe gewechselt.

West-Östliches

Mein Studentenzimmer befand sich im Hause der Witwe eines bedeutenden Mediziners. Dort war ich so wohl aufgehoben und umsorgt, als man es nur sein kann. In dem kleinen Haus wohnte außer mir ein Amerikaner, der schon nahe vor dem Abschluß seiner Studien stand. Da wir beide unsere Mahlzeiten außerhalb des Hauses einnahmen, trafen wir uns meistens nur flüchtig auf der Treppe. Eines Tages aber erschien dieser zurückhaltende und fleißige Zimmernachbar bei mir, entschuldigte sich und erklärte, da er um mehrere Jahre älter sei als ich, erlaube er sich, mir von einer Sorge zu sprechen, die er mit unserer gütigen Gastgeberin teile. Es handle sich um mein häufiges Zusammentreffen mit einem baltischen Studenten, einem Kunsthistoriker, vor dem mich zu warnen er sich verpflichtet fühle. Der Betreffende habe widernatürliche Neigungen, stehe in schlechtem Ruf, er sei reich, sehr talentiert, mit allen Verführungsmitteln ausgestattet und für einen so jungen und unerfahrenen Menschen wie mich gefährlich. Abermals bat er mich, seine Initiative zu entschuldigen, doch habe er es für seine Pflicht gehalten, mich aufmerksam zu machen.
Ich dankte ihm und meinte, der von ihm erwähnte Umstand sei mir bekannt und gleichgültig. Der Betreffende sei ein hochbegabter, welterfahrener, vielseitig gebildeter Deutschrusse, der Neffe eines zur Zeit

eine dominierende Rolle spielenden russischen Botschafters, bei dem er oft und lange zu Gast gewesen sei. Auch werde es mir möglich, durch ihn mehr über aktuelles Geschehen zu erfahren als durch irgend jemanden meines Umgangskreises. An Gefahren in der Art der von ihm angedeuteten sei nichts vorhanden.

Dieser Balte, Baron Andreas Pilar (ich hatte ihn in München bei der Baronin Kramer ein erstes Mal getroffen), besaß in der Tat eine überaus eindrucksvolle historische Bildung, weit über sein Fach, die Kunstgeschichte, hinaus. Er war, wie gesagt, in seltenem Maße welterfahren. Sein Vater war Großgrundbesitzer und Adelsmarschall in einer der baltischen Provinzen.

Der Sohn hatte lange in Rom, Paris und London gelebt. Er kannte die aus dem 19. Jahrhundert herkommende Gesellschaft und hatte einen angeborenen Instinkt für die ökonomischen Voraussetzungen der Epoche, in der Europa durch innere Spannungen der Zerreißprobe entgegenrückte, und dies auf der Höhe seiner Macht. Seit er erwachsen war, hatte er mehr in Petersburg als auf dem Lande und, wie erwähnt, in allen westlichen Kapitalen gelebt. Er hatte ausgedehnte und stets auf das Essentielle konzentrierte Kenntnisse über Rußland, die Türkei, Vorderasien und den Fernen Osten. Russische Innenpolitik beschäftigte ihn unablässig, und er war bis in Einzelheiten ein Kenner des Russisch-Japanischen Krieges, dessen Ursprung, Verlauf und Auswirkung er auf Grund reichlichen Kartenmaterials studierte und mit Vergnügen erläuterte.

Pilar hatte Anhänger, Bewunderer, die er nicht vorzeigte, sondern einzeln oder in sehr kleinen Gruppen in seinem wie für eine große Pariser Schneiderin mit oft raffinierten Einfällen ausstaffierten Salon empfing. Er las russische, schwedische, deutsche Zeitungen und die hauptsächlichsten Presseorgane Italiens, Frankreichs und Englands. Alles interessierte ihn, aber von einer wahren Passion besessen war er nur für aktuelle große Politik. Auf diesem Gebiet hatte er aufgrund einer raschen Kombinationsgabe aus tausend ihm bis ins letzte bekannten Einzelheiten und aufgrund eines äußerst sicheren Spürsinns für große Linien und Zusammenhänge eine Voraussicht, die er klug zu verbergen wußte.

Als nun im Sommer die große Konflagration wie ein Wüstensturm sich näherte, sagte er des öfteren: »Krieg ist ausgeschlossen; wir sind zu erfahren und zu zivilisiert, um noch derart primitive Mittel anzuwenden.« Dies verfocht er auch noch im Laufe eines Gesprächs, das wir

wenige Tage vor Bethmanns Kriegserklärung unter Kommilitonen führten. Ja, dies erklärte er wiederholt, aber ich nehme nicht an, daß er selbst an seinen Ausspruch glaubte.
»Bethmann«, sagte er gelegentlich, »Frankfurter Banktradition, die Mutter schweizerischen Ursprungs, französischer Protestantismus, aus Neuenburger Pfarrhäusern stammend, Paris seit Beginn des 18. Jahrhunderts. Erfolgreiche Leute, Besitzer des Löwenbergs[12] bei Murten, der Schadau[13] und der Chartreuse bei Thun[14]. Er heißt Theobald; ein Lenker des deutsch-preußischen Schicksals, der Theobald heißt! Ein braver Bürokrat. Ich war in Hohenfinow[15]. Er hat mich sehr ungeschickt über die Pläne und Ansichten meines Onkels Jswolski[16] ausgefragt; so ganz direkt - woher seine Abneigung gegen Deutschland stamme. ›Jagow‹[17], warf ich ein, und sofort war eine Antwort bereit: ›Dieser heißt Gottlieb und stammt aus der Carrière, ich kannte ihn in Rom während seiner Botschafterzeit; erst letztes Jahr wurde er Staatssekretär, den mein Vater, ich weiß nicht mehr aus welchem Grunde, wiederholt erwähnte.‹«
Mein baltischer Informant begann stets, so weit es anging, mit genealogischen Ausführungen. Nachdem er z. B. erwähnt hatte: »Sie war eine Orsini«, oder »er war der Neffe des Herzogs von Ruthland«, holte er dann weiter aus. »Die Monarchie in Rußland kann sich nur halten, wenn sie einen großen Sieg erficht. Der Russisch-Japanische Krieg hat unsere Staatsform in Frage gestellt, und was nachher kommt, weiß man, wenn es einem gegeben war, die Revolution von 1905 mitzuerleben. Im russischen Volksempfinden zerbrach damals eine alte deutsch-russische Kameradschaft endgültig. Das Vertrauen war zu Ende, die Anziehung, alles schlug in Abneigung um, die nach und nach zum Haß wurde ...«
»... 1905 - ja, Korea und die Mandschurei, die ständige Expansion Rußlands: für Japan war dies eine Existenzfrage. Es erfolgte der Überfall auf die veraltete russische Flotte, die vor Port Arthur lag. Nach diesem Ereignis und der Landung großer japanischer Herreseinheiten auf dem Kontinent verloren die russischen Armeen alle Schlachten. Schon im Krimkrieg war die Streitmacht der Romanows unterlegen. Da besteht ein direkter Zusammenhang mit den letzten Niederlagen und der nationalistischen Hetze gegen alles Deutsche innerhalb des Riesenreiches. Ein nächstes Mal sprechen wir genauer darüber ...«
Diese nächsten Male blieben nicht aus, und wenn ich mich nicht irre, bereitete er sich jeweils darauf vor.

»Haben Sie jemals«, führte er zum Beispiel aus, »etwas Absurderes beobachtet als die Gründung jener russischen Forstkommission oder Forstgesellschaft mit Sitz an der Mündung des Jaluflusses? Unsere unberührten europäischen und asiatischen Forstgebiete, etwa zwei Millionen Quadratmeilen - und dann, als Vorwand zur Durchdringung Koreas, ließ man diese Forstgesellschaft von Kosaken bewachen!
Die Japaner haben damals viel Selbstbeherrschung und kluge Geduld gezeigt. 1903 und 1904 sandten sie maßvolle Noten nach Petersburg. Sie erklärten sich damit einverstanden, daß Rußland zwar Einfluß in der Mandschurei besitze, aber keine sanktionierte Stellung als Kolonialmacht einnehme. Als Gegenleistung verlangten sie, im Interesse ihrer eigenen Sekurität, Garantien für ihr Aufsichtsrecht in Korea. Darüber könnte ich mehr sagen; ich bin durch unsern Botschafter in Tokio unterrichtet. Die Vertreter einer maßvollen Politik im russischen Ministerium, der Kriegsminister Kuropatkin[18] und der Finanzminister Witte[19], traten zurück; sie haben klar gesehen. Die Hazardeure triumphierten. Für die russischen Fernostgebiete wurde ein Vizekönig mit fast unbeschränkten Vollmachten ernannt. Unter schwerem Druck mußte Korea der Regierung des Zaren seine Hafenstadt Jong-am-po verpachten. Man begann jetzt, die Methoden der britischen Ostindiengesellschaft nachzuahmen, und innerhalb solcher Vorstellungen entstand jene russische Forstgesellschaft in Korea.
Weiß einer von euch, daß der russische Innenminister Plehwe[20] damals meinte, man brauche einen kleinen siegreichen Krieg, um das Ausbrechen einer Revolution zu verhindern? Der Krieg war dann weder klein noch siegreich, und der Aufstand folgte der russischen Niederlage auf dem Fuße. Ich habe ihn miterlebt. Das war nur ein Beginn.«
Von diesen Erlebnissen erzählte Pilar oft und ausführlich, und er meinte, 1905 habe innerhalb des russischen Reiches und der sogenannten westlichen Großmächte für die Menschenwelt auf politischer Ebene etwas begonnen, das einen größeren Wandlungsprozeß einleite als die Reformation und der Untergang des Römischen Reiches es gewesen seien.

Anna

Anna hieß ein junges Mädchen, das ich in einer Familienpension kennenlernte, in der ich während meines Studiums die Mittagsmahlzeiten einnahm. Man nannte sie Fräulein Anna. Sie war Russin, sprach aber fast fließend deutsch, ihren Familiennamen vernahm ich nie.

Anna war schön. Frau von S., die Inhaberin der Pension, wußte es und behütete dieses Wissen im Herbstlicht ihrer eigenen Hoffnungslosigkeit. Auch sie war einst schön gewesen, und sie besaß die Fähigkeit, mit Rührung wiederzuerkennen, was alles der Vergeblichkeit ihres Lebens zum Opfer gefallen war.

Einer ihrer Mieter, der aus Santander stammte, nannte das fremde Wesen »Tizians Tochter«. Nach Tisch erschien meist der französische Lektor, und als der Spanier einmal vom Zauber der Unbekannten sprach, meinte er nur: »Une beauté demodée qui s'alourdira.«

Aber kein Zweifel, seit Anna eingetroffen war, hatte die Tafelrunde eine Mitte erhalten. Was der Zufall gemischt und mit gerollten Servietten in numerierten Ringen versehen hatte, wurde zu einem belebten Gebilde. Widerstreben äußerten nur Posnanski, der polnische Nationalökonom, und natürlich auch Fräulein Kreis, welche systematische Pläne in bezug auf das schlecht in ihre Kategorien passende Wesen ersann. So wie dieses Geschöpf durfte man nicht mehr sein; es mußte vorerst ganz allgemein gerügt, und es mußte sodann mittels einer damals in Jugendstiluniform sich äußernden Pädagogik mit schon ausgeleierten Tönen einer zwar falschen, aber strengen Güte eingegriffen werden. Fräulein Kreis war aber diesmal an ein Objekt geraten, das sich ihren Vorstellungsmöglichkeiten gänzlich entzog und ihren Willenshandlungen keinerlei Handhabe bot. Daß sie dies nicht merkte und bestimmt auch später nie einsehen lernte, bewahrte die Grundlagen ihres relativen Wohlbefindens, ihren moralischen Anspruch und ihr Selbstbewußtsein vor schweren Einbußen.

Anna half, wann immer, unaufgefordert im Haushalt. Als man am ersten Tag nach ihrer Ankunft ihr Zimmer ordnen wollte, war alles schon getan; es war aufgeräumt, das Bett war gemacht, das Fenster stand offen, ein leichter, gesunder Duft schwebte durch den sonnigen Raum. Anna war ausgegangen, sicher schon in früher Stunde, denn sie hatte kein erstes Frühstück verlangt.

»Studieren Sie?« hatte Frau von S. sie gefragt.

»Nein«, hatte Anna geantwortet.
»Haben Sie eine Ahnung, warum Fräulein Anna hier ist? Sie ist mir von niemand empfohlen. Nach ihrem Meldeschein lebte ihr Vater bis zu seinem vor zwei Jahren erfolgten Tod in Berlin. Die Mutter – im Augenblick habe ich den Namen vergessen – war bei seinem Tode schon geschieden. Die Tochter hat ihr, seit sie hier ist, nie ein Lebenszeichen geschickt. Das junge Mädchen scheint auch von ihr keinen Brief erhalten zu haben. Überhaupt habe ich noch nie Briefe von ihrer Hand die Wohnung verlassen sehen. Sie ist einundzwanzig Jahre alt. Ich fragte sie, ob sie Geschwister habe; sie hat keine Geschwister.«
Das Letztere sagte Frau von S., in ihren weißen Wollschal gehüllt, blaß, frierend, mit halb geschlossenen Augen, wie meistens auf der Chaiselongue liegend, mit leicht zitternden, schmalen Lippen, als sei dieses Fehlen der Geschwister das Schwerste, was einem schönen, fremden Kind widerfahren könne.
»Mir hat es die Stimme angetan«, sagte der Spanier; »eine wirkliche Altstimme. Sie ist tief, aber gar nicht männlich, sie hat warme, eindringliche Modulationen, die von unerschöpflicher Lebenskraft zeugen; einer Kraft innerhalb der großen Jugend eines ohne jede Hast verfügbar werdenden Frauenwesens, das noch von größter Zartheit umgeben ist.
Annas Aussprache hatte etwas leicht Metallisches, Blankes, jede Silbe wurde vollkommen ausgeformt. Sie vermied dabei die pathetischen Konsonanten bei Namen wie etwa Peter oder Theodor, denn ihr »P« oder »Th« blieben in der Nähe des Französischen. Dadurch vermied sie alles Stolzierende, Widerhallende und Anmaßende; jedoch, sie wirkte fremd.
Der Spanier konnte nicht davon ablassen, sie zu beschreiben, kaum hatte sie den Raum verlassen. Das war seine Art, sich an ihr zu erfreuen. »Dunkle Augen unter aschblondem Haar«, betonte er. »Haben Sie bemerkt, wie schön die Stirn über den kühn gezogenen Brauen ist?« Ihn ärgerte die Neugier der andern.
Fräulein Kreis meinte: »Den ganzen Tag ist sie abwesend, und niemand weiß, was sie treibt; ich werde sie befragen müssen.«
Der Spanier fiel ihr ins Wort: »Sie ist weder Ihr Mündel, noch Ihre Verwandte. Sie haben gar nicht das Recht, sie auszufragen.«
Zu mir sagte er einmal: »Haben Sie ihre Hand beachtet? Sie hängt an der schmalen Fessel des schlanken, kräftigen Armes, aber sie selbst ist nicht klein; sie ist ausdrucksvoll in jeder Bewegung durch die tiefe Ein-

buchtung des Handtellers, die immer bewegte Spannung des Handrückens, aus welcher die langen, aber nicht spitz zulaufenden Finger mit ihren tief ansetzenden, gewölbten Nägeln wachsen.«

Immer überhäufte er sie mit formelhaften Liebenswürdigkeiten, aber eigentlich mit ihr zu sprechen vermied er, als sei sie ein schöner Gegenstand, den man endlos schildern könne, aber dessen Selbständigwerden durch individuelle Züge, die so leicht zu enttäuschen vermögen, man vermeiden müsse. Alle beschäftigten sich mit ihr in irgendeiner Weise, auch der leicht schielende Posnanski. Bisweilen schien er die Partei des Fräuleins Kreis zu ergreifen, wenn er brummte: »Zu schade, vorher war alles so anonym, so ruhig; jetzt ist eine Spannung eingetreten.« Aber Fräulein Kreis entsprach in keiner Weise seiner Erwartung, als sie beinahe finster erwiderte: »Wir müssen ihr helfen.«

Der Spanier ärgerte sich: »Was ist das für eine gräßliche Sucht, dieses aufdringliche Helfen, wenn kein Mensch nach Hilfe verlangt! Nicht Sie können helfen, können diesem Kind in seiner Ruhe, seiner Kraft, seiner Natur, seiner schönen Gelassenheit von Nutzen sein. Im Gegenteil, all dies könnte für *Sie* von Vorteil sein.«

»Ich bin nicht gewohnt ... «, begann Fräulein Kreis. Aber der Spanier redete nun plötzlich spanisch; er unterstrich seine Worte mit Gebärden, so daß der Extraordinarius, der immer am Donnerstag und Freitag zum Essen erschien, eingriff: »Fräulein Doktor Kreis handelt sicher in bester Absicht, und sie dürfte insofern recht haben, als es immerhin befremdlich wirkt, wenn ich hören muß, daß diese junge Dame unserer Gastgeberin – « er sagte, wenn er von der edlen Witwe sprach, immer Gastgeberin – »auf ihre taktvollen Fragen keinerlei Auskunft gibt, weder über ihren Ursprung, noch über den Gebrauch, den sie von ihrer freien Zeit macht. Sie ist blutjung, sie steht allein, an einer gewissen Verantwortung sind wir doch beteiligt. Ich werde meinerseits Erkundigungen einziehen.«

Das Gespräch spielte sich im dunklen Salon ab, hinter den schweren, von den Jahren mitgenommenen grünen Samtvorhängen, zwischen den vielen kleinen Tischchen mit ihren Stehlampen und Nippsachen, den angegilbten Palmen und blutarmen Zimmerlinden, wo die Pensionäre ihren dünnen Kaffee aus schweren Tassen tranken, in Lehnsesseln und auf kleinen Kanapees herumsaßen. Posnanski las ingrimmig in einer damals avantgardistischen Revue und erklärte unvermutet, über den Rand der Seite 111 blickend: »Ich würde dieses zukünftige Muttertierchen bespitzeln lassen; nichts leichter als das. Wenn sie das Haus verläßt, sind Sie alle mit der Frage beschäftigt, wohin sie gehe. Nun, folgen Sie ihr doch unauffällig! Das für den Herrn Professor Befremdliche würde sich bestimmt sehr rasch auflösen«, und er lachte sein hohes, stoßweises Lachen.

Bisweilen las Posnanski der edlen Witwe und ihren beiden ältlichen Töchtern vor, aber seine Zuhörerinnen fürchteten sich; sie hätten gerne verdünnten Schumann in Worten oder eine Chopinsche Arpeggie in As-Dur gehört. Jedoch, Posnanski las und las aus seinen unveröffentlichten Werken. Er ersparte den Damen nichts an Moder und schauerlichen Gerüchen, an dahinsiechendem Elend, von dem sie sich bisher trotz ihrer vielen Sorgen keinen Begriff gemacht hatten, da es doch Weihnachtsstimmungen, später erste Veilchen, dann wieder stille, goldene Sommerabende gab, an denen man am Fenster sitzen und in den Stadtpark blicken konnte, wo der einstige, nun außer Gebrauch stehende Friedhof mit blumenüberwucherten Steinen in die Nacht hinüberdämmerte, während zwischen den Linden und der Ahorngruppe auf dem dunklen Weiher der einsame Schwan sein Haupt in die Flügel senkte. Dieses aus solchen Sensationen bezogene Glück wurde ihnen jedoch von Posnanski verboten. Harte Worte fielen über bürgerliche Romantik. Die edle Witwe lächelte zart und meinte, zum Bürgerlichen hätte sie nun doch wohl gar keine Beziehung, auch ihre Mutter sei eine Geborene gewesen.

Es verging einige Zeit, bis ich mit Anna ins Gespräch kam. Wir betrachteten uns hin und wieder über den Tisch hinweg, und doch war ich es, der stets zuerst die Augen abwandte; nicht nur, weil dieser Kontakt von den andern Tischgenossen, vor allem von Fräulein Kreis, bemerkt und unterbrochen wurde, sondern weil ich zu spüren glaubte, daß in dem ruhigen Aufschauen des Mädchens, das mein Zu-ihr-Hinübersehen so merkwürdig überlegen und wohlwollend aushielt, ganz plötzlich, im Bruchteil einer Sekunde, jeweils etwas Starres auftauchte. Aber ich irrte mich gewiß, denn kaum hatte ich weggeblickt, hörte ich wieder ihr tiefes, sicheres, ja ihr glückliches Lachen.

Am 1. Dezember wehte Ostwind, und der Himmel war klar. Ich war nachmittags auf dem Wege zur Vorlesung, schwenkte dann aber ab, um die zwei hellen Stunden bis vier Uhr im Freien zu verbringen. Ich stieg aufwärts an den Stadtrand zu den Hügeln. Es lag frischer, harter Schnee. Ich betrat einen Waldweg. Federnd zog sich der Pfad in den Buchenwald, dessen Zweige, in bewegungslosen roten Netzen vieltausendfältig verknüpft, die Schneelast im starken Frostlicht trugen.

An eine Wegbiegung gelangend, hörte ich leichte Schritte und um die Biegung wendend, stand ich Anna gegenüber. Sie hatte Schneekristalle im Haar, das unter ihrem blauen Kopftuch hervordrang. Zuerst war ganz kurz ein seltsamer Schreck in ihrem Blick, der aber gleich in einem ruhigen Aufleuchten verschwand, als sie sagte: »Es ist sehr einsam hier; ich gehe schon zurück, aber mit Ihnen kehre ich gerne nochmals um.« So gingen wir zusammen waldeinwärts bis zu der Stelle, wo man das Unterholz geschnitten hatte, der Schnee zertreten war und noch viel Reisig um eine alte Feuerstelle herumlag. Anna lehnte sich an einen starken Buchenstamm.

»Im Oktober war ich hier«, sagte sie; »hier stand ich ganz unbeweglich, ich hatte den Wind im Gesicht. Da tauchte zehn Schritte weiter, dort beim Erlenstamm, ein Fuchs mitten auf dem Weg auf, ein schöner, starker Fuchs. Unbewegt stand er dort, ich rührte mich nicht. Wir betrachteten uns, dann machte er einen Sprung und verschwand. Jetzt sieht man viel Rehspuren.«

»Wie hat er Sie angeschaut, der Fuchs?« fragte ich.

Sie schien überrascht. »Nicht sehr zutraulich zuletzt!« Sie schüttelte sich, steckte die Hände in die Manteltaschen und marschierte weiter. »Schade«, meinte sie plötzlich, »daß wir uns in dieser Familienpension getroffen haben. Das wird man nie mehr entfernen können; da werden immer diese andern Gesichter sein.«

Ich versuchte, das Gesagte zu verscheuchen und ging dabei weiter, als ich wollte: »Seit Sie eingetroffen sind, ist der Tisch gar nicht mehr vorhanden; das sind alles Schatten.«

»Der alte Spanier ist kein Schatten, Fräulein Kreis auch nicht, und der Pole hat Wirklichkeit; aber der Spanier ist unser Verbündeter.« Sie lachte und beharrte dann: »Nein, nein, der Nationalökonom und Fräulein Kreis, die sind beide vorhanden; die werden wir nicht mehr los, die werden noch lange nachwirken.« Und als sie das sagte, schien sie plötzlich betrübt zu sein.

»Ich habe einen Freund«, begann ich ungeschickt, als wollte ich mir eine Maske vorhalten; »ja, einen Freund. Sie müssen ihn kennenlernen; er ist aus einem besonderen Stoff. Alles gelangt dort, wo er erscheint, an seinen richtigen Platz.« Aber gleich kam mir, was ich da redete, unsinnig vor. Auch sie schien befremdet. Sie blickte vor sich hin und ging rascher. Das Licht war verschwunden, es wurde kalt. Am Stadtrand angelangt, sagte sie: »Ich habe noch etwas zu besorgen«, und gleich schlug sie einen andern Weg ein.

Am nächsten Tag erschien sie nicht zum Essen. Das war nichts Ungewöhnliches, sie blieb häufig aus. Ich mußte an ihre Worte denken, an ihr Ausschreiten, an den Fuchs, von dessen Blick sie sagte: »Nicht zutraulich zuletzt«, auch an die Bemerkung über Fräulein Kreis und den Dichter.

Die Neugier der andern aber wirkte weiter. Einmal waren bei Tisch, wie schon oft, der Pole und der Extraordinarius in einen langweiligen Streit geraten. Der Extraordinarius war, was man damals einen feurigen Patrioten, dann einen Nationalisten und später einen Faschisten nannte. Es war von Marokko die Rede. Aus Anlaß irgendeiner Zeitungsnachricht machte er eine abfällige Bemerkung über Frankreich – nicht der Rede wert – aber der Pole schlug sofort zurück als spreche er auf einer Parlamentstribüne, und seine Erwiderung gipfelte in dem Ausruf: »Man schämt sich, mit Leuten wie Sie an einem Tische sitzen zu müssen!«

Beide waren aufgesprungen, Frau von S. hielt die Hand aufs Herz, der Spanier hatte sich mit allen Zeichen der Belustigung zurückgelehnt. Langsam ging der stämmige Professor auf den noch seine Serviette haltenden Polen zu, furchtbar und drohend; es fehlte nur, daß er mit den Fäusten auf den Brustkorb getrommelt hätte. Alles schwieg, da sagte Anna: »Aber Herr Professor, wie wäre es mit einer ruhigen wissenschaftlichen Untersuchung dieser Frage?«

Der Extraordinarius blieb stehen, fixierte das fremde Mädchen, als schlage sein Zorn plötzlich in ihre Richtung um, er verneigte sich tief vor der Hausfrau, murmelte »Entschuldigung« und verließ das Speisezimmer. Posnanski blieb unschlüssig stehen, leckte sich die Lippen, schaute seinem Gegner nach und kehrte dann, seltsam auf den Zehenspitzen auftretend, an seinen Platz zurück, wo er schweigend und rasch alles auf seinem Teller Befindliche in sich hineinzuschlingen begann. Dann wandte er sich an Anna: »Ich danke für diesen unsäglich komischen Appell an das Berufsgewissen; unsäglich komisch, und schließlich hat er auch noch gewirkt!«

Wie ich dann erfuhr, verlangte der Professor eine Stunde später brieflich eine Unterredung mit Frau von S. Die Unterredung fand statt. Der Beleidigte kündigte sein Zimmer, da er nicht länger Begegnungen mit dem »perversen« Gesellen ausgesetzt sein wollte und es vorzog, der, wie er sich ausdrückte, jungen Dame, die ihn öffentlich verspottet hatte, endgültig aus dem Wege zu gehen.

Gegen Winterende fuhr ich einmal für drei Tage nach Kassel. Als ich

zurückkehrte, erfuhr ich, Fräulein Anna habe ihr Zimmer aufgegeben, habe gepackt, bezahlt und sei spurlos verschwunden. Niemand wisse, ob sie sich noch in der Stadt aufhalte.
»Wie lautete eigentlich ihr Name?« fragte ich.
»Anna.«
»Anna, und wie weiter?«
»Ach, mein armer Kopf!« klagte Frau von S. »Ein slawischer Name; ich werde ihn aufschreiben für Sie.«
Aber das wurde vergessen, und man kam nicht mehr darauf zurück.

* * *

»Für euch heiße ich Anna und für mich selbst auch, sonst nichts. Alles andere gehört der Vergangenheit an, dem Abgrund, in dem alles verschwindet und verschwinden soll.«
Sie sprach derartiges bestimmt, leise zornig und mit der Absicht, ein für allemal gesprochen zu haben. Sie sagte es, als wären wir andern noch drüben, jenseits eines tiefen Risses in der Zeit, und als könnten wir ihr, weil wir an den Füßen gefesselt seien, nicht folgen. Daß dem so war, schien sie zu bedauern, aber nicht allzu sehr; sie traf uns gerne hie und da. Etwas, das über die Zeiten unversehrt bleibt, war vorhanden, eine Eintracht, eine Anziehung, die sekundenweise aufflammte, wobei sie sich jedoch stets augenblicklich aus dem Zauberkreis entfernte, abweisend und spöttisch.
Sie konnte in anschaulichster Weise erzählen. Wenn sie in ihrem Bericht am frühen Morgen durch die Büsche streifte, dann lief einem das Wasser in den Kragen und man hatte nasse Schultern, und wenn sie einen Bauern schilderte, so drückte man ihm die Hand und spürte die Schwielen, die für uns noch kein weltanschaulich bedingter Modeartikel waren, sondern Zubehör eines Mannes, der viel mit den Händen arbeitete. Sie sang mit einer warmen Altstimme und begleitete sich auf ihrer heimatlichen Laute.
Was trieb sie? Man traf sie hin und wieder in den Gängen der Universität, dann blickte sie weg und beschleunigte den Schritt. Sie gab vor, Nationalökonomie zu studieren. Begegnete man ihr auf Waldspaziergängen, dann schloß sie sich häufig an. Ganz allein tauchte sie an einer Wegbiegung auf, bevor sie sichtbar wurde, hörte man sie östliche Weisen mehr vor sich hinsagen als mit voller Stimme erklingen lassen. Da war sie, großgewachsen, kraftvoll, in ihre Haut unendlich jung und sicher eingespannt; ihre dunklen Augen blinkten freudig auf: »Oh! Ihr!«

kam es aus tiefer Kehle, und dann das Lachen, bei dem sie ihre weißen Zähne im starken Mund wie mit Absicht zeigte. So kam sie dahergeschritten, mit diesem weitausholenden Gang, um dessen willen wir sie auch »Leinwandmesser« nannten.
Traf man sie zufällig auf einer Bank sitzend und in einem Buche lesend, so war der Verfasser fast immer Leo Tolstoj. Unser baltischer Freund gab vor, sie könne seitenlang Tolstojsche Prosa wie ein Gedicht hersagen, mit einer ukrainischen Aussprache, bemerkte er, »provinziell, aber von guter Herkunft«. Die sozialen Kategorien, die er auf sie anwandte, hatten keinen Sinn mehr: durch Tolstoj war sie zur Revolutionärin geworden; ihre Gesinnungsgenossen nannte man Nihilisten. Eines Tages erklärte sie: »Wir sind das Gegenteil von nihil, wir sind die Zukunft mit ihrem unermeßlichen Gehalt.«
Der leidenschaftliche Teil ihrer frühen Hingabe stammte aus Jasnaja Poljana. Alles Naturhafte in ihr war echt bis in die letzte Faser ihres vollendeten, kraftvollen Körpers. Das Naturhafte erfüllte ihre Berichte. Da war sie dem alten, bärtigen Büßer, der als einer der größten epischen Gestalter der Neuzeit den visionären Bericht »Krieg und Frieden« geschrieben hat, bis in seine reuegequälte »Bußprediger-Haltung« nahe gekommen. Ihr Widerspruch gegen die eigenen Lebensumstände, von denen wir nichts wußten, nährte sich vorerst aus Tolstojs seherischem Grauen vor der Kahlheit betont wissenschaftlicher, abstrakter, heißgelaufener Theorien und ihrer die Völkerseelen mordenden Folgen, welche er durch die undurchdachte Gewissensqual sentimentaler Zerknirschung in ungeheurem Schuldgefühl hinreißend, mitreißend in die Endstadien abendländischer Gesittung schleuderte. Mehrere Generationen hat er getroffen. Zu ihnen gehörte auch dieses mächtige Frauenwesen, das aber das Erlebnis des am Lebensende verstörten und irrenden Dichters nicht, wie so viele Vortäuscher aus dem Westen, in Allüren und lyrischen Schwärmereien anlegte, sondern nun eben, soweit es dazu imstande war, eine stolze, opfervolle, diamantharte Planung zu erfassen, zu erlernen und anzuwenden trachtete. Sie verschrieb sich, sie gab sich hin, sie wurde zur Glaubenszeugin, zur Anhängerin einer Methode und dadurch einiger Männer – sich ablösender Männer und ihrer Nachfahren –, die diese Methode geschaffen, die für ihre Durchführung jedes erdenkliche Mittel, jede Beeinflussung erdacht und während hundert Jahren bis an die Grenzen des von Menschen Erfüllbaren und Ertragbaren getrieben haben. Die Mühle, die ihre Techniker erbaut haben, an der sie immer weiterbauen, hat Un-

zählige zermalmt. Auch jenes Mädchen aus der Ukraine sollte in ihr Getriebe gerissen und zerrissen werden. Dies, ohne irgendwelche näheren Einzelheiten, war das Letzte, das wir von ihr erfahren haben. Aber Pilar meinte: »So sind diese Jungen« (er war damals fünfundzwanzig Jahre alt). »Sie ist auf einem großen Gut aufgewachsen, sie hat Bücher gelesen, sie ging zum Studium nach Deutschland – jemand steckt dahinter, aber ich weiß nicht wer; ich werde mich erkundigen.« Das war im Februar 1914. Er hat sich nicht mehr erkundigt. Sie aber sollte dann dem nackten, schneidenden Intellekt und der in seinem Dienst stehenden Macht begegnen. Sie war ganz Natur, und als ich sie einmal zufällig bei der Lektüre von Karl Marx' »Kapital« traf, hatte sie eine besorgte Stirnfalte und die rote Zungenspitze zwischen den Zähnen. Sie war auch noch ein Kind.

Der Georgsritter

Im Basler Gymnasium hatte ich einen Kameraden, der von den andern völlig verschieden war; er soll österreichischer Abstammung gewesen sein. Er besaß Eigenschaften, die ihn von allen übrigen unterschieden. Er befand sich zur selben Zeit wie ich in Göttingen. Wir hatten uns durch Jahre, seit meiner Übersiedlung nach Glarisegg, sehr regelmäßig Briefe geschrieben, aber nur selten gesehen. Was ihn von den Basler Mitschülern ausgesprochen unterschieden hatte, war eine aufs äußerste angespannte Ritterlichkeit und ein jederzeit schmerzhaft vorhandenes Ehrgefühl. Etwas über jede praktische Gegebenheit Hinwegweisendes bestimmte seine ganze Art; etwas Spanisch-Altertümliches, ein Zwang zum Einsatz für jeden Menschen, den er in übersteigertem Ausmaß als von einer Ungerechtigkeit Betroffenen vermutete. Er war ein »Retter«, war dasjenige, was das französische Mittelalter einen »releveur de torts« nannte. Fanatisch wahrheitsliebend, befand er sich immer jenseits von jeder tatsächlichen Wahrheit der Umstände. Er setzte sich immerzu für diesen und jenen ein, meist traf er auf oft gereizten Undank.
Früh verlor er seinen Vater. Er verfügte über ein Vermögen, das er für groß hielt und blindlings verschenkte. Auch er wollte die Welt verbes-

sern, heilen. Durch den auf ungeheurem Marsch befindlichen Fortschritt der Naturwissenschaften glaubte er als Vorkämpfer auf diesem Gebiet ein goldenes Zeitalter herbeizurufen. Er studierte Physik, hatte aber keinen Kontakt mit einer Schule, einem Lehrer. Er war durch unzählige Phantasiebilder von den Grundlagen jeder wissenschaftlichen Disziplin, vor allem von den Erfordernissen mathematischen Denkens getrennt.

In Göttingen hatte er eine große Wohnung gemietet, die er vollständig und unter hohen Kosten als Laboratorium einrichtete. Der Anblick war seltsam: Glasröhren waren mit Glasröhren verbunden, diese wiederum mit Kugeln, mit birnenförmigen großen und kleinen gläsernen Behältern, die teilweise Flüssigkeiten enthielten, durch welche Drähte in die Röhren weiterführten; das Ganze folgte einem langen, engen Korridor, streckte seine Abzweigungen nach rechts und links in die vorhandenen Zimmer, ein leise sausender Ton war zu vernehmen, hin und wieder blinkte hinter Glaswänden ein Licht auf.

»Diese Versuche«, bemerkte der Ritterliche, »führen zu einem Ergebnis, das die Menschheit von der Tuberkulose befreien wird.« »Er ist total verrückt«, stellten die Fachleute unter seinen Kommilitonen fest. Das stimmte nicht, er war nur anders; war ein Erfinder, der unter dem ständigen Einfluß von Tagträumen handel, lich sein Leben lang. Bis zu dem Tag, an dem er, in seine Gedanken versunken, eine scharf befahrene Straße überquerte und von zwei in hoher Fahrt sich folgenden Kraftwagen überfahren wurde, hat er ohne Unterlaß an technischen Erfindungen gearbeitet und bemerkenswerte Ergebnisse erzielt, an denen sich manche Erwerber seiner Patente bereicherten, während er die Kosten nicht auszugleichen vermochte, welche durch seine Vorarbeiten entstanden waren.

Er lebte weltabgeschieden in einem langsam zerfallenden einstigen Lustschloß. Seuchentilgende, weltverwandelnde Entdeckungen hat er keine gemacht; alles, was er vollbrachte, sollte immer das große Ergebnis im Dienste der Allgemeinheit erreichen. Aber noch ein anderer, uneingestandener, nie erwähnter Wunsch stand am Weg seiner unablässig hartnäckigen, ja verbissenen Bemühung: Er war in einer Umgebung von Reitern aufgewachsen, er war durch und durch ein Pferdemensch, ein vom Leib des Pferdes irgendwie qualvoll getrennter Kentaur. Sein zweites Begehren war immer ein Stall voll Pferde. Er war einer der besten Reiter, die ich gekannt habe.

Zu Beginn des Ersten Weltkrieges hat er seinem zweiten Wunsch nachgegeben: über den Krieg hinaus und nach seiner Heirat war er Berufsoffizier, Reitlehrer. Dann aber verdüsterte ihm das große Ziel, ein Beglücker zu sein, wiederum jene Jahre, die er mit den Tieren verbrachte, deren Sprache er verstand. Er entsagte; nur einmal, beim kurzen Besuch einer italienischen Kolonie anfangs der dreißiger Jahre, ist er noch in den Sattel gestiegen.

Mit diesem Georgsritter trat Anna vorübergehend in Verbindung; ihn versuchte sie für ihre Absichten zu gewinnen. Sie scheiterte an seiner ironischen Verachtung, die ihn gegen all das erfüllte, was er »das Gemeine« nannte. Er war eine Gegenfigur der heraufkommenden Welt, die sie mit Glaubensstärke herbeirief.

Ihre Beziehung dauerte etwa zwei Monate. Sie kam täglich in sein Laboratorium, schaute seinen Hantierungen zu, und er erklärte in einem merkwürdig befehlsmäßig-abgekürztem Rhythmus. Er hatte nichts österreichisch Entspanntes an sich. Mit Preußen geriet er leicht in Streit, da wurde dann, vor 1914, sehr oft von Beleidigung, Satisfaktion, Sekundanten gesprochen. Man mußte immerzu erklären und ausgleichen.

Ein paarmal war ich dabei, wenn er sich mit der Russin auseinandersetzte; auch Pilar war gelegentlich gegenwärtig. Der Erfinder zog sie an, etwas Fanatisches in ihm schien ihr begehrenswert. Pilar war ihr zuwider. »Dieses parfümierte Samtkissen«, sagte sie von ihm, »ein Samtkissen mit einem eingebauten Organ für Geschmack«. Sie nannte den Balten »Geschmäckler«.

»Da schleichen Sie herum und treiben geschmäcklerische Spionage. Was wirkliche Spionage ist, was sie an Kühnheit, Einsatz, Klugheit erfordert, davon werden Sie nie eine Ahnung haben.«

Pilar lächelte, strich sich über den Handrücken und erwiderte in diesem anscheinend allzu distinguierten Russisch, das sie in Weißglut versetzte: »So sind jetzt Tausende von Mädchen aus ganz rechten Häusern. Seit sie philosophische Bücher lesen, haben sie das Gleichgewicht verloren. Noch ein paar Jahre, und sie werden sich wieder ganz still verhalten.« Er wußte nicht, wie sehr und in welchem Sinne er recht hatte.

Sie aber diskutierte: »Nicht die Technik, keine Erfindungen werden die Kommenden beglücken, aber die Macht, die diese Technik verleiht, darf nicht selbständig werden; sie muß im Dienst der großen Idee stehen und aufs Wort gehorchen.«

»Aufs Wort? Auf wessen Wort?« fragte der Glasröhrenverbinder, und er schaltete etwas ein, denn man vernahm nun einen wispernden Ton. Anna darauf: »Auf wessen Wort? Auf das Wort unserer Herrscherin, der Idee. Die Idee hat über alles zu gebieten, auch über die einstigen Gefühle. Die Gefühle werden zur dienenden Kraft der Idee.«
Hierauf fragte der technische Weltverbesserer scharf: »Welcher Idee denn?«
»Der Idee der Gerechtigkeit, der Welt ohne Abstufungen, ohne Privilegien.«
»Wer wird das Recht haben, diese Welt zu führen?«
»Das Volk.«
»Was ist das?«
»Das ist, was Sie nicht wissen und nie wissen werden!«
So ging es jeweils stundenlang weiter, bis der Glasröhrenkavallerist sich ärgerte und rief: »Ich hasse Ideen! Ich liebe Entdeckungen. Ideen sind meist leere Eierschalen; damit soll man mich in Ruhe lassen.«
Es waren diese Gespräche kaum mehr als Derartiges, auch wenn hin und wieder von jemandem Namen angerufen wurden: Parmenides, Schopenhauer oder gar Platon, wo dann jeweils ein Pfarrerssohn aus Thüringen, der bei Husserl hörte, das Wort »Dialektik« anwandte, den Wert der dialektischen Methode in Frage stellte und – nicht wegen Husserl, sondern weil er Montaigne und Voltaire gelesen hatte, weil seine Mutter eine Elsässerin war und er im Elsaß Sommerferien verbrachte – sogar zu behaupten wagte, der ewige und verderbliche Ideenkult stamme von Platon, dessen Dialoge peinlich und langweilig seien. Dann entstand gewöhnlich Tumult bei den zufälligen Beisitzern. Die Ukrainerin aber, die den Tee zubereitet hatte, ließ die Stirnfalte zwischen den Brauen sehen und stand auf. »Bürgerliche Pest!« rief sie einmal, als sie uns verließ. Was genau sie mit dieser Bezeichnung meinte, wußten einige Monate vor dem Juli 1914 die meisten Anwesenden noch nicht.
Ich halte mich im Verlauf dieser Aufzeichnungen bei der schönen Slawin besonders deshalb auf, weil sie so schön war, als leibliche Gegenwart so krafterfüllt und dabei von einer sechzig Jahre später kaum vorstellbaren virginalen Zurückhaltung, vor allem jedoch, weil sie in einem politisch überaus virulenten, Geschichte machenden Kreis von Gestalten, welche in der Auseinandersetzung des Jahrhunderts zu Heroen ernannt wurden, noch ein paarmal in meinen Gesichtskreis treten sollte.

1914

Häufig kam ich mit einem protestantischen Theologiestudenten ins Gespräch. Er war Pfarrerssohn, und wie er mir mitteilte, hatte schon sein Großvater in einer kleinen mitteldeutschen Stadt das Pfarramt ausgeübt.

Es gibt so manches, was zu kennen wichtiger wäre als das Ergebnis fleißiger Forschung über die Liebesbeziehungen längst verstorbener Dichter oder unzählige Anmerkungen bei der Herausgabe eines vergilbten Manuskriptes des Gewürzkrämers Aenishänslin über seine Reise an die Frankfurter Messe Ende des 17. Jahrhunderts. Zu den erwähnten großen Themen aber würde eine genaue Untersuchung gehören, welche der Frage nachginge, welche Wege bedeutende Deutsche eingeschlagen haben, die in einem Pfarrhaus zur Welt kamen. Das Phänomen ist staunenswert. Eine befriedigende Arbeit über diesen Gegenstand ist mir nicht bekannt.

Mein Studienkamerad in Göttingen, der im Ersten Weltkrieg fiel, war ein kurzsichtiger, brillentragender, hochgewachsener Jüngling von einundzwanzig Jahren. Er war blond, und sein Gesicht bestand aus einer hohen Stirn, scharfkantigen Backenknochen, schmalen Lippen und einem breiten, energischen Kinn. Sein scharfer Blick aus kleinen, dunklen Augen hinter den Brillengläsern bewirkte einen Ausdruck von angespannter Konzentration. Er verfügte bis zum Abschluß seines Studiums nur über wenig Zeit, und seine Arbeitsenergie war bewundernswert. Weil er in meiner Nähe wohnte, trafen wir uns häufig auf dem Weg zur Universität.

Einmal sprach er mich an. »Sie hören historische Vorlesungen, was denken Sie von den heutigen Methoden Ihrer Wissenschaft?«

Die Frage überraschte mich. Welch ein Problem! Ohne Umschweife, ohne irgendeine Einleitung, irgendeinen Übergang einem Unbekannten gestellt!

»Ich habe keinen Überblick, kein Urteil«, lautete meine Antwort.

Aber er beharrte: »Haben Sie sich einmal mit biblischer Exegese befaßt?«

»Nein.«

»Für mich ist das Entscheidende der Glaube, einzig der Glaube«, rief er trotzig, »das alte, ›credo quia absurdum‹. Was unsere theologische Wissenschaft betreibt, ist dasselbe, was Thomas in seinem ganzen Ver-

halten bestimmte. Thomas, einer der Zwölfe, einer von denen, die immer zweifeln und nach Wahrheitsbeweisen suchen – gehört das nicht schon der großen menschlichen Neugier an, eben jener überbewerteten menschlichen Wissenschaft, die etwas sucht, das wir Wahrheit nennen, weil es unserem Erkenntnisvermögen entspricht? Auf die Evangelien angewandt: Wer hat diese Evangelien geschrieben, wann wurden sie geschrieben, warum enthalten sie so viele Widersprüche? Letztes Jahr mußte ich als Zeuge auftreten, weil ich zufällig dabei war, als ein durchgehendes Pferd einen Unfall verursachte. Wir waren sechs Zeugen, jeder hat etwas anderes gesehen ...«
»... Im ersten Jahrhundert ereignete sich etwas Ungeheures. Einige waren dabei, sie berichteten, der eine etwas früher, der andere etwas später. Sie waren in der Mehrzahl einfache Leute, sie erzählten vom Hörensagen, in Augenblicken waren sie überwältigt von etwas Ungeheurem. Warum daran herumfingern? Nein, wissen Sie, diese historischen Methoden, nach denen ich fragte, was sind sie eigentlich wert? Entschuldigen Sie, ich plage mich oft und viel; schon in meiner Kindheit war es so. Ich bin lutherisch erzogen. Luther, welch grandioser Dichter, aber wie oft habe ich gefragt: Warum die menschliche Ratio in das Gebiet hineintragen, dem sie aus tiefstem Gegensatz widerspricht? Entschuldigen Sie, daß ich Sie hier auf unserem Schulweg so einfach überfalle. Ich kenne Sie ja gar nicht, weiß nicht, was Sie beschäftigt.«
Was beschäftigte mich? Ich spürte wie das Herannahen des heißen Wüstenwindes das Nahen des Krieges. Ich spürte das Unvermeidliche, das blinde Wirken unsäglicher Torheit, das Nichtkönnen, die Routine von kollektiven Prestigegefühlen, von Angst, Mißtrauen, Neid, Prahlerei, von wirtschaftlichem Einfluß und Absatzgebieten, von wütendem Besitzanspruch auf Ländereien und zu beherrschende Völkerstämme, in einem hochtrabenden Wissenschaftsjargon geführtes Geschwätz über untragbare Konkurrenz, über Vaterländer, Ehre, Überlieferung.
Von all dem war man täglich umgeben; von Heutigem, Gestrigem, Vorgestrigem, von verblassenden Liebeslehren und flammenden Ausrufen, künstlich erzeugtem Klassenhaß, vor allem aber von Worten, aus denen immer einige für kurze Zeit hinaussprangen und alles an sich rissen. Wir lebten in Hannover – Kommilitonen trugen Abzeichen in Form von weißen Pferden an ihren Uhrketten. Wir fuhren nach Kassel – im dortigen Gasthaus begann schon beim Eintreffen ein sinnloses Geschimpf gegen Preußen; gegen jenen in seinen Grundelementen so disziplinierten, streitbaren Preußen, welcher mit der Fähigkeit zu

kombinatorischen Einsichten seltensten Ausmaßes ein preußisch-deutsches Reich geschaffen hatte, dessen Bestand 1914 zu wahren nur er in der Lage gewesen wäre. Im Auswärtigen Amt wurde genau das vorgenommen, wovor er am schärfsten gewarnt hatte.
Ich hörte in Universitätskreisen mehr Tadel über den durch steinerne Denkmäler Geehrten und mit Achselzucken meist Abgelehnten. »Er war ein Junker«, hieß es, »den können wir nicht mehr brauchen.« Dabei, wie hoch war das Niveau in den Kreisen der Universität! Wahrhaft eine Gelehrtenrepublik von Männern, die in ihrem Fach Höchstes leisteten. Aber eine bewußte Prüfung der politischen Lage fehlte. Man war ungeteilt entweder liberal oder deutschnational oder sozialistisch. Über dasjenige, was tatsächlich geschieht, hörte ich sagen, können nur die Leute an der Wilhelmstraße und die Generalität entscheiden.

Seit 1909 war Theobald von Bethmann-Hollweg Reichskanzler. 1856 geboren, wurde er 1899 Oberpräsident der Provinz Brandenburg, 1905 preußischer Innenminister, 1907 Staatssekretär des Reichsamtes des Innern; ein ehrenhafter Mann, aus einer Frankfurter Bankiersfamilie stammend, Enkel jenes Savigny-Schülers Moritz August von Bethmann, der in innig-vertrauensseliger Weise der Erweckungsbewegung Thadden-Trieglaffs[21] und den Brüdern Gerlach[22] nahe stand, Freund und Ratgeber Friedrich Wilhelms IV. und Mitbegründer der konservativen Partei. Als die Lage für Deutschland lebensgefährlich wurde, übergab der Kaiser dem in pietätvoller Bewunderung dem Großvater Vertrauenden, durch und durch dem Typus des hohen Beamten Angehörenden das Steuer der Außenpolitik, und zwar auf Anraten Bülows. Eines Tages wurde bei Tisch im Hause eines angesehenen Dozenten über Bethmann gesprochen. Man lobte ihn, die Eigenschaftsworte »ruhig, überlegt, systematisch, fleißig, vorsichtig« fielen. Eine patriotische Dame wandte sich an mich: »Und was denkt man in der Schweiz von unserem Kanzler Bethmann-Hollweg?«
»Ich weiß es nicht.«
»So? Nun, was denken Sie selbst von ihm?«
»Ich kenne ihn nicht.«
»Nun, so lassen Sie sich über ihn aufklären, lesen Sie Zeitungen! Und merken Sie sich: Bethmann ist ein Willensmensch.«
Der Kanzler hatte eine Annäherung an England gesucht, Verständigung in Kolonialfragen, ausgleichende Verhandlungen über die Flottenfrage – dann war ihm Tirpitz entgegengetreten. Er lehnte ein Ver-

fassungswerk und eine Finanzreform für das Reichsland Elsaß-Lothringen ab. Wenige Wochen nach jenem Gespräch verlor Bethmann die Nerven. Die große Heeresvorlage hatte er, schreckverbreitend, durchgesetzt, aber als 1914 das aussichtslose Verhängnis über Deutschland hereinbrach, erklärte er in unfaßlicher Weise vorzeitig an Rußland und Frankreich den Krieg. Er legte den Grund zu der so lange nachwirkenden Belastung des deutschen Volkes mit der Kriegsschuld. Er hatte unverständlicherweise mit der Neutralität Englands gerechnet, und als die Heeresleitung den Einmarsch in das neutrale Belgien durchsetzte, blieb er diplomatisch passiv und fand nur die eine sattsam bekannte und bis zum Überdruß zitierte Erklärung, die er vor dem Reichstag abgegeben hat. Als die letzte Chance für einen Verhandlungsfrieden noch vorhanden war und eine Einwirkung auf die Vereinigten Staaten zur dringlichen, weil für Deutschland lebensnotwendigen Aufgabe des Auswärtigen Amtes wurde, blieb sein Verhalten in der Frage des unbeschränkten Unterseebootkrieges schwankend, überwiegend schwach. Ein Willensmensch! Dieser Art waren 1914 die meisten politischen Gespräche bei gesellschaftlichen Anlässen. Diejenigen, welche den Weg ein Stück weit oder, in seltenen Fällen, ein großes Stück des Weges voraussahen, waren wohl auch in der ehrwürdigen Universitätsstadt vorhanden, aber sie schwiegen, blieben ihrem Fach verhaftet. Über Politik redete endlos und leidenschaftlich Fräulein Elsa, die sich auf das Amt einer Mittelschullehrerin vorbereitete, ein kräftiges, großgewachsenes Mädchen mit hellem Haar und randloser Brille. Sie war wissensdurstig bis zur Phrenesie. Die einzigen Augenblicke, in denen sie nicht Wissen in sich aufnahm, waren die Vorlesungen und die Seminarien. In der Vorlesung stenographierte sie alles ganz eng geschrieben auf jede Seite und Rückseite ihrer sauber numerierten Hefte, im Seminar fragte sie und sprach, bis der Professor sie unterbrach. Kaum war dies geschehen, war sie wie von Fieber geschüttelt und fing augenblicklich wieder an aufzuschreiben. In den Pausen, auf der Straße redete sie; beileibe nicht über Lebensfragen, Wetter oder Eigenschaften der Dozenten, nein, sie redete zur Sache, mit Vorliebe über historische Persönlichkeiten. »Er hat«, rief sie, als sei sie dabeigewesen, »den Ständen seine Meinung gesagt, ohne ein Blatt vor den Mund zu nehmen.« Oder: »Die Kolumbusfrage hat mich halbe Nächte nicht schlafen lassen. War er Italiener, Spanier oder gar – Ihr baltischer Freund hat das ganz einfach behauptet – ein Jude? Wo gibt es die entscheidenden Quellen? Wo kann man diese Grundfrage lösen?« Lösen, in Erfahrung

bringen, das war ihre Leidenschaft. Aber noch größer als diese war die, bereits Festgestelltes, Enträtseltes, Gedeutetes dem unersättlichen Gedächtnis einzuprägen.
Sie saß in einer Vorlesung Brandis neben mir. »Gestern haben Sie geschwänzt«, sagte sie; »unbegreiflich, ein Jammer, aber ich werde Ihnen meine Notizen ins Reine schreiben; sie sind so gut wie vollständig. Es war aufregend, erschütternd; da sind Zusammenhänge hervorgetreten, plötzlich sprang alles zusammen, lauter vereinzelte Teile fanden sich zu einem Ganzen. Ich begreife jetzt, daß – übrigens, dieses Kolleg sollten Sie nicht schwänzen. Was tun Sie denn?« Es klang besorgt und vorwurfsvoll. »Was machten Sie gestern?«
Ich konnte nicht sagen: »Ich ritt im Beberbeckerforst«, ich hätte sie gekränkt. Zum Glück erschien Pilar auf der Bildfläche.
»Warum sind Sie eigentlich so neugierig, Fräulein Elsa?«
»Neugierig, wieso?« Ihre Augen hinter den Gläsern wurden ganz dunkel, der Mund hart. »Wir sind hier, um etwas zu lernen, Herr Baron. Wozu bezahlen meine Eltern mir das Studium?«
»Nun ja«, begütigte er, »selbstverständlich, aber es gibt doch Bücher, wir können lesen, uns selbst eine Meinung bilden. Es geht doch nicht an, daß wir alles für bare Münze nehmen, was so ein Professor sagt.«
»So ein Professor! Sie wollen doch nicht Herrn Professor Brandi ...«
Und Pilar bedächtig: »Ich bin ein Bewunderer von Herrn Brandi.«
»Na also! Aber wie können Sie dann ...«
»Ich sprach von Büchern.«
»Das meiste ist veraltet«, rief sie; »wir müssen uns an das Neue, das Heurige, an die letzten Forschungsergebnisse halten.«
»Passen Sie auf«, meinte der Sohn des baltischen Adelsmarschalls, »passen Sie recht auf, um nicht den Zeitpunkt zu verfehlen, in dem diese veralteten Bücher, frisch entdeckt, plötzlich wieder zur Quelle werden. Das passiert ständig.«
»Beispiel!« befahl sie.
Jetzt war der leichtsinnige Kunsthistoriker verlegen. »Tausend Beispiele könnte ich erwähnen, ich nenne nur eines.«
Elsa war gespannt wie eine Armbrust vor dem Schuß. »Bitte!«
»Vasari«, erklärte der Untertan des Zaren und schaute sie triumphierend an.
Fast betrübt, mit gesenktem Haupt dankte sie. »Ich werde Vasari lesen; diese Lektüre muß noch in mein Programm hineingehen.«
Pilars tatarisches Lächeln verwandelte sich in das eines Freudenspen-

ders: »Das Werk wird viel verlangt und in der Bibliothek vergriffen sein; ich bringe Ihnen morgen meine Ausgabe.« Dann zu mir gewandt: »Wir haben's eilig, wir müssen gehn; ich fürchte, wir sind schon zu spät.«

Solche mit äußerster Anspannung sich Gedächtnisstoff aneignende Vertreterinnen der früheren Generation studierender Frauen habe ich damals manche getroffen. Fräulein Elsa, an deren Familiennamen ich mich nicht erinnere und von der ich später nie mehr etwas gehört habe, war eine unter vielen. Sie war eine Martha, hätte einen kinderreichen Haushalt und einen trägen, verwöhnten Mann durch schwierige Zeiten geführt und eine Arbeitsleistung vollbracht, die von Männern schwer erledigt würde. Marthas hat es zum Heil der Menschheit zu allen Zeiten gegeben. Nun dienen sie dem unersättlichen Moloch Wissen, dem man tiefstes Vertrauen, fast Anbetung entgegenbringt. Einige wenige werden schöpferisch und treten hervor. Aber wie viele verschwinden in schattigen Winkeln, führen ein Handlangerdasein! Wäre es dann nicht klüger, man würde in der Jugend, anstatt sich bis zur Erschlaffung mit Gedächtnisstoff zu belasten, auch nur im kleinsten Umkreis das Leben der Kreatur, der Pflanzen, Tiere, die Jahres- und Tageszeiten kennenlernen und anstatt Fachwissen Bildung erwerben? Natürlich gilt dasselbe auch für Männer, aber diese sind lange nicht so rührend dienstwillig. Sie erledigen das, was ihnen das Fortkommen, die Berufslaufbahn eröffnet, bestreben sich, keine Zeit zu verlieren, sondern sie anzuwenden, um neben dem Nötigen sich das angeblich Unnötige in vollen Zügen, je nach ihrer Altersstufe, vorzubehalten. Werden sie Spezialisten, dann werden sie es ganz und gar, um von der Spitze ihrer auf einen bestimmten Punkt hinführenden konzentrierten Bestrebung Überblick, das heißt Freiheit zu gewinnen. Vielleicht sind die gelehrten Frauen heute schon auf dem Wege, sich auch in dieser Beziehung zu vermännlichen. Das führt zu biologischen Veränderungen, die bereits heute das Gleichgewicht zwischen den Geschlechtern in Frage stellen.

Am 28. Juni 1914 wurden der österreichische Thronfolger Erzherzog Franz Ferdinand und seine Gattin in Sarajewo erschossen. Das war der internationale Zwischenfall, von dem die alte Dame geredet hatte, und der genüge, um dasjenige auszulösen, was sie mit Recht die Katastrophe nannte.

In den gelehrten Kreisen in Göttingen, auch unter der studierenden

Jugend, die so bald ihren Blutzoll sollte zahlen müssen, entstand keine heftige Reaktion. Der Mörder war gefaßt, daß der Staat, dem er angehörte, für seine Tat verantwortlich gemacht würde, nahm man vorerst nicht ohne weiteres an. Und wenn, so handelte es sich um einen kleinen Balkanstaat, von dem man wenig wußte, und die Angelegenheit spielte sich zwischen Österreich-Ungarn, einer Großmacht, und dem in unfaßlicher Weise unterschätzten Serbien ab. Vorderhand waren Zeichen der Erkenntnis einer unmittelbar drohenden ungeheuren Gefahr kaum vorhanden, noch erstaunlich lange nicht.

Was mich in jenen jungen Jahren am meisten erstaunte – und bis heute nicht aufgehört hat, mich zu überraschen –, war der fast völlige Mangel an Interesse für die über alle Völkerschicksale entscheidende hohe, seltene Kunst der außerpolitischen Führung. Diese Kunst, die bei menschlichen Individuen viel seltener vorhanden ist als etwa die Kunst des Denkens bei Philosophen, die Kunst des Malers, des Musikers, wurde ganz allgemein für etwas höchst Verdächtiges gehalten. Man sprach von welscher Tücke, von englischem Machiavellismus, und als der unglückliche Kanzler Bethmann-Hollweg gleichzeitig Rußland und Frankreich den Krieg erklärte, brach jedermann in meiner Umgebung in Begeisterung aus. Später, in den Zeiten der Zerknirschtheit, der allgemeinen Selbstkritik, wurde wohl vom Versagen der deutschen Diplomatie gesprochen, aber da nichts unwidersprochen bleibt, kehrte bald das alte Urteil von den »Ränkeschmieden« zurück.

Am Tag des Ausmarsches des Göttinger Regimentes, abends gegen Sonnenuntergang, wurde keine Begeisterung laut. Die Bewohner der Stadt säumten die zum Bahnhof führenden Straßen. Kaum ein Ruf, und die Jugend, die zur Schlachtbank geführt wurde, zog im Gleichschritt vorbei. Dann erklang das Lutherlied »Ein feste Burg...« Jemand stieß mich an, der Theologiestudent. »Was hat Gott damit zu tun?« murmelte er. Professor Jacob Wackernagel erzählte mir, sein Kollege, der Astronom, sei damals im Zustand größter Bestürzung bei ihm gewesen; erst jetzt habe er erfahren, daß man sich im Krieg befinde. Während der ganzen Zeit, in welcher das Unheil sich zusammenzog, sei er in seiner Sternwarte verblieben, weil sich im Weltraum irgend etwas ereignet habe, das seine ganze Aufmerksamkeit beanspruchte.

Der Sensenmann

Eines Tages, zu Beginn des Monats Juli, gegen acht Uhr abends, ritten Walter und ich zwischen großen, noch auf dem Halm stehenden Getreidefeldern auf einem schnurgeraden schmalen Feldweg hintereinander in Richtung Westen. Der Pfad endete am Horizont. Plötzlich teilten sich die Halme dreißig Meter vor uns. Ein Mann, der eine Sense auf der linken Schulter trug, betrat unseren Weg; mit schlenderndem, schlurfendem Schritt kam er uns entgegen. Mager, leicht vornübergebeugt, mit hohen, dünnen Beinen schien er überlebensgroß vor dem roten Licht des Sonnenuntergangs; die Sense stand unfaßlich gesteigert vor der verglühenden Abendröte. Als er sich, um uns und die unruhig gewordenen Pferde passieren zu lassen, mit dem Rücken gegen die von keinem Hauch bewegte Weizenflut stellte, wurde das Sensenblatt klein, zu einer Sense wie alle andern, aber vom Strahl der sinkenden Sonne überlaufen, züngelten blendende Lichtgüsse über das blanke Eisen von der Spitze bis zum hölzernen Griff. Meine Stute tat einen mächtigen Sprung. Im Bruchteil einer Sekunde hatte ich das Gesicht des von seiner Arbeit zurückkehrenden Mannes gesehen, und für immer prägte sich mir sein Anblick ein: die rechte Gesichtshälfte schieferfarben grau, die linke blutrot wie die tief in den Höhlen liegenden Augen über den breiten Backenknochen, der eingefallenen Nase und einem offenen Mund, zwischen dessen schmalen Lippen die Zähne bleckten.

Hundert Meter Galopp, dann Walters Ruf: »Trab – Trab!« Wir verließen die, wie uns schien, endlosen Weizenfelder, die nun ein Abendwind traf, so daß sie zu wogen begannen, dann, als wir aus dem leichten Brotgeruch in den etwas säuerlichen der Rübenfelder gelangten, schloß Walter auf, ritt neben mir und sagte, was ich bis ins Innerste gespürt hatte: »War *das* unheimlich! – Der Schnitter Tod.«

AUF DEM SCHÖNENBERG

Heiri Dill

Für alle Jahre zwischen meiner Kindheit und dem Zeitpunkt, an dem, in den dreißiger Jahren, das Gut Schönenberg verkauft wurde, war meine Freundschaft mit der Familie des Pächters, den man mit »Meister« ansprach und als »Lehensmann« bezeichnete, von entscheidender Wichtigkeit. Bis zu meinen frühesten Erinnerungen ist der 1881 geborene und 1970 verstorbene älteste Sohn des »Meisters« einer meiner nahen Freunde gewesen. Zehn Jahre älter als ich, ließ er mich seit meinem fünften Geburtstag an allem teilnehmen, was seinen Lebenskreis, sein Tagewerk bildete. Das war Heinrich Dill, Heiri genannt. Der alte Dorfarzt Dr. Martin, der nie anders als schwarz gekleidet mit weißer Weste erschien, nannte ihn einen »Schwarzbuben«. Das bedeutete, daß ein aus dem Schwarzbubenland[1] stammender, wohl keltischer Ahnenteil sich in ihm wie in seiner klein gewachsenen, zarten, nie rastenden Mutter durchgesetzt hatte.

Heiri war, so lang ich ihn kannte, schlank, muskulös, sehnig, rasch und scheinbar immer freudvoll hantierend, heiter, schlagfertig und witzig. Er war denkbar verschieden von seinem Vater, einem großgewachsenen, wuchtigen Alemannen, einem zu meist ungerechtfertigten Zornausbrüchen neigenden, über Familienangehörige und Knechte wie Mägde hart gebietenden Herrscher, von dem er mehr Prügel erhielt als gemeinhin ohne Schaden ertragen wird. Aber ihm tat es nichts, er blieb, was er von Geburt an war: ein edelfreies Wesen, in allem geschickt, was er anfaßte, munter in der härtesten Arbeit, schwungvoll bei jeder ausführenden Bewegung, wenn er mit der Sense üppiges, morgenfrisches Gras mähte – um fünf Uhr früh im Juni –, wenn er pflügte, wenn er die Herde trieb, wenn er den leichten Milchwagen mit den schimmernden, ratternden Kannen im Trab durch das Dorf führte, wenn er, von Kind auf, die ledigen Pferde ritt und sich später zu einem strengen Reitlehrer entwickelte. Nach dem Tode seines Vaters, als er selbst »Meister« war, haben wir oft weite Ritte zusammen gemacht. Heiri erlaubte mir auch, dem Deckakt der Kühe durch gewaltige Simmentaler-Stiere beizuwohnen. Den feurig vorwärtsdrängenden Stier führte er am Nasenring, wobei er einmal verwundet wurde. Ich habe oft der Geburt von Füllen und Kälbern beigewohnt. Alles wurde für mich zu selbstverständlicher Natur.

Wie oft war ich dabei, wenn er im November Knüppel in die Eichen warf, um Eicheln für die Schweinemast zu gewinnen: Er versuchte immer wieder, mich die Getreidearten kennenzulernen, in welchem Zustand des Wachstums sie immer sich befanden. Noch während langer Zeit und vor der Anwendung künstlicher Düngemittel hielt man sich auf dem »Schönenberg« an die Dreifelderwirtschaft. Bisweilen wurde die Bodendecke zu düngender Asche verbrannt, dann wurde die Erde mit dem altertümlichen Pflug umgegraben. Später säte man mit jener unnachahmlichen, hoheitsvollen Gebärde Weizen, Roggen, Gerste, Hafer oder Hirse. Ich habe nie einen Sämann gesehen, der bei seinem Schreiten und Werfen nicht einen stolzen und glücklichen Ausdruck gezeigt hätte. Jährlich ging anderes vor sich, zu anderer Zeit. Wintergerste sproßte in sattem Grün, auf dem ein Glanz lag, früh zwischen Schneezungen im Vorfrühling. Ein Jahr darauf zog man Sommergetreide, dann sollte der nährende, an den Ausläufen des Juras lehmige Grund ausruhen. Es folgte die Brache, und auf ihr wuchsen Disteln, leuchtete der Mohn zwischen Immergrün, und es blühte die Kornblume.

Einmal erfolgte eine große Änderung, über die ruhig und oft gesprochen wurde. Anstatt den Boden brachliegen zu lassen, pflanzte man Hackfrüchte; das war eine Neuerung. Alles ging damals leise vor sich: das Rauschen der blanken Sensen zu früher Morgenstunde im taunassen Gras, der leichte, heitere Klang des Dengelns, das Schärfen der großen, wie Flügel gebogenen und spitz zulaufenden Sensenblätter. Der Wetzstein wurde in einem kleinen hölzernen Köcher getragen. Wie duftete das frisch geschnittene Gras durchs offene Fenster, und kaum war man erwacht, hörte man vom nahen Rand des Hochwaldes während der späten Frühlings- und frühen Sommermonate den Gesang der Vogelscharen, den Ruf des Kuckucks, das Girren der Wildtauben, später den Gruß des aus dem Norden kommenden goldenen Pirols.

Heiri kannte jeden Vogelruf, kannte die Gewohnheiten der gefiederten

Oben: Familie Dill vor dem Pächterhaus auf dem »Schönenberg« bei Pratteln
Unten: Das kleine Herrenhaus auf dem »Beckenhof« in Zürich

Mit Hugo von Hofmannsthal

Sänger, ihre Ankunft, ihre Abreise, ihren Nestbau. »Sie halten zusammen, vermischen sich nicht«, sagte er. »Sie haben Gesetze, die feststehen, keine solchen wie wir, die man auf Papier drucken und ständig verändern muß.« In seiner Weise sann er über alle ihm bekannten Erscheinungen nach. Bücher las er in jungen Jahren kaum, dazu war keine Zeit vorhanden; aber er kannte den Wandel der Sterne, kannte ihre Namen, die mein Onkel Voechting ihm und mir erklärt hatte. Ja, die Welt, die die seine war, und deren Wesen ich durch ihn und mit ihm lieben lernte, war leise. Selbst die vielleicht vergnüglichste der alljährlichen Verpflichtungen, das Dreschen des Getreides in der Tenne, war kein lauter Vorgang. Die Dreschflegel hämmerten, von kräftigen Menschenarmen geführt, wie die Schlegel von Meistertrommlern. Wohl hörte man sie weithin, spürte die Freude derer, die sie handhabten, aber sie wirkten nicht laut wie die uns heute beherrschenden Ungetüme aus Stahl. Sie schienen eine Tanzweise zu schlagen.

Laut waren nur die Gewitter und der Sturm im Umgang mit den Dächern und den Bäumen. »Kannst du bei kräftigem Wind am Rauschen hören, welcher Baum geschüttelt wird?« fragte mich Heiri. Er hatte seine Lieblinge unter den Bäumen. Den Eschen war er besonders zugetan. »Der Lehrer hat gesagt, daß man aus Eschenholz die besten Speere machte«, berichtete er. »Ich habe noch nie einen Eschenwald gesehen«, setzte er hinzu, »deshalb halte ich soviel von den Eschen, sie können allein sein wie wir hier oben. Sie suchen sich ihren Umgang aus, sie machen sich nicht gemein. Sie gedeihen auf den trockensten Feldterrassen, sie bilden kleine Gruppen an Waldrändern, sie vertragen sich auch gut mit den Erlen in warmen Mulden. Hör jetzt zu, jetzt erhebt sich ein leichter Wind (er sagte: jetzt kommt ein leichter Luft). Hör, hör jetzt, wie die Esche zu rauschen beginnt, ganz anders, hörst du es, mit ihren glatten, feinen spitzen Blättern. Geh zehn Schritte weiter, da, die große Buche, die redet drauflos, merkst du das? Die Esche geigt, die Buche redet.«

Einmal, ich mag zwölfjährig gewesen sein, im September war's, verriet er mir geheimnisvoll: »Morgen, vor Tag pfeif' ich, dann werden wir vielleicht etwas Besonderes sehen.« Als er dann pfiff, war ich schon bereit. Wir eilten den Fahrweg zum Dorf hinunter, dorthin, wo die großen Nußbäume am Rand eines Roggenfeldes standen, über die Kreuzung der schmalen Fahrstraße, die dem »Buholz« genannten Wald entlang von der Prattelnstraße nach Frenkendorf abzweigt. Wir krochen bis zum Stamm des stärksten Nußbaumes. Heiri zog seine Joppe aus

und hieß mich darauf niedersitzen; er trug seine von der Mutter gestrickte Wolljacke. »Beweg dich nicht, kein Ton!« Zwei Wildtauben flogen vom Baum ab, dann geschah nichts mehr. Nach einiger Zeit hörte man, noch fern, Hufschlag, Trab und bald schon das Knirschen der Räder eines leichten Wagens, dann einen Peitschenknall. Im selben Augenblick kam Bewegung ins Kornfeld. Ein mir gewaltig groß erscheinendes braunes Tier erhob sich und verließ das Feld. Nicht mehr als zwanzig Schritte von uns entfernt stand es dann plötzlich vor uns, bekam unseren Wind, wurde flüchtig, bergauf nach dem Hochwald hin; es schonte hinten links: ein geweihter Hirsch, der erste, den ich in meinem Leben gesehen habe. Es gab keine Hirsche in unserer Gegend, aber Heiri berichtete: »Den hab ich schon gestern gesehen, er kommt aus dem Schwarzwald, ist über den Rhein geschwommen, hat einen Schuß am linken Hinterlauf. Den werden unsere Jäger nicht lange leben lassen, es ist Jagdzeit«, fügte er mit Bedauern hinzu.
Wie oft haben wir dem Rehwild zugeschaut, das im Sommer nach Sonnenuntergang aus dem Hochwald austrat. Fuchs und Dachs kannte ich dank meines Freundes, lange bevor ich Menschen kannte, die sich mir gegenüber nicht so zurückhaltend benehmen sollten wie diese Geschöpfe. Zwar raubten sie unsere Hühner, aber wenn ich bei gutem Wind, zuverlässig getarnt, mich in jene Ecke zurückzog, wo ich mit meinem Großvater antike Literatur kennengelernt hatte, und das Treiben um mich herum genau beobachtete, wurde mein Verweilen zu einer nach den verschiedensten Zielen ausgerichteten Unterrichtsstunde.
Einmal, an einem Sonntag, gingen wir von der Adlerecke fast bis zu den ersten Häusern von Frenkendorf, um nachzuschauen, was an den Apfelbäumen zu reifen begann. Plötzlich preschte das sechs Monate alte schwarze Füllen der braunen Freiburgerstute und eines Vollbluthengstes an uns vorbei, und nach einem den gefällten Stamm eines Birnbaumes überwindenden Sprung überschlug sich das Tier, blieb liegen, hob dann das Haupt, stand aber nicht auf. Wir liefen zu ihm hin, es schaute uns aus seinen großen Augen an. Etwas glänzte auf im Gras: das zackige Messer der neu angeschafften, der ersten Mähmaschine war beim Messerwechsel liegengeblieben. Der linke Vorderlauf des Füllens war glatt durchgeschnitten, etwa drei Zentimeter über dem Huf, der nur noch an einem Hautfetzen hing; der schlanke Knochen war abgespalten. Jetzt versuchte das junge, kraftstrotzende Tier sich aufzurichten, am ganzen Leibe zitternd; es hielt sich kurz auf drei Bei-

nen, hob den zerstörten Lauf, verlor sein Blut in Strömen und sank wieder in sich zusammen.

Heiri strich ihm über die Stirn, sagte kein Wort, trennte sich von mir und schritt langsam den Hang hinauf. Man mußte das kleine Wunderwerk aus Schwung und Lebensfreude abtun, ein Pferd holen – nicht die Mutterstute –, um den Kadaver zum Hof hinauf zu schleppen.

Am nächsten Tag traf ich meinen Freund vor der Hobelbank. Vom Ereignis des Vortages sagte er nichts. Aber er murmelte: »Hast du auch schon einmal nachgedacht, warum überhaupt etwas ist und dann nicht mehr? Die verdammten Maschinen!« Er redete mehr mit sich selbst als mit mir; er hatte es schwer.

Später, wenn ich naturfremden Dingen begegnete, gedachte ich jener Zeit, der wirklichen Lehre von der Ordnung, die alles einst durchwirkte und zusammenhielt.

Lange nach der Zeit, in der ich frühes Mitleid mit der stillen Frau des harten »Meisters« empfand und meinen Großvater fragte, ob er nicht eingreifen könne, traf ich Heinrich an seinem neuen Wohnsitz in Augst. Wir begaben uns abends zusammen nach Mumpf, dem aargauischen, einst österreichischen Dorf am Rhein, in den Gasthof, der neben dem Eingang ein schmales dunkles Marmorschild trägt, an dem Hunderttausende alljährlich vorbeifahren, ohne die Inschrift zu lesen. Diese besagt, daß im Jahre 1821 in der Herberge die große französische Tragödin Rachel geboren sei, Tochter fahrender Schauspieler. Dort verbrachten wir den Abend. Heinrich war nun achtzigjährig und doch so frisch, heiter und schalkhaft wie immer. Aber an jenem Abend wurde er ernst, als er, von Erinnerung übermannt, von seiner Mutter sprach. Einfach, stückweise kam es aus den Fernen des gelebten Lebens hervor. »Sie war ein Engel für uns alle«, begann er. Was hätte er anderes sagen können, um das auszusprechen, was er meinte? »Sie war ein Engel für uns. Der Vater war böse und hart mit ihr. Wenn er mich an den Haaren nahm und mit dem Riemen schlug, versuchte sie die Schläge abzufangen und wurde selbst getroffen. Wenn ich mich einschloß und im Heuboden versteckte, fand sie mich immer. Ganz leise kam sie, nie hat sie gerufen, sie kam stracks dahin, wo ich glaubte, niemand könne mich finden.«

Er sprach von der Gebrechlichkeit der Mutter nach den Frühgeburten und vom Toben und Lärmen, wenn sie nicht gleich wieder an die Arbeit ging. »Oft hat es der Ratsherr versucht, dem Vater gut zuzureden, aber das ging nicht an. Wer hatte geklagt? Wer hatte etwas zugetragen?

Dann fing alles von vorne an, nur noch viel ärger. Aber später, lang nach dem Tod der Mutter, da ist der Vater auch anders geworden, tiefsinnig, wenn er gegen Abend vor dem Hause saß; dann hat ihn alles gereut. Aber die Mutter, auch heute noch, ist ganz nah bei mir geblieben, ich hab's immer gespürt. Deswegen bin ich allein geblieben, ohne Frau.«

Nun ja, man kennt die üblichen Erklärungen aus der alles erhellenden »Methode«! Selbstverständlich, ganz klar – und dann der griechischen Mythologie entnommene Kunstausdrücke. Aber in Wirklichkeit ist alles dies nicht »ganz klar«, sondern im Gegenteil dunkel und geheimnisvoll und in jedem Fall ganz anders.

Das war an jenem Abend in Mumpf der Bericht dieses Heiri, der so kühn zu Pferde saß, der sagte, die allerglücklichsten Zeiten habe er beim Militär verbracht, der dem Vater das Leben rettete, als ein wütender Stier ihn annahm, der dem Tier einen schweren Tisch in die Hörner warf, so daß der Vater zur Seite springen konnte. Das war der junge Kavallerist, der die schöne Haselmann-Betty mit den bernsteinfarbigen Augen tief geliebt hatte, aber sie so lange warten ließ, bis sie einen Bäcker nahm, es schlecht hatte und jung hinüberging. »Wenn ich zum Markt fuhr, hab' ich sie in der Bäckerei noch oft besucht, aber dann hat's der Mann nicht mehr gelitten. Dann war ich nur noch am Begräbnis.«

Nach dem Tode des Vaters verließ Heiri mit seinem Bruder den Schönenberg, kaufte ein Gut auf der Südseite des Ergolztales und hat dort gewirkt, bis die Zeit der Ruhe kam, die er dann in seinem Haus und Garten am Rhein, in Kaiseraugst, verbrachte. Wenn er dort, ungestört vor sich hinblickend, nach Freude suchte, so dachte er an die Zeiten seines Militärdienstes, an sein Pferd, das ihn weit im Lande herum, bis zu den Welschen geführt hatte, an die Äcker seines Gutes und die Streifzüge durch die Wälder.

Der Einbrecher

Im Februar 1916 war ich allein auf dem »Schönenberg«, bei Nordwestwind und Schneetreiben. Eines Abends war ich früher schlafen gegangen als sonst; aber kaum eingeschlafen, wurde ich geweckt, weil ich ein Fenster klirren hörte. Ich war gleich vollwach und vernahm deutlich das Öffnen eines Fensterflügels in der Kammer zu ebener Erde, in der sonst meistens ein Knecht des Pächters zu schlafen pflegte, später Heinrich Dill selbst; aber Heinrich war im Militärdienst. Mir fiel ein, daß ich vergessen hatte, die schweren Läden des kleinen Raumes zu schließen, dessen Tür in die Eingangshalle führte, an deren Wänden Hellebarden, Piken, Säbel, Degen und Steinschloßbüchsen als Zierat hingen. Ein Einbrecher konnte sich nach Wunsch ausrüsten. Nun vernahm ich leise Schritte, die sich zuerst aus dem Umkreis der Kammertüre nicht zu entfernen schienen. Er sucht, dachte ich, während ich meine eigene Zimmertür verriegelte; er sucht nach einem Lichtschalter. Aber elektrisches Licht gab es damals im Hause noch keines. Jeder Ton war in den Augenblicken der zwischen den Windstößen einsetzenden völligen Stille genau vernehmbar. Jetzt versuchte der ungebetene Besucher ein Streichholz zu entzünden, aber scheinbar war seine Streichholzschachtel naß, infolgedessen hatte er das Waffenarsenal noch nicht gesehen. Jetzt tappte er im Dunkeln, fand eine Tür und betrat das grüne Zimmer.

Was hätte er dort finden können, wenn es ihm gelungen wäre, Licht zu machen? Die »Odyssee« in der Übersetzung von Voß, eine griechische Ilias, Thukydides, Brehms Tierleben, die Bibel. Setzte er seinen Gang in der Finsternis fort, so gelangte er in den Saal, wo er sich an vielen Möbeln stoßen, leere Blumenvasen und Petroleumlampen unbedingt umwerfen mußte. Von dort ging es ins Eßzimmer, wo im Schrank etwas Silber vorhanden war. Jetzt war er also in der Bibliothek und setzte sicher seine Fahndung nach den Lichtschaltern fort.

Ich hatte mich inzwischen angezogen, und zwar hatte ich meine Fechtweste gewählt, die von Übungen her noch über einer Stuhllehne hing, hatte den mit Drahtgitter bewehrten Fechthelm über den Kopf gestülpt und war in meine Lederhose geschlüpft. Nun schob ich den Riegel meines Schlafzimmers wieder zurück, glitt nach meiner alten Art aus der Kinderzeit unhörbar das Treppengeländer hinunter und schon, immer im Stockdunkeln, konnte ich den schärfsten, kürzlich geschliffenen Stoßdegen vom Nagel heben. In der Linken hielt ich meine neueste Errungenschaft, eine Taschenlampe, den Finger auf dem Drücker. Der Unsichtbare bewegte sich noch im Saal, augenscheinlich katzenhaft vorsichtig, mit Tastgefühl. Im Eßzimmer stellte ich mich unter den hohen, die Schmalseite des Raumes beherrschenden Kamin.

Dort wartete ich. Nebenan hörte ich das leise Quietschen sachte auf dem Parkett verschobener Möbel, dann aber fand der Unbekannte die Türklinke und betrat, mit dem Fuße vortastend, den Raum, in dem ich mich befand. Er schlich an mir vorbei, ich folgte auf bloßen Füßen, setzte ihm die Degenspitze unter das linke Schulterblatt und schrie möglichst laut: »Hände hoch!« Gleichzeitig ließ ich meine Lampe aufleuchten.

Es riß den Unbekannten herum. Ein schmächtiger, völlig durchnäßter Bursche wurde sichtbar. Blaß, mit schütterem Haar, starrte er auf meinen unfaßlichen Kopfputz im Schein der schon unterernährten Glühbirne, die Arme streckte er gehorsam hoch. Das Eisen jetzt unter der linken Brustseite, schien er wahrhaft von Furcht erfüllt und geschüttelt. Nun mußte ich unwillkürlich lachen, fuchtelte noch etwas mit der Waffe und sagte: »Sie müssen jetzt ein heißes Bad nehmen und dann rasch in ein warmes Bett. Sie sind ja pudelnaß.«

Da machte er den Mund auf und sagte leise und beinahe treuherzig: »Die Polizei sucht mich.«

Und ich: »Hier findet Sie keiner. Wir müssen den Laden hinter der eingeschlagenen Scheibe schließen; eingeschlagene Scheiben fallen auf.« Immer noch hantierte ich mit dem Degen. Dem Besucher gab ich trokkene Streichhölzer, ließ ihn eine Kerze anzünden und befahl ihm, hinauszugehen, und zwar bis zur Stelle seines Einstiegs. Er selbst mußte den Laden von innen schließen. Die Degenspitze stand immer in seinem Rücken. Dann führte ich ihn im Kellergeschoß ins Badezimmer. Er mußte beim Anheizen des Badeofens mithelfen. Darauf marschierten wir, immer in Begleitung des Degens, in die Küche. Dort füllte ich für uns beide zwei Gläser mit Trester, mit der linken Hand trank ich ihm zu. Im Kerzenlicht war sein Gesicht aschgrau, er klapperte mit den Zähnen.

»Ich wollte weg von den Straßen.« Man hörte sofort, daß er ein Sundgauer war. Zu meinem Erstaunen und Mißtrauen betrachtete er mich mit verkniffenen Augen zwischen geröteten Lidern. Er hatte einen kleinen, schlaffen Mund und ein fliehendes Kinn. Nicht gefährlich, dachte ich. Immer schielte er auf meine Hand, die das Eisen hielt. Nach dem ersten Schluck fragte er: »Hat die Polizei auch mit Ihnen zu tun?« Diese seine Annahme bildete eine günstige Voraussetzung für alles Weitere. Ich hob nur vielsagend die linke Hand, antwortete aber nicht. »Wo sind Sie über die Grenze gekommen? Wie kommen Sie an diesen abgelegenen Ort?«

»Im Wald kam ich nach Allschwil, gegen acht Uhr abends. Ich hatte Hunger und ging in eine Wirtschaft. Einer, der nach Liestal fuhr, nahm mich mit. In Pratteln stieg ich aus, und weil ich von den Straßen weg wollte, kam ich durch den Hohlweg hinauf. Ein Laden stand offen; ich dachte, das sei leer.«
In der Hochsprache ist der mürrisch klagende Ton der mit französischen Brocken durchsetzten Mundart schwer wiederzugeben. Mit Pausen sprachen wir, ich immer etwas drohend bärbeißig und er wehleidig. Lauernd versuchte er, verkappte Erkundigungen einzuschalten.
Jetzt war der Badeofen heiß. Die Fenster des Badezimmers waren vergittert. Nochmals, genau so wie bisher, im Gänsemarsch, der Sundgauer voran und ich hintendrein, führte ich ihn zur Wanne, ließ heiß einlaufen und sagte dann:
»Wenn Sie fertig sind, rufen Sie laut.« Ich zeigte ihm das Badetuch und schloß ihn von außen ein. Den Schlüssel drehte ich quer und ließ ihn stecken. Dann holte ich droben ein langes wollenes Nachthemd und einen Mantel. Beides lag in einer Kiste, die man »Scharadekiste« nannte. Den Mantel hatte mein Großvater immer als St. Nikolaus angezogen.
Nach zehn Minuten meldete sich der Frischgebadete. Ich schloß auf und reichte ihm die eigentümliche Ausstattung hinein. Inzwischen hatte ich ein Herdfeuer angezündet. Jetzt bereitete ich drei Spiegeleier mit Schinken. Diesmal stand Weinbrand auf dem Tisch. Schon nach Vertilgung der Spiegeleier begann es meinem Kunden wieder besser zu gehen. Ich führte ihn in die Mansarde des zweiten Stocks, die eine starke Tür besaß, an der ich schon, während er im Bade saß, den Schlüssel abgezogen hatte, um ihn dann von außen zu verwenden. Als er mit seinem Kerzenhalter dankend den Raum betrat, mußte ich wieder lachen, denn sein Aufzug war ebenso seltsam wie der meine, obwohl ich längst den Drahthelm abgenommen hatte. Ich kam mir sehr umsichtig vor. Was konnte geschehen? Brach er die Tür auf, so hörte ich ihn, setzte er sein Bett in Brand, so verbrannte auch er, sprang er aus dem Fenster, so war er tot. Ich ging also, nachdem ich mich nun auch selbst eingeschlossen hatte, aber von innen, und nachdem ich den Wecker auf halb sechs gestellt hatte, zu Bett und schlief fest, bis das Gerassel der Uhr anhob. Am Badeofen hatte der Einbrecher seine Siebensachen ringsum zum Trocknen aufgehängt. Ich holte sie, klopfte und schloß auf. Es brauchte lange, bis er Laut gab.
»Ich bin in der Küche«, sagte ich. Als dann der noch Schlaftrunkene

dort eintraf, standen heiße Milch, Kaffee und Käse bereit. Was nun?
»Draußen fassen sie mich.«
»Für was sucht man dich?«
»Einbruch bei einer Alten«, sagte er.
»Kalt gemacht?«
»Nein.«
»Allein?«
»Mit zwei andern, er und die Frieda.«
»Was ist mit denen?«
»Beim Abhauen gefaßt.«
»Und du?«
»Unter den Scheitern versteckt und gewartet. Sie hatten keinen Hund.«
»Die Alte?«
»War nicht allein. Der Tochtersohn hatte bei ihr übernachtet. Das wußten wir nicht.«
»Anfänger!«
Mit Respekt schaute er mich an, fast vertrauensvoll. »Jetzt suchen sie mich.«
»Wo?«
»Drüben und auch hier.«
»Wohin also?«
»Ins Badische.«
»Jetzt wird's Tag. Du kannst erst weg, wenn es wieder dunkel ist. Du mußt heute schrubben, wo du mit deinen nassen Pfoten herumgeschlichen bist.«
»Was kann man hier mitnehmen?« entfuhr es ihm, und sein Blick wurde gespannter.
»Das ist schon weg. Für die Reise geb ich dir etwas.«
»Du bist ein glattes As!«
»Und du mußt noch viel lernen.«
Er schnitt eine Grimasse. Ich wollte ihn nun zum Aufräumen und Schrubben veranlassen, aber dann hörte ich etwas. Ich hielt die Hand ans Ohr: »Schnell, sie kommen.« Ich packte ihn am Arm, die Treppe hinauf, rasch in den Raum, in dem er geschlafen hatte, und wieder drehte ich den Schlüssel hinter ihm.
Als ich durchs Fenster des Treppenhauses schaute, sah ich Heiri, der Jauche führte. Breit strömte der Dung aus dem bauchigen Faß. Ich winkte ihm. Er band die Zügel des Schimmels an seine Sitzlehne; der

Gaul begann sofort zu grasen. Heiri erschien. Da erzählte ich ihm die ganze Geschichte. Er kratzte sich am Kopf und zeigte seine weißen Zähne.

»Man muß die Polizei holen«, sagte er. Damals gab es kein Telefon. Eben das wollte ich vermeiden. Ich bat ihn, ins Haus zu kommen, Lärm zu machen, laut zu reden, und wir machten einen Spektakel, als wären wir mindestens drei Männer im Haus.

»Ach was, Polizei«, sagte ich. »Das ist ein Anfänger. Ich will sehen, daß er heute abend über die Grenze kommt.«

Heiri schien dies bedenklich. Aber schließlich zuckte er die Schultern.

»Also kein Wort«, sagte er. »Aber wie wollen Sie es machen?«

Und ich: »Ich denke, der Ulrich...« Ulrich war der früher erwähnte Fischer, der in der Nähe von Mumpf wohnte, mit dem ich oft auf dem Rhein gewesen war und bei dem wir unsere Fische kauften.

Ich blieb im Haus, der Tag ging vorüber. Mittags aßen wir in der Küche, der gezähmte Landstreicher und ich, abends, wie es dunkel war, spannte ich den Braunen an den zweirädrigen Wagen, und wir fuhren los. In Ulrichs kleinem Haus am Wasser war Licht. Ich rief. Er kam vor die Haustür. Ich stieg aus, gab meinem seltsamen Gast die Zügel, trat mit Ulrich etwas abseits und erklärte ihm die Lage.

Er meinte: »Da riskiert man viel.«

Aber er sagte nicht nein; und dann: »Wenn sie einmal vorbestraft sind und im Gefängnis waren ... Deutschland ist groß.« Viel wurde nicht geredet. Ich überließ ihm den Schützling, dem ich eine Wegzehrung gab.

Flamberge

Diese Stute war eisengrau mit einem blauen Schimmer; französisches Halbblut, Stockmaß ein Meter dreiundsechzig, kleine Hufe, kleiner, fast arabischer Kopf, sehr viel Ausdruck, schöne dunkle Augen, rosa Nüstern, gängig, rasch und anhänglich. Hörte sie einen zum Stall kommen, wieherte sie freudig, befand sie sich auf der Weide, kam sie rasch heran oder stand schon wartend an der weißen Palisade. Ihr Name Flamberge war derjenige des Schwertes, das einst Renaud de

Montauban[2] getragen hatte. »Flamberge au vent!« Und wie ihr Name, so war ihr Temperament. Wurde in ihrer Nähe eine Kanone abgefeuert, blieb sie unerschüttert, kam ein Lastenzug mit offenem Auspuff herangedonnert, rührte sie sich nicht, aber wenn ein Herbstblatt oder ein Blatt Papier aufflatterte, dann machte sie einen Sprung nach der Seite, eine »lançade«, die mindestens über ein Hindernis von einem Meter fünfzig geführt hätte, nur daß sie spiralförmig erfolgte. Das hatte ihren ersten Besitzer veranlaßt, sie billig zu veräußern. Von diesem ersten Besitzer, der eine harte Hand gehabt haben muß, hatte sie die Unart, sobald sie nicht ihren gewohnten Reiter trug, die Zügel mit einem Ruck nach unten aus der Hand zu reißen. Wer das Leder nicht durch die Finger gleiten ließ, stürzte über den Widerrist, so heftig war der Schlag, den sie führte.

Tapfer war Flamberge. Einmal besuchten wir zusammen einen entfernten großen Viehmarkt. Dort traf ich Freunde, und nachdem alles besichtigt war, was es zu besichtigen gab, saßen wir schließlich am großen Eichentisch im »Roten Ochsen«. Dort wurde es spät, und schon bevor die letzte Runde getrunken war, erhellte der erste Blitz die Wirtsstube, und der Donner hallte nach seinem Krachen noch lange nach. Dann folgte Donnerschlag auf Donnerschlag, und schließlich ging ein gewaltiger Platzregen nieder, der sich bald in groben Hagel verwandelte. Die Pferde waren in einem offenen Schuppen angepflockt, wo nun alles drunter und drüber ging. Ein Eisenschimmel und ein Brauner hatten sich losgerissen und galoppierten durch die Dorfstraßen. Flamberge aber stand dort, wo ich sie vor ihrer Haferration in der aus schmalen Brettern gezimmerten Krippe hingestellt hatte. Ich hörte ihr Wiehern schon, als ich unter der Kapuze meines Mantels durch das wilde Wetter zu ihr hinüberlief. Sie scharrte heftig mit dem rechten Vorderfuß, aber am Halfterriemen riß sie nicht. Ich sattelte rasch, sie faßte die Trense beim Aufzäunen bereitwillig, und schon befanden wir uns auf dem Weg. Fast dreißig Kilometer waren zurückzulegen.

Wir nahmen einen Feldweg, dann fiel mir ein, daß ich von einer Abkürzung hatte sagen hören. Ich bog nach links in einen breiten Waldweg ein. Der Hagel hatte aufgehört, es regnete, und im Wald herrschte tiefstes Dunkel. Vorsichtig, am Zügel gehend, bewegte sich das Pferd in ruhigem Trab. Dann kamen wir an eine Kreuzung. Ich war überzeugt, daß wir rechts abzuschwenken hätten, aber Flamberge wollte nicht. Sie wehrte sich; sonderbar, das war sonst nicht ihre Art. Wir stritten; sie stieg, machte Sprünge an Ort und wollte um jeden Preis über die Kreuzung hinaus nach vorwärts. Der törichte Hochmut des Reiters aber zwang mich, ihr den Willen nicht zu lassen. Sie gab nach, und im tiefsten Dunkel ging es wieder geradeaus. Immer der vorsichtige Trab. Wir waren beide naß bis auf die Knochen, die Stiefel waren voll Wasser, und bei jedem Druck in die Bügel ächzten Sattel und Schuhwerk. Wenn Flamberge ihr schönes Haupt schüttelte, gab es einen Sprühregen.

So ritten wir wohl eine Stunde oder mehr geradeaus. Ein leichter Wind hatte sich erhoben, die Luft war stark, füllte balsamisch die Lungen, der Himmel klärte sich auf. Der fast volle Mond verbreitete im nassen Holz auf dem weichen Grund des Weges ein durch die leicht bewegten Wipfel des hohen Buchenbestandes spielendes Licht. Jetzt fiel Flamberge in Schritt. Ich ließ sie diesmal entscheiden und klopfte ihr den nassen Hals. Sie zog die Zügel durch, mit der Nase fast den Boden berührend, dann schüttelte sie sich, machte noch einige Schritte und blieb hochaufwerfend und zitternd stehen. Wir waren an ein Flußufer gelangt, und das Wasser zog im Mondglanz reißend vorbei.

Der Fluß, nun ja, war der Beweis, daß wir diese ganze Stunde lang in falscher Richtung geritten waren. Das Pferd wendete, durch keine meiner Regungen dazu veranlaßt; es wendete ruhig, setzte sich in Schritt, vom Flußufer weg und den Weg zurück, dann trabte es an, und als ein Fuchs vor uns flüchtig über den Weg wechselte, machte es einen seiner mir so vertrauten Sprünge, blieb dann im Galopp, fiel aber aus eigenem Antrieb wiederum in Schritt, um dann erneut anzutraben, und diesmal ließ ich ihm in jeder Weise seinen Willen. Wir gelangten endlich an jene Wegkreuzung, wo wir vorher gestritten hatten. Jetzt bog Flamberge an der Stelle ihres Widerstandes ein. Das Mondlicht verschwand hinter Wolken, aber am östlichen Horizont lief nun ein Schimmer durchs Gesträuch des Unterholzes und dem Ansatz der starken Stämme eines Fichtenwaldes entlang: Frühlicht und Kälte der letzten Stunden vor Sonnenaufgang. Keinerlei Einfluß übte ich mehr auf Flamberge aus. Ich war beschämt, hatte keine Ahnung, wo wir uns befanden. Um sechs Uhr früh aber blieb das geliebte Pferd vor seiner Stallung stehen. Wir waren seit dem vergangenen Morgen zehn Stunden lang unterwegs gewesen.

IM BECKENHOF

Gespenster

Ich habe mich nie vor Gespenstern gefürchtet; nicht weil ich angenommen hätte, es gäbe keine, sondern weil ihr Vorhandensein in meinem näheren Umkreis mich zornig stimmte, da ich der Ansicht war, daß diese Eindringlinge Mittel anwandten, die unehrenhaft waren. Unsichtbar griffen sie in die kurze und einzigartige Gelegenheit des Lebens ein und richteten Unheil an.

Im Gespensterhaus mit der hübschen Renaissancefassade, das ich allein in der alten Beckenhofstraße in Zürich[1] bewohnte, wurde mir so viel Vorgefallenes und angeblich Bezeugtes mitgeteilt, daß ich in Winternächten, wenn das alte Gebälk in Frost und Nordwind krachte, bisweilen die Faust ballte und rief: »Nimm dich in acht, morgen bin ich selber ein Gespenst, dann wehe dir!«

Mit diesem Hause hatte es eine eigene Bewandtnis. 1916/17, als ich nach dem Tode meines Vaters nach Zürich zog, stieß ich zufällig eines Tages auf das große einstige Anwesen meines Ururgroßvaters, das ich noch nie gesehen hatte. Ich gelangte in einen geräumigen Hof, vor ein breit gelagertes Herrenhaus aus dem 18. Jahrhundert. Gegen die Straße hin wurde dieser Hof durch ein Gebäude mit schöner Renaissancefassade und langgezogenen Stallungen abgeschlossen, die an Ledoux' Manier[2] erinnerten. Das war die Hoffront, von der Beckenhofstraße aus unsichtbar. Dort erhob sich eine kurze altzürcherische Front. Wiederum im Hof war im 19. Jahrhundert dem Renaissancebau im rechten Winkel ein trostloses Gebäude angegliedert worden. Dort lebte während des Ersten Weltkrieges, wenn meine Erinnerung mich nicht trügt, ein einstiger Jesuit mit seiner Schwester. Diesem Gebäude gegenüber, hinter der Einfahrt von der alten Beckenhofstraße her, befindet sich auch noch heute ein schöner Sandsteinbrunnen vor einer durch barockes Gitterwerk eingezäumten einstigen Fasanerie, die wiederum an die langgestreckten Stallungen angebaut ist. Noch ist nach der Talsenke hin ein Park vorhanden, der einst bis zur Limmat hinunter reichte und sich, trotz geteerter Gartenwege und einer häßlichen Einfriedung gegen die Stampfenbachstraße zu, in schönen Proportionen um das Haupthaus ausbreitet, durch Wiesen und geordnete Gruppen alter mächtiger Bäume eingerahmt. Geschmückt ist der Park mit einem ebenmäßigen Pavillon, schön gefaßten Weihern und Fontänen.

Der alte Oberst Conrad Escher[3] nannte den kleinen ältesten Bau das Kavaliershaus. Renaissance-Architektur ist in der Schweiz sehr selten, daher blieb ich vor der ziervollen Fassade erstaunt stehen. Dann wandte ich mich wieder dem Haupthaus zu: zwei Stockwerke, vier Fensterpaare, alle verschlossen; das Haus war unbewohnt. Wer zur Zeit das Anwesen besaß und sich im Hauptteil niedergelassen hatte, wußte ich nicht, aber ich entschloß mich, die Klingel zu ziehen und nach den Bewohnern zu fragen. Eine ältere, sorgfältig frisierte Dame empfing mich, und ich fragte aufs Geratewohl, ob der Renaissancebau zu besichtigen und gegebenenfalls sogar zu mieten sei. Dies war der Fall, und der Mietpreis war ungewöhnlich niedrig.

Die Besichtigung fand sofort statt. Durch eine Türe aus dem Ende des 16. Jahrhunderts betrat man auf abgenützten irdenen Fliesen einen Vorraum. Dem Eingang gegenüber gelangte man in ein rechteckiges Eßzimmer und durch diesen Raum nach rechts in einen Saal, dessen Decke mit sehr reichen barocken, wohl von Italienern geschaffenen Stukkaturen geschmückt war. Ausblick hatte man in den Hof, nach der Straße und auf eine kleine mit Hopfen bewachsene Terrasse. Im ersten Stockwerk waren drei Räume und eine Küche vorhanden, und auch hier war wiederum ein mit denselben Fliesen wie der Eingang rötlich warm gestalteter Vorraum. Das Badezimmer mit seinem Holzofen befand sich im Erdgeschoß der Treppe gegenüber. Ich erwähne diese Einzelheiten, weil sie mir zum Verständnis der Ereignisse, von denen ich berichten möchte, nötig zu sein scheinen.

Ich mietete sofort nach der ersten Besichtigung. Zu meinen Mietrechten gehörte ein Anteil am Park um einen mächtigen Tulpenbaum herum.

Eine Möbelsendung vom Schönenberg und aus dem Ritterhof war ohne weiteres durchzuführen; dort war Hausrat in Fülle vorhanden. Einige wenige Tapezierer- und Malerarbeiten eingerechnet, kam mich die ganze Unternehmung im nahen Umkreis des geliebten Ahnen billiger zu stehen als eine möblierte Zweizimmerwohnung, und mir war das stille Quartier, das damals noch Vorstadtcharakter hatte, zuträglich. Ich hauste ganz für mich und hatte vorerst kein Bedürfnis nach Abwechslung und Geselligkeit. Eine muntere alte Frau, voll von mütterlichen Absichten und echt zürcherischem Ordnungsfanatismus und Sauberkeitstrieb erschien täglich morgens um acht, blieb bis elf vormittags und ließ mich nachher allein; abends begab ich mich in ein Restaurant der Altstadt. Ich hörte noch Vorlesungen und schrieb an meiner Doktorarbeit. Die mich betreuende, nach Zürcherart »Spetterin« genannte Frau war gesprächig; mehr als das, sie war eine begabte Erzählerin, ja, sie besaß jene einfache, unmittelbare Erzählerkunst, die damals im »Volk« viel höher stand als bei den sogenannten Gebildeten. Umkreis ihrer Lebenserfahrung und Beobachtung waren die einstigen Gemeinden Oberstraß und Unterstraß, zwei von der Stadt aufgeschluckte Dorfgemeinden, deren Bewohner, der alten Zusammengehörigkeit noch bewußt, sich bedrängt und verdrängt fühlten, in Unruhe geraten waren, vielfach in andere Quartiere, aber auch in andere Städte oder Länder wanderten oder von neu Hinzugekommenen überwuchert wurden. Diesen Vorgang schilderte die Frau Spetterin in ausführlicher Weise.

Als sie zu ihren Verrichtungen antrat, bezog sich unser erstes Gespräch auf das Haus. »Sie haben's billig gekriegt«, meinte sie.

»Billig?«

»Ja, die drüben zahlen für die paar Zimmer viel mehr. Oje, in dieses Haus hier aber zieht niemand gerne ein.«

»Warum?«

Hand vor dem Mund: »Nichts! Ich habe schon zu viel gesagt.«

Und ich: »Vielleicht ein anderes Mal.« Aber sie konnte nicht warten.

»Kommen Sie, Herr, ich zeige Ihnen etwas.« Sie stieg die Treppe hinauf ins erste Stockwerk, die leiterartige zweite Treppe weiter auf den Boden, und dort zeigte sie auf ein Loch im Ziegeldach, durch das der Regen tropfte. Ein Blechkessel, schon halb mit Wasser gefüllt, stand unter der Öffnung, in der ein Ziegel fehlte. Ernst zeigte die Spetterin auf Loch und Kessel. »Deswegen«, sagte sie.

»Man muß einen Ziegel einschieben«, meinte ich.

»Schieben Sie ein, so oft Sie wollen, am nächsten Morgen ist der Ziegel wieder weg. So war es immer. Wie oft hat man schon die verfaulten Bretter im Fußboden erneuert, wenn kein Kessel drunter stand, oder wenn er nicht nach jedem Regentag geleert wurde.« Dann feierlich

drohend: »Hier bleibt kein Ziegel, schon in der nächsten Nacht ist er wieder weg, das hat noch kein Dachdecker verhindert.«
»Seit der Renaissance«, brummte ich.
»Ja, lachen Sie nur«, schimpfte sie; »wir wollen froh sein, wenn's kein Unglück gibt. Noch keiner ist ohne Unglück in dem Haus gewesen.«
Mehr erfuhr ich diesmal nicht.

Nachdem ich etwa ein halbes Jahr in diesem kleinen Beckenhof gehaust hatte, wechselte wieder einmal mein Genosse Ganz durch seine Vaterstadt. Er erschien in der Uniform eines Infanterieleutnants und brachte viel antimilitaristische Ansichten vor. Er berichtete begeistert von einer wunderbaren Frau, einer Erzieherin, wie er sich ausdrückte, Gattin eines Graphologen, eine mit Psychiatrie befaßte üppige Schönheit, die augenscheinlich, von der Leidenschaft des Aufklärens erfüllt, begabte junge Männer an sich zu fesseln wußte. Bereits sprach er von Freud und, wie von einer fernen Gottheit, von Lou Andreas-Salomé[4].
»Du hast sie gesehen, sie sprach dich an, du warst bei ihr, einmal nur, das ist unverzeihlich; du bist nie wiedergekommen, obwohl sie dich aufforderte. Ich hätte alles darum gegeben, ein solches Geschenk anzunehmen.«
Dann aber schweifte er ab; ein Ereignis war eingetreten, eine »gewaltige Persönlichkeit«, wie er sagte, war jetzt mitten im Krieg in Zürich erschienen, ein Vertreter der Berliner »Weltbühne[5]«. »Ein Magier«, sagte Hans und schob die musikalische Oberlippe vor, »beim Eid! Ein Hellseher. Er wird dich morgen um drei Uhr nachmittags aufsuchen. Betrachte es als eine Ehre; ich habe ihm viel von dir erzählt, auch von meinen Sorgen um dich, deine immer abwehrende Haltung.«
Der Magier erschien; Frau Anna öffnete ihm die Haustüre. Durchs Eßzimmer betrat er den »Saal«, ein großer, gewichtiger blonder Mann, bereits die Hornbrille des 20. Jahrhunderts tragend. Er hielt sich stramm, trotz beginnender Beleibtheit. Sein Mund im breiten, blassen Gesicht war schwer. Und nun, auf der Schwelle, blieb er ruckartig stehen. Entsetzen schien ihn zu ergreifen, oder er spielte Entsetzen in überzeugender Weise.
»Was ist das?« rief er, »entsetzlich! Hier kann ich nicht eintreten. Etwas Grauenhaftes, etwas, wovon letzte dämonische Kraft ausstrahlt, ist hier geschehen, wirkt nach, hier drinnen«, und er zeigte auf die leere Mitte des Raumes. »Wie ist es Ihnen möglich, sind Sie denn blind, taub, gefühllos? Täglich durchqueren Sie diesen Raum, Sie Unglückli-

cher, leben hier, glauben zu arbeiten, lassen unverantwortlicherweise Freunde, Bekannte, Unschuldige hier eintreten!« Er wich zurück, die Hände beschwörend in die Höhe der Stirn haltend, beide Handflächen nach vorne gekehrt; ich folgte ihm.

»Setzen wir uns an den Eßtisch«, sagte ich. Mit scheuem Blick auf die Türe trocknete er sich die Stirn mit dem Taschentuch. Ich holte eine Flasche Weinbrand, er nippte. Es war Anfang 1917, er kam aus Deutschland: »Alle Schuld, alle liegt auf uns, auch auf Ihnen, auf Ihrer teilnahmslosen Neutralität, im Verlust Ihres Bekenntniswillens. Sie sind Zuschauer, Nutznießer der Schmach!«

Er sprach rasch, in starkem und flüssigem Tonfall. »Was treiben denn Sie selbst hier, so abseits? Wie können Sie mir Ihre Teilnahmslosigkeit erklären? Was leisten Sie denn? An welche Geister halten Sie sich? Was lesen Sie?«

Seit drei Minuten saß er mir gegenüber, und wahrlich, er ging schon aufs Ganze. Ich mußte etwas antworten, als der Redeschwall versiegte und er mich mit dem spähenden Blick des Kurzsichtigen anstarrte.

»Ich lese Machiavelli.«

»Machiavelli«, dumpf, tieftönend kam der Widerhall dieses Namens. »Verheerend, ja verheerend; drüben in diesen unheilvollen Raum, gewiß, genau dorthin gehört diese Lektüre.«

Gibt der Florentiner im Vernichten der Welt Ratschläge zur Kunst des Verruchtseins, oder ist er ein bitterer, zynischer Warner? Und nochmals: »Was lesen Sie? Was treiben Sie sonst?«

»Es wäre«, meinte ich, »belangvoller, zu erfahren, was Sie treiben, was Ihre Ziele, Ihre Pläne sind. Sie kommen aus einem hart geprüften Land.«

»Was ich treibe, was meine, was unsere Ziele sind, die Ziele unserer Gemeinschaft: Revolution! Katharsis, mystische Einigung – der Sinn aller Tragödien! Aber lassen wir das vorerst; es geht mir um Ihr Geschick. Ziehen Sie weg von hier, sobald Sie können! Schließen Sie sich Ihren Freunden an, Männern wie Ganz; er ist bereit, er nähert sich unserem Kreis. Aber Sie, wo befinden Sie sich?«

Ich suchte nach einer Ablenkung. »Sie sollten den Ziegel sehen«, erwiderte ich.

Plötzlich übellaunig, fragte er: »Von was reden Sie? Von welchem Ziegel?«

»Oh, das hängt augenscheinlich alles zusammen, Ihre so heftig zum Ausdruck gebrachte Forderung und der Ziegel. Er ist vor zwei Tagen

In einem seiner ersten Autos, Wien 1922

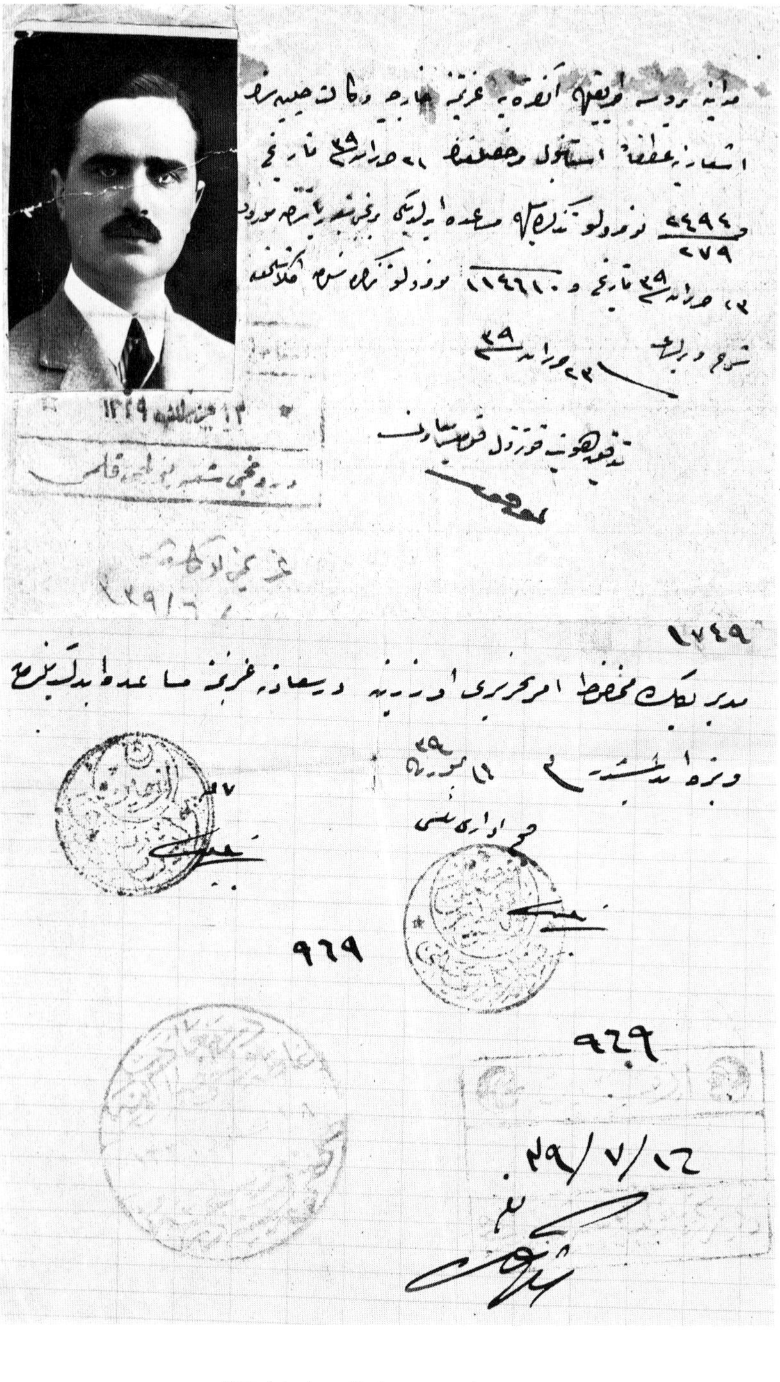

Türkischer Reiseausweis, 1923

ersetzt worden, ich habe noch nicht nachgeschaut, ob er noch da ist.«
»Was soll das? Was hätten Sie nachschauen müssen?«
»Kommen Sie gleich, wir werden es feststellen.«
»Was denn?«
»Augenschein ist besser als Erklärung!«
Ingrimmig machte er sich auf den Weg, erklomm kopfschüttelnd die Stufen, dann die Leiter zum Boden. Der Kessel stand an seinem Platz, aber er war leer. Kein Regentropfen hatte ihn erreicht, kein Ziegel fehlte.
Nun wurde der Magier böse. »Machen Sie sich lustig über mich?«
Ich erzählte: »Da ist eine alte Frau, sie hat Sie an der Haustüre empfangen. Diese Frau stammt aus dem Quartier. Sie behauptet, dieses Haus finde keine Mieter, weil dieser Ziegel, dieser hier . . .«, ich legte den Zeigefinger darauf. Hastig rief mein Besucher: »Nicht berühren! Um keinen Preis berühren! Oh, jetzt spüre ich diesen Ziegel, vermaledeit!«
Aber der Ziegel rührte sich nicht, sprang nicht entzwei, kein Regentropfen fiel in den Kessel.
»Morgen schaue ich wieder nach«, erklärte ich.
Gebeugt wie ein Lastenträger kletterte der Kurzsichtige wieder ins Erdgeschoß. Dort nahm er seinen breitrandigen schwarzen Filzhut vom Nagel. »Ich gehe«, rief er. »Hüten Sie sich! Was sind Sie für ein Mensch voller Ahnungslosigkeit, voller Leichtsinn! Weg von hier! Ziehen Sie aus, weg von hier!«
Ich öffnete die Haustüre, und er verschwand.

Drei Wochen später fand ich einen unter die Türe geschobenen an mich adressierten Brief mit schönen, sehr regelmäßigen Schriftzügen. Mein Name stand wie mit einer Rundfeder geschrieben, darunter »Kavaliershaus im Beckenhof«, dann die beiden Buchstaben D.B. und dabei z.g.H. Das hieß: »Durch Boten« und »zu geehrten Händen«. So höflich war man einst! Der Brief des alten Obersten aus dem Zürcherstamm der Escher enthielt die Frage, ob er, der in hohen Ehren stehende Greis, mich, den Fünfundzwanzigjährigen, besuchen könne, an dem und dem Tag, zu der und der Stunde. Die Begründung der Anfrage lautete dahin, Escher sei der Verfasser einer historischen Arbeit über die Gemeinden Oberstraß und Unterstraß, und aus diesem Grunde wäre es ihm wertvoll, den kleinen Bau, den er Kavaliershaus nannte, zu besichtigen. Ich antwortete geziemend, und der Oberst erschien zur anberaumten Stunde. Auch er hielt sich kerzengerade, aber ohne das Pathos des Geistersehers. Er war schlank wie ein Jüngling, trug einen uniformartig auf Taille geschnittenen dunkelgrauen Gehrock, die Handschuhe in der Linken. Ein schöner Kopf, klein, ebenmäßig, als hätten Kopfjäger ihm Moltkes Haupt aufgesetzt, es mit kindlichen Augen versehen, und dann sei ein greisenhaft gütiger Ausdruck darüber ausgebreitet worden, Wohlwollen, militärische Zucht und Unschuld.

Er legte die Handschuhe auf den Tisch und begann in der unverkennbaren Sprache der einst regierenden Stadtzürcher zu reden, mit geschlossenen Vokalen, leise, ein wenig schleppend, mit etwas klagendem Unterton. »Ich habe über die Geschichte der Gemeinden Oberstraß und Unterstraß geschrieben; die Arbeit ist nicht abgeschlossen. Da steht natürlich das Gut Beckenhof an wichtiger Stelle. Ja, der Bekkenhof!« Mit dem feinen Lächeln des Aufgeklärten fuhr er fort: »Es hat sich immer die Überlieferung erhalten, daß es in diesem Kavaliershaus« – das Wort hatte es ihm angetan –, »in diesem Haus, in dem wir sitzen, spuken soll. Das ist unbegründet.« Dann, nebenbei: »Spuken ist ein merkwürdiges Wort. Der Beckenhof gehörte im vorletzten Jahrhundert dem Junker Grebel, der mit einer schönen und tief frommen Frau aus der Familie Bodmer verheiratet war. Grebel war ein tollkühner, ein frevelhafter Genießer und Spieler, und hier in diesem Raum feierte er mit seinen Kumpanen gottlose Feste. Eines Abends, Ende November, war er mit seiner üblichen Gesellschaft wieder beisammen. Pfropfen knallten, Gläser klirrten, die vermaledeiten Spielkarten, die schon so vielen immer wieder Unglück gebracht hatten, wurden auf den Tisch geworfen, man lallte häßliche Lieder, und die Trunkenheit ergriff den Junker und seine Genossen.

Plötzlich horchte Grebel auf. ›Ruhe!‹ befahl er. Jetzt hörte man Pferdehufe auf dem hart gefrorenen Boden der Beckenhofstraße. Dann wurde von einem in den Bügeln stehenden Reiter mit dem Peitschenknauf an die Fensterläden geschlagen. Grebel riß Fenster und Laden auf. ›Was ist los?‹

Draußen saß auf einem schönen Rappen ein Kavalier in einem pelzbesetzten Rock aus rotem Tuch. Er schwenkte seinen mit Hahnenfedern geschmückten Hut, und ein blasses Gesicht mit stechenden Augen zu Grebel erhebend, rief er: ›Ich bin ein Edelmann aus Genua. Im Gasthaus hörte ich, daß hier in diesem Haus Kavaliere zusammenkommen und sich mit Glücksspielen vergnügen. Ich würde mich geehrt fühlen, wenn ich mithalten könnte.‹

Die Begeisterung war groß; alle liefen zum Eingangstor des Hofes. Der Edelmann saß ab, der Rappe wurde in die Stallungen geführt, wo die Pferde Grebels sich erschrocken und zitternd an die vom Neuangekommenen entfernteste Seite ihrer Stände drängten. Grebel schrie und tobte. Der Kutscher war aufgewacht, erschien und stieß beruhigende Rufe aus.

Bereits aber saßen der Junker und seine Gäste wieder am Spieltisch. Der Einsatz war hoch. Der hagere, hochgewachsene Fremde erschreckte die Spielgenossen, wenn er sie mit brennendem, dunklem Blick ansah. Nur den Junker erschreckte er nicht; im Gegenteil, er zog ihn an. Bald beherrschte er ihn so, daß Grebel sich bereit erklärte, den Einsatz zu erhöhen; für seine Freunde stehe er gut. So spielten sie denn stumm, verbissen, vier Gestalten mit angestrengten Mienen hier in der Mitte des Raumes um den Tisch herum. Anfangs hatten alle Glück, dann verloren sie ihren Gewinn wieder, einmal war Grebel nahe daran, die Bank zu sprengen, dann blieb der Vorteil ganz beim Genueser. Ein eiskaltes Lächeln breitete sich um seinen harten Mund unter der scharf gekrümmten Nase, aber begütigend lockte er: ›Die Chancen stehen gleich. Mut muß man haben, Glück wendet sich.‹ Und Grebel folgte seinen Lockungen mit einem seltsamen Gemisch von Wonnegefühl, Zorn und schlotternder Angst. Er hatte schon längst sein Barvermögen verspielt. Jetzt kamen die Ländereien dran, hier ein Acker, dort ein Wald, ein Gutshof, eine Herde. Alles wollte er zurückgewinnen, mit einem Schlag, und noch viel mehr dazu. Dann mußte er die ihm gehörenden Häuser setzen, zuletzt sein Wohnhaus. Er verlor. Entsetzen ergriff ihn; er wollte abbrechen, aus dem bösen Traum erwachen, fliehen. Der Gedanke durchzuckte ihn, den Eindringling zu erstechen, aber wie gelähmt blieb er sitzen … «

(Nach der hier wiedergegebenen, Conrad Escher in den Mund gelegten Legende soll am Schluß der Spielergeschichte, der bei CJB fehlt, der Teufel den Junker Grebel lebendig geholt haben und mit ihm zum Dach hinausgefahren sein, aus welchem Vorgang sich denn auch die Sache mit dem fehlenden Ziegel erkläre. In Wirklichkeit, so berichtet Conrad Escher nach Aufzeichnungen von David Heß, handle es sich bei der Dachlücke um einen Abzugskanal. Deshalb habe ein Ziegel immer schräg gestellt werden müssen.)

Charles Simon

Charles Simon[6] war Straßburger; auch er ein schöpferischer Pfarrerssohn wie so viele. Er war durch seine Gattin, eine protestantische Reederstochter aus Le Hâvre, ein Vetter André Gides und ebenfalls Vetter André Siegfrieds[7]. Mit diesem verband ihn Freundschaft, Gide scheute er. In späteren Jahren mied er ihn, auch wenn der selbstbezogene Moralist sich in Zürich aufhielt, um seinen Freund Johannes Strohl[8], ebenfalls einen Straßburger, zu treffen.

Simon war innerhalb der schweizerischen Wirtschaft einer der erfindungsreichsten, begabtesten Köpfe. Jahrelang war er der überlegene und erfolgreiche Leiter der Rückversicherungsgesellschaft. Auf der Halbinsel Au am Zürichsee hatte er sich in schönster Lage ein großes Haus gebaut, das unter anderem eine alle übrigen Räume beherrschende Bibliothek besaß, die ständig sich vermehrende Kostbarkeiten enthielt, welche er mit kennerischer Sorgfalt, ja mit Liebe hin und wieder unendlich vorsichtig anfaßte, zeigte, erklärte, ihrer Provenienz nachgehend, wie seltene Kunstgegenstände fast mit Scheu lobte und pries, um sie dann zärtlich wieder an ihren Platz zurückzubringen.

Dieser deutsch-französische oder französisch-deutsche Elsässer war von jeher der Bundesgenosse Frankreichs. Schon vor dem Ersten Weltkrieg der leidenschaftliche Vertreter französischer Kultur in diesem Zürich, von dem Heinrich Wölfflin sagen sollte, einer der Gründe, die ihn vermocht hätten, gerade diese Stadt am Ende seiner vielbewunderten Laufbahn in Berlin und München zum Aufenthaltsort für seine späteren und späten Lebensjahre zu wählen, sei die Hoffnung gewesen, Frankreich näher zu sein als in der preußischen und später in der bayerischen Kapitale. Genau das Gegenteil aber sei dann eingetroffen. Er habe erkennen müssen, daß das kosmopolitische Berlin mit seinem Kern friderizianischer Tradition und die Hauptstadt der Wittelsbacher, München, Frankreich ungleich näher gewesen seien als Zwinglis auch nach 1918 noch kleine Stadt, die zu Beginn unseres Jahrhunderts so stark durch Gottfried Keller und seinen ihm so völlig entgegengesetzten Zeitgenossen Conrad Ferdinand Meyer und ihre reichsdeutschen Träume geprägt war, somit fern von dem Charles Simon bis in den letzten Nerv faszinierenden nachrevolutionären Frankreich.

Simon war ein Kenner; auf allen Gebieten, die er wahrgenommen und einst bedacht hatte, war er ein Kenner. Er galt für einen großen Sten-

dhalianer, er war es. Er galt für einen sehr gelehrten, bis zu seltensten Einzelheiten vertrauten Liebhaber von Montaignes Gedankengut. Er wußte um das während Jahrhunderten geführte, nie endende literarische Gespräch in seiner Wahlheimat. Er hatte als Kind die Belagerung Straßburgs im Siebzigerkrieg miterlebt. Ihn erfüllten heftige, immer wieder in Äußerungen von lauter Anklage und düsterer Warnung ausklingende Vorurteile gegen deutsches Wesen und sein Beginnen.
Er verkörperte eine der bei größter Urteilsfreiheit doch autoritärsten Naturen, mit denen ich immer wieder mit neuer Frische und Freude zusammentraf. Er setzte sich meiner Ansicht nach nicht in Szene, aber er war sich seiner selbst mit großer Sicherheit bewußt. Er sah sich deutlich und mit Genuß entscheiden, handeln, befehlen, leisten und, immer in einer anspruchsvollen geistigen, künstlerischen Atmosphäre, genießen.
Ein Treffen ist mir noch deutlich gegenwärtig. Teilnehmer waren Gagliardi und Fritz Ernst[9], der feinsinnige Verfasser historischer Essays. Jener sommerliche Sonntag, an dem ich mit den beiden Gelehrten hinausgefahren war, spiegelte helle Gründe des Parks, Widerschein des unbewegt im Sonnenlicht liegenden Sees in den Kristallgläsern und den Porzellantellern des Eßtisches. Simon sprach wie ein begeisterter Schönheitsgenießer des 19. Jahrhunderts von Florentinererinnerungen, Fritz Ernst machte genaueste Angaben über 1913 begonnenen, dann abgebrochenen Restaurationsarbeiten in den Uffizien, und Gagliardi meinte, nie habe er höhere Glücksmomente gekannt als in den Gassen der Arnostadt.

Bei diesen immer sehr lebhaften Unterhaltungen herrschte meist eine heitere Stimmung, auch wenn tüchtig widersprochen wurde und die Meinungen nicht übereinstimmten. Ein einziges Mal, in meiner Gegenwart, entstand eine Spannung, und Simon blieb bis zu unserem Abschied verstimmt. Ich kann nicht mit Sicherheit sagen, wer an jenem Sonntag die Gäste waren, aber Gagliardi, Fritz Ernst und ich waren dabei. Schuld an dem Mißklang war eine leichtsinnige Bemerkung, die ich über eine Figur aus den führenden Persönlichkeiten des Risorgimento gemacht hatte: das italienische Risorgimento aber war für Simon unantastbar, eine durch Stendhals Urteil gesteigerte geschichtliche Epoche. Der Begriff »Freiheit«, vor allem im Sinne eines Verschwindens jeder autoritär durchgeführten »Fremdherrschaft«, war in Simons Geist so rein umrissen wie eine Zeichnung Raffaels, unproblematisch, absolut. Bei seiner übermächtigen Erinnerung an unzählige Glücksmomente, die er im Lauf seiner vielen Reisen in Italien durchlebt hatte, an seine an Winckelmann, Goethe, immer wieder Stendhal sich stetig steigernden ästhetischen Beziehungen zu den in Kunstwerken erhaltenen Zeichen individueller Schöpferkraft italienischer Kleinstaaten, war ihm die seit 1820 autoritär vorhandene österreichische Herrschaft in Oberitalien ein Greuel und Inbegriff unerträglicher Tyrannei. Den administrativen Leistungen Wiens, deren Fortwirkungen heute noch zu erkennen sind, schenkte er keine Aufmerksamkeit. Bisweilen, unter Italienern, die zu der verschwindenden Minorität jener gehören, die sich historisch zu »erinnern« vermögen, anerkennt man noch die damalige Verwaltung; ich habe selbst gehört, wie man die Person der Kaiserin Maria Theresia ganz natürlich und respektvoll mit dem Ausdruck »la Sovrana« bezeichnete. Aber noch sehe ich Ingrimm in Charles Simons Gesicht sich ballen, wenn er, die Brauen hart zusammenziehend, mit plötzlich kalt werdendem Blick erzählte: »Da stand ich am Straßenrand in der Po-Ebene, und da war ein Stein, und in diesen Stein hatte man eingemeißelt: ›Hier, an dieser Stelle, haben die Österreicher eine schwangere Frau erschossen.‹ «

In die Zeit des kleinen Symposiums, an dem ich teilnahm und die Störung verursachte, fiel zufällig der Umstand, daß Simon die Lektüre der »Divina Commedia« wieder aufgenommen hatte. An jenem Tag, von dem ich berichte, war auf der Au bei Tisch von dem großen Gegenstand die Rede. Dann erweiterte sich das Gespräch zu Äußerungen über die italienische Poesie überhaupt, diese einzigartige Erscheinung. Es wurde erwähnt, daß sie sparsam, eigentlich nur von Höhepunkt zu Höhepunkt über Jahrhunderte bis zu Leopardi, ja d'Annunzio gehalten habe, dann fiel der Name Manzoni, und Simon begann von dem in seinen Vorzügen schwer überschätzbaren Roman Manzonis »I Promessi Sposi« zu sprechen, über seine Überwindung mythologischer Grundthemen, seine Erhaltung wahrer, streng gewahrter historischer Vorgänge. Kaum war der Name Manzoni gefallen, fiel ein ganz anderer – Mazzini – und dann war man bei den Geheimgesellschaften, beim Carbonarismus[10] und bei Napoleon III. angelangt.

»Die Propaganda der italienischen Patrioten hatte Weltwirkung«, sagte Ernst, »hier kann man zum erstenmal in dieser Weise das plötzliche Entstehen einer öffentlichen Meinungswelle im ganzen Westen spüren.«

»Die Repression, die Österreich ausübte, war grausam«, rief Simon.

»Hält diese Feststellung heute noch einer ernsthaften Prüfung stand?« fragte ich. Ich kannte Österreich noch nicht; in Wien sollte ich erst von 1918 an während vier Jahren leben. Aber ich hatte soeben nicht nur die »Prigioni« des Silvio Pellico[11], sondern auch seine Korrespondenz gelesen.

Simon zuckte auf, sah mir fast mit Entsetzen in die Augen: »Wieso soll diese Feststellung nicht mehr gültig sein?« rief er. Gagliardi schwieg beunruhigt, schüttelte ganz leise den Kopf, als wolle er andeuten – wie schade!

»Was meinen Sie mit Ihrem Ausspruch?« fragte mich Simon scharf.

»Ich habe – nicht wahr – von Propaganda gesprochen. Kürzlich las ich ein propagandistisches Buch aus der Zeit des Risorgimento, das vorübergehend größten Einfluß ausübte, wie mir scheint nicht seines wirklichen Gehaltes, sondern seiner Sentimentalität wegen.«

Darauf Simon sehr scharf: »Welches Buch?«

Meine Antwort: »Silvio Pellicos ›Le mie Prigioni‹.«

Jetzt wurde es gefährlich. Fritz Ernst versuchte das Thema zu wechseln. Mit seiner hohen, leisen Stimme setzte er ein: »In Deutschland, vor 1848, haben heute ganz vergessene Romane eine sehr große Wirkung gehabt – Fanny Lewalds[12] ›Wandlungen‹ oder Gutzkows ›Die Ritter vom Geist‹. Wer weiß noch von solchen Büchern? Ihr Einfluß war vorübergehend groß.«

Aber Simon hörte nicht mehr zu, er war tief verletzt.

»Wie können Sie an meinem Tisch abschätzig über die ›Prigioni‹, dieses ergreifende Meisterwerk, reden?« – er trommelte wieder mit der rechten Hand auf den Damast –, »das kann ich nicht so durchgehen lassen!«

Der Hausherr hob, sobald der Nachtisch serviert war, die Tafel auf und verfügte sich rasch in seine Bibliothek. Meine Freunde waren nicht zufrieden mit mir. »Das ist doch ein Punkt, den man nicht berühren sollte«, klagte Gagliardi.

Simon rief aus dem Nebenraum: »Kommen Sie, schauen Sie!« Er zeigte mir das Titelblatt eines Buches:

Silvio Pellicos von Saluzzo
sämtliche Werke in einem Bande
Aus dem Italienischen von
Dr. K. L. Kannegiesser und
Hieronymus Müller
Mit dem Porträt des Dichters
(Verlag der Gebrüder Schumann, Zwickau – 1835)

»Nehmen Sie's, blättern, lesen Sie!« Er schickte mich, wobei er schon wieder etwas angriffsbereit war, gewissermaßen in die Ecke, öffnete dann die Gartentür und ging mit den andern Herren spazieren.

Gut – ich blätterte und las in der Einleitung:

» ... Tendenz war, zurückzukehren und zurückzuführen zu dem alten und reinen, in den Ocean des Christentums, d. h. der Liebe und des Menschentums, des Herzblutes jeder bürgerlichen Gesellschaft sich ergießenden Quellen der Wissenschaft und der Poesie.«

1917 – Fremde Klänge! Das Herzblut jeder bürgerlichen Gesellschaft! – Dann überschlug ich die Einleitung, warf einen Blick auf das Inhaltsverzeichnis: »Silvio Pellicos Leben – Meine Haft – Pietro Maroncellis Zusätze zu S. Pellicos Haft – Abhandlungen über die Pflichten der Menschen.«

Hier stutze ich. Man sprach noch nicht unablässig über Menschenrechte wie heute, aber immerhin von »Pflichten«, das wollte ich in Augenschein nehmen.

Dann folgte die Liste der Trauerspiele, endlich die der poetischen Novellen.

Nun nahm ich die Lebensschildung vor:

Aus vermögender Familie des höhern Bürgertums Piemonts in der Stadt Saluzzo geboren – gütiger, arbeitsamer Vater, mehrere Geschwister, darunter Silvios Zwillingsschwester Rosina. Die Mutter ist Savoyardin, stammt aus Chambéry. Der Vater, Onorato Pellico, ist königstreu, aus diesem Grunde muß er zur Zeit Napoleons über die Alpen fliehen. Dann ändern sich die Umstände, die Sache des Königs von Sardinien ist im Aufstieg. Man kann nach Hause zurückkehren. – Weiter lese ich: Wahrhaft fleckenlose Reinheit der Sitten, nie verweigerte, immer dargebotene Gastlichkeit, ununterbrochene Ausübung christlicher Liebe gegen den Nächsten (und ein Nächster war ihm nicht allein der Christ und der Königlichgesinnte, sondern jeder Mensch und zumal jeder Unglückliche). Als Kind war Silvio fast immer krank. Der Arzt erklärte, er werde im siebenten Jahre sterben. Da dies nicht erfolgte, erklärte der Heilkünstler, das Ende werde im vierzehnten Altersjahr eintreten. Die letzte Frist, die er gewährte, war der zwanzigste Geburtstag, aber auch diesen Zeitpunkt überstand Silvio. Die Mutter pflegte und umhegte ihn, den Mann, der erklären sollte: »Der schönste Tag meines Lebens wird der sein, an welchem ich sterben werde.« Er überlebte die medizinischen Unglücksbotschaften.

Silvios Vater, Onorato Pellico, hatte eine Seidenspinnerei in Pinerolo

angelegt, war mit der Familie dorthin umgezogen. Sein Sohn, von einem Priester zu Hause unterrichtet, schrieb bereits Tragödien, Lustspiele, Operntexte. Er befand sich oft in einem überangespannten Zustand, sah, infolge eines erlittenen Schreckens, seltsame Erscheinungen, die sich lautlos um ihn herum bewegten, schwarz-gelbe Gespenster. Zum Studium begab er sich nach Turin. Hier begann er mit Kameraden, Knaben und Mädchen, viel Theater zu spielen.
All dies entnahm ich meiner raschen Lektüre. Aber jetzt betraten der Hausherr und die Gäste, vom Garten zurückkehrend, wieder den Bibliotheksraum.
»Lesen Sie weiter, lassen Sie sich nicht stören!« rief Simon, »haben Sie schon festgestellt, wie hoch Lord Byron Pellicos dramatische Arbeiten einschätzte? Sind Sie schon so weit? Byron hat, wie Sie sehen können, Pellicos ›Francesca‹[13], die damals nur im Manuskript vorhanden war, übersetzt. Byron! Diese Tragödie ist ein Meisterwerk, für mich gehen diese Verse weit über den besten Alfieri hinaus. Sie lasen in der Biographie. Wo stecken Sie, wo blieben Sie stehen?«
Ich zeigte mit dem Finger auf den Absatz, der lautet: »So hatte Monti mehrmals zu Silvio gesagt: ›Sie verstehen Englisch, kommen Sie zu mir, wir wollen den ganzen Byron übersetzen, und die Übersetzung soll unsere beiden Namen führen.‹ – Silvio vermied es aus tausend zarten Rücksichten, sich in eine Sache einzulassen, welche ihm alle Freiheit nahm und wo die Waage nicht gleich stand.«
»Monti«, wiederholte Fritz Ernst den Namen halb fragend, und Gagliardi: »Vincenzo Monti, ein Romagnole, er hat eine poetische Zeitchronik im Stil Dantes geschrieben, er war ein bedeutender Dante-Kenner.«
Simon darauf: »Ich kenne nur seine Übersetzung der ›Ilias‹, mir scheint, daß dies das einzige Werk ist, das er abgeschlossen hat. Monti hielt aufs respektvollste zu Pellico; Pellico ist eine der seelischen Kräfte des Risorgimento.« Nun steigerte er wieder seinen Ton, noch etwas verärgert und auch halb entzückt, als er aussprach: »Das Risorgimento – diese Bewegung; oh, welch eine Bewegung! – Sie begann deutlich unter dem Einfluß Alfieris. Sehen Sie, in Italien geschehen die großen Wendungen immer durch die Dichter. Wann, Gagliardi, wurden die Österreicher zum erstenmal vertrieben?«
Gagliardi: »1796–1797, Campoformio!«
Und Simon: »Ja, und die Tragödie Venedigs.«
Darauf Ernst: »Gleich darauf die ligurische, die römische, die parthe-

nopeische[14]. Noch vor dem Ende des Jahrhunderts waren Piemont und Toskana französisch besetzt. Seit 1802 nannte man die Zisalpinische Republik – Italienische Republik. Bonaparte wurde zum Präsidenten gewählt, und nachdem er sich die französische Kaiserkrone aufgesetzt hatte, verwandelte man die Italienische Republik in ein Königreich, und 1805 wurde Napoleon in Mailand zum König gekrönt.«

»Vizekönig Beauharnais«, murmelte Gagliardi, als befinde man sich im Seminar. »Die ganze Familie des französischen Kaisers wurde mit Fürstentümern versehen.«

Schließlich sagte ich, der Sträfling in der Zimmerecke: »Und 1814 zerbrach dies alles wieder.«

»Ja, es zerbrach«, meinte Simon ernst, »aber unterirdisch ging alles in den verschiedensten Formen weiter.«

Ich atmete auf. Silvio Pellico schien hinter uns am Weg zu bleiben, aber mein Aufatmen war verfrüht!

»Evviva Pio Nono!« rief der Hausherr. »Das war die liberale Losung gegenüber den stumpfen Feststellungen Metternichs, der es wagte zu behaupten, Italien sei ein Sammelname für eine Anzahl souveräner Staaten. – Nein, das Bleidach der Restauration hat nichts Gutes zu erdrücken vermocht, aber viel Gewürm ist unter seinem Schatten gewachsen!«

»Carbonari«, murmelte Ernst. – Das war wieder ein Stichwort.

»Seit 1830 war Mazzini Mitglied des Geheimbundes der Carbonari. Man sollte Zeit haben, alte Zeitungen durchzulesen«, warf Gagliardi ein, »beispielsweise die 1818 gegründete Zeitschrift ›Il Conciliatore‹. Zwei Jahre wurde dieses vermittelnde, klassisch liberale Organ herausgegeben, Pellico gehörte der Redaktion an. Wohl um 1819 wurde sie verboten, und 1820 wurde Silvio verhaftet. 1822 folgte in Venedig, wo er unter den alten Bleidächern eingesperrt war, sein Prozeß; seine Verurteilung zum Tode, seine Begnadigung zu unbegrenzter Haft in der Feste Spielberg bei Brünn. Zehn Jahre verbrachte er in harter Haft, seine zweite Begnadigung erfolgte 1830. Für den Rest seines Lebens war er in Turin, seit 1838 bei Marchese Carlo Tancredi di Barolo. Dort schrieb er seine ›Doveri degli uomini‹.«

Und nun Simon: »Seine höchste Leistung blieb sein einzigartiger Bericht über die heroisch ertragene Zeit seiner qualvollen Haft. Sein Buch ›Le mie prigioni‹ ist ein Meisterwerk des 19. Jahrhunderts. Ach, die Stelle mit den Ameisen, den Fliegen, die ihn Tag und Nacht martern und quälen und denen er täglich Brosamen seines schlechten Brotes streut.« Dann – beinah väterlich sich nun wieder mir zuwendend: »Nein, lesen Sie das Buch noch einmal aufmerksam, solche Urteile, wie Sie eben leichtsinnig – glauben Sie mir – abgegeben haben, muß man immer revidieren«, und er setzte hinzu: »Sie sind noch sehr jung, da ist eine solche Urteilsprüfung besonders wichtig; ich selbst versuche täglich, sie vorzunehmen.«

Dann aber kam ihm plötzlich ein anderer Einfall: »Oder wissen Sie was, machen wir ein Spiel – Burckhardt ist der Angeklagte, er bringt seine Sache vor, wir widersprechen, urteilen, und er verteidigt sich – was meinen Sie? Setzen wir uns in die Sonne auf die Gartenstühle.«

So geschah es.

»Soll der Ankläger beginnen? Der Ankläger ist Ernst, Gagliardi ist der Richter, und ich bin der Anwalt. Oder soll der Angeklagte nochmals seine vorhin geäußerte Ansicht wiederholen und begründen?«

Man beschloß, dieses Vorgehen anzuwenden, und ich hatte das Wort. Die Stimmung war nun etwas entspannter, und Simon schien an dem von ihm ausgedachten Spiel Spaß zu haben.

»Reden Sie!« befahl er – und weit ausholend begann ich: »Einigung Italiens. Die großartigste Konzeption dieses Vorgangs ist wohl diejenige Dantes ›De Monarchia‹. Machiavelli, der die gewissermaßen wissenschaftliche Realpolitik erfand und gleichzeitig vor ihren Folgen warnte, hat Cesare Borgia[15] bewundert, der mit seinen bekannten, allgemein verrufenen, verworfenen Mitteln für sich selbst das italienische Königtum angestrebt hat, jeden Frevel der Grausamkeit, der Hinterlist im vornhinein durch die Höhe des Ziels als berechtigt betrachtend. Julius II. hat ihn als einen Vollstrecker seiner eigenen Pläne betrachtet. Cesare Borgia als Stifter des Einheitsstaates! Nehmen wir an, seine großen Konzeptionen hätten sich früh verwirklicht: wo wäre der unvergleichliche kulturelle Reichtum geblieben, den die Individualisierung der italienischen Städte und Provinzen geschaffen hat? Julius II.[16] konnte von den außerordentlichen Verdiensten Cäsars sprechen, denn er strebte auf eines hin, auf die Monarchisierung des Kirchenstaates, auf die päpstliche Monarchie; diese Monarchie, die dann das Werden des italienischen, von der kirchlichen Herrschaft freien Nationalstaates noch während dreihundert Jahren verhindert hat.

Dann kam der Zeitpunkt, in dem aus den Wehen der Französischen Revolution Napoleon geboren wurde. Er hat alles verändert, und Italien wurde unter ihm zu einem Königreich. Nicht für lange. Jetzt reg-

ten sich wieder alle regionalen Kräfte, und nach Napoleons Sturz setzten die uralten Ansprüche der fremden Mächte auf die Territorien der Apenninenhalbinsel aufs neue ein. Eine zähe und – im Vergleich zu andern Vorgängen dieser Art – unterirdische Vereinigungsbestrebung begann wieder, unterirdisch durch das Wirken von Geheimgesellschaften, denen vor allem der intellektuelle Adel und das höhere Bürgertum angehörten.
Österreich, das damals noch sein föderalistisches Prinzip begriff, hatte Campoformio nicht vergessen. Es hielt sich für verpflichtet, seinen Südalpenfuß als Grenze zu sichern und seine Kontrolle über die italienischen Länder aufrechtzuerhalten. In Italien aber hatte der Glaube an den Nationalstaat und seine Spracheinheit nun als Ergebnis des Miterlebens der Französischen Revolution und ihres korsischen Vollenders jedes mit der Zeit lebende Bewußtsein erfaßt, ungeachtet des unausrottbaren partikularistischen Beharrens einer ihrer Willensrichtung kaum bewußten stummen Mehrheit in den breiten Volksschichten.«
So, dem Inhalt nach, redete ich daher, bis schallendes Gelächter ausbrach; auch der leise Gagliardi lachte laut.
»Zur Sache!« sagte Simon, mein Anwalt. »Sie behaupteten, Silvio Pellico sei ein schwacher Künstler. Um diesen ungeheuerlichen Ausspruch geht es – hierauf muß Ihre Apologie sich beziehen.«
Ich war nun schon darauf gefaßt, nie mehr auf der Au bei Simon erscheinen zu dürfen, und ich erklärte trotzig: »Ja, das behaupte ich noch jetzt!«
»Begründung«, rief Gagliardi, der Präsident des Tribunals.
»Für mich«, setzte ich ein, »ist Silvio Pellico ein religiöser Schriftsteller, und hierin liegt seine Bedeutung, weder als Politiker noch als Dichter besaß er Gewicht. Als De la Tour in den späteren fünfziger Jahren des letzten Jahrhunderts Silvios Briefe publizierte, hat dies wohl an den mir schwach erscheinenden künstlerischen Werten seines Werkes nichts geändert. Entgegen der Zeitströmung, die sich einst für den Häftling erregte, entgegen der Mode, die ihn als das beispielhafte Opfer vorstellte, Tränen sammelte, bekannte er nun selbst in seinen Briefen, daß er nicht ein völlig unschuldiges Opfer gewesen sei und daß der österreichische Kaiser nicht sein finsterer Scherge war. Dieses Geständnis hat Pfeifkonzerte bei den Aufführungen von Pellicos Theaterstücken zur Folge gehabt. Aber Pellico hat sein Geständnis mutig wiederholt: ›Ich habe mich geirrt‹, gestand er.
Plötzlich war es aus mit dem unsäglichen Mitleid stickender, Spitzen

klöppelnder Damen. Jetzt wurde er zum ›Hypokriten‹ erklärt. Er war dem Carbonarismus nicht mehr nützlich, ja er hatte ihn verraten. Jedoch blieb er der Wahrheit, die er gefunden hatte, treu.
Ich liebe den Silvio Pellico nicht des öffentlichen, politisch ausnützbaren Massenmitleids wegen, dagegen verneige ich mich vor dem bescheidenen, gegen sich selber strengen und auf jede Popularität verzichtenden alternden Mann.
Nach meiner Ansicht hat die Korrespondenz ihren Autor, Pellico, erhoben. Mir scheint, er habe seine Heimat ihres Zaubers, ihrer nicht vergleichbaren Eigenart wegen geliebt; nicht aus politischer Leidenschaft, sondern aus viel wahrer, kindhafter Liebe, er habe jedoch im Lauf seiner ständigen Selbstprüfung entdeckt, daß er kein Nationalist sei.
Dort, wo das eigentliche Gewicht aller Äußerungen dieses sanften und zähen, tapfer duldenden und am tatsächlichen Handeln verhinderten Menschen liegt, herrscht der ständige, bis zum Heroismus gehende Kampf vor, den er Tag für Tag ausgefochten hat, verzagt, enttäuscht in seinen Gefängniszellen, den Kampf um sein eigenes Anliegen, seine Nachfolge Christi.
Foscolo, der einer seiner Freunde war, ist nie von der Lehre des Nazareners berührt worden, Pellico dagegen war von ihr erfüllt. Pellicos Größe, denn Größe ist in ihm, gehört nicht dieser Welt. Diese Größe ist weder politisch noch literarisch; es handelt sich um eine Größe des Treuehaltens, des immer wieder einsetzenden Ringens um Treue.«
Nun erhob Simon seine Stimme wieder, er hatte auf die Uhr geschaut und mahnte: »Ihr Zug! Anklagerede und Verteidigung werden an unserm nächsten Sonntagstreffen erfolgen. Für heute: Bedenkzeit – das Tribunal zieht sich zurück.«

Wasser und Fels

Wir fahren weg! Mich ergriff die in der Zeit meiner Jugend oft erlebte, alles erfüllende Freude, die sich später, nach meinen langen französischen Jahren, nicht etwa verlieren, aber verändern sollte. Sie entsprang dem durch und durch deutschen, über viele Jahre bestehenden Trieb,

die Alpenmauer hinter sich zu lassen und zu entrinnen, in das Land zu gelangen, das im frühen Beginn des technischen Zeitalters gestattete, noch durch jeden Anblick von Landschaft und Menschenwerk, durch eine immer noch im italienischen Volk vorhandene wundergläubige, immer wieder über alle rasch aufflammenden Leidenschaften erhabene Scheu vor dem Sakralen die Stille der antiken »pietas« zu erleben.
Neben mir saß mein Lehrer, dieser edle, gehetzte, mit Wissen überladene, jedem durch Kunst übertragenen Eindruck bildungsmäßig so offene Ernst Gagliardi. Was wohnte nicht alles in ihm zusammen: Blitzhaftes Erkennen jeder Qualität, sobald es sich um Dinge, von Menschen gemacht, handelte; gehemmt und unbeholfen aber blieb er, wenn die Natur sich in ihrer schweigenden Gewalt vor ihm auftat, ebenso in jeder plötzlich auftretenden Gefahr oder Schwierigkeit, denn er war völlig blind.
Als wir im dichten Staub der in jenen fernen Tagen im Frühling noch wenig befahrenen, engen, steilen Gotthardstraße in einer Spitzkehre dem Postwagen und einer aufgescheuchten Ziegenherde gleichzeitig begegneten, berührte er mit seiner kindlichen Hand meine Schulter, zeigte nach rückwärts und sagte: »Schau, diese lionardeske Bewachsung!« Er sagte dies in der seltsamen, gezierten, im Ganzen leicht widerhallenden Mundart, die er sich zurechtgelegt hatte, und die zu den wie für ein Kind geschnittenen schwarzen, glanzledernen Handschuhen paßte, die er auch an jenem Tage trug, und die dem steifen, runden und ebenfalls schwarzen Hut entsprachen, der in dem offenen kleinen Wagen nun staubbedeckt auf seinem im Vergleich zu dem schmächtigen Körper und den winzigen Händen so verhältnislos großen Schädel saß; sie paßte zu dem Gesicht, auf dessen verkümmerter, winziger Nase vor den dunklen, kurzsichtigen Augen ein randloser Zwicker befestigt war. Welche Inbrunst lag in diesen Augen, wenn sie ein Gemälde des Quattrocento betrachteten! Wie spürte man hinter seinen Augengläsern den eminenten Kunstsinn, das Schicht auf Schicht getürmte lastende Gemenge der Lehrmeinungen, der auf Kathedern entstandenen Lehrsprache! »Bewachsung«, welch ein papierenes Wort! Bücher, Lehrvorträge, Namen, Daten, nicht endende Zahlenreihen und sogenannte Fakten aus der politischen Geschichte bildeten ein Gitterwerk, durch dessen Maschen hindurch der große, in der bildenden Kunst Erlösung suchende Geist dieser seltsamen, ergreifenden, schwersten Leiden entgegengehenden Persönlichkeit bisweilen Freude fand.

Ernst Gagliardi besaß ein altes Familienhaus im damals noch völlig unversehrten, heute durch gewaltige Wasserwerke verunstalteten Maggiatal, das sich von der Cristallina bis zum Langensee erstreckt. Dieses Haus, in dem wir Einzug hielten, war talwärts zwischen den Fenstern des ersten Stockwerkes mit einem großen Wappen geschmückt. Das Gebäude war hoch, und wo es nicht weinbewachsen war, kahl, dunkel. Es stand, und steht wohl noch, im unteren Teil des Dorfes Prato.

Der Vater des Universitätsprofessors, im Postdienst stehend, war als Telegraphist in die deutsche Schweiz versetzt worden. Er trug noch den alten Familiennamen Pfyffer, nannte sich Pfyffer-Gagliardi. Er heiratete eine Berufskollegin, Tochter eines Fuhrhalters aus Oerlikon, eine kleine, unscheinbare Frau, die zu den verehrungswürdigsten Vertreterinnen ihres Geschlechtes gehörte, die mir begegnet sind. Sie schenkte ihrem Mann zwei Söhne; der Historiker war der ältere, der jüngere wurde Maschineningenieur. Gagliardis Vater starb, als er noch keine fünfunddreißig Jahre alt war. Seine Witwe erwarb im Zürcher Niederdorf eine Spezereihandlung, und es gelang ihr, den beiden Söhnen das Studium zu ermöglichen. Der Name Pfyffer verschwand, der Name Gagliardi blieb. Ernst Gagliardis Bruder, der Maschineningenieur, wurde bei Arbeiten an einer der frühesten elektrischen Lokomotiven in jungen Jahren durch Starkstrom getötet. Er hinterließ eine Frau und drei Knaben im frühen Kindesalter, für die mein Lehrer und Freund fortan zu sorgen hatte.

Gagliardi hatte eine Ahne, die im Maggiatal scheinbar eine machtvolle Rolle gespielt hatte, und zwar als Politikerin im Sinne des einst Radikalismus genannten Fortschrittsstrebens. Stets erfolgreich, hinterließ sie während langer Zeit einen großen Ruf. Mein Freund machte gelegentlich Andeutungen, wonach seine Vorfahren mit dem großen Luzernergeschlecht der Pfyffer, aus dem der sogenannte »Schweizerkönig« hervorgegangen war, einen Zusammenhang hätten. Das gewaltige Wappen, das die Südfront des über Weingärten liegenden, von der schäumenden Maggia gekühlten und erfrischten Hauses schmückte, war das der auf den Fortschritt hinwirkenden Ahnfrau.

Eben dieses Haus, in dessen Besitz sich zu jenem Zeitpunkt Gagliardi augenscheinlich mit einer Tante oder älteren Schwester seines Vaters teilte, betraten wir von der Gebirgsseite her durch eine herrschaftliche, hohe Tür. Beim Öffnen entstand auf den breiten, rußgeschwärzten Steinplatten eines weiten und hohen Raumes ein grell leuchtendes

Dreieck, das vorerst so stark blendete, daß man eine schmale, hochgewachsene, schwarz gekleidete Greisin, die vor dem offenen Kamin, in dem das Feuer brannte, auf einem Schemel gesessen hatte und sich nun erhob, erst nach ein paar Augenblicken wahrnahm. Sie trug noch die Zoccoli genannten tessinischen Holzschuhe. Ohne Handschlag, ohne Umarmung des in ihrem Gesichtskreis für so ruhmvoll geltenden Neffen sagte sie einige Worte in heimatlicher Mundart und wies nach der Steintreppe hin, die wie eine etwas breite Leiter ins obere Stockwerk führte. Oben angelangt, wurde ich in ein großes, weißgetünchtes, lichterfülltes Zimmer geführt, in einen Raum mit hohen Fenstern, die den Blick nach der Talseite boten und durch die Rückstrahlung eines in raschestem Fall vorbeistürzenden Bergbaches stoßweise erhellt wurden. Der Fußboden war mit leicht rötlichen Fliesen belegt. Ein Waschtisch trug irdene Becken und Krüge, eine Kristallflasche und drei Gläser. Drei handgewobene, frische Tücher lagen bereit. Ein breites Bett mit hohen Kissen stand an der Rückwand des Raumes, eine altertümliche Truhe war da, die im Gepäck mitgebrachte Wäsche aufzunehmen. Fünf Haken ragten aus den Wänden, um die Kleider daran aufzuhängen.

Es sind vierundfünfzig Jahre vergangen, seit ich dieses blanke Zimmer betreten habe, und was ich aufschreibe, betrifft vielleicht mehrere italienische, in den Pyrenäen oder in Spanien einst auf kurze Stunden von mir bewohnte Räume, die sich mir oft im Traum, immer beglückend, als ein Inbegriff von Helle und Reinlichkeit erschließen und mich in etwas unendlich Heimatliches aufnehmen, wobei doch das seit den frühesten Jahren mir gebotene »Heimatliche« völlig anders war; wenn nicht dämmernd, umhegend, so farbig, allzu sehr in den Goldtönen des 18. und 19. Jahrhunderts, die unzähligem Urväterhausrat einen matten Schein gaben. Weiß getünchte Wände und fließendes Licht auf steinernem Fußboden haben es mir immer angetan.

Dämmerung und dann die Nacht stiegen das Tal hinan. Ich entzündete, nachdem ich lange am Fenster gesessen hatte, eine Stearinkerze, nahm den Kerzenhalter in die Hand und stieg die steile Treppe in den rußgeschwärzten unteren Raum hinab. Dort stand vor dem Kamin, in dem knorrig gewundenes Rebholz und große Tannenscheite lohten, ein kleiner Tisch mit zwei Gedecken und einem mit Stroh umflochtenen Fiasco, gefüllt mit dem dunkelroten Wein des Tales.

Gagliardi saß bereits an seinem Platz, vom bewegten Flammenschein ständig verwandelt, einmal uralt, dann wieder kindlich rührend, plötzlich sekundenweise skulptural. Eine steife Bohnensuppe, in der die Löffel aufrecht zu stehen vermochten, Bauernschinken und geröstete Kartoffeln standen auf einem Brett neben dem Tisch. Die Greisin mit dem blassen, durchfurchten Gesicht blieb unsichtbar.

Gagliardi brummte vor sich hin: »Was mich bei meinen Arbeiten am meisten beschäftigt, ist die Darstellung, die sprachliche Vollendung, der Stil; daran arbeite ich unablässig.«

Es war ein Verhängnis, daß diesem in Zürich aufgewachsenen Sohn eines Italieners der genuine Gebrauch der deutschen Sprache verschlossen war. Er dachte sich die seltsamsten Mittel aus, um eine Mitteilung zu schmücken und zu veredeln. Füllwörter wie »freilich«, »rückbezüglich«, »lediglich« wurden überall eingesetzt. Die Frucht seiner unermeßlichen Arbeit erschien dadurch wie von Wespen angenagt. Es entstand etwas Kurioses, Befremdendes. In seinen akademischen Fachkreisen verursachte das keinen Schaden, denn dort galt – trotz den paar wenigen Schriftstellern unter den Historikern des 19. Jahrhunderts, die überdauert haben – schlechtes Schreiben als Gewähr für sachliche Genauigkeit. Aber nun erklärte Gagliardi, »Stil« sei sein Hauptbestreben, und man spürte, wie der Anspruch, den er an sich selber stellte, für ihn zur Qual wurde; zu einer Qual mehr, die zu so vielen andern hinzukam. Mir scheint, dieses eine Problem der schriftstellerischen Vollendung sei das einzige gewesen, bei dem er keinen Einspruch, keinen noch so zurückhaltenden Ratschlag ertrug. Ich habe es erfahren, daß er einmal auf Tage hinaus verstimmt blieb, als ich auf die Frage: »Wie gefällt dir dieser Kapitelanfang?« antwortete: »Mir scheint, man müßte einige Umstandswörter streichen.«

Es gibt jedoch, was überrascht, eine kurze Lebensaufzeichnung Gagliardis, die Schilderung seiner Kinderjahre: eine sprachliche Meisterleistung, die bei seinem Begräbnis stellenweise in der Kirche vorgelesen und später im Druck einigen Freunden zugänglich gemacht wurde. Sie verdient es, unter den hohen Bestand unseres Schrifttums aufgenommen zu werden. Da hält er sich ganz nahe an die Volkssprache, in der er aufgewachsen war, und es entstand ein tief ergreifendes Kunstwerk. Welch ein Leben hat er später führen müssen! Das letzte Mal sah ich ihn, als er in der Nervenheilanstalt Burghölzli völlig entstellt, fast unverständlich lallend kurz vor seinem am 22. Januar 1940 erfolgten Tod noch von bitteren Erinnerungen an ihm widerfahrenes Unrecht, an vermutliche Feinde, an erlittenen Undank heimgesucht, zermürbt von der ihm aufgebürdeten Arbeitslast, vollkommen unkenntlich erschien und seine Besucher selbst nicht mehr erkannte. Er nahm sie nur noch als Zeugen der erlittenen Unbill.

An jenem Abend, in dem alten, zwischen der Hütte eines Köhlers und einem Palazzo die Mitte haltenden Familiensitz, lag Sorge so schwer auf ihm, daß er zeitweise, nur die Lippen bewegend, vor sich hinstarrte, mit der überzarten, schwachen Puppenhand versuchte, eine schwere Feuerzange zu fassen, um in der Glut des Kaminfeuers herumzustochern, wobei das eiserne Instrument ihm immer wieder entfiel und hart klirrend auf dem Steinboden aufschlug. Dann zuckte er zusammen. Dem Essen sprach er nicht zu. Plötzlich murmelte er: »Ich bin tot; ich kann nicht mehr.« Er erhob sich mühsam und zog sich, langsam die Treppe hinaufsteigend, zurück.

Am nächsten Tag weckte mich das Morgenlicht, die frische, kalte Luft. Ich fand Gagliardi schon beim ersten Frühstück: Roggenbrot, Käse und gelbe Butter. Er schien munter. »Jetzt werde ich dir etwas Schönes zeigen, etwas, das du noch nie gesehen hast.« Durch die Reben gingen wir einen Pfad talabwärts, und schon nach weniger als einer Viertelstunde gelangten wir in eine von dichtem, frischem Gras bewachsene Mulde am Fuß einer steil abfallenden Felswand. Auf dieser dem gewaltigen Felsblock vorgelagerten Trift befand sich eine kreisrunde tiefe Schale aus Granit, deren Durchmesser etwa acht, deren Tiefe etwa fünf Meter betrug. In ihrer Form entsprach sie den Gletschermühlen, aber sie war denen, die ich bisher gesehen hatte, im Ausmaß überlegen. Kein drehender, mahlender Stein lag auf ihrem Grund. Gagliardi sagte, bei Hochwasser stürze ein stahlstarker Wasserfall aus großer Höhe in das glatte, ebenmäßige Becken. Jetzt aber rieselte das Wasser in Schleiern über die Felswände und sammelte sich in dem herrlichen, durch jahrtausendaltes Fließen geschaffenen Becher aus Urgestein, floß seinen Rändern entlang, füllte die gewaltige Schale und verließ sie, an einer bestimmten Stelle ihres Randes als Bach überfließend und wieder der Maggia zustrebend. An jenem Tage, da in den Höhen die Schneeschmelze noch nicht eingesetzt hatte, blieb die Mitte des eiskalten Wassers fast unbewegt, kristallklar bis auf den Grund, und dort standen zwei Forellen, deren Kiemen atmeten und die zu schlafen schienen. Gagliardi lispelte etwas von Göttern, Nymphen und einige Namen von Malern. Dann sprach er aus, was mich bewegte: »Hier habe ich immer wieder begriffen, was Glückseligkeit sein könnte.«

Lenin

Wenn man in chronologischen Geschichtskalendern, noch aus den sechziger Jahren, nachschlägt, so findet man unter der um ein Jahrhundert zurückliegenden Zeitspanne zwischen dem 1. Januar und dem 31. Dezember 1870: Die Bildung des Ministeriums Ollivier in Paris; das Plebiszit zugunsten der Monarchie Napoleons III.; die spanische Hohenzollernkandidatur[17]; eventuell der Erlaß »Pastor aeternus«[18], am 13. Juli die Emser Depesche, am 19. desselben Monats der Ausbruch des Deutsch-Französischen Krieges, die Belagerung von Straßburg, die Schlacht bei Sedan, den Sturz Napoleons III., den Beginn der Belagerung von Paris; vielleicht folgt noch die Besetzung Roms durch die Italiener. – Von der wichtigsten Tatsache aber, die sich 1870 ereignete, erfahren wir nichts, nämlich von der am 22. April erfolgten Geburt des Wladimir Iljitsch Uljanow in der Stadt Simbirsk. Welche Bedeutung haben die soeben angeführten Ereignisse, gemessen an der Tatsache der Geburt dieses Mannes, welcher einen großen Teil unseres Jahrhunderts beherrscht hat und die Zukunft der menschlichen Gesellschaft in allen Teilen des Planeten noch auf lange Dauer hin beherrschen wird? Für die wie stets in wechselnden Phasen sich bewegende Einschätzung seiner Gestalt steht fest – ob es sich um auf kurze Sicht eingestellte Kinder des 20. Jahrhunderts, um Anhänger und Bewunderer seines Werkes oder um seine leidenschaftlichen Gegner handelt –, die einen spüren undeutlich, die andern bekennen seinen weltgeschichtlichen Rang erster Ordnung.

Ein Bekannter schrieb mir (nach dem Ersten Weltkrieg): ... »Meiner Ansicht nach sollte man sich jetzt mit Uljanow, genannt Lenin[19] beschäftigen. Er scheint mir eine der stärksten, wenn nicht die stärkste Figur der Epoche zu sein. Vergleiche seine Schriften mit denjenigen des Karl Marx. Bei diesem empfindest Du ein langsames Umgeschultwerden wie von logischen Schnüren Hegelschen Ursprungs, Hegelscher Fabrikation. Es ergeht Dir, wenn Du Dich mit ihm einläßt, wie Gulliver bei den Zwergen. Bei Lenin dagegen wirst Du durch einen Würgegriff am Hals gepackt, und schon liegst Du dem gewaltigen Tataren entseelt zu Füssen. Alles, was von ihm eingeleitet wird, geht weit über russischen Nationalismus oder soziale Gerechtigkeitstheorien hinaus. Sein Ziel heißt 3Weltrevolution‹, und seine Weltrevolution soll nicht

irdische Paradiese, nicht friedvolle Euphorien schaffen, sondern sie soll grenzenlose Macht verleihen; Macht, die, um absolut zu werden, ständig Gewalt, List, Täuschung, Mord und Totschlag nötig hat. Wehe den friedlichen Pazifisten, den Heilsarmee-Methoden in der Außenpolitik! Krieg ist und bleibt die Losung.
Lies ihn, bitte lies ihn! Spüre diesen schneidenden praktischen Verstand, diese blitzhaften Einblicke in die Realität, diesen äußersten Schwung der Manövrierkraft, diese der Generation völlig abhanden gekommene Kenntnis der Beeinflussung, der Suggestion, diese bis zur letzten Überredungskunst, zur letzten, aus sich selbst ihre Lust gewinnenden Grausamkeit reichende, organische, immer den wirklichen Umständen angepaßte Methode.
Wo kommt dieser Lenin her? Er kommt, wie die Geschichte sagt, aus Simbirsk an der Wolga, der Stadt, die heute Uljanowsk heißt. Die Umstände, denen er entstammt? Rein bürgerlich; der Vater Staatsrat, wurde Exzellenz angesprochen, hatte den erblichen Adel erhalten, die Mutter ursprünglich deutsch, aus einer wolhyniendeutschen Familie stammend, Tochter eines Gutsbesitzers, der Arzt war, mütterlicherseits mit einer Lübecker Patrizierfamilie, den Großkopf verwandt. Als Knabe wuchs Lenin in einem geräumigen, gut erhaltenen Stadthaus auf, die schöne Jahreszeit verbrachte er auf dem Landgut seines Großvaters. 1886 starb Exzellenz Uljanow, Erziehungsdirektor einer Provinz. Die materiellen Verhältnisse wurden schwieriger, aber nicht drückend. Sorglos, fröhlich war Lenins Kindheit, geordnet, streng ohne Härte, religiös verankert im überlieferten Glauben. Seine Mutter war eine gesunde, energische, lebenskluge, völlig für ihre Kinder lebende Frau.
Er hatte einen älteren Bruder, den er verehrte und der später Vaterstelle an ihm vertrat. Die Brüder waren eng verbunden. Der Erstgeborene freute sich über Wladimir Jljitschs glänzende Schülerlaufbahn, seine Fähigkeit zur Konzentration.
Dann aber geschah etwas. Dieser Ältere, Alexander, begab sich zum Studium nach St. Petersburg. Dort trat er der revolutionären Organisation »Narodnaja Wolja« bei. Seine Verschwörergruppe bereitete ein Attentat auf den Zaren Alexander III. vor. Sie wurde von der Polizei ausgehoben und Uljanow verhaftet. Alle mit größter Umsicht, Aufopferung und Zähigkeit unternommenen Versuche der Mutter, ihren Sohn zu retten, ihre unermüdlichen persönlichen Interventionen bei unzähligen Amtsstellen und bei einflußreichen Personen in der dama-

ligen Hauptstadt blieben erfolglos. Der von der Polizei gefaßte Student war nicht zu retten. Ein Jahr nach dem Tode des Gatten, am 8. Mai 1887, wurde Alexander Uljanow gehängt.
Weißt Du, woher ich das kenne? Von Nobs[20], den ich in Grindelwald häufig gesehen habe. Wenn ich Dich das nächste Mal sehe, erzähle ich Dir alles, was ich in Erfahrung brachte, denn, vergiß nicht, wir leben alle schon unter Lenin. Unser Zeitalter ist das Leninsche Zeitalter, weit über den Tod des gewaltigen Stifters hinaus.«
Das waren, um 1920 herum, einige Mitteilungen und Impressionen dieses Freundes, vier Jahre vor dem leiblichen Tode des Diktators. Während des Ersten Weltkrieges habe ich Lenin einmalesehen, und zwar in Zürich in der Wasserkirche[21].

Als ich in Zürich zur Vorbereitung auf die Maturität bei Doktor Lämmel mathematischen Unterricht genoß, staunte ich nicht nur über die Klarheit, das erzieherische Geschick und die Geduld dieses slawisch-jüdischen Fremdlings, sondern vor allem über den Zustrom weither gereister und ständig weiterreisender Personen, die ihn aufsuchten, kurz bei ihm verweilten, manchmal, ins Gespräch eingreifend, seinen Unterrichtsstunden beiwohnten, und die alle durch ein in Diskussionen sich aufsplitterndes Einverständnis in gleichgerichtetem Streben verbunden zu sein schienen. Bei Lämmel lernte ich einst, wenn ich nicht irre, seinen Schwager Axelrod[22] kennen. Er traf unerwartet ein, hatte gleich schon wieder einen Zug zu nehmen, setzte sich übergangslos zu uns, unterbrach die Lektion und sprach auf russisch heftig auf meinen Lehrer ein. Das dauerte eine halbe Stunde, dann verlangte er nach einem Taxi und verließ uns wieder. Ich hatte Zeit gehabt, ihn genau zu betrachten. Nach seinem Verschwinden nahm Lämmel die mathematischen Erklärungen wieder auf, und ich hörte Worte wie Sinus und Cosinus, während mir immer noch die so stürmisch-melodische, die größte der slawischen Sprachen in den Ohren sauste und einzelne Worte, Namen wie Marx, die oft wiederholt wurden, mich beschäftigten.
Später, nach meinen Studienjahren, sah ich diesen Axelrod an einem Nebentisch im Kaffee. Ich erkannte ihn augenblicklich. Wie damals redete er laut auf einen Unbekannten ein. Zweimal tauchte aus dem reißenden Wortstrom der Name Anuschka auf. Selbstverständlich berührte mich dies, obwohl es viele tausend Annas auf der Welt gibt. Das Bild dieses Mädchens aus der Göttinger Familienpension folgte mir.

Nach Kriegsausbruch machte ich mir bisweilen wunschtraumartige Vorstellungen, besonders gegen Kriegsende: Anna wurde vom Kriegsgeschehen bedroht, sie wurde von der Revolution erfaßt, sie mußte fliehen. Von allem entblößt, gelangte sie in die Schweiz, ihr einziger Schweizer Bekannter war ich; sie fragte sich durch nach mir: »Ein dunkelhaariger Geschichtsstudent, der einst in Göttingen studiert hatte ...« Sie gelangte in den Beckenhof und fand Unterkunft in den freien Zimmern der ersten Etage. Wir hausten zusammen; ich war ein Retter, ein Beglücker.

Ich lachte über mich und die Primitivität solcher Wunschträume. Keine Anna erschien, weder bei Kriegsausbruch, noch als ich im Beckenhof lebte.

1915, während ich es mühsam durchsetzte, das schmale Lebensbild meines Vaters für das in konventionellstem Stil gehaltene Basler Jahrbuch zu schreiben – wobei mir auf dem Schönenberg sogar einmal das schon ziemlich weit gediehene Manuskript entwendet wurde, so daß ich wieder von vorne beginnen mußte, was dann entscheidend auf meinen Entschluß einwirkte, das Elternhaus und meine Vaterstadt zu verlassen und nach Zürich zu ziehen – damals also fand in Zimmerwald[23] die erste Internationale Sozialistische Konferenz statt. Namen wie Angelika Balabanow, Platten, Sinowjew, Guilbeaux, Bronski, Münzenberg[24] geisterten auch durch die bürgerliche Presse. Hans Ganz berichtete von der Flucht Eugenie Boschs[25] und Pjatakows[26] aus Sibirien.

Etwas Gewaltiges bereitete sich vor. Für mich hörbar wurden vorerst nur Zusammensetzungen von Vokalen und Konsonanten, die Namen von Familien ergaben oder nur zu Tarnungszwecken erfunden wurden. Über allen Bezeichnungen einzelner für ähnliche Ziele arbeitender Menschen aber schwang ein Wort obenaus, und dieses Wort erzeugte Angst. Es lautete: Lenin.

Lämmel erregte sich beim Auftauchen dieses Gegenstandes. »Er heißt Lenin«, rief er, »ich glaube ihn vor mir zu sehen; mein Schwager Axelrod spricht immer wieder von ihm. Er wird wieder in die Schweiz kommen, er war schon hier; ein Tatar mit deutschem geistigem Gesicht, zu jedem Wagnis – er sagte Risiko – bereit; ungeheuer konzentriert, mit einer Arbeitsturbulenz ausgestattet wie ein Schwungrad; eine mit statistischer unwiderleglicher Munition geladene Wunderwaffe.

Ursprung: rasch aufsteigendes Beamtentum, er schaut weder nach links noch rechts. Der Vater stirbt, er läßt sich nicht einen Augenblick aus seiner unablässig memorierten Lektüre reißen. Der ältere Bruder wird gehängt, Wladimir regt sich nicht; er ist vergraben in Papier, Lettern, Zahlen, Abstraktionen. Dieses Material verwandelt er in jenen mitreißenden, durch keinen Widerstand je aufgehaltenen Strom, der mit völlig genialen taktischen Mitteln, mit jeder unheimlichen, jeder neuesten, gewissermaßen algebraischen List immer nach den empfänglichen Stellen der überzeugungsgierigen Menge hinleitet, in eine gewaltige explosive Ladung, die er zum Detonieren bringen wird.
Sie sind nicht mehr zählbar, glauben Sie es mir, die in Rußland ähnliche Ziele anstreben wie er. Keiner verfügt über seine Brisanz, über diesen schwarzen Zauber der neuen Begriffssprache, welche auf die Mehrzahl der heute Lebenden einzig wirkt. Die Mitstrebenden sind Bürger und Adlige, nicht etwa Bauern oder Arbeiter. Die stöhnen noch im Halbschlaf, atmen unter der Last von noch sinnentblößter Trauer, sind nur langsam Erwachende oder ein mit Zorn erfüllter erwachender Riese.«
Ich unterbrach: »Was will er?«
Die Antwort: »Macht, Macht durch die alles umreißende, umreißende Revolution; nicht nur Revolution des wiederum geschlagenen Riesenreiches Rußland, nein Weltrevolution, vor allem mit strategischen Mitteln; Mitteln der lautlosen Umgehung, Mitteln der Ausnützung westlicher Hochmutsbeflissenheit, westlicher Lehrhaftigkeit – ›Seht, wir sind euer aller Lehrer!‹ – westlicher Selbstüberhöhung durch Mitleid – ›Ach, ihr Armen! Hier sind wir, die Helfer, die Berater, die Spender, die Beispielgebenden.‹ Ja, betrachten Sie ein wenig diese Beispielgebenden, ihre mit Buchstaben aus der Gleichförmigkeit vergeblich zu einem Eigenleben drängenden ZAO, RPN, RVRA, PEMKIN usw. Es fängt schon an: Bünde, Verbände, Institutionen, Kongresse, Komitees, Kommissionen. Es fängt an, es wird wuchern, und die ameisenhaft redenden, schreibenden, fernschreibenden, fernzeichnenden Mitglieder werden unter ihren von Stolz bis zum Rand erfüllten Vorsitzenden reden und reden und ihre Genossen, mit Stehkragen versehene Ameisen, mit Hochgefühlen ihrer Wichtigkeit mästen. Man wird diese Entwicklung zur Instinktlosigkeit hin, zum Verlust jedes Verteidigungswillens, jedes Angriffsbedürfnisses, zur Selbstverachtung mit einem Worte versehen, vor dem, wie vor allen Kunstworten, Ehrfurcht entstehen wird, massenhaft. Man wird sie versehen mit dem der Stammelsprache der Naturwissenschaften entnommenen Substantivum

›Mutation‹. Ach, wie stolz wird man auf diese Mutation sein! Einer Mutation anzugehören, sie als Herr Hanssen, Mr. Brown, Monsieur Ducoin usw. zu verkörpern! Modern wird man sich nennen: ›schrittlich‹, nämlich ›vor‹, oder ›rückschrittlich‹, also unmodern, wobei viel Abfall und Verlust eintreten wird. Die Moderne wird ihr zweites ›e‹ verlieren, sie wird Akzent auf die erste Silbe legen. Die Jugend der stolzen Lehrer und Berater, Helfer und Vorbilder wird modern, vermodern, und wie rasch wird dies um sich greifen ...«
Was ich im Hause meines geduldigen und sehr pädagogisch begabten Mathematiklehrers Lämmel und durch die mit seinem Schwager Axelrod arbeitenden, bei ihm ein- und ausgehenden Komparsen gehört hatte, war mir zum Teil von meinem in sehr überlegener Weise beobachtenden Freunde Gafencu erzählt worden. Manches bestätigte mir, viel später, zur Jahrhundertmitte, der einstige Bundesrat Nobs, der nach dem Zweiten Weltkrieg Mitglied des Internationalen Komitees vom Roten Kreuz geworden war. Ein ausgezeichneter Beobachter und Schilderer, vermochte er es, jene schon so weit zurückliegenden handelnden Gestalten seines damaligen Lehrerkreises, also alles, was mit Zimmerwald zusammenhing, äußerst anschaulich zu machen. Besonders von Lenin hat er mir viel gesprochen.

Anna

Ich befand mich für einige Wochen in Genf und war sehr angezogen durch das Spiel, das sich in unzähligen Formen, für einen dem 19. Jahrhundert entsprungenen Anfänger in kaum erkennbarer Weise darbot.
Das Manifest der Konferenz von Zimmerwald[27] hatte keine starke Wirkung. Immerhin war eine Kommission[28] ernannt worden (man befand sich schon im Jahrhundert der Kommisionen). Diese Kommission faßte einen Beschluß: eine zweite Konferenz[29] sollte einberufen werden. In der Tat, am 24. April 1916 traten Delegierte verschiedener Länder zusammen. Ihrer fünfundvierzig erschienen in dem kleinen, rings vom Krieg umschlossenen Land. Nur sieben anstatt zehn Deutsche, wie das letzte Mal, fanden sich ein. Dagegen erschienen acht Rus-

sen, also einer mehr als in Zimmerwald, vier Franzosen anstelle von zwei; drei von ihnen bezeichneten sich als Sozialisten. Von den Schweizern, für welche die Teilnahme am Kongreß praktisch einfach war, erklärten sich drei als Anhänger der in Zimmerwald gebildeten »Linken«. Wieder wurden Namen in großen Lettern geschrieben: Robert Grimm, Graber, Naine[30]. Das waren Schweizer.

»... Wenn Du in Genf sein solltest und ein Interesse daran hättest, Vertreter der russischen Linken zu sehen, so begib Dich ins Café Landolt ...«
Während des eben erwähnten kurzen Aufenthalts in der Rhonestadt folgte ich diesem Ratschlag. Ich öffnete gegen sechs Uhr abends die Türe zu dem damals wie mit Weltenergien künftigen Geschehens geladenen Lokal. Das erste, was ich erblickte und was mir Herzklopfen verursachte, war ein bildschönes, nach dem damaligen Zeitgeschmack äußerst wohlgesittetes junges Mädchen zwischen zwei ausgesprochen slawischen Gestalten: Anna! Die seit Göttingen Verlorene.
Sie blickte auf, erkannte mich, lächelte erfreut, sagte ein Wort zu ihren Begleitern, erhob sich, veranlaßte den einen aufzustehen, trat wahrhaftig freudig auf mich zu, ließ sich auf beide Wangen küssen und meinte: »Bleiben wir nicht hier. Es ist schön und warm draußen, gehen wir etwas spazieren.«
Anna erzählte heiter, etwas übereilig, und berichtete, was mich erstaunte, manches, das mir zu wissen eigentlich nicht zustand. Sie versuchte offensichtlich zu erklären, warum sie nie von sich habe hören lassen, warum sie sich in der Schweiz befinde und nicht in Moskau, und als ich von einem Wiedersehen sprach, bemerkte sie, zu ihrem Unglück müsse sie am nächsten Vormittag nach Mailand verreisen, sie werde aber in die Schweiz zurückkommen und mir berichten. Nein, für den Abend sei sie nicht frei; Landsleute hätten sie eingeladen, ganz andere Landsleute als die, welche sich soeben zufällig an ihren Tisch gesetzt hätten. Dann passierte ihr ein ganz kleiner taktischer Fehler: »Sie wohnen jetzt in Zürich, in einem merkwürdigen alten Haus; das merkwürdige Alte zieht Sie immer noch an?« Ich überlegte: woher weiß sie das? Sie hat sich erkundigt, bei wem? Und da ich damals keinerlei Beziehungen zu Russen des alten, kurz vor seinem Untergang stehenden Regimes hatte, gab ich zurück: »Das können Sie eigentlich nur durch meinen einzigen russischen Bekannten, Doktor Lämmel, wissen.« Aber sie schüttelte den Kopf. »Durch einen Schweizer; den

Namen habe ich vergessen; er klang wie ein Diminutiv und endete auf li.« Nun gut. Anna fragte nach der Uhr, ihrer Abmachung wegen. »Noch zehn Minuten«, beschloß sie.
»Wie geht es Ihrem Onkel«, fragte ich konventionell und auch neugierig.
Sie senkte plötzlich wie gelangweilt den Blick und schaute auf ihre geschlossenen Knie. Dann, mit einer hart gewordenen Stimme, die ich nicht an ihr kannte, antwortete sie: »Er kämpft.«
»An der Front«, fuhr ich mechanisch fort.
»Ja, an einer Front; nicht an der, die Sie meinen. Er kämpft für Gerechtigkeit.«
Dann stand sie auf. »Nein, begleiten Sie mich nicht, ich hab's eilig. Bei der nächsten Begegnung werden wir mehr Zeit haben.« Sie war unruhig, schaute nach links und rechts. Dann hörten wir Töne, vielstimmig von einem elastischen Baß getragen, und gleichzeitig erfüllte Weihrauchduft den an diesem Tage nur schleichenden Wind aus Osten. »Gehen Sie jetzt!« Anna hielt sich ein kleines Taschentuch vors Gesicht, winkte spitz, knapp, lief über die Straße und drehte drüben in die andere Richtung ab. Wir waren unmerklich bei der orthodoxen Kirche angelangt. Das waren kleine Züge ihres Verhaltens, die zu ihrer weiblichen Ruhe mit diesem Stromhaften eines von erdgebundener Sicherheit erfüllten Wesens nicht in Einklang zu bringen waren.
Drei Tage später rief sie an, aber ich war ausgegangen. Da ich ihre Adresse und immer noch ihren Familiennamen nicht kannte, und da mir Nachforschungen stets lästig waren, vergingen mehrere Wochen ohne ein Wiedersehen. Aber damals erfüllte sie meine Vorstellung so stark, daß ich mit einer alles übertönenden Stimme in Stadt und Land hätte »Anna« rufen können.
Eines Abends besuchte ich ein Konzert. Ein auf ganze kurze Wellen des Tagesurteils eingestellter Bankier war mir in der Pause begegnet, gemeinsame Bekannte traten hinzu, und der Bankier – blond, spärlich strähnig behaart, asthenisch, noch den schon im Verschwinden begriffenen Zwicker tragend – sprach sein Urteil über den Künstler aus, der eben eine Beethovensche Violinsonate gespielt hatte. In Genf bezeichnete man damals eifrige Konzertbesucher, die über etwas musikalische Kenntnisse und eine musikwissenschaftliche Terminologie verfügten, als »Melomanen«. Der schüttere Blonde hatte nichts Manisches an sich; er war wortreich in Halbtönen und beflissen.
Ich wünschte ihn weit weg, meinetwegen in einen Rübenacker Wolhy-

niens. Ich wollte die Gruppe verlassen, und im Augenblick meines vorsichtigen Schrittes nach hinten grüßte der Melomane, indem er sich mit augenscheinlichem Respekt nach der linken Seite hin verneigte. Eben dort, links, spürte ich etwas ganz anderes, Wesentliches, das mich unmittelbar anging: es war Anna in Begleitung eines Unbekannten, der einen Spitzbart zu tragen schien – und schon waren sie von andern Pausengängern verdeckt. Ich unterbrach den gezierten Redefluß des Finanzmannes: »Entschuldigung, ohne indiskret sein zu wollen, kennen Sie den Namen der Dame, die Sie soeben gegrüßt haben?« Leicht gereizt wegen der Unterbrechung seines Vortrages gab er die Auskunft: »Sie ist eine Russin mit großen Mitteln, eine Kundin; – itsch, -swa, nein, der Name fällt mir jetzt nicht ein.« Dann plätscherte er weiter: Therese von Brunswick, Beethovens Notizbücher, Skizzen, »Missa solemnis«, die Neunte Symphonie, Fanfarenmotive unter französischem Einfluß, der häufige Gebrauch von C-Dur, Transparenz der Quartette ... Alle lauschten seinen Ausführungen und wagten nicht wegzugehen. Dann ertönte die Glocke, der zweite Teil des Konzertes begann. Jedermann verfügte sich auf seinen Platz.

Ich aber lief weg, auf die Straße, wie ein Getriebener, und hatte nur noch den Drang, irgendwo unterzukriechen und einen doppelten Weintrester zu trinken. Also riß ich die Türe zum damals vielbesuchten Kaffee Landolt auf – und dort saß Anna mit ihrem spitzbärtigen, mongolischen, im oberen Teil des Rückens leicht vorgebeugter Begleiter, der einen stechenden Blick hatte und mich kaum beachtete, als Anna mir frei und hell lächelnd einen Platz an ihrem Tisch anbot und mich dem Kalmücken vorstellte. Zuerst sprach man wegen mir Deutsch, dann fielen die beiden, mit einer fast unmerklich entschuldigenden Handbewegung Annas, wieder ins Russische, redeten rasch, scheinbar äußerst sachlich, abmachungsmäßig. Dann erhob sich der Asiate, schlüpfte in seinen Mantel, schlug den Kragen hoch, murmelte zwei russische Worte und verließ das Lokal.

Jetzt saß ich mit Anna zu zweit allein. Ich war entschlossen zu fragen: »Anna, nun kennen wir uns schon seit vor dem Krieg. Damals war es ein Spaß, Sie wollten mir nie Ihren Namen sagen. Ständig packt mich das Bedürfnis Sie zu sehen. Jetzt, bitte, hier ist ein Notizblatt; da, nehmen Sie den Bleistift, schreiben Sie mir, bitte, Ihren für mich sicher schwierigen Familiennamen und Ihre Adresse auf!«

Aber sie hob bereits ihr helles Gesicht wieder, machte etwas künstlich erstaunte, aber doch freudige Überraschung mit tarnendem und zugleich unsichtbarem Gähnen verbergende Augen – und vor ihr stand ein Jüngling mit einem Lederriemen um die Hüften, blonder als blond. Er trug ein goldenes Armband und machte die Andeutung eines Handkusses – nur eine Andeutung, weil Anna ein Fräulein und keine Frau war –, dann ließ er sich nieder, bot mir eine Zigarette mit Mundstück an und begann mit einer angenehmen Stimme slawisches Französisch zu sprechen. »Der Prinz«, erläuterte Anna, »kommt von der Front, über Italien.«

Nach 1924 verschwand Anna aus meinem Gesichtskreis. Lebt sie noch irgendwo, eine alte Frau? Ist in dieser alten, wohl gebückten, eingesunkenen, faltigen Frau noch etwas von der jeden Raum, den sie betrat sogleich elastisch ausfüllenden, federnden Gestalt und ihrer scharf treffenden, alles andere ausschließenden, von einem Punkte versammelt ausgehenden Leidenschaft vorhanden? Kämpft sie noch für ihr einst weltumspannendes Ziel? Ist alles nur noch trüb werdende Erinnerung? Oder ist nichts mehr vorhanden, nur etwas Moder und Gebein, irgendwo? Hätte sie ein Grab, eine Grabplatte, so müßte auf dieser der Schrei »Gerechtigkeit« eingemeißelt sein. Lebt sie noch, und fallen diese Zeilen unter ihre jetzt wohl müden, einst so brennend herausfordernden Augen, dann zieht vielleicht ein gewisses Lächeln über ihre Züge, der Schatten eines vergangenen Lächelns, das sie glaubte überwunden zu haben.

WIEN

Der Ruf

Ich saß unter dem großen Birnbaum an der quer durch das Gelände des Schönenbergs führenden schmalen Straße. Es war sechs Uhr abends. Da sah ich zu ganz ungewohnter Stunde den Postboten über die Wiesen heransteigen. Ich ging ihm entgegen. Er übergab mir ein Telegramm. Ich dankte ihm und hatte dabei das Empfinden, er bringe etwas Gutes, etwas Wichtiges. Ich sprach mit dem Boten vom Wetter, steckte die Depesche, wie man damals noch sagte, ungeöffnet in die Rocktasche. Der Briefträger meinte: »Vielleicht sollten Sie die Nachricht lesen, dann können Sie die Antwort gleich aufschreiben, und ich werde sie mitnehmen.«
»So große Eile wird es nicht haben«, antwortete ich und schlenderte dann langsam zum Hause und in mein Schlafzimmer. Dort schloß ich mich ein, legte mich aufs Bett und schlief ein. Als man mich zum Essen rief, riß ich das Couvert rasch auf und las: »Könnten Sie möglichst bald als Attaché in unsere Gesandtschaft eintreten? Bourcart[1] – Schweizerischer Gesandter.«
Man rief mich dringend zum Essen. Ich dachte: wir überlegen später. Ich überlegte erst wieder, als ich die Stearinkerze ausgeblasen hatte und auf dem Rücken zwischen den Leintüchern lag.
August 1918, Wien: Kriegsende, die Kaiserstadt im Mahlstrom der Niederlage, Hunger, Krankheit, Elend, Sturz der ehrwürdigen Monarchie, Auseinanderbrechen der größten europäischen Föderation, Umsturz, Rache. Dann stellte ich mir vor: Eintritt in eine Laufbahn, eine Beamtenlaufbahn, Verwaltungsarbeit auf der untersten diplomatischen Stufe. Ich fragte mich: Und dann weiterhin? Bis zur Altersgrenze? Keine Initiative?
Allerhand Vorstellungen kreuzten sich in meinem nicht sehr angespannten Bewußtsein. Eigentlich war ich entschlossen, ja zu sagen,

möglichst bald zu fahren; ins Chaos zu fahren aus der wohlgeordneten Enge, aber in ein weites Chaos.

Die Gesellschaft

Es gibt kein Land, in dem die soziale Schichtung so kompliziert und nuancenreich war wie Österreich. Uralte höfische Tradition und die enorme Verschiedenartigkeit der Kronländer haben hier ein Gebäude von einer Vielfältigkeit errichtet, wie es nirgends in dieser Weise vorhanden war.
Der sogenannte Hochadel umfaßte die Großgrundbesitzer katholischer Religion Österreichs, Böhmens und Ungarns, die mindestens seit der Gegenreformation im Besitze großer Vermögen waren. Diese Familien bildeten eine Welt für sich, in die niemand eindrang, und aus der man als Zugehöriger nur wegging, um nicht wiederzukehren. Jede hatte ihr Familienoberhaupt und ihre strengen Gesetze. Bis zu Maria Theresia rekrutierten sich die Hauptstützen des Staates aus diesen Kreisen; alle hohen Militärs trugen historische Namen. Nach dem Tode der Kaiserin, beginnend unter dem liberalen Kaiser Joseph, wurden sie immer mehr, hauptsächlich aus der Armee, entfernt; man fürchtete ihren allzu starken Einfluß. Nur im auswärtigen Dienst blieben sie und konstituierten bis zum Zusammenbruch der Doppelmonarchie zum großen Teil dieses traditionsreiche, fabelhaft repräsentative, geschickte, aber etwas arbeitsscheue diplomatische Corps.
Ihnen war in Armee und Verwaltung der nicht zahlreiche niedrige Adel, die kleinen Grundbesitzer, allerlei aus früher auch vielfach bürgerlichem Ursprung – sagen wir etwa die Nachkommenschaft des Herrn von Faninal[2] – gefolgt. Hierzu kamen dann die sehr zahlreichen, oft ausgezeichneten Familien ausländischen Ursprungs, darunter alle Schweizer wie Sprecher, Hallwyl, Wattenwyl etc. – Alles in allem wurde diese zweite Gesellschaft der ärarische Adel[3] genannt. Ihm entsprach in Ungarn zeitweise die Gentry, obwohl sie, vielfach älter als der Hochadel, von ihm nur durch den Calvinismus und die geringere Vermögenslage getrennt war und viel weniger gemischte Ursprünge hatte als die Ärarischen der Kapitale.

Die nächste Schicht umfaßte die Hochfinanz, die ihrerseits in das rein jüdische und in das leicht christliche Lager geteilt war. Die Hochfinanz ging über in den sogenannten Bagatelladel: geadelte Hofräte, Sektionschefs, Professoren etc. Der Bagatelladel führte direkt ins Kleinbürgertum; ein eigentliches, gutes, christliches Bürgertum oder gar ein bürgerliches Patriziat gab es nicht. Noch zur Zeit des alten Kanzlers Metternich existierte es indessen; der Biedermeierstil war seine Schöpfung. Ganz kleinbürgerlich und gesellschaftlich ohne Zusammenhang waren die Universitäts- und Ärztekreise. Ein Professor war in Österreich etwas völlig Subalternes. Nur die paar ganz großen ärztlichen Autoritäten hatten überallhin Zutritt.

Die ärarische Gesellschaft war nie reich. Sie lebte, wie die preußischen Junker, von Staatsstellen. In ihr, wie vielleicht sonst nirgends auf der Welt, blühte der Snobismus.

Im Haus an der Prinz Eugen-Straße, wo ich wohnte, logierte Jella Széchenyi; bei ihr lernte ich den alten Prinzen Louis Liechtenstein kennen, der ihr mit seinen achtundsiebzig Jahren auf eine geistreiche und leichte Art den Hof machte, ihr Blumen und Epigramme brachte und sie viel aufzog. Er hatte »ce mepris de la mort comme une fleur ausxlèvres«, und war der Meinung, dem Skandal, der persönlichen Gefahr, der Witterung, der Anstrengung, der Ernährung, der Krankheit, der Unterkunft, all dem gegenüber völlig gleichgültig. Sein Leben lang war er ein liberaler Politiker gewesen, ein großer Führer der Christlichsozialen. Weder dies noch seine bürgerliche Heirat vermochten seinem großen gesellschaftlichen Prestige im geringsten zu schaden. Er hatte die Gewohnheit, immer zu Fuß zu gehen. Bis eine Woche vor seinem Tod ging er täglich eine Stunde fechten. Ich traf ihn bei seinem letzten Ausgang, einem kleinen Diner bei Lanckoronski. Er verweigerte eine Begleitung, um bei Glatteis in der Nacht den weiten Weg von der Jacquingasse zum Prater nach Hause zu gehen. Er hatte einen dünnen eisernen Stock; mit diesem fühlte er sich gegen Angriffe sicher, gegen die Kälte schützte er sich mit einem leichten hellbraunen Mantel. Er starb an einer Lungenentzündung, beinahe achtzigjährig. Im Delirium diktierte er politische Artikel.

Johannes Liechtenstein, sein Neffe, war Marineoffizier, später Marineattaché in Rom. Während des Krieges mit Italien kommandierte er einen Kreuzer, auf dem er sich auszeichnete. Er war wohl der schönste Charakter, den ich während dieser vier Jahre in der österreichischen Gesellschaft fand; ein Mann von einer felsenfesten Treue, großem

Ernst und absolutem Mut, mit dem er sich als Führer der Karlisten[4] außerordentlich exponierte. Er hatte etwas bei einem Manne rührend Reines an sich.

Es wird gemeinhin bei der Betrachtung politischer und sozialer Krisen das Imponderabile »Geselligkeit und Gesellschaft« viel zu wenig in Betracht gezogen. Gerade in Österreich war es ungeheuer mächtig. »Es muß einen Herrn und es muß einen Diener geben; jetzt gibt es nix mehr zum Anschaun«, meinte jeweils Karl Baumgartner[5], und der Fiaker Lukeš pflegte zu sagen: »In Wien kann's keine wirkliche Revolution geben, die Wiener sind alle Kavaliere.«
Da liegt's: in diesem »Anschaun« und »Kavalier«-Sein. Es war nicht wie in der Schweiz, wo jede Klasse in ihren eigenen Eigenschaften das Vollkommene sieht und sich am sozialen Kampf einzig einen möglichsten Ausbau, eine möglichste Entwicklungsfreiheit und Propagation dieser Eigenschaften erhofft. In Österreich wollte der Untere dem Herrn gleich werden, und der Höchste war der historische Adlige. Man hat den Adel abgeschafft, aber die Abstufung blieb, und das Bedürfnis des Unteren, es dem Oberen gleichzutun oder, wenn dies nicht ging, ihn wenigstens anzuschauen und zu bewundern, bestand weiter. Der sozialistische Staatssekretär wollte den Rang und die Situation eines k. u. k. Ministers haben. Der Sowjetgesandte reklamierte in aller Form beim Auswärtigen Amt, weil ihm der Titel Exzellenz nicht zuerkannt wurde wie den Vertretern der kapitalistischen Staaten. Der Edelkommunistenkreis Schwarzwald hätte sich lieber füsilieren lassen als es zu gestehen, brannte aber eigentlich nur darauf, Diplomaten und Adelige zu kennen. Man mußte Koryphäen der Universität an einem Diner beim Grafen Lanckoronski und den Staatssekretär Renner im Palais Schönborn, das Erscheinen der Gräfin Sophie Schönborn an einem kleinbürgerlichen Musikabend in Penzing gesehen haben, um den Grad von Wunscherfüllung zu ermessen, den eine solche Situation für all diese Leute bedeuten. Alles, der ganze Reigen der politischen, sozialen, wirtschaftlichen, künstlerischen Betätigung drehte sich letzten Endes doch nur um die Frage der gesellschaftlichen Position, der Geltung. Aus diesem Grunde waren die paar Leute, die sich für die Spitze der Gesellschaft hielten und in der trüben Zeit nach dem Umsturz wie ein Uhrwerk den Turnus ihrer öden Vergnügen und kleinen Zeremonien fortsetzten, eine Tatsache von europäischer Bedeutung und ein Zentrum, um das keiner ganz herumkam. Jeder Fremde, wollte er zu

Mit einem Vertreter des Amerikanischen Roten Kreuzes, Genf 1943

Mit dem französischen Außenminister Georges Bidault, 1946

irgendwelchem Einfluß und irgendwelcher Geltung gelangen, mußte, was sehr schwierig war, versuchen, zu diesem Kreis Zutritt zu erlangen.

Die Affäre Zweifel

Zwischen der Schweiz und Österreich gab es keinerlei Schwierigkeiten, außer der Affäre Zweifel im Jahre 1921. Ein Glarner Fabrikdirektor war in Ternitz-Neunkirchen, dem Hauptkommunistenzentrum, von achthundert Arbeitern gelyncht worden, weil er einen Arbeiter in der Notwehr geschlagen hatte. Die österreichische Regierung, damals unter Renner[6] – dessen Wählerschaft die Ternitzer Arbeiter waren –, unternahm nichts zur Eruierung des Schuldigen. Ich ging damals zum Polizeipräsidenten Schober[7], der mir immer sehr wohlwollte. Er sagte mir, dies sei nun endlich eine Gelegenheit, gegen das Bolschewikennest vorzugehen, er garantiere für eine glatte Durchführung. Renner aber erlaubte nicht, daß etwas geschah. Man nahm noch drei Monate nach dem Verbrechen keinerlei Verhaftung vor. Wir erhielten von Bern Vorwurf auf Vorwurf. Schließlich schrieben wir, ohne Druckmittel sei nichts zu machen. Nun kam von Motta[8] eine im schärfsten Ton gehaltene Depesche zur Übermittlung an die österreichische Regierung. Sie verlangte sofortige Verhaftung und strengste Bestrafung des Schuldigen, ansonsten die Schweiz von der Kreditaktion des Völkerbundes zurücktrete, in welcher sie mit fünfundzwanzig Millionen Franken den Anfang machte.
Die Depesche wirkte sofort. Schober verhaftete eine Anzahl Beteiligte nachts in ihren Betten, einige wurden gerichtlich abgeurteilt. In der linksstehenden österreichischen Presse erhob sich ein Sturm gegen die Schweiz und vor allem gegen die Gesandtschaft. Das war nicht merkwürdig; merkwürdig war dagegen, daß alle deutschweizerischen Zeitungen, auch die bürgerlichen, den Standpunkt der österreichischen Regierung vertraten, und zwar ohne sich eine eigene Meinung zu bilden, einfach unter blinder Übernahme von Meldungen der offiziösen, damals rein sozialistischen österreichischen Depeschenagenturen. Anders war es mit der welschen Presse, die richtig orientiert war. Als das

Departement im Nationalrat von den Sozialisten interpelliert wurde, sagte Motta, Bourcart habe ihn anregen wollen, einen Druck auf Kosten der Hilfsaktionen auszuüben; einer so unnoblen Handlung aber wäre er gegenüber einem unglücklichen Lande nicht fähig. Bourcart wurde hierauf von der sozialistischen Wiener Presse aufs heftigste angegriffen. Offiziell aber wurde Mottas Verhalten sehr scharf kritisiert. Man kannte Bourcart und fand das Verhalten eines Bundesrates gegen seinen Untergebenen außerordentlich unfair. Selbst diese Affäre vermochte Bourcarts Beliebtheit in offiziellen Wiener Kreisen in keiner Weise zu beeinträchtigen.

Polizeipräsident Schober

Der Polizeipräsident Schober, den ich bei diesem Anlaß erwähnte, hatte von der Pike auf gedient. Wie ich ihn kennenlernte, war er etwa vierzig Jahre alt, sah aber schon aus wie ein starker Fünfziger. Er war ganz grauhaarig, hatte junge Augen, aber eine merkwürdig pergamentene Gesichtsfarbe. Er stammte aus Oberösterreich und war der vorbildliche österreichische Beamte, wie es wenige mehr gibt. Mit einer geschmeidigen Bonhomie, herzlicher Offenheit, Frische und Leichtigkeit, mit dem fast allzu submissen Beamtenton vereinigte er eine eiserne Tatkraft und Energie, Weitblick in innenpolitischen Fragen, vorzügliche, fast geniale kriminalistische Technik und irgendwie das Erbe jener großen Metternichschen Tradition für politische Polizei. Schober war bei weitem der erste Kenner aller revolutionären Vorgänge in Europa. Er sagte mir einmal: »Ich kenne das jetzige Rußland sehr genau; ich habe mir gleich beim Umsturz durch verschiedene Dienstleistungen eine gut ausgebaute Nachrichtenorganisation bei den galizischen Juden geschaffen; durch die weiß ich alles.« Die Vertreter der Großmächte waren täglich bei Schober und telegraphierten seine Kenntnisse seitenlang an ihre Regierungen. Am Anfang der Republik, wie es noch – als Erbe der Monarchie – ein »Cabinet noir« gab, pflegte man am Ballhausplatz[9] zu sagen, es habe gar keinen Sinn, die Depeschen der Gesandtschaften zu dechiffrieren, man müsse nur Schober fragen, was er gesagt habe.

1918/19 rettete Schober Wien und Österreich, und bestimmt dadurch Mitteleuropa, vor dem Bolschewismus. Die ursprünglich in der Hauptstadt viertausend Mann starke Polizeitruppe vermehrte er insgeheim auf etwa zehntausend, bildete ein eigenes Sturmbataillon, sorgte für gute berittene Abteilungen und rüstete die ganze Mannschaft mit Maschinengewehren aus. Ich fragte ihn einmal, wie es denn vor dem ihm übergeordneten sozialistischen Staatssekretär möglich sei, diese Ausgaben zu motivieren. Er antwortete: »Schauen Sie, daran können Sie die Geschäftsunkenntnis und die Unordnung dieser Leute sehen. Da werden solche Summen hinausgeworfen, man merkt einen derartigen Posten gar nicht.«

Die Polizeitruppe kam dreimal bei Putschversuchen kommunistischerseits in scharfe Gefechte. Die geringen Verluste dieser Kämpfe erklären sich aus der großen Überlegenheit der Polizei, ihrer Bewaffnung und ihrer Führung.

Schober hatte in ganz besonderem Maße das Vertrauen Englands und Frankreichs. Als die Sozialisten sich in Österreich müde regiert hatten und nicht noch mehr Prestige einbüßen wollten, schoben sie die Christlichsozialen vor, hauptsächlich darauf bedacht, ihnen das durch die sozialistische Vergeudung endgültig desperate Finanzressort zu übergeben. In diesem Zeitpunkt war es ein Hauptziel der französischen und englischen Gesandtschaft, Schober in die Regierung zu bringen. Sie sahen in ihm eine absolute Vertrauensperson und hofften außerdem, ihre intime Stellung zu ihm werde auch dann weiter dauern, wenn er einmal Minister sei. Das Ministerium Schober kam für seine ausgezeichnete Qualität zu früh. Es hatte eigentlich, objektiv betrachtet keinerlei Mißerfolge, aber auch wenn es noch dreimal soviel Erfolg gehabt hätte, so hätte es bei der unsanierten Finanzlage und der Form der sozialistischen Opposition nicht bestehen können. Es war ein Fehler der Entente-Politik, einen so vorzüglichen Mann vorzuschieben, bevor irgend etwas Endgültiges sicherzustellen war; aber es war bezeichnend für die Art, in der man in jener Zeit mit Gold Kugeln goß, obwohl man wußte, daß die Munition trotz allem ausgehen werde. Schober machte das Unmögliche möglich: er brachte den Vertrag von Lana[10] zustande. Nachdem das anschlußfreundliche Kabinett Renner unkonsequenterweise, aus Angst vor dem reaktionären Ungarn, sich mit Haut und Haar durch einen Geheimvertrag an die Tschechoslowakei ausgeliefert hatte, sich sogar zum Aufmarschgebiet für die Tschechen darbot, schloß Schober in Lana einen für Österreich sehr günstigen Vertrag, wobei er den Zeitpunkt einer Verstimmung Beneschs[11] mit Paris ausnützte und ihm in seinem Gefühl der tschechischen Isolation den Gedanken einer Donaukonföderation nahelegte. Der Vertrag ging im österreichischen Parlament knapp durch, das Kabinett aber fiel durch die Opposition der armseligsten aller Parteien, durch die österreichischen Alldeutschen oder Großdeutschen, wie sie sich nannten. Die Art und Weise, wie Schober, ohne Ungarn zu verletzen, die westungarische Frage löste, endlich seine Beschaffung der ersten Kredite, all das zeugte von größter staatsmännischer Begabung, und nur ein Instrument von der gewohnheitsmäßigen Stumpfheit eines demokratischen Parlaments war imstande, einem solchen Manne gegenüber zu versagen.

Schober war Altösterreicher. Er hatte einen feinen und wirklichen Sinn für das Essentielle, das Österreich vom preußischen Deutschland trennt. Er hielt fest am alten Grundgedanken Österreichs: dem Gedanken des Heiligen Römischen Reiches; der Idee, daß viele Staaten, aus geographischen, wirtschaftlichen und eventuell dynastischen Gesichtspunkten unter *einer* Form vereinigt, eine ersprießliche Einheit bilden können. Wie jedem wirklichen Österreicher war ihm der einem durch Darwin verflachten Jahrhundert angehörende Rassengedanke zuwider. Er hielt es für den größten Fehler der Entente bei der Kriegsliquidation, daß sie nicht unter der so völlig frankreichfreundlichen Kaiserin Zita[12] ein Reich mit dem Schwerpunkt in Prag und mit westlicher Orientierung geschaffen habe. Er glaubte absolut an die Möglichkeit eines solchen Staates, hielt es dagegen für den größten Fehler, daß man die historisch als Wächter Europas gegen die Slawen bestellten patriotischen und kriegerisch feudalen Ungarn zu einem Rumpfstaat zerstückelt, Österreich mit seinen innerhalb des deutschen Sprachgebietes einzigen europäischen Kulturelementen dem Bismarckischen Reich in die Arme getrieben und Italien ein unruhiges, imperialistisches Jugoslawien auf den Hals gesetzt habe – einen Staat, der nur auf eine früher oder später mit Notwendigkeit einsetzende panslawische Aktion warte – daß man die Tschechen isolierte und zwischen natürlichen Feinden einkeilte und den Polen das Schicksal auferlegte, nochmals zwischen Preußen und Rußland zerrieben zu werden. Schober war dieser erweiterte Balkan verhaßt, und gegen Italiener und Alldeutsche, die sich hier die Hand reichten, versuchte er immer, die matt betriebene und zerstreute Pariser Politik einer Donauföderation tunlichst zu unterstützen.

Zur Anschlußfrage – Die Dynastie

Vom Herbst 1918 an bildete die Anschlußfrage die Hauptbeschäftigung der Gesandtschaft, viel mehr als die Vorarlbergerfrage, die aufgebauscht und gewissermaßen als Palliativmittel gegen den Anschluß behandelt wurde, ja sogar als günstiges Resultat desselben. Tatsächlich wäre aber nach meiner Überzeugung ein Einverleiben des Vorarlbergs in die Schweiz, abgesehen von einer allzu großen Kräftigung der Ostschweiz, gerade im Fall eines Anschlusses von großer Gefahr gewesen. Der Anschluß setzte eine Kräftigung Deutschlands voraus, das Vorarlberg wäre immer ein Objekt deutscher Aspirationen geblieben. Als ich im Sommer 1921 am Jubiläum des Schweizervereins von Bregenz war, konnte ich feststellen, daß von den im Vorarlberg führenden Schweizern keiner den Anschluß wünschte, und daß andererseits die Vorarlberger bereits ganz von der mit größten Mitteln betriebenen alldeutschen Propaganda gewonnen waren. Im Winter 1918 kamen häufig vorarlbergische Deputationen zu uns, auch Tiroler erschienen, die eine Vereinigung aller Alpenländer mit der Schweiz anstrebten.

In diesen Zusammenhängen stand die dynastische Frage in Österreich. Zu Beginn der Republik war alles grenzenlos eingeschüchtert; man erwartete täglich den Anbruch russischer Verhältnisse, und wirklich gebärdeten sich die damaligen Machthaber, als wären sie allein auf der Welt und als könne Österreich mit Rußlands Hilfe ohne die geringste Abhängigkeit vom Westen existieren. Man schaffte den Adel ab, man forderte die Schlösser an, die vielhundertjährige Dynastie, die das Land zu Macht, Glück und Bedeutung geführt hatte, wurde beraubt und in die Verbannung geschickt. Nicht eine der Rücksichten, die Preußen für die Hohenzollern hatte, wurde den Habsburgern erwiesen, und in der »Kaiserstadt« rührte sich nichts von sentimentaler Loyalität. Man war grenzenlos terrorisiert durch Krieg, Not und aufstehende Arbeitermassen, vor allem aber hatten Deutschland und die alldeutsche Propaganda der Dynastie den Rückhalt genommen. In den letzten Kriegsjahren war es eine offizielle deutsche Erfindung, Kaiserin Zita die »Italienerin« zu nennen. Man hatte diese Bezeichnung mit demselben Effekt lanciert wie seinerzeit in Paris die Bezeichnung »l'Autrichienne« für Marie Antoinette. Die Habsburger waren eben keine deutsche Dynastie. Sie waren das letzte Fürstenhaus aus einer übernationalen Epoche. In den Revolutionswochen zog sich Kaiser Karl[13] mit seiner Familie nach Eckartsau zurück, ein kleines, geschmackvoll eingerichtetes Jagdschloß in den herrlichen Donauauen. Der Kaiser war dort zuerst völlig ohne Schutz. Später schickte ihm der König von England aus Angst, den Kaiser könnte dasselbe Schicksal ereilen wie den Zaren, einen als Ehrenkavalier bezeichneten englischen Major aus der königlichen Suite.

Zu den Mitgliedern des Erzhauses, die am meisten Angst vor der Revolution hatten und mit Bestimmtheit annahmen, geköpft zu werden, gehörten der Erzherzog Leopold Salvator[14] und seine Frau, eine geborene Infantin von Spanien, Erzherzogin Blanca. Sie hatten sich beide mit ihren zwölf Kindern zu dem sehr französisch gesinnten argentinischen Gesandten Monsieur Perez, einem Arzt, der jahrelang in Paris studiert hatte, zurückgezogen. Sie belasteten nicht wenig seinen Haushalt an der Theresianumsgasse. Die Freundschaft stammte von Kuriervermittlungen nach Paris sowie von der spanischen Sprache her. Eines Tages ließ sich die Erzherzogin an der Metternichgasse melden. Der Minister empfing sie hinter abgesperrten Türen. Sie weinte, klammerte sich an ihn, beschwor ihn, ihr zu helfen und übergab ihm zwei Briefe, einen für den schweizerischen Bundespräsidenten, den andern für Poincaré[15]. Den ersteren beschwor sie, ihre Bitte beim andern zu unterstützen, diesen bat sie um einen Extrazug nach Madrid. Damals war noch keine französische Vertretung in Österreich, der Minister mußte das Schreiben an Poincaré annehmen. Vier Tage später schickte er mich zu Perez, um der Erzherzogin mündlich und möglichst höflich auszurichten, der Bundespräsident sei nicht in der Lage, ihre Bitte bei Poincaré zu vertreten. Ich ging an einem windigen Novembernachmittag zur argentinischen Gesandtschaft. Es war die Zeit der großen Grippeepidemie in Wien. Wie ich in das Haus eintrat, kam mir ein Küchenmädchen entgegen und riet, nicht hereinzukommen, es sei alles an Grippe erkrankt. Die Dame, die hier gewohnt habe, sei mit allen ihren Kindern »zum Andern« gezogen. Ich versuchte vergeblich von ihr zu erfahren, wer »der Andere« sei. So ging ich auf gut Glück zur chilenischen, der einzigen andern südamerikanischen Gesandtschaft. Den schmierigen Diener, der mir öffnete, fragte ich, ob hier vor kurzem eine Dame mit zwölf Kindern abgestiegen sei, die vorher in der argentinischen Gesandtschaft gewohnt habe. Er schaute mich halb verständnisvoll grinsend, halb vorschriftsgemäß verschlossen an und sagte, er wisse von nichts. Ich erwiderte darauf, ich sei von der Schweizer

Gesandtschaft und werde von einer solchen Dame erwartet; er solle die Gesandtin fragen, ob eine solche da sei. Er ging, ich wartete unter der Türe. Bevor er zurückkam, ging eine junge, große, schlanke, blonde und sehr hübsche Person durch den Korridor. Sie blieb stehen, schaute mich an und fragte: »Was wünschen Sie?« Ich antwortete, ich wünschte im Auftrag des schweizerischen Gesandten die Erzherzogin Blanca zu sprechen. »Die Erzherzogin ist meine Mutter«, sagte das junge Mädchen; »sie ist hier, bitte kommen sie mit.« Sie führte mich in ein Eßzimmer, wo die Erzherzogin mit zehn Kindern an einem ovalen Tisch Tee trank. Sie war dick, sprach mit einem Akzent Französisch und Deutsch, hatte eine hellgelbe Perücke, die Brauen hellgelb, die Wimpern schwarz gemalt und auf den Wangen viel rote Schminke und Puder. Die hübsche junge Prinzessin brachte mir chilenischen Tee, schönen Kristallzucker und Pralinés. Die Erzherzogin war furchtbar aufgeregt, sprach immer von »pauvre mari«, von »guillotine«, von »subir le sort de mon auguste tante et mon pauvre oncle«, womit sie Louis XVI. und Marie Antoinette meinte. Mich ließ sie gar nicht zu Wort kommen. Während wir sprachen, kam immer der schleichende Diener herein und machte sich an einem Schrank zu schaffen. Jedesmal verstummte sie und gab mir durch auffallende Zeichen zu verstehen, daß der Diener ein Halunke und Spion sei und man sich vor ihm in acht nehmen müsse. Wie er dann wieder draußen war, schlug ich vor, bei seinem nächsten Kommen ganz unbefangen weiter zu verhandeln, als erledigten wir meinen Auftrag, und zwar riet ich, von Kartoffeln zu reden, die als Geschenk der Erzherzogin aus der Schweiz für die Wiener Bevölkerung unterwegs seien. Wie der Kerl wieder hereinkam, fing ich sofort an, von Kartoffeln zu reden, die Erzherzogin ging ernsthaft auf das Thema ein, die hübsche Tochter aber bekam einen Lachkrampf. Als er wieder draußen war, entledigte ich mich meines Auftrages und erklärte, es bestehe kein Zweifel, daß Poincaré einen Extrazug werde zusammenstellen lassen. In Anbetracht dieser Gewißheit habe es der Bundesrat nicht für opportun gehalten, beim Präsidenten der Französischen Republik zu intervenieren. Er sei vielmehr der Ansicht, falls – was er für ausgeschlossen halte – die Intervention nötig würde, eine solche zuerst vom König von Spanien als ihrem nahen Verwandten zu versuchen wäre. Bevor sie mit ihren tausend Bedenken auf diese Mitteilung eingehen konnte, kam wieder der Diener herein. Sie wollte ängstlich erneut von den Kartoffeln beginnen, aber mir riß die Geduld, und ich sagte dem Kerl im Befehlston: »Ich habe mit Ihrer Kaiserlichen

Hoheit zu reden. Sie stören mich. Gehen Sie hinaus, bis ich Sie rufe.« Er ging sofort, und sie sagte ganz verdutzt: »Quelle bonne idée! On aurait dû faire cela depuis longtemps.« Dergestalt eingeschüchtert war durch Kriegsende und Revolution diese habsburgische Erzherzogin, Prinzessin von Frankreich und Infantin von Spanien.
Zwei Tage nach dieser Unterredung verreiste sie als Doña Mercedes Creza Alorm mit chilenischen oder argentinischen Pässen und all ihren Kindern nach Chile, von wo sie nach Spanien fuhr. Ein Hauptgrund, warum diese Familie so sehr das Schafott fürchtete, waren Leopold Salvators ziemlich volksfeindliche Geschäfte mit Dörrobst während der letzten Kriegsmonate; Geschäfte, die nun von der linksstehenden Presse als Agitationsmaterial gegen die Dynastie breitgetreten wurden.
In der Nacht nach diesem Besuch hatte ich einen Schüttelfrost, am Morgen hohes Fieber und Grippe. Meine Krankheit dauerte drei Wochen, dann ging ich wieder aufs Amt, täglich hin und zurück durch den herrlichen verschneiten Belvederegarten. Damals wurden die Russen in ihre Heimat geschickt. Manchmal konnte man nicht über die Prinz-Eugen-Straße, weil der Vorbeimarsch dieser erdfarbenen stumpfen Masse Stunden dauerte. Nie habe ich so jammervolle, ausdruckslos ergebene Gesichter gesehen; alles durcheinander, Klein- und Großrussen, Kosaken, Kirgisen mit den hohen Lammfellmützen, Sibirjaken, Ukrainer und wie Götter aussehende Kaukasier in vielfach noch zusammengestückten farbenprächtigen Friedensuniformen. Die Offiziere weigerten sich jeweils einzusteigen, weil sie wußten, daß sie, an der Grenze ihres Vaterlandes angekommen, erschossen wurden.
In den ersten Tagen meiner Wiederherstellung schickte Staatssekretär Bauer[16], Leiter des Auswärtigen Amtes, einen Herrn der früheren k.u.k.-Diplomatie, Legationsrat von Egger, zu uns und ließ fragen, ob die Schweiz geneigt wäre, den Kaiser Karl aufzunehmen. Bourcart stellte dem Bauerschen Mittelsmann ausweichend eine Erkundigung beim Bundesrat in Aussicht. Als er weg war, sagte er, man brauche gar nichts zu machen, die Schweiz betrachte die jetzige Regierung als provisorisch, habe sie nicht anerkannt, und er sei nicht akkreditiert, könne also auch mit dem Minister nicht in Verkehr treten. Ich riet sehr zu einer Übermittlung des Bauerschen Wunsches. Ich war nämlich der Ansicht, die Entente könnte binnen kurzem dasselbe Ansuchen stellen und der Bundesrat dann genötigt sein, ja zu sagen. Sofort, nahm ich an, würden die Sozialisten in der Schweiz aufs heftigste demonstrieren,

und es würde dann von Vorteil sein, ihnen den Wunsch ihres in Wien mächtigen Genossen vorweisen zu können. Wir begingen damals den Fehler, von Bauer nichts Schriftliches zu verlangen; glücklicherweise war er durch eine List wiedergutzumachen.

Nach dem Eggerschen Besuch telegraphierten wir mit der geheimsten Chiffre nach Bern. Zu meinem Erstaunen kam sofort, also bestimmt ohne vorhergehende Rücksprache mit den Vertretern der Großmächte und ohne jede Klausel oder ein Verlangen von Sicherungen eine unbedingte Annahme und die Weisung, Bauer zu übermitteln, der Bundesrat sei einverstanden, dem Kaiser Asyl zu gewähren. Es blieb uns nichts übrig, als die sonderbare Ordre auszuführen. Zwei Tage später kam eine aufgeregte Depesche, man hoffe, es sei die erste Depesche dem Auswärtigen Amt noch nicht übermittelt worden. Wenn das aber doch der Fall sein sollte, so möchten wir Bauer erklären, der Bundesrat sei nach wie vor im Sinne seiner ersten Depesche einverstanden, nur möchte er sich außerdem das Recht wahren, Zeit und Ort der kaiserlichen Einreise zu bestimmen. Diese konsternierte und dilettantische Mitteilung ließ sich nun nicht anders als direkt an Bauer und mündlich ausrichten. Der Minister wäre in Anbetracht des De-facto-Zustandes auf keinen Fall persönlich hingegangen; er delegierte mich.

Dr. Otto Bauer wurde damals als eine Art von kleinem Lenin betrachtet. Seine Klugheit hatte den zwangsläufigen Weg des Zeitalters durch Ökonomie zum Sozialismus und nach dem Krieg zum Kommunismus gemacht, den er damals, mit der Nase an der Wand, schon zu verlassen begann, indem er, mit einer Wendung nach viertelrechts, seinen logischen Trab in der Richtung großer internationaler Politik wieder geradeaus fortsetzte. Solche tadellosen Intelligenzen wie Bauer sind am besten in der inneren Politik zu gebrauchen, wo ihre Denkweise, beständig Kolumbuseier aufstellend, den Vorteil der leichten Faßlichkeit hat. Bauer hatte das schöne theresianische Gebäude am Ballhausplatz völlig umgewandelt. Vor dem großen Saal, in welchem Kaunitz und Metternich gearbeitet hatten, waren bis zu den Zeiten Berchtolds[17], sowie des grämlich bedenklichen Bürokraten Burian[18] und bis zu dem kurzen Regime von Julius Andrassy[19] zwei große, als Empfangssalons möblierte Räume; sie gaben dem Zutritt zum Minister das nötige Pathos. Bauer hatte dies sofort geändert. Die beiden Vorräume waren gedrängt voll von Stenotypistinnen und kleinen arroganten Sekretären. Durch diese mußte man sich zum Minister förmlich durchschlagen. Ich traf zufällig oben an der Treppe einen jungen geschniegelten Mann; es war der kleine Blaas[20], der Sohn des Malers. Er war sehr neugierig wegen meines Anliegens, denn damals gab es noch fast keine Diplomaten, und ein Besuch beim neuen Ministerium war eine Seltenheit. Wie ich ihm dann ohne jedes weitere Detail sagte, mein Besuch beim Staatssekretär erfolge in einer den Kaiser betreffenden Angelegenheit, war, wie er mir später häufig sagte, seine Neugier so gespannt, daß er am liebsten an der Türe gehorcht hätte. Er meldete mich, und Bauer ließ mich gleich kommen. Er war sehr liebenswürdig, gab mir zu rauchen, ging dann aber mit einer in Österreich ungewohnten Präzision zur Sache und sagte: »Was bringen Sie in der Angelegenheit Karl Habsburg? Man hat mir die Depesche Ihrer Regierung übermittelt. Ist da noch etwas hinzuzusetzen?« Ich erwiderte, der Bundesrat wünsche seiner prinzipiellen Bereitwilligkeit zur Aufnahme des Kaisers noch die Klausel anzufügen, sich die Bestimmung über Ort und Stunde der Einreise vorzubehalten. Bauer war ganz finster geworden und sagte dann rasch: »Das heißt also so viel wie: der Bundesrat hat sich anders besonnen und will den Kaiser nicht. Ich nehme an, Sie haben keine andern Instruktionen, als mir dies in dieser Form auszurichten. Aber sagen Sie mir – eine persönliche Frage –, wie erklären Sie sich diese Gesinnungsänderung Ihrer Regierung in so knapper Zeit?« Ich erwiderte: »Eine Gesinnungsänderung dürfte hier wohl keinesfalls vorliegen. Auch glaube ich, es hieße der vom Bundesrat gewünschten Zusatzklausel eine allzu diplomatische Farbe geben, wenn man sie nur als Modus einer Zurücknahme der bereits erklärten Bereitwilligkeit nehmen würde. Ich habe in der Tat keinen andern Auftrag als die Klausel mitzuteilen; Entstehung und Motive kenne ich nicht. Ich kann nur annehmen, daß sie im Zusammenhang stehen könnten mit den immerwiederkehrenden unfreundlichen Erwähnungen der Schweiz in bezug auf die in Bern anwesenden Aristokraten Berchtold, Windischgraetz[21] etc. in der sozialistischen Presse Österreichs.«

Bauer biß sich auf die Lippen, und ich fuhr fort: »Dem Bundesrat liegt in erster Linie daran, daß das Verhältnis zu der Nachbarrepublik nicht gestört wird, und wenn schon die Anwesenheit der paar wenigen politisch so sehr erledigten Herren in der Schweiz zu solchen Beunruhigungen der führenden österreichischen Partei Anlaß gibt, so dürfte die Anwesenheit des Kaisers dies noch mehr befürchten lassen; um so mehr, als doch augenscheinlich die österreichische Regierung sich schon jetzt durch Umtriebe des Kaisers[22] veranlaßt sieht, seine Verbringung nach dem neutralen Ausland zu wünschen.«

»Ah, das fürchtet man«, sagte Bauer; »nein, das braucht man nicht zu fürchten; der macht keine Umtriebe, der ist froh, wenn man ihn in Ruhe läßt, er ist ein geistig völlig unbedeutender Mensch. Was uns vorziehen läßt, ihn weg zu haben, ist der Umstand, daß wir für seine Sicherheit nicht garantieren können. Das Volk ist sehr erbittert gegen ihn, wir können ihn nicht schützen. Ich kann Ihnen garantieren«, setzte er hinzu, »wir werden nie reklamieren, wenn der Kaiser draußen ist.«

Auch diese Zusicherung hätte man schriftlich haben sollen. Wie schlecht wurde sie eingehalten, und wie sehr hat die österreichische Sozialdemokratie die schweizerische Schwesterpartei und ihre Presse bearbeitet, um aus dem Schutz, den die Eidgenossenschaft den »Tyrannen« gewährte, polemischen Gewinn zu schlagen!

Ich verließ Bauer nach sehr angeregter Konversation. Es war doch merkwürdig, an dem historischen Schreibtisch legitimistischer Politik einen Freund Trotzkis und Lenins sitzen zu sehen.

Gräfin Thun

In jener Zeit frühstückte ich einmal im Hotel Imperial mit Paul Thun. Er war damals auf der Abreise nach München, wo er in eine Buchhandlung eintreten wollte. Ich sagte ihm, daß ich wünschte, Hofmannsthal kennenzulernen. Er riet mir davon ab und sagte, Hofmannsthal sei persönlich enttäuschend; der für ihn interessanteste Österreicher sei Hermann Bahr[23]. Außerdem würde er sich freuen, wenn ich seine Mutter besuchen würde; sie sei, ganz objektiv und nicht als Sohn geurteilt, eine der geistvollsten und merkwürdigsten Frauen, die er kenne. Ich besuchte die Gräfin etwa eine Woche später. Sie bewohnte in dem großen, hellrot gestrichenen Empireeckhaus des Hohen Marktes den ganzen dritten Stock; alles im Wiener Biedermeier eingerichtet, an den Wänden dilettantische, aber durchaus liebenswürdige und ansprechende Pastellkopien nach Familienbildern des 18. Jahrhunderts sowie einige ebenfalls von ihr selbst gemalte Bilder von Gütern ihres ältesten Sohnes. Sie war eine geborene Gräfin Waldstein aus der Familie Wallensteins und eine direkte Enkelin des Grafen Waldstein, dem Beethoven die berühmte Sonate widmete. Von ihrer Familie hat sie etwas ganz Eigentümliches, das allen Mitgliedern eigen sein soll, ohne daß es von intellektueller Bedeutung wäre: einen geheimnisvollen geistigen Zauber, im allerhöchsten und subtilsten Sinn das, was man Charme nennt, eine Art zu leben wie irgendwie in die Sphäre des 17. Jahrhunderts getaucht, in der eigenen Zeit zeitlos und ein starkes fremdes Ingrediens mitführend, für wenige vernehmbar, wenigen ganz mitteilbar.

Die Gräfin Christiane Thun war eine wunderschöne Frau, und ich glaube nicht, daß das Alter diese Schönheit irgendwie verändert hat. Sie mochte etwa dreiundsechzig Jahre alt sein. Ihr Gang war das Leichteste, was man sich denken kann. Sie war schlank, hatte wunderbar tragende Schultern, aber ohne jede Eckigkeit, und das Haupt, das durch eine herrliche Ossatur, besonders der Stirnpartie, und durch dunkle leuchtende Augen von ganz seltener schweifender Nachdenklichkeit ausgezeichnet war, ruhte königlich nach hinten auf einem ganz jungmädchenhaften Hals. Diese große Schönheit hat viele außer mir bewegt. Hofmannsthal war jeweils ganz ergriffen davon. Merkwürdigerweise aber konnte sie sich bei ersten Begegnungen auch den besten Beobachtern völlig entziehen, und sie konnte als unauffällige ältere Dame vorübergehen, als ob sich diese Schönheit nur bisweilen gespenstisch und melusinenhaft offenbaren wollte.

In ihrer Wohnung hatte sie zum Aufenthalt während der Wintermonate nur das letzte Zimmer eingerichtet, denn man bekam damals um keinen Preis Heizmaterial. Hinter einer vierteiligen spanischen Wand aus Glas stand der große Tisch, an welchem sie malte, Marionetten schnitzte und bekleidete, schrieb und las. In der Mitte des Zimmers war der Eßtisch für zwei Personen, dahinter ein großer Bechsteinflügel, an dem sie komponierte, Polkas, Mazurkas und andere Tänze aus ihrer Jugendzeit.

Wenn ich zu ihr kam, aßen wir zwei an dem kleinen Tisch ein kurzes Souper. Ich ging immer im Gesellschaftsanzug zu ihr, weil sie aus Gewohnheit abends immer Toilette machte, auch wenn sie allein war. Nach dem Essen erzählte sie. Ihr Stoff war unerschöpflich. Was sie an menschlichem Schicksal durch Generationen gesehen hatte, war endlos; alles eingereiht, nichts isoliert – aufsteigend die Möglichkeiten zu einer bedeutenden oder gefährlichen Persönlichkeit in den Müttern, sich auswirkend in den Söhnen von zwei, drei Generationen, verblassend, verkommend, durch Tradition stets noch gewahrt, sich wieder entzündend, wieder im Aufstieg –, alles in dieser großen uralten Familie des europäischen Adels von tausend Begegnungen in Schlachten, Festen, Krönungen, Hochzeiten, Friedensschlüssen durch die Jahrhunderte einander bekannt, die Rassen voneinander wissend, tiefer und prinzipieller als Individuen es können, verbunden durch eine ewige Mischung desselben Blutes, außerordentlicher Bestimmung, Lebensleichtigkeit, Exponiertheit, von Geschlecht zu Geschlecht zugeführt. Da gingen in langen Zügen all die blonden, stillen, kinderreichen Frauen vorüber, die auf den weiträumigen Schlössern blühten, verblühten und warteten, und die Männer, jeder mit seinem Typus: die Großartigen, Herrschsüchtigen, Überlegenen, die Montmorency-Blut hatten, und die klugen, schönen, verführerischen Vergeuder, die Potockische Ahnen haben mochten, die breiten, dumpfen, pompös vornehmen Trauttmannsdorff und die Elegantesten, die überall zu Hause waren, die Radziwill und so fort. Was aus der Mischung entsteht und aus der Trennung wird, und wie da etwas Blut von hier gut wäre, und wie dort auch mit jenem Blut nicht mehr zu helfen war – eine uralte, erfahrungsreiche Chemie und Übersicht.

Ich erzählte ihr vom Leben in der Welt, von den kleinen Komtessen, die ihren ersten Winter da waren, und von jungen Ehepaaren, und sie amüsierte sich und sagte: »Ach ja, natürlich! Muß die gut tanzen! Ihre Mutter war eine X., und deren Mutter ist auf dem Schloß Y. aufgewachsen, mit sechs Kusinen, und da hat man immer getanzt jeden Abend, und alle sieben Mädchen haben sich im Winter 1862 am schnellsten verlobt.« Nichts blieb im Leeren stehen, alles bekam ein hundertfaches Gesicht und wuchs doch aus irgendeinem kleinen, blonden achtzehnjährigen Wesen, weil man erfuhr, daß sie genau das Lachen des Prince de Ligne, ihres Urgroßvaters habe oder jene Art mit Untergebenen liebenswürdig und enorm zerstreut zu sein, die man dem Prinzen Eugen von Savoyen als Genre nachsagte und den eine bestimmte Clique annahm und immer weiter vererbte. All das bekam Gestalt und wirklichen großen Zusammenhang. Es war wie eine Durchleuchtung des menschlichen Treibens durch Generationen auf und ab.

Begegnung mit Hugo von Hofmannsthal

Bei der Gräfin Thun fand ich eines Abends einen kleinen dunklen Herrn. Er sprach außerordentlich rasch ein undefinierbares Wienerisch. Die Stimme klang mir im ersten Augenblick erschreckend schrill. Er schaute mich rasch an; der Blick ist mir unvergeßlich: zuerst das Suchen des Kurzsichtigen, eine reine Handlung des Sinnesorgans, und dann gewissermaßen ein Nach-innen-Nehmen des Gesehenen, das ganze schmale Gesicht unter einer herrlich vorgebauten Stirn sich in einen unbeschreiblichen Ernst verdichtend, das Auge geistig versenkt, der schmerzliche, starke Mund wie in einer großen Anstrengung mit vorgeschobener Unterlippe fest geschlossen, dann das blitzschnelle Niederschauen auf die Hände, worauf alles abgeschüttelt und eine sehr rasche, sehr geistreiche, ja blendende Konversation scheinbar spielend, in Wirklichkeit aber gespannt über mächtigen Tiefen begonnen wurde. Ich kann mich nicht erinnern, jemals so angeregt gesprochen zu haben. Es war, wie wenn nach all den Jahren in der deutschen Schweiz und in Deutschland, wo sich das Wort in der Luft in einen fallenden Stein verwandelt, nun auf einmal ein Gespräch möglich würde, wo alles Flügel bekam, jeder Sinn aufging und spiegelnd in anderen Sinn wich, wo die Schatten wirklich wurden und die Lichter am richtigen Ort leuchteten, das Gespräch ein Spiel war und ein Höheres als ein Spiel: eine Offenbarung des Gegenseitigen im Maß des gegenseitigen Willens und Dafürhaltens. Nicht nur keine Silbe, die unter den Tisch fiel, nein, auch sonst Unaussprechliches und Unerklärbares war nun plötzlich ohne weiteres zu sagen, wie wenn in der babylonischen Verwirrung endlich zwei sich gefunden hätten, die dieselbe Sprache redeten.

Ich weiß noch, wir sprachen von Landschaften, und mir gingen ununterbrochen, wie stärkste Visionen, Landschaften in meinem inneren Gesichte auf, und mit drei Worten konnte ich alle vermitteln und bekam schönere und größere, erfahrungsreichere zurück. Es war ein wunderbarer Abend, ungeheuer merkwürdig in der Trostlosigkeit, die in jenem Winter über der Stadt lag; dieses zauberhaft Blühende des Sprechens, das wie eine höhere Gewalt über einen kam.

Als wir weggingen, begleitete ich Hofmannsthal. Es war eine dunkle Nacht mit wenig Schnee und abgeblendetem Licht, die Architektur des 18. Jahrhunderts wie Musik und Märchen, die Schritte lautlos. Wir spazierten mehr als eine Stunde, und er forderte mich auf, am nächsten Sonntagabend nach Tisch in seine kleine Atelierwohnung an der Stallburggasse zu kommen, wo er noch zwei Maler und eine junge Prinzessin Reuß erwarte.

Nach der Begegnung mit Hofmannsthal, die mich im höchsten Grade bewegte, machte ich verstärkt denselben Prozeß durch, den jede Begegnung mit einem bedeutenden Menschen mir auferlegt. Er beschäftigte mich fortgesetzt und durchdrang in allen Augenblicken irgendwie mein gesamtes geistiges Prinzip. Ich war versucht, wie er zu sehen, zu sprechen, zu fühlen, zu denken. Hierauf stellten sich, wie immer, starke Widerstände, fast Abneigungen ein: die Stimme wurde mir zur Obsession, die plötzliche Fremdheit in seinem Wesen durchschauerte mich wie etwas Totenhaftes. Ich ging an jenem Sonntagabend nicht zu ihm, im Lauf der folgenden Woche dachte ich nicht an ihn – bis er mir eines Tages einfiel, ruhig, im sicheren Gefühl für seine geistige Kraft, die Beständigkeit seines Herzens, für seine Leiden und Schwierigkeiten. Da besuchte ich ihn gleich, und von nun an waren wir freie, gegenseitig völlig selbstverständliche Freunde.

Es begann nun für mich, mitten in der großen inneren Krise des sich beschließenden und eine tiefe Einsamkeit hinterlassenden Jünglingsalters, losgelöst von aller Leidenschaft und dem Schmerz jener Zeit, eine große bestimmende Anregung meiner gesamten Natur in einem tiefen geistigen Bezug. Es ist etwas Merkwürdiges um die Annahme von Wegleitungen bei einem stark in sich gebundenen und eher zu harten und wegwerfenden Schlüssen als zum Erdauern, Erarbeiten oder Erbitten hinneigenden Individuum. Dieses kann kaum von einer als Objekt zwar mit höchster Achtung erkannten, aber im Wesentlichen doch fremden und zu anderer Bestimmung geborenen Persönlichkeit geführt werden. Ihm kann die Freiheit richtiger, gehaltvoller Lebensführung und wirklicher Herrschaft seiner selbst nur durch ein Beispiel gegeben werden, in welchem sich die wesentlichen der eigenen Voraussetzungen nach ihren höchsten Gefahren und nach ihren höchsten Verführungen gesteigert wiederfinden, und dies war hier durchaus der Fall. Ich sah hier einen Mann, der ein exzeptionelles Talent lebendigster Mitteilung, die angeborene Scheu vor ausdauerndem wissenschaftlichem Dienst, eine seltene Divinationsgabe alles Menschlichen, eine an den Rand der Verzweiflung treibende Objektivität und Hemmung im Augenblick des mystischen Überganges einer höchsten transzendenten künstlerischen Erregung zur Konzeption des Werkes verkör-

perte – eines Werkes, in welchem dann die Kraft der Eingebung und des Erlebnisses sich bewähren, und das nach langem Ausgetragensein in den Tiefen der Erfahrung, von dieser genährt und umgeben und als ihr eigentliches fortwirkendes Lebensprinzip im richtigen Augenblick unter letzter Anspannung der gesamten Organisation entstehen muß. Alles war ihm gegeben: aus drei der geistigsten Rassen gemischt, gleichermassen ein Jude, ein Deutscher und ein Romane; begabt mit einer blitzartigen Intuition für das Entlegenste, schon in frühesten Jahren wie durch ein Geschenk zu der ersten schönheitsvollen Äußerung des sich hierdurch offenbarenden Talents gelangt; dann aber verstummt und auf zwanzig Jahre – wo denn das reife Werk »Das Salzburger große Welttheater« und »Der Turm« plötzlich in kürzester Zeit entstanden – völlig in sich zurückgeschlagen, durch das unheimliche und langsame, der zarten Konstitution allzu mächtige Werden tief im Innern verdüstert und durch die ungebundene, leer wirkende Phantasie zu ungeheurer Angst und wohl einigemale beinahe auch zu Aufbruch und Flucht getrieben.
Hier sah ich nun einen Mann am Ende solcher Prüfungszeit, frisch wie je, allen Kämpfen unbesiegt entgangen, zu Neuem bereit und alles einbeziehend in die Bändigung durch weisen, genügsamen Ernst und reife Führung. So trug er das Persönlichste, das niemanden angeht als ihn und seinen Gott. So trug er die Verherrlichung und so das Verworfenwerden durch die anderen, die Geschenke der Freundschaft und ihren Verrat, den Tod und das Entstehen und diese zwanzig Jahre des Stummseins, dem ganzen Andrang der Existenz in stiller Tapferkeit immer die Beschäftigung im höheren Sinne entgegensetzend. Das alles in unablässigem Bestreben, mit den ihm verliehenen Gaben haushälterisch und willensstark alles ihm Begegnende, Leides und Gutes, in eine höhere Relation zu erheben; bemüht durch stetes Vertrautbleiben mit großer Lebensleistung, durch tägliche Lektüre, tägliches Üben des eigenen Könnens und des Handwerkes geduldig und ohne auf ein Ende zu dringen vertrauensvoll Kräfte zu sammeln, um eines Tages, wenn der Bau beginnen sollte, alles bereit zu finden, gegenüber der schwankenden und schwachen eigenen Gesundheit immer souverän zu bleiben, endlich niemals und durch keine Schwäche, keine Flucht, keine Triebhaftigkeit sich jemals die würdige Art, im Bereiche des Geistes zu existieren, verkürzen und verkümmern zu lassen, hier zu Hause und hier bereit, frei und ebenbürtig allem zu begegnen, was einem Menschen widerfahren kann, von der Qual des Zweifels an der eigenen Lei-

Empfang in der Schweizer Gesandtschaft, Paris 1947
Frau Burckhardt, Louise de Vilmorin, Christian Bérard u. a.

Frau Elisabeth Burckhardt, Paris 1947

stung bis zur Qual des Verlassenseins, vom Tod des Nächsten bis zum eigenen Tod, nach dem Sinn des herrlichen Wortes »ubi spiritus ibi libertas«.

Es war von Anbeginn der größte Vorzug und die tiefe Verantwortung meines Lebens, daß es mir vergönnt war, in ununterbrochener Folge die drei vortrefflichsten Männer, denen ich begegnete oder die mir vom Geschick und durch die Natur nahe beigesellt waren, auch wirklich als Freund zu kennen.

Ich lebte sehr bald aufs vertrauteste in Hofmannsthals Familie, ging meistens am Samstagabend hinaus nach Rodaun, wo er ein wunderhübsches Haus aus der Maria Theresia-Zeit bewohnte, mit dem hellsten und freundlichsten Landsalon, der sich denken läßt und einem ruhigen grauen, als Arbeitszimmer dienenden Raum mit einem starken Selbstporträt von Picasso und sonst nur Büchern an der Wand.

Hofmannsthal hatte eine ruhige und kluge Tageseinteilung, die er mit einer absoluten Festigkeit gegen alle Eingriffe verteidigte, so daß er häufig in der Zeit, die er sich für schweres und konzentriertes Arbeiten reservierte, von neun bis ein Uhr vormittags, Besuche, die überraschenderweise und oft von weither kamen, abwies. Er frühstückte mit seiner Familie, wo er dann das leichteste, liebevollste und witzigste Wesen an den Tag legte, und zwar von jener gesteigerten Witzigkeit, die nicht so sehr auf dem Lächerlichen oder dem simplen Kontrast beruht als vielmehr auf einer Fähigkeit des Geistes, im Flug das Entfernte zum Nahen zu bringen und oft in eine überraschende pantomimische Vorstellung einen tieferen Sinn zu kleiden. Das in der Art von Goethe, als dieser während der Napoleonischen Kriege sich in Rastatt an einer fürstlichen Tafel unter lauter hohen Herrschaften, Diplomaten und Militärs befand, die unverhohlen ihre Angst und Gedrücktheit vor den kommenden Ereignissen zeigten, sich, wie auf silbernen Schüsseln gebratene Lerchen serviert wurden, launig an seinen Nachbarn wandte und sagte, um der gedrückten Stimmung ein Ende zu machen: »Herr Oberstleutnant, wenn die Himmel einstürzen, werden wir viele solche Tiere bekommen.«

Wenn man von einer Woche gemischter Eindrücke auf einer tiefen Ebene müdgehetzt nach Rodaun hinauskam, so konnte er einem wie durch Zauber mit drei Worten den schnellwirkenden Humor als Arznei verabreichen. Eine unbeschreiblich zartgegliederte, schnelle Munterkeit erfaßte alles und befreite es. Ebenso sehr aber konnte irgendeine Nachricht von weittragender Bedeutung, traurigen und bezeichnenden Inhaltes, meist eine politische Neuigkeit, ihn, wenn man sie, an derartiges hundertfach gewöhnt und abgestumpft, gleichgültig vortrug, auf lange hinaus unendlich verstimmen und deprimieren, weil sie ihn, den in einem geschützten Bezirk Lebenden, plötzlich in die Wirklichkeit und Gegenwart herauszog, wo er dann mit der ganzen Kraft der Phantasie das Symptom erfaßte und es zu den schrecklichsten wirklichen und mutmaßlichen Folgerungen ausbaute.

Dazu kam, daß ihn selbstverständlich als Österreicher die jammervolle Entwertung des Geldes, die Kriegsanleihe, die phantastische Teuerung in eine äußerst schwierige Lage gebracht hatten, der er für seine Familie ganz allein steuern mußte, was er in rührender Weise durch allerlei kleine Aufsätze in neutralen Zeitungen sowie durch den Verkauf vieler ihm lieb gewordener Kunstgegenstände tat. Ich half ihm, eine schöne und ergreifende Skizze der Gruppe »Fugit amor« von Rodin an eine Winterthurer Mäzenenfamilie zu verkaufen. Die paar tausend Franken ermöglichten ihm eine kurze Reise mit seiner Familie nach Italien und in die Schweiz.

Nach Tisch pflegte er täglich bis gegen vier oder halb fünf Uhr zu lesen. Dann machte er eigentlich bei jedem Wetter seinen einstündigen Spaziergang, im Winter schon früher, zwischen drei und fünf Uhr. Dann diktierte er seiner Tochter die große geschäftliche Korrespondenz, speiste um acht und verbrachte sodann fast ausnahmslos die Abende im Kreise seiner Kinder, las ihnen vor und besprach das Gelesene. Seinen Gästen widmete er mit Freuden den halben Tag und das Gespräch bis in die Nacht. Bei dem ständigen positiven Lernen, das seine Konversation einem vermittelte, besaß er vor allem die Kunst, das Wesentliche, wenn man selbst etwas besaß, zu erwecken und zu verbinden, so daß man häufig über die Zusammenhänge, die einem widerstandslos aufgingen, in Erstaunen geriet.

Von gemeinsamer Lektüre erinnere ich mich immer als an die bedeutendste, die uns gegenseitig am nächsten brachte und am stärksten bewegte, die Vorlesung des letzten Aktes »Egmont«, wo die Abgründigkeit menschlicher Verhältnisse vor Klärchens Selbstmord in diesem unsagbaren Gespräch mit Brackenburg – »Laß mich dich Bruder nennen!« – und die wie bei einem Rembrandt dastehende unheimliche Impression des Blutgerüstes in der Nacht, wo Egmonts männlicher Tod mitten aus Kraft, Gesundheit und Liebe zum Leben, wo drei so gewaltige Elemente des Daseins und der Kunst – das Opfer des Vortrefflichen für ein Höheres, die gewaltige Sprache der menschlichen Ahnung

und das Dahingehen des Vollkommenen zu metaphysischer Erfüllung und höherer Vollendung –, wo diese drei, in einer ungeheuren Dramatik verflochten, einen eine Luft atmen und eine Haltung und Würde im Grauenhaftesten gewahren lassen, wie sie nur Göttern angehören. Solche Lektüre gab es im Sommer häufig. In aller Bewegung des Tages wußte ich, daß mir draußen in dem kühlen, reinen, sommerlichen Haus Stunden bewahrt seien, die immer reich und, alles auf eine höhere Ebene hebend, recht eigentlich den Ernst, die Besinnung und das gewissermaßen über meinem Schicksal Stehende bedeuten.
Hofmannsthal war damals Ende der Vierzig. Seit seinem fünfundzwanzigsten Jahr hatte er nichts Größeres mehr geschrieben, was sein Maß völlig gegeben hätte. Daß aus dieser langen Zeit nichts Düsteres, Anklagendes, Halbes und Erzwungenes stammt, beweist die große und seltene Kraft seiner durch und durch dichterischen Natur, auf die er sich verlassen konnte wie auf sein Leben. Leichte, schnell verfaßte, schöne Sachen wie »Der Rosenkavalier« zeigen diese Sicherheit und Spannkraft im Warten. Ein solches dichterisches Schicksal, mit dieser langen Zeit des Reifens ohne groben äußeren Eingriff und ohne verzweifeltes Erzwingen durch das betroffene Individuum, war in dieser Weise vielleicht nur möglich bei kluger Abgewogenheit von Einsamkeit und anregendem Verkehr mit ausgewählten Menschen, vor allem bei der mit letzter Konsequenz durchgeführten Ablehnung aller konventionellen und verstimmenden Begegnungen. Es ist Hofmannsthals Frau[24] sehr hoch anzurechnen, daß sie es vermochte, während der langen Zeit ihrer Ehe an die Notwendigkeit größter Schonung im Angesicht eines höheren geistigen Prozesses zu glauben und diesen Glauben mit großer Energie jahrelang so sehr in die Tat umzusetzen, daß ihr Mann wirklich in einem völlig geschützten Bezirk existierte. Das ist ja ein Geheimnis der jüdischen Geistesherrschaft in der Welt, daß die jüdische Frau sich stützend und verstärkend unter völliger Selbstaufgabe dem männlichen Geist zur Verfügung stellt und ihm glaubt; daher das schöne Verhältnis zwischen Müttern und Söhnen in fast allen jüdischen Familien, beruhend auf der absoluten Annahme der männlichen Überlegenheit, die dann mit Ehrfurcht vergolten wird – wie es denn überhaupt am leichtesten ist, Bescheidenheit mit Ehrfurcht zu vergelten.

Aristokratie

In Österreich befahl man gedehnt, herablassend, leutselig, zerstreut. Noch im Zeitraum zwischen 1848 und 1913 genoß man, ganz abgesehen von der bäuerlichen Schicht, auf den zum Teil sehr großen Gütern ein im allgemeinen noch so ungebrochenes Gefühl des Respektes, daß es nicht mehr brauchte als einen nur diesem Stand eigenen Ton, um ein angeborenes Verhalten der Dienstwilligkeit auszulösen. »Die Leute« waren »familiares«. Nirgends paßte der später mit Vitriol gefüllte Begriff »Paternalismus« schlechter hin als in diese kaum je über ihren baldigen Untergang nachdenkende Schicht. Sie war schön, und ihre Vertreter alterten spät und äußerst dekorativ. Unser Gesandtschaftsarzt, Doktor Claudio Schmidt aus Leuk im Wallis, der sein ganzes Leben in Wien verbracht hatte, pflegte zu sagen: »Diese österreichischen Herren halten jede Anstrengung aus; mit siebzig Jahren sind sie fünfzigjährig.«
Sie hatten immer Zeit. Bildung galt für bürgerlich. Wenn sie sie aber besaßen, wurde sie verborgen, aber sie war von Qualität, weil sie auf einer nicht mehr vorhandenen Menschenkenntnis beruhte, und weil sie völlig aus ersten mündlichen Quellen hervorwuchs, aus dem großen Gespräch mit den spanischen Granden, dem englischen Peerage und so fort über Europa. Diese exquisiten Europakenner waren erstaunlich mit ihrer Welt von Verwaltern, Förstern, Gestütsmeistern und einer zahllosen Dienerschaft. Um 1900 stand in Ungarn noch ein hoher Prozentsatz der Bevölkerung im Herrschaftsdienst. Menschlich hatten sie die freundlichsten Beziehungen. Die Art, in der mittleres Bürgertum im Westen einst Dienstboten behandelte, die ausnützende, ständig tadelnde, drohende Art war in dieser wie ein gutes Orchester eingespielten Schicht der alten Monarchie undenkbar. Das bildete bis zum Ersten Weltkrieg für den österreichisch-ungarischen Sozialismus ein begreifliches Problem.

Der Ton der verschwundenen russischen Oberschicht war viel aktiver, herrschaftlicher als derjenige der entsprechenden Kreise in Österreich, England, Frankreich und Spanien. Dafür aber spielte beim russischen Adel der Anspruch eines sozialen Gewissens eine große Rolle. Das war besonders bei den Frauen auffallend. Die russischen Damen hätten in ihrer Art, ihrem Typus, ihrem Auftreten nichts anderes sein können als

Vertreterinnen einer Herrscherschicht. Aber ihr Gewissen war belastet. Tolstoj hat eine Wirkung ausgeübt, die sich überall in Europa bemerkbar machte. Später setzte eine absolutistische Propaganda ein, als deren Folge zum großen Teil die physische Existenz dieser Klasse und auch ihr Bild ausgelöscht wurden. Die Vorlagen zu einer alle Vorrechte aufhebenden Diktatur finden sich in der ganzen russischen Literatur des 19. Jahrhunderts. Pilar erklärte Tolstojs sozialistisches Temperament dadurch, daß er sagte, der Familienzweig, dem Leo angehört habe, sei von den andern, sich noch ganz auf der Höhe befindenden Zweigen derselben Familie in jene besonders schwer erträgliche Kategorie verwiesen worden, die man in Wien »Schmudeln« nennt, womit man Angehörige eines großen Hauses meint, die entweder nicht standesgemäß verheiratet oder nicht mehr reich genug waren, um voll mitzugelten. Solche Erklärungen sind für noch vor hundert Jahren geltende Anschauungen bezeichnend, aber für Leo Tolstoj ungenügend. Der Adel hatte vor allen anderen Klassen das Risiko übernehmen müssen, durch lauter ihn umgebende Vorurteile gehemmt, sich standesgemäß durchzuschlagen. Söhne fanden, wenn sie physisch geeignet waren, Unterkunft bei der Armee, wurden Geistliche oder Beamte. Den Töchtern mutete man zu, falls sie nicht innerhalb ihrer Klasse heirateten, ins Kloster zu gehen oder bei Standesgenossen, die in noch größeren Verhältnissen lebten, als Erzieherinnen, Vorleserinnen, Gesellschaftsdamen unterzukommen. Heiratete ein solches zum Verzicht entschlossenes Geschöpf dann plötzlich in einem Anfall von Trotz und Lebenswillen den französischen Hauslehrer, so wurde sie in Tournus oder Nantes, besonders wenn Schwiegermütter vorhanden waren, bisweilen wegen Hochmut verfolgt. Gelangte der Gatte aber, etwa als Journalist, der über die Tyrannei unter den Zaren berichten und Bilder vom russischen Landleben entwerfen konnte, bis nach Paris, so gehörte er der unzerstörbaren Manieren seiner Gattin wegen sehr rasch zur »Welt« und von dort bald zur »Gesellschaft«. Ich kenne den Fall einer ursprünglich völlig besitzlosen Russin, deren erfolgreicher, radikalsozialistischer Gatte genau in dieser Lage war. Er starb an einer Blinddarmentzündung, und die Witwe heiratete daraufhin einen französischen Herzog, dem sie noch zwei Kinder schenkte. Die durch die zweite Ehe in ihren Rang Zurückgekehrte war mit einer Engländerin eng befreundet, weil sie mit ihr über alles reden konnte, was ihr in Frankreich unerträglich war, vor allem die modebedingte literarische Kultur der französischen Frauen und die Enge ihrer immer nationalistischen Wertskalen. Gerne erzählte sie ihrer Freundin von der massiven Antwort, die eine spanische Herzogin bei einem Diner gegeben hatte, als eine Pariserin sie mit etwas allzu spitzem Munde fragte: »Existe-t-il une cuisine espagnole?« Die Spanierin antwortete: »Nehmen Sie eine starke Büffelkuh, brechen Sie sie auf, nehmen Sie ein Büffelkalb, brechen Sie es auf, legen Sie es in die geöffnete Bauchhöhle der Kuh, nehmen Sie einen Truthahn, tun Sie dasselbe – stracks mit ihm in den Bauch des Kalbes – dann dasselbe nochmals mit einem Fasan und nochmals mit einer Lerche, und in die geöffnete Lerche legen Sie eine Olive, zuletzt lassen Sie das Ganze von Ihren Köchen stundenlang braten – und dann essen Sie die Olive. Das ist ein spanisches Rezept!«

Die besondere Art der italienischen Aristokratie besteht darin, daß sie zu einem großen Teil dem städtischen Patriziat entstammt. Seine Angehörigen waren von jeher Teil einer eng zusammenwohnenden Gemeinschaft, sie stiegen in dieser Gemeinschaft auf, blieben, was in einer Stadt das Schwierigste ist, durch viele Generationen gesund und aktiv, lebten für die Stadt, für alles, was hinter ihren Mauern und Gräben sich gegen immer neue Gefahren hielt und erhaltene Wunden ausheilte. Schmückten sie die Stadt, so schmückten sie sich selbst als Vertreter eines geistigen Gebildes. Es war erst in einer späten Stunde Venedigs, als vor der Besetzung durch die napoleonischen Truppen der venezianische Ratsherr Marchese Pesaro sagen konnte: »Geschehe, was wolle, ein Edelmann hat überall seine Heimat.«

Als der kunstliebende Charles B. einige Zeit nach dem Zweiten Weltkrieg den venezianischen Palast Labbia kaufte und ihn mit größten Kosten ausstattete, um die Überreste der einstigen hohen Gesellschaft zu empfangen, veranstaltete er unter anderem einen vielbesprochenen Maskenball, an dem alles, was Namen, Rang oder Geld besaß, zusammenströmte.

Er schickte uns einmal eine Prunkgondel mit vier Gondolieren. Sie hatten den Befehl, an einem kleinen Landesteg anzuhalten. Dort wartete die alte Gräfin Mocenigo, stieg ein und machte – wie es Sitte war, wenn man in einer fremden Gondel fuhr – die ganze Fahrt stehend mit. Der Hausherr empfing sie auf den Stufen des Palais, führte, erklärte, erzählte, blieb stehen, wo er die Wirkung von Effekten oder Ausrufe der Bewunderung erwartete. Die Venezianerin schwieg. Schließlich stellte B. beim Abschied die Frage: »Habe ich es richtig gemacht? Gefällt es Ihnen?«

Die Antwort lautete: »Für Venedig ist nie etwas schön genug«; dies mit einem Lächeln, welches die Härte des Ausspruchs beinahe aufhob.

Nikolsburg

Es waren starke Regengüsse niedergegangen. Zwischen der Bahnstation Laa und Nikolsburg[25] waren die Wiesen überschwemmt. Der Mond war voll. Als wir abends gegen sieben Uhr eintrafen und den uns erwartenden Landauer bestiegen, glänzte die Ebene, aus welcher sich der Fels des Dietrichsteinschen Schlosses[26] erhob und in seinen mächtigen und bewegten Umrissen vor dem in der weiten Wasserfläche sich spiegelnden Himmel stand.

Mein Onkel, wie ich ihn nannte, gab mir einige Ratschläge. Er sagte: »Wahrscheinlich wird ein Graf Dubsky sich unter den Gästen befinden. Er ist Monarchist und versucht immer, das Gespräch auf politische Fragen zu lenken. Er ist ein geschworener Feind der Aufklärung, der westlichen Demokratie. Er behauptet immer, alle Territorien der einstigen Monarchie würden mit der Zeit dem revolutionären Rußland zum Opfer fallen. Er scheut sich nicht, despektierlich von unserem eigenen Land zu sprechen und erklärte, bei uns seien alle Weltzerstörer gehegt und gepflegt worden. Lassen Sie sich auf keinen Fall auf ein politisches Gespräch ein. Verlassen Sie ihn, wenn er anfangen sollte, zu kannegießern.«

Der Fahrweg zum Schloß ist stellenweise in den Fels eingesprengt. Er führt in Spiralen in den Schloßhof, auf dessen Pflaster die Pferdehufe hämmerten, so daß es von den Mauern widerhallte. Noch sehe ich den weißhaarigen, soldatisch stramm und gleichzeitig gelöst wirkenden Fürsten auf der Freitreppe, der uns, von viel Livree umgeben, begrüßte.

Das nächste Bild, das sich mir einprägte: der Gang durch viele kerzenbeleuchtete Säle, an deren Ende, wie ein Pavillon, sich ein kleiner runder Raum befand, von lauter hohen, durch keine Vorhänge verhängte Fenster abgeschlossen, hinter denen die helle Nacht über der weiten Wasserfläche in einer Entfernung von fünf- oder sechshundert Metern gegen den Horizont einen zweiten Felsen erkennen ließ, auf dessen

Spitze ein gewaltiges Kreuz sich abzeichnete. In diesem Raum saß am Kartentisch die Fürstin aus dem russischen Hause Dolgorukij[27], die jene damals schon gemordete, einzigartige Schönheit und große Art der einstigen Oberschicht des Zarenreiches verkörperte. Ihr Partner war der Probst von Nikolsburg, Graf Waldstein, ein Prälat wie aus dem späten 17. Jahrhundert, mit dem Profil einer florentinischen Kamee und Händen, wie nur van Dyck sie gesehen hat und wie sie sich bloß in Ostasien noch finden. Ein Bild, ein Abglanz nur aus einer versunkenen, kaum jemandem mehr verständlichen Epoche; ein Bild, wie von einem ganz großen Bühnenkünstler mit letzten Vertretern, letzten Überlebenden gestellt.

Am Sonntagmorgen fragte mich der Sohn unserer Gastgeber, ob ich, während er am Gottesdienst teilnahm, die Bibliothek sehen wolle. Er stellte mich dem Bibliothekar, Studienrat Matzurka, einst Geschichtslehrer am Brünner Gymnasium, vor und überließ mich seiner Fürsorge.

»Meine Verehrung« und andere verschwundene barocke Höflichkeitsformeln begleiteten einen leisen, von genauester Kenntnis getragenen Vortrag über die Schätze der vor allem durch den Kardinal Dietrichstein[28] angelegten Sammlung. Es folgte beinahe in entschuldigender Weise: »Die Herrschaften interessieren sich nicht immer, ich möchte nicht mehr erwähnen, als was der Herr Attaché zu wissen wünscht. Darf ich bitten, Fragen zu stellen? Ich bin nicht gewiß, alle beantworten zu können, werde mich aber bemühen.« Ungewöhnliche, fast selbstparodistische, leicht ironisch vorgetragene Sätze, weder unglücklich, noch von Rankünе auch nur berührt, nur etwas resigniert, eben weil »die Herrschaften« nur selten vorbereitet und entdeckungsbegierig waren, vor allem jetzt, nach dem Umsturz. Und doch, »wenn einer der Gäste, die ins Schloß kommen, an meinen Arbeiten Anteil nimmt, weiß er oft mehr von der Welt als die Herren Professoren, die sich leider bisweilen mehr für das Wasser interessieren, das ihre Mühlen treibt«.

Die Herren Professoren, sagte er, die Herren Universitätslehrer oder die Herren Gelehrten.

Er führte mich zu den Inkunabeln und Manuskripten, die in hohen und tiefen Glasschränken aufbewahrt waren. Vor einem schweren, in rote chinesische Seide gebundenen Folioband hielt er an. Er nahm ihn vorsichtig heraus und legte ihn behutsam auf den großen Eichentisch in der Mitte des Hauptraumes. Er öffnete den Band auf der letzten Seite –

und herrlich strömten mir von rechts nach links, wie Lebewesen auf geometrischen Spuren bewegt, arabische Schriftzeichen entgegen.
»Ich vermag das Arabische nicht zu lesen,« sagte M. »Ein Schriftenkundiger aus Prag hat es einmal gesehen; es ist kein Koran.« Dann entnahm er dem Band einen Zettel, auf dem zu lesen war: »Von Czernin beim Entsatz von Wien[29] aus dem Zelt des Großwesirs gerettet.«
Plötzlich kam mir eine Erinnerung. Sie tauchte auf, weil ich mir die Frage stellte: was für ein kostbares Werk hat ein Großwesir, Oberstkommandierender einer gewaltigen Invasionsarmee, aus Konstantinopel mitgenommen, wenn es nicht der Koran ist? Und da fiel mir ein, daß in der Folge der türkischen Staatschronik[30] ein Band fehlt.
Von Wien aus schrieb ich an den großen Orientalisten Tschudi[31], von dem Louis Massignon[32] mir später einmal gesagt hat: »Wenn er stirbt, geht mit seinem Gehirn ein Wissen über die türkische Geschichte verloren, das sonst nirgends in dieser Weise vorhanden ist; nirgends, bei keinem andern Gelehrten und in keinen Büchern. Tschudi hat fast nichts geschrieben, aber er hat alles gewußt.«
»Was wird aus all dem?« Der Bibliothekar machte eine scheue Bewegung über die gesamten Manuskripte und Bücher. Ich schaute ihn fragend an. »Die Zeit der Schlösser ist vorbei. So oder so wird verschwinden, was so lang geschützt, geordnet vorhanden war. Im besten Fall entstehen Museen – überall Museen. Die Landreform, jetzt, wird noch ordentlich durchgeführt; die betroffenen Grundbesitzer wird man angemessen entschädigen. Aber später ...?«

Reisen nach Ungarn

Dreimal habe ich ungarischen Boden betreten; das erstemal während der kurzen Herrschaft Béla Kuns[33].
Ich fuhr am 12. Februar 1919 mit einem von Béla Kun unterzeichneten Passagierschein und meinem Paß in dienstlicher Angelegenheit von unserer Wiener Gesandtschaft nach Budapest, um zugunsten einiger von der kommunistischen Regierung eingekerkerter Schweizer Staatsbürger zu intervenieren. Wegen der unterbrochenen Bahnverbindungen fuhr ich im Automobil und passierte die Grenze nicht wie üblich bei

Bruck an der Leitha, sondern bei Petronell. Trotz meiner kompletten Ausweispapiere wurde ich in Raab von einer Patrouille angehalten, durchsucht und dann in einem lichtlosen Verlies eingesperrt.
Nach etwa einer halben Stunde trat Herr von Etwös in seiner Eigenschaft als englischer Honorarkonsul in Begleitung eines roten Offiziers und eines jüdischen Sekretärs des Budapester Provinzialsowjets ein. Herr von Etwös bat mich, ihm zum Sowjetdelegierten zu folgen. Der Sekretär und der Offizier entschuldigten sich bei mir wegen der versehentlichen Festnahme. Der Delegierte, mit dem ich konfrontiert wurde, hieß Isidor Kohn und war ein Mann von etwa fünfundvierzig Jahren. Er hatte früher, wie ich im Laufe der späteren Erhebungen erfuhr, als Verfasser von Liebesbriefen in ungarischen Dörfern bei der des Schreibens unkundigen Bevölkerung seinen Unterhalt gefunden. Da er sich mir gegenüber eines sehr hochfahrenden Tones bedienen wollte, äußerte ich meine Beschwerde in kurzer Form und bedeutete ihm, daß er von der Budapester Zentralregierung in scharfer Weise zur Rechenschaft gezogen werde. Er änderte sofort sein Benehmen, legte eine kriecherische Art an den Tag und versicherte mir, meine Angelegenheit so rasch als möglich ordnen zu wollen. Hierauf entließ er mich und ersuchte den Honorarkonsul, der sich meiner angenommen hatte, mir, bis weitere Entscheidungen einträfen, in seiner Villa Quartier zu gewähren.
In den nächsten zwölf Stunden bot mir Herr von Etwös die weitherzigste Gastfreundschaft. Seine Familie bestand aus seiner Gemahlin, einer geborenen Engländerin, der siebzehnjährigen Tochter May und dem zwölfjährigen Sohn John. Die Familie bewohnte das Erdgeschoß, mir wurde ein Zimmer im ersten Stock angewiesen, dessen übrige Räume an eine Handelsgesellschaft vermietet waren. Wir nahmen gemeinsam das Nachtmahl ein. Herr von Etwös erzählte mir, er sei zufällig Zeuge meiner Verhaftung auf der Straße geworden, habe an der Schweizerfahne meines Wagens den offiziellen Charakter erkannt und deshalb sofort interveniert. Er besitze Material, das Kohn sehr belaste und hoffe, es bei nächster Gelegenheit dem englischen Oberkommando in Wien sowie der kommunistischen Zentralregierung in Budapest aushändigen zu können. Nach dem Essen wurde musiziert. Um zehn Uhr verabschiedete ich mich von der Familie und begab mich auf mein Zimmer, wo eine Viertelstunde später mein Mechaniker sich meldete und mir mitteilte, er halte es für dringend geboten, noch in dieser Nacht weiterzufahren, da sich in der Stadt Plünderungen vorzuberei-

ten schienen und kein Organ der Zentralbehörde die Situation mehr in der Hand habe. Ich erklärte ihm, daß ein Weiterfahren ohne die ausdrückliche Erlaubnis des Delegierten nicht tunlich sei, daß ich dieselbe auf alle Fälle am nächsten Morgen zu erwirken gedenke, und daß eine fluchtartige Abfahrt in der Nacht praktisch unausführbar und zudem unserer Aufgabe nicht förderlich wäre. Der Mechaniker Anton Hiller, ein braver und äußerst anhänglicher Mensch, bat mich hierauf, die Nacht in meinem Zimmer verbringen zu dürfen. Er schob den Diwan vor die Türe, übergab mir die von ihm bisher sorgfältig im Wagen versteckte schweizerische Ordonnanzpistole, während er sich selbst mit dem tirolischen Messer im Stiefelschaft auf den Diwan niederlegte. Ich mußte über so viel Vorsicht lächeln, entkleidete mich und schlief nach dem anstrengenden Tag sogleich ein.

Um ein Uhr nachts wurde ich geweckt. Stimmengewirr, Schüsse, heftiges Gepolter gegen die Haustüre waren vernehmbar. Hiller stand an meinem Bett, hatte das Licht angezündet und bat mich, rasch aufzustehen. Während ich mich in aller Eile anzog, wurde auch schon das Haustor mit großem Krach gesprengt, und das Gebrüll der eindringenden Menge dröhnte durch das Gewölbe des Treppenhauses. Bereits schlugen auch schon Schüsse durch unser erleuchtetes Fenster ins Zimmer. Ich löschte das Licht sofort aus. Hiller wollte das Bett vor die Türe schieben; ich hieß ihn davon abstehen, räumte den Diwan weg, ersuchte ihn, solange als möglich bei unseren Papieren zu bleiben und, falls es nötig werde, allein nach Budapest zu fahren und sie an Ort und Stelle abzugeben. Hierauf begab ich mich ins Erdgeschoß, um der Familie meines Gastgebers womöglich behilflich zu sein.

Als ich die Treppe hinunterstieg, kamen mir zwei verlumpte, über und über mit Blut besudelte Rotgardisten mit gefälltem Bajonett entgegen. Ein Pfiff ließ sie anhalten. Sie wandten sich um, erhielten aus dem Getümmel, das unten herrschte, einen Befehl, machten hierauf ohne meiner weiter zu achten kehrt, liefen in großen Sprüngen die Treppe wieder hinunter und rannten durch die Haustüre ins Freie. Die Treppe war leer, ebenso der Hausflur. Bei der Glastüre des Erdgeschosses kam mir schreiend der kleine Sohn des Konsuls entgegen. Er war an der Schulter leicht verwundet, das Nachthemd hing ihm zerrissen am Leibe. In seiner Aufregung und Angst suchte er mir auf ungarisch zu berichten. Ich schickte ihn zu Hiller hinauf und drang in die Wohnung vor. Auf der Schwelle des Eßzimmers lag Etwös unbekleidet mit zertrümmerter Schädeldecke, um ihn herum die Papiere seiner Archivschränke zerstreut. Die Möbel waren umgestürzt, einige Weinflaschen lagen in Scherben und ergossen den Rest ihres Inhaltes in das Durcheinander, welches das Zimmer füllte. Nebenan, im Schlafraum des Ehepaares, war Frau von Etwös im Bett erschossen worden. Während ich mich von dem schrecklichen Anblick abwandte, hörte ich das Schreien einer Frauenstimme und dazwischen grölendes Schimpfen und Poltern verschiedener Männer aus dem hintersten Zimmer. Ich versuchte die Türe zu öffnen, sie war von innen verriegelt. Ich hörte nun aber deutlich die Stimme der Tochter meines Gastgebers, die verzweifelt um Hilfe rief und ahnte die Lage, in der sie sich befand. Ich öffnete nun die Türe mit einem Fußtritt. Drei Kerle, die das halb ohnmächtige Mädchen bedrängten, ließen von ihrem Opfer ab und wandten sich gegen mich. Vor dem Lauf der Pistole flohen sie aber durch die aufgesprengte Balkontüre ins Freie. Ich versuchte das unglückliche, aus verschiedenen Wunden blutende Wesen, das nun völlig die Besinnung verlor, durch kaltes Wasser wieder zu sich zu bringen. Während ich damit beschäftigt war, erschienen abermals zwei Rotgardisten, verschwanden aber wieder, wahrscheinlich um Verstärkung zu holen. Wegen der Gefahr, daß aus dem Garten in das helle Zimmer geschossen würde, trug ich das Mädchen auf den Korridor, rief Hiller, und dann transportierten wir die immer noch Bewußtlose in unser Zimmer. Dort verriegelten wir nun die Türe, ebenso, nach Hillers Weisung, mit der Matratze das Fenster, betteten den heulenden Knaben und das besinnungslose Mädchen auf Diwan und Bettdecken und erwarteten die weiteren Ereignisse.

Hiller flößte dem Mädchen Kognak ein. Es kam auf Augenblicke zu sich, schrie und schien schreckliche Visionen zu haben, worauf es sogleich wieder in eine Art von Betäubung fiel. Die Arme ist dann, ob durch die schrecklichen Eindrücke dieser Nacht oder durch die bei der versuchten Gewalt empfangene Infektion, wahnsinnig geworden und kam später in die Landesirrenanstalt Steinhof bei Wien.

Es mochte etwa eine halbe Stunde verflossen sein, als wir mehrere Personen in das Haus eindringen und die Treppe hinaufstürzen hörten. Mit Kolbenschlägen zertrümmerten sie die obere Füllung unserer Türe. Ich schoß sofort fünf Patronen der Pistole ab. Man hörte einige Schreie, einen Sturz die Treppe hinunter und hierauf die Flucht der drei oder vier Mann, die uns jedenfalls viel zahlreicher vermuteten als wir waren. Das Sonderbare bei den Ereignissen dieser Nacht war, daß sich nie mehr als fünf bis zehn Mann zusammenfanden, um anzugreifen, so daß anzunehmen war, es habe sich um eine ganz bestimmte gedungene Bande gehandelt und nicht um offizielle Kontingente der Roten. Außerdem konnte ich mir nicht erklären, warum Kohn gerade die Nacht meiner Anwesenheit für den Überfall gewählt hatte und mußte annehmen, daß er mich als unliebsamen Zeugen seiner Mißgriffe gern mit dem Konsul zusammen ausgeschaltet hätte. Warum aber die Unternehmung gegen unser Zimmer nicht nachdrücklicher geführt wurde, erfuhr ich erst im Laufe des Morgens. Unter den sechs in das Haus eingedrungenen Gardisten befand sich ein Büchsenmacher, dem Hiller während des Ersten Weltkrieges verschiedene Gefälligkeiten erwiesen hatte. Hiller hatte diesen Mann auf der Straße gesehen und ihm, ich weiß nicht aus welchem Grunde, mitgeteilt, es folge zu unserer Deckung ein Lastautomobil mit schwerer Bewaffnung. Der Büchsenmacher hatte augenscheinlich diese aus der Luft gegriffene Bemerkung in irgendeiner Form an seine Kameraden weitergegeben und diese, ohnehin mehr auf leichten Raub und allerlei Genuß als auf Kampf aus, fürchteten nun, bei uns starken Widerstand zu finden, wovon sie sich durch die fünf rasch nacheinander abgegebenen Schüsse noch mehr glaubten überzeugt zu haben.

Nun hörten wir durch die Stille der Nacht im Hause stöhnen. Ich rückte das Bett wieder von der Türe weg und ging hinaus, um nachzusehen. Ein Verwundeter saß auf der Treppe, und wie er meiner ansichtig wurde, griff er zum Gewehr. Ich befahl ihm, mir die Waffe auszuliefern, was er sofort tat, indem er versuchte, trotz seiner Wunde militärische Haltung anzunehmen. Ich nahm ihm auch seine Patronentasche ab und führte ihn in unser Zimmer, wo wir ihn, nachdem die Türe wieder verschlossen worden war, untersuchten. Er hatte eine Fleischwunde am Oberschenkel und viel Blut verloren, sein Zustand war jedoch ungefährlich. Er sprach gut deutsch, und ich fragte ihn, ob wir weitere Angriffe zu gewärtigen hätten. Er sagte, es käme ganz darauf an, wie sich die Stadtwache verhalte, die wegen der unschlüssigen Haltung ihres Kommandos gegenüber dem Delegierten bis jetzt passiv geblieben sei. Während wir uns noch unterhielten, brach auf der Straße ein sehr starkes Infanteriefeuer aus, in das nach einigen Minuten salvenweise auch Maschinengewehre eingriffen. Das Schießen dauerte etwa eine Stunde. Es war sechs Uhr früh. Durch den Korridor und die eingeschlagene Türe drang bereits das Tageslicht ein, als wiederum Schritte im Haus vernehmbar wurden und gleich darauf zwei rote Offiziere mit Mannschaft erschienen. Hiller wollte sich mit dem Gewehr

des Verwundeten schußfertig machen; ich hieß ihn aber davon absehen, da ich ohne weiteres annahm, es sei eine Wendung der Dinge eingetreten und der Offizier komme in friedlicher Absicht.
Dies war auch der Fall. In wortreicher Rede beteuerte der Hauptmann sein Entsetzen und Bedauern über das Vorgefallene, teilte mit, die Stadtwache habe erst um halb fünf Uhr früh – auf den durch eine Staffette überbrachten Befehl des Rayonskommandanten hin – gegen die Übergriffe Kohns und seiner Anhänger einschreiten können. Kohn sei jetzt verhaftet. Hierauf verlangte der Offizier, daß ihm die Kinder des Konsuls zur Pflege und Unterbringung ausgeliefert würden. Ich weigerte mich, auf dieses Ansinnen einzugehen, verlangte eine sichere Eskorte bis zu meinem Wagen, bestand darauf, daß Hiller das Gewehr und die gefüllte Patronentasche behalte, lud die Pistole wieder und begab mich mit vier Mann und dem Offizier ins Zeughaus, wo ich den Wagen anlaufen ließ und dann mit einem Mann neben mir am Führersitz zur Villa zurückkehrte.
Gerne hätte ich etwas zur Rettung der englischen Staatspapiere beigetragen, aber meine offizielle Stellung verbot mir, mich in die Angelegenheit einzumischen. Ich brachte nun die beiden Waisen zum Wagen hinunter. Das Mädchen war vollständig zu sich gekommen, sprach aber wirr und schien an großen Schmerzen zu leiden. Der Knabe benahm sich äußerst gefaßt, versuchte nicht nach seinen Eltern zu fragen – deren Schicksal er wahrscheinlich kannte – und über seine übrigens geringfügige Schulterverletzung klagte er nicht. Beim Einpacken einiger Habseligkeiten für die Kinder sowie des Schmucks und der in einem nicht erbrochenen Kassenschrank vorgefundenen Wertpapiere war mir der Advokat der Familie behilflich. Ich ließ von ihm jedes mitgenommene Stück inventarisieren und übergab ihm die nötige Summe für ein anständiges Doppelbegräbnis.
Wir fuhren um zehn Uhr von Raab weg. An den Platz des Soldaten hatte ich den immer noch mit dem ungarischen Ordonnanzgewehr bewaffneten Hiller gesetzt. Da das junge Mädchen sehr unruhig war, aus dem Wagen zu springen versuchte und der zwölfjährige Junge zur Bewachung nicht ausreichte, mußte ich mich entschließen, einen Zollsoldaten mitzunehmen, der sich zwischen die Kinder setzte. Hiller befürchtete, daß uns dieser von hinten angreifen könnte. Ich fuhr aber so rasch, daß er es nicht ohne eigene Gefahr hätte tun können.
Anstatt nach Budapest fuhr ich über die Grenze zurück und war um zwölf Uhr in Schloß Petronell bei meinem Freunde Grafen Carl

Thurn, dessen Familie ich die Kinder anvertraute. Ich benachrichtigte telephonisch die englische Botschaft in Wien von dem Vorfall und ersuchte sie, sofort einen ersten Frauenarzt und einen Psychiater nach Petronell zu schicken. Die übrige Sorge für die Kinder überließ ich meinen Freunden und fuhr um drei Uhr nachmittags wieder in Richtung Budapest ab.

Als ich das zweite Mal Raab passierte, standen vor allen öffentlichen Gebäuden Doppelwachen; über die Stadt war scharfer Kriegszustand verhängt. Die Truppe erwies bei unserer Durchfahrt überall die militärischen Ehren. In der Nähe von Tata, auf dem Gebiet der früher Fürstlich-Metternichschen Güter bemerkten wir entlang der Straße im Licht der Scheinwerfer mehrere Galgen mit Gehängten. Wie ich in Budapest erfuhr, waren es die Leichen des Gutsverwalters und seiner drei Söhne, die sich der Konfiskation der Güter pflichtgemäß widersetzt hatten. Fünfundzwanzig Kilometer vor Budapest wurden wir von einem Panzerautomobil angehalten, dem ein Mercedeswagen mit dem Volkskommissär Tibor Szamuely[34] und seiner Begleitung folgte. Sie begaben sich nach Raab, um Erhebungen über die dortigen Vorfälle zu machen. Ich erteilte dem Kommissär die erwünschten Auskünfte. Diese Begegnung ist die einzige, die ich mit dem später so »berühmten« Justizkommissär des sowjetischen Ungarn hatte. Ich war vor allem betroffen durch die Schwächlichkeit und das krankhafte Aussehen des noch sehr jungen Machthabers, dem die Verantwortung für so viele Menschenleben oblag. Um halb ein Uhr nachts kamen wir in Budapest an. Ich war so müde, daß ich nicht mehr hätte verhandeln können.

Ich tat dies erst am nächsten Morgen, wo ich mich mit Béla Kun, dem obersten Volkskommissär und damaligen Diktator, dem Freunde Trotzkis und Lenins eingehend unterhielt. Er war damals schon sehr müde und litt an den Folgen seiner Gicht, seiner übermäßigen Arbeit und seiner hauptsächlich alkoholischen Ausschweifungen. Der dreißigjährige Mann hatte kein Haar mehr auf dem Kopf, und seine Hände, die mir die Zigarettendose hinhielten, zitterten stark.

Über die Ermordung des englischen Honorarkonsuls, die er sich von mir ausführlich erzählen ließ, sprach er in keiner Weise frivol. »Kohn«, sagte er, »werden wir aufhängen lassen; der Mann hat es nicht anders verdient. Sie mit Ihren westeuropäischen Begriffen finden bestimmt alle diese Methoden gleich verwerflich. Ich versichere Sie aber, daß wir es hier im Osten nicht anders machen können. Dieses gestrige Verbrechen wird uns den schwersten Repressalien Englands aussetzen. Unsere Freunde, die Russen, können uns nur finanzielle Hilfe schicken, und auch das nicht mehr lange. In Szeged steht die weiße Armee; sie ist, wie ähnliche reaktionäre Formationen in Rußland, nicht zu verachten. Wir haben, wie Sie wissen, in Ungarn kaum ein wohlhabendes Bürgertum; nur den grundbesitzenden Adel, dann Industriearbeiter und Landbevölkerung. Dazwischen steht eine international gesinnte jüdische Schicht, die wiederum in zwei Gruppen zerfällt: in die großkapitalistischen Industrie- und Bankmagnaten und in kleine Händler und Intellektuelle, zu denen ich mich selbst rechne und wozu die meisten Führer der jetzigen kommunistischen Bewegung gehören. Uns ging es um die Befreiung unseres seit Jahrhunderten verlachten, verspotteten und unterdrückten Volkes. Einer wird immer herrschen und der andere gehorchen. Es können nicht alle das Kommando führen, und auch nicht alle können Kohle in die Schiffskessel werfen, nur ist es richtig, wenn von Zeit zu Zeit der Platz gewechselt wird, und dazu war für uns jetzt der Augenblick gekommen. Vorfälle wie der Mord an dem Honorarkonsul sind die Folge unseres raschen Aufstiegs, der manche Existenzen mit sich emporreißt, die weder die Kenntnisse noch die Voraussicht und den Charakter besitzen, um viel Macht und viel Verantwortung ohne unheilvolle Folgen in der Hand zu haben. Kohn hat sein unsinniges Unternehmen in einem Augenblick durchgeführt, als er schon verloren war, denn die belastenden Zeugnisse, welche der Konsul gegen ihn hätte vorbringen können, waren uns längst bekannt. Kohn ist vielleicht bereits gerichtet; die Welt wird weitergehen, ohne den Verlust zu spüren. Er war eine politische Provinzgröße, der berühmte Mann der Kleinstadt, weiter nichts. Daß er in irgendeiner Verbindung mit Rußland gestanden hätte, ist unsinnig. Interesse an englischen Geheimberichten konnte er nicht haben.«

Soweit der Diktator. Im übrigen wurde auch diese Größe durch die Gegenrevolution vom irdischen Schauplatz vertrieben. Als Flüchtling in Rußland eingetroffen, verschwand Bela Kun schließlich dort im Lauf einer jener großen von Stalin veranlaßten brutalen Säuberungsaktionen und wurde vermutlich im Jahre 1937 erschossen. So ereilte ihn also das gleiche Schicksal, das er selbst seinem Stammes- und Gesinnungsgenossen bereitet hatte. Es bildet nur ein Glied in der unabsehbaren Kette von Verfehlungen und blutigen Taten, welche die Menschheit auf sich nehmen mußte, um einen Weg weiter zu gehen, von dem sie in ihrer großen Mehrheit immer noch hofft, daß er zum Licht führe.

Meine zweite Fahrt nach Budapest erfolgte im Jahre 1921 während des Burgenlandkrieges, wieder mit dem Wagen, aber diesmal in Begleitung eines Kollegen. Kurz nach Bratislava (Preßburg) wurden wir von einer ungarischen Truppe angehalten, aufgefordert auszusteigen und uns ins erste Stockwerk eines Zollgebäudes zu begeben. Dort wurden unsere Papiere eingehend geprüft. Man hielt uns ungefähr während einer halben Stunde zurück, dann entließ man uns. In schneller Fahrt erreichten wir Raab. In dieser Stadt verlangsamte ich das Tempo erheblich. Auf der linken Seite der damals noch echten, breiten, staubigen Landstraße fuhr ich einen breiten Graben entlang. Da hörte ich den Klang eines vom Wagen auf die Chaussee fallenden Metallteiles, und im Augenblick, in dem die Straße nach rechts bog, begann mein Lenkrad widerstandslos wie ein Kreisel zu drehen. Der Wagen fuhr geradeaus weiter, stürzte in den Graben, stieg am linken Rand noch empor und schlug gegen den Stamm eines Maulbeerbaumes. Eine Wasserfontäne spritzte aus dem zerrissenen Kühler hoch. Mein Begleiter, der sich das rechte Knie angeschlagen hatte und bei dem nun der bekannte Bluterguß hinter die Kniescheibe erfolgte, wurde ohnmächtig. Mir war nichts geschehen. Hilfsbereite Leute waren sofort zur Stelle und richteten den Wagen auf, so daß ich aussteigen konnte und meinen Kameraden in das nächste Haus zu bringen in der Lage war. Er wurde in einer Wohnung zu ebener Erde von einer sehr alten und einer hübschen jungen Frau aufs beste betreut. Man schickte nach einem Arzt. Nach seiner Behandlung kehrte das Bewußtsein meines Kollegen rasch zurück, aber es gab keine Möglichkeit weiterzufahren. Es meldete sich ein junger Mann, der nur ungarisch sprach. Die beiden Frauen, Schwäbinnen – die Mutter hieß Wagenzommer – übersetzten. Er stellte sich als Automechaniker vor und brachte den Bestandteil, dessen Hinunterfallen ich gehört hatte. Es war die Schraubenmutter der Lenkung, und der aufgeweckte Mechaniker erklärte, jemand habe den Splint gelöst. Dies war natürlich während des Aufenthaltes im Zollhaus geschehen. Nun war guter Rat teuer. Am nächsten Vormittag um neun Uhr hatten wir unsere erste Besprechung in Budapest.

Mein Gefährte biß die Zähne zusammen, erhob sich von seinem Lager, und an einem ihm geliehenen Stock begab er sich auf die Straße, um eine Fahrgelegenheit aufzutreiben. Es wurde uns mitgeteilt, eine solche werde sich vielleicht zwischen neun und zehn Uhr abends finden, und wir wurden eingeladen, an einer Dorfhochzeit als Zuschauer teilzunehmen und uns durch ein Glas Tokajer zu stärken.

Es war stockdunkle Nacht, als ein sehr großer, schwarzer Wagen vor dem Haus unserer beiden Gastgeberinnen hielt. Man holte uns. Wir nahmen beide neben dem Fahrer Platz und gelangten schließlich nach der Landeshauptstadt und vor das Hotel »Balaton Palace«, wo ein erstaunter Portier uns in Empfang nahm.
Mein Wagen war in Raab in der Obhut des jungen Mechanikers geblieben. Schon am übernächsten Tag wurden wir durch unseren Konsul nach Wien zurückgebracht. Am Vormittag, kurz vor der anberaumten Besprechung, wurde mir eine Rechnung für den Transport von Raab bis zu unserem Hotel gebracht. Sie stammte von einer Begräbnisanstalt, und wir waren, ohne es zu wissen, in einem Totenwagen gereist.

Und nun sollte die dritte, auch wieder dienstliche und sehr kurze Fahrt erfolgen, und zwar unter der Herrschaft des Admirals Horthy[35], der im November 1921 – nachdem die Entthronung Kaiser Karls vor der Nationalversammlung ausgesprochen war – wegen der beiden Ausreisen des unglücklichen Monarchen aus dem Asylland Schweiz mit dem Bundesrat verhandelte. In diesem Zusammenhang ist es von Wichtigkeit, zu erwähnen, daß der König von Ungarn der Schweizer Regierung das Ehrenwort gegeben hatte, nicht ohne vorhergehende Mitteilung sich ins Ausland zu begeben, und daß er auf die Anfrage, wie dies dennoch habe geschehen können, die Antwort gab, er sei nicht ins Ausland gefahren, sondern in sein angestammtes Königreich.
Bei dieser dritten Reise herrschte schönes Herbstwetter. Ich unternahm sie diesmal auf einem Donaudampfer und habe nie in allen zurückliegenden Jahren eine schönere Flußfahrt erlebt. Von Freunden wurde ich bis an den Rand der Pußta gefahren. Wir erlebten keine Fata Morgana, aber eine ähnliche Weite habe ich später auch in Asien nicht mehr erblickt. Nur eine späte Fahrt durch die Serengeti-Steppe weckte meine Erinnerung an jenen weit zurückliegenden und großartigen Anblick. Zwischen diesen beiden Erfahrungen des Auges liegt so viel Ungeheuerliches, das die Menschen sich inzwischen angetan haben, daß, wenn ich an die in jenen beiden Landschaften erlebte Ruhe des Raumes und der Weite und an das von jedem von uns in seiner Weise erduldete Tun unserer Zeitgenossen denke, mir Shakespeares Wort, wonach der Ablauf der menschlichen Geschichte der Traum eines Irrsinnigen sei, im Stimmungsgehalt, aus dem der große Brite gesprochen hat, noch mutiger und zugleich noch tiefsinniger erscheint.

PARIS

Paris 1910

Paris sah ich zum erstenmal im Oktober 1910. Als ich nachts elf Uhr von der Gare de l'Est an die Rue de Rivoli fuhr, waren die Straßen leer und dunkel. Die Luft roch nach Ammoniak, Kohlenrauch und Leuchtgas. Das Holzpflaster im kalten Regen war naß, und das magere, müde Pferd glitt mit allen vier angestemmten Hufen um einen Meter vorwärts, wenn der Kutscher an der Kandare riß, weil ein anderer trauriger Pferdekopf an der Kreuzung aus einer engen Seitengasse auftauchte. Wenig Fuhrwerke waren unterwegs. Am Eingang zu einer breiten Straße sah ich Gewehrpyramiden mit den aufgepflanzten langen, spitzen Bajonetten, und es brannte ein Biwakfeuer, um welches Soldaten mit hochgeklapptem Mantelkragen herumstanden und -saßen. Es herrschte eine merkwürdige Stille, selten unterbrochen vom Gequäk der Gummihupen, die an der Außenseite der wenigen überlauten Taxis angebracht waren. Noch wußte niemand, welch heroische Aufgabe diesen Veteranen vier Jahre später in der Marneschlacht zugedacht war. Pferdegetrappel aber hörte man von allen Seiten, dazu ein leises Klirren, ein Anschlagen von Metall an Metall, bisweilen ein ledernes Ächzen aus nächster Nähe, knappe Rufe und wieder Getrappel, bald Trab, bald Schritt, aber kaum ein Ton von rollenden Rädern.
Als wir wie in einen mächtigen Saal einfuhren, mit einer Säule in seiner Mitte – der Vendôme-Platz, wie mein Vater mir mitteilte –, hielt der Fiaker an, denn uns entgegen in zwei Kolonnen, um die Säule sich teilend, in verhaltenem Trab, durch den Nebel zu ungeheuren Dimensionen gesteigert, schnaubend, säbelblinkend erschien und umringte uns, rauschte vorüber und verschwand die Republikanische Garde. Kürasse warfen das blaue Licht der Gaskandelaber in schiefen, irisierenden Flächen in die lautlos wallenden und tropfenden Schwaden klebriger, durch das Häuserlabyrinth ziehender Wolkenfetzen. Als Nachzügler

der Großen Armee erschienen sie, und nun wußte ich: droben, unsichtbar entrückt, einsam stand der größte aller Soldatenkaiser, der letzte Caesar aus der Mittelmeerwelt, der gestürzte, dann wieder aufgerichtete Napoleon.

Am 10. Oktober hatte der Eisenbahnstreik begonnen. Alle wichtigen Linien waren militärisch besetzt worden, und der Verkehr wurde ebenfalls militärisch aufrechterhalten. Am 14. Oktober sollte der Generalstreik ausbrechen.

Am nächsten Morgen, als ich in meinem Hotelzimmer ans Fenster trat, lagen die Tuileriengärten unter dem von zartestem Gold durchflossenen Kreideblau des Pariser Himmels. Ich war frei, und so ging ich vorerst die Rue de Rivoli entlang unter den Arkaden hin zur Concorde, dann die ganzen Champs Elysées hinauf bis zum Triumphbogen, durch dessen Mitte am Todestag des Korsen die Sonne untergeht. Von dort gelangte ich in den herbstlichen Bois de Boulogne, und hier setzte ich mich auf die erste von der Sonne getrocknete Bank neben einen alten Herrn, der sich bemühte, im leichten Wind die flatternden Seiten des »Temps« mit den in gelben Handschuhen steckenden Händen zu beschwichtigen und ihren Inhalt, die Neuigkeiten über den Streik, durch einen am Seidenband befestigten, goldgeränderten Zwicker aufzunehmen.

Ich schaute. Wenn die Ereignisse in der Nacht die Straße in ein düsteres, schattenhaftes Heerlager verwandelt hatte, so floß jetzt im Licht der Strom aller Akteure der »belle époque« unbetroffen auf Gummirädern und leise schaukelnden Federn der zu ihrer letzten Vollendung gekommenen, in herrlichen Lackfarben glänzenden Equipagen, die einen den anderen zum Schauspiel, über die Wege des großen Parks dahin.

Mein Nachbar, der alte Herr, hatte seine Zeitung zusammengefaltet, sie in die Tasche seines kurzen sandfarbenen Mantels gesteckt, hatte den Zwicker von der Nase genommen, und nun betrachtete er die ihrem Ende sich zuneigende kurze Szene des Welttheaters. Er warf einen kühlen seitlichen Blick auf mich und sagte, indem er einen Stock mit Silberknauf in die Hand nahm: »In Ihrem Alter habe ich um halb elf Uhr vormittags gearbeitet.« Ich antwortete: »Ferien.« »Herbstferien«, verbesserte er. Dann zeigte er mit dem Stock auf die Räder eines Tilburys, der in gestrecktem Trab vorüberfuhr, mit einem jungen Dandy in braunem hartem Hut, der neben einer von Poiret gekleideten Dame in einem Chinchilla-Pelzmantel und im Hut der Saison saß, die eifrig auf ihn einredete, während der Groom mit gekreuzten Armen, Rücken an Rücken zu seiner Herrschaft, seinen kokardengeschmückten Zylinder durch unbewegliche Gesichtszüge unbeweglich festzuhalten schien. Die zwei Apfelschimmel, einer hinter dem andern, im Tandem, wie man sagte, angespannt, hatten weiße Nelken hinter den spielenden, zugespitzten Ohren. »Zucker«, sagte der alte Herr vor sich hin, und dann, als eine mit steppenden Rappen bespannte Viktoria vorbeizog, erklärte er feindlich und einsilbig, mit einer Kopfbewegung gegen den in den Kissen sich wiegenden, beleibten Insassen mit breitem gelben Schnurrbart: »Stahl« und dann leiser »Kamerun«.

Der Rhythmus, der uns umgab, der Rhythmus einer zu Ende gehenden Zeit, war noch der Trab; immer schlanker, immer gestreckter hämmerte er an uns vorüber. Der Alte hatte sich erhoben. »Es wird kühl«, meinte er, aber noch blieb er stehen und bezeichnete ein Gefährt nach dem andern. Ich stand nun neben ihm. »Das ist Baron Rothschild«, erklärte er, »hübsche Livree«; oder angesichts eines Coupés in dunkelrotem Lack mit gelben Rädern: »Schmutzige Rastaquouères[1] mit ihren Kokotten.« Er trennte sich plötzlich mit einem leichten Ruck von mir, legte einen Finger an den Rand seines »chapeau Kronstadt« und sagte: »Arbeiten Sie, junger Mann, arbeiten Sie! Die Zeit des Müßiggangs ist vorüber. Das Jahrhundert«, nochmals auf die blitzende Fahrbahn weisend, »wird solche Späße nicht mehr lange erlauben.« Wie recht er hatte!

Zwischenwelt

Zum Lesen begab ich mich meist in eine kleine Bar, die ich bei späteren Pariser Aufenthalten nicht mehr finden konnte.

Die Bar hatte Stammgäste. Zwischen fünf Uhr nachmittags und sieben Uhr abends erschienen immer dieselben Gestalten. Der Inhaber des Lokals, ein aus der Normandie stammender früherer Matrose, kannte sie alle und nannte sie bei ihrem Vornamen.

Da war einer, der mir gleich beim erstenmal auffiel. »Monsieur Alfred«, wurde er begrüßt. »Comme toujours?« fragte der Wirt. Weder auf diese Frage noch auf die Begrüßung antwortete der Kunde. Seine

Erscheinung war auffallend. Hochgewachsen, breitschultrig schritt er mit langen Beinen aus. In seinem Gesicht war etwas vom Wolf, am kleinen Finger der linken Hand trug er zwei mit Rubinen besetzte Goldringe.

Es begann schon der Frühling, aber es fiel noch nasser Schnee. Der Langbeinige hatte Kotklumpen an den Schuhen. Er schlug sie am Tischbein ab und ließ sie schmelzen und eine Pfütze bilden. Er hatte sich an den Tisch neben dem meinen gesetzt und mich dann gemustert wie man ein Stück Vieh auf dem Markt mustert. Schließlich drehte ich den Kopf, schaute in seine gelbgrünen Lichter und zischte »assez!«; dieses Wort läßt sich so gut zischen. Ein Grinsen stieg ihm langsam vom Kinn bis zu den Augenfalten und der Stirn. »Warum verderben Sie sich den Abend durch solche Lektüre?« fragte er mich auf französisch, etwas singend und indem er die Endsilben der Worte übermäßig betonte.

Ich las »Adolphe« von Benjamin Constant[2]. Das Buch lag vor mir, geschlossen, man konnte den Titel sehen.

»Wie kommt man heute dazu, derartiges noch anzuschauen? Kennen Sie Constants Briefe an Madame Récamier?«

»Warum reden Sie nicht deutsch?« sagte ich aufs geratewohl.

»Wie Sie wollen.«

Jetzt schien mir, er spreche deutsch mit baltischem Akzent, aber dies stimmte nicht genau, wie Andreas Pilar versicherte, der ihn einmal in meiner Gegenwart flüchtig traf. Pilar war an den Ursprüngen der Individuen viel interessierter als ich.

»›Adolphe‹«, fuhr bei der ersten Begegnung der Hagere fort, »ich frage Sie, kennen Sie Constants Korrespondenz mit Madame Récamier? Lesen Sie jenen Brief, in dem es ungefähr heißt: ›Ich leide hinter verschlossenen Türen, jeder Augenblick ist erfüllt mit Verzweiflung‹; und dann etwa so: ›Behandeln Sie mich sanft, ich lebe einzig mit dem Ziel, ihre Verstimmung zu vermeiden.‹ Die halbe Nacht habe ich mich über die Lektüre eines solchen Briefes geärgert, und jetzt sitzt da einer am Tisch neben mir und liest den ›Adolphe‹«.

Jedesmal, wenn ich im Verlauf der Zeit dieses Individuum traf, merkte ich mir einige seiner Aussprüche. Vorerst dachte ich: »Action française«[3], von einem Flüchtling aus dem Osten rezipiert. Der Mann war voller Widersprüche, heftig, gedächtnisstark und belesen. Man sagt immer von den Franzosen, sie seien Rationalisten; sie sind es nicht mehr als andere Westler. Sie sind es nur im geschlossenen Raum. Alfred begegnete ich in der Folge häufig, auch seiner Freundin, die meist nach kurzer Zeit zu ihm stieß, ein ganz in Tierhäute gehülltes rundes Wesen mit Frettchenaugen, das jedesmal in einem sehr raschen Südfranzösisch erklärte, warum es zu spät komme. Gelangweilt hörte er überhaupt nicht zu, sondern zog sein Notizbuch aus der Tasche, und immer notierte er etwas.

Eine andere Gestalt, die zu jener Bar gehörte, war die sogenannte »Prinzessin«. Sie gehörte zum Strandgut der russischen Emigration nach 1917, für die man im ganzen wenig Anteil zeigte. Entrechtete und mißhandelte Aristokraten können bloß auf die durch letzte Regungen eines absterbenden Snobismus unterbrochene Schadenfreude zählen. Für diesen absterbenden Snobismus war in den zwanziger Jahren ein Überangebot vorhanden, für die Schadenfreude war die Unzahl der Vertriebenen gerade recht. Mochten sie sehen, wo sie unterkamen, als Statisten für Nachtlokale,als Taxichauffeure. Es war in Paris nicht anders als in Berlin oder Konstantinopel. In Shanghai habe ich blonde, großgewachsene Russen gesehen, die, zum Gerippe abgemagert, im Laufschritt Rikschas zogen, in denen dicke Chinesen in den Polstern lehnten. Diese Flüchtlinge hatten wenig Anwälte. Sie wurden ausgenützt, und man zog Gewinn aus ihrer Not. Keine Propagandabewegung entstand zu ihren Gunsten. Administrativ wurden sie überall hart behandelt, und doch haben viele unter ihnen sich erfolgreich in den Arbeitsprozeß eingeschaltet und es, vor allem auch in der Wissenschaft, zu Erfolg gebracht. Auch dies war ein Teil der Völkerwanderung des 20. Jahrhunderts.
Jene »Prinzessin« war vorsichtig und behende. In Paris fiel sie auf, sie war das Kind einer Zigeunerin. In Häusern der Pariser Gesellschaft begegnete sie Rilke, und dieser entdeckte mit seiner Neigung zum phantasievollen Entzücken viele kostbare Eigenschaften an ihr. Er erwähnte einmal, ein schmales Armband, ein Andenken, sei ihm abhanden gekommen. Es war, wie man mir versicherte, offensichtlich, wer es mitgenommen hatte, aber Rilke wollte nicht daran glauben. Nachdem die Polizei dann den sogenannten Tatbestand festgestellt hatte, erklärte der Dichter, er habe der Dame den Gegenstand geschenkt. Später erschien die in dieser Weise Ausgezeichnete und erklärte, sie sei verheiratet, und sie erwarte ein Kind. Sie zeigte einen jungen, gut gewachsenen und höflichen Gatten. Es fand sich in Bayern eine Schloßherrin, die das in Paris im Elend lebende Paar aufnahm. Dort stellte sich dann heraus,

daß der Mann nicht der Gatte der »Prinzessin« war und daß sie kein Kind erwartete. Noch in Bayern lernte sie einen jungen ungarischen Grundbesitzer kennen, der sie heiratete und auf ihr Geheiß hin sich mit ihr wiederum nach Paris begab, wo sein kleines Vermögen und auch sein Grundbesitz in kürzester Zeit verlorengingen. Sie hatte ihn veranlaßt, ein Nachtlokal am Montmartre zu pachten, und dort wurde endlos das Lied der Wolgaschlepper gesungen, wurden endlos in roten Juchtenstiefeln stampfende Tanzschritte auf staubige Teppiche gehämmert. Ein gern gesehener Gast in den dunklen Räumen war ein griechischer Reeder, über dessen Reichtum Gerüchte umliefen. Eines Tages war die »Prinzessin« mit ihm verschwunden.
Fünf Jahre später erhielt ich aus Hollywood einen Brief. Die mit violetter Tinte geschriebenen, besonders großen Schriftzüge waren diejenigen des Stammgastes aus meiner Bar, eben der »Prinzessin«. Sie fragte mich nach den näheren Umständen von Rilkes Tod, mit der Begründung, sie stehe im Begriff, ein Buch über ihre Beziehungen zu dem großen Dichter zu schreiben. Von dem Buch und seiner Verfasserin habe ich nichts mehr gehört.

Léon Daudet

»Die ›Prinzessin‹ ist verschollen«, sagte Alfred eines Abends, »jetzt wimmelt es nur so von Prinzessinnen; hol sie der Teufel! Petersburger Kammerkätzchen, die auf die Flucht mitgenommen wurden.« Und dann unvermittelt: »Wenn Sie morgen kommen, um dieselbe Zeit, stelle ich Sie jemandem vor, aber sprechen Sie dann nicht von der Staël oder von Constant, ihrem Nationalheiligen. Ach, wie ich diesen ganzen faden Liberalismus hasse, der alle Käfige der wilden Tiere aufmachte. Die meisten Franzosen merken nichts. Es gibt wenig Ausnahmen; morgen werden Sie eine davon kennenlernen. Ja, die Franzosen! Man hat von ihnen gesagt, sie seien Rationalisten oder sogar, sie seien vernünftig. Vernunft, in einem Papageienkäfig eingesperrt! Immer dasselbe, eitle Redner!«
Ich hatte Lust zu streiten. »Warum leben Sie hier und reden solchen Unsinn?« rief ich; »wandern Sie nach Amerika aus und werden Sie Jä-

ger, das sind Sie von Hause aus. Wozu Ihre Bildung, wenn sie nur zu solch flachen Verallgemeinerungen führt? Die Franzosen! Was heißt das? Es gibt Paris, das die Moden macht und die Moden ändert, jedes Jahr anders, und es gibt die Provinzen, jede ist verschieden, und vor allem gibt es viel mehr einzelne als anderswo, und jeder denkt anders als sein Nachbar und kann, was er denkt, in erstaunlicher Weise zum Ausdruck bringen.«

Er schien nicht zornig werden zu können. Ausgesprochen milde meinte er: »Morgen treffen Sie einen, der wird Ihnen antworten, falls Sie seinem Tempo nachkommen.«

Dann war es morgen, und am Tisch saß ein beleibter Herr mit leidenschaftlichen Augen. Bei der Vorstellung verstand ich seinen Namen nicht, der meine war dem Träger der Rubinringe unbekannt. Er murmelte etwas, sein Gast stellte ihm Fragen, von meiner Gegenwart nahm er keine Notiz. Es war Léon Daudet[4], Journalist, Romanschriftsteller, Volkstribun, Polemiker, Vortragsreisender, Kritiker, Essayist, Biograph, Memorialist, Mediziner, Abgeordneter, Reisender, Philosoph. Er hat sich vierzehnmal im Duell geschlagen, hat es erlebt, daß sein Sohn ermordet wurde. Selbst ins Gefängnis geworfen, ist er in einer schmetternden Musik der Publizität ausgebrochen. Er mußte ins Exil, er hat die Rückkehr ins Vaterland erlebt.

Ich hörte ihn sagen: »Hat Ihr Komitee Vertreter, die in Rußland bleiben können und wirklich getarnt sind?«

Alfred, mit einem Hochziehen der breiten Schultern: »Nicht genügend getarnt. Sie verschwinden, einer nach dem andern. Es ist sehr einfach, das Geld fehlt uns.«

Darauf Schweigen.

Jetzt wandte Daudet sich zu mir. »Was treiben Sie? Wie heißen Sie?«

Gerne hätte ich wie Odysseus gesagt: »Niemand«.

»Studieren Sie Geschichte? Nehmen Sie sich in acht! Wie können Sie Kriterien finden, die für vergangene Epochen und ihre Gesellschaft gelten? ... «

Ein protestantischer Pfarrer hatte im Verlauf irgendeines Diskussionsabends geäußert, man sollte mit dem Kirchenbau aufhören. Gotteshäuser seien heidnisch, von Menschen errichtet, die meinten, ihr Sündenkonto im Jenseits zu vermindern. Ich weiß nicht, warum dieser Ausspruch Léon Daudet so besonders erregte. Er war außer sich; er schlug auf die Marmorplatte des kleinen Tisches, an dem wir vor dem Kaffeehaus saßen.

»Wissen Sie, was er gesagt hat?« rief er. »Er behauptete, das Evangelium habe uns von allen derartigen Unternehmungen befreit. Oh, diese hassenswerte Wortreligion, die Evangelien! Wenn ich derartiges höre, rufe ich die Exegeten herbei. Sollen sie ihren skeptisch machenden Kram auspacken! Wenn es weiterhin geschieht, daß sogenannte Pfarrer solche Blasphemien aussprechen dürfen, ungestraft, ungesteinigt, dann ist alles, was wir waren, was wir sind, verloren. Das Göttliche läßt sich von Menschen überhaupt nur durch Formen ausdrücken, niemals durch Worte. Was heißt das, was der Kerl da gelallt hat? Das heißt, daß man Chartres, Beauvais, die Kirchen Italiens und Spaniens in die Luft sprengen muß, daß sie von der Erde zu verschwinden haben! Ja, ja, so weit wird es noch kommen, wenn jeder hergelaufene Herostrat dergleichen mitteilen kann. Wenn ich den Dom von Chartres betrete, dann – ja dann rührt mich etwas an, etwas Übermächtiges, das durch kein Wort wiedergegeben werden kann, nur durch die Formensprache, die höchste, zu der die Menschen fähig sind. Würde ich die paar hundert überragenden Predigten hören, die im Lauf der Jahrhunderte gehalten wurden, so würde mir nichts, aber auch gar nichts von dem Unaussprechlichen geschehen, das mich einst um drei Uhr nachmittags in Chartres überfiel. Wissen Sie, was diese Wortkrüppel, diese Formenhasser, diese Illettrierten, die keine Form lesen können, mir jetzt zurufen würden? Sie sind ein Ästhet, würden sie schreien. Was heißt das, ein Ästhet? Das heißt, ein für das Schöne empfänglicher Mensch. Spüren Sie das nicht heranrücken, diesen Haß auf das Schöne als Ausdruck des Guten, diese Höllenfahrt, die wir jetzt anzutreten im Begriffe stehen, diesen einsetzenden Kult des Häßlichen, des Verzerrten, des Übelriechenden, ja des Stinkenden. Ich merke das Heranrükken einer stinkenden Welt, in der alle lebende Kreatur schließlich ersticken wird. Sie kommt, sie hat schon begonnen. Merken Sie nichts? Riechen Sie nicht diesen Höllenbrodem?«

Irgendeine zufällige Zeitungsnotiz konnte Daudet in solchen schöpferischen Zorn versetzen, und es entstanden, wenn er wütete, ungeheure Würfe von neuen Worten, mit denen er fremde Worte, ja das Wort an sich bekämpfte.

Ich traf ihn mehrmals, und wenn das Wetter es erlaubte, gingen wir eine halbe Stunde spazieren. Er sprach unablässig, aber er stellte auch Fragen, meist über Deutschland und die Deutschen. »Warum hat Schopenhauer Hegel gehaßt?« Antworten hörte er selten an, oder nur Bruchstücke. »Wer ist das, Stefan George? Was will er?«

»Zucht, Strenge, Höhe«, sagte ich, »de la tenue, de la sévérité, de l'altitude.«
»Tenue und altitude, das geht nicht zusammen«, brummte er, »es muß noch anderes dabei sein. Emphase?« Aber schon war er wieder bei der hassenswerten Krönung aller menschlichen Dummheit, beim Mehrheitsprinzip und bei der sogenannten öffentlichen Meinung, »cette poubelle«.

Silvester in Rouen

Dickens hat einmal gesagt, wenn die Erzähler den hundertsten Teil von dem berichten würden, was das Leben unaufhaltsam an merkwürdigen Verstrickungen und mehr als zufälligen Begebenheiten schaffe, so würden ihre Zuhörer und Leser sich vor der Unwahrscheinlichkeit, der übertriebenen Phantastik, dem Gewollten und mit allzu viel Absicht Gefügten solcher Vorgänge abwenden. Es ist so und hängt damit zusammen, daß es zwar viele Menschen gibt, die Einbildungskraft besitzen, unendlich viele, die mit vorgefaßtem Willen beobachten, aber gar so wenige, die sehen und hören. Nun gibt es aber Ereignisse, bei welchen zwei scheinbar völlig getrennte Bruchstücke überraschend in Stunden des Aufgeschlossenseins, der stillen inneren Freiheit uns mit solcher Kraft ins Auge fallen, daß plötzlich der Zusammenhang wie ein Strom mitten durch uns hindurchgeht und uns für Stunden mit fremdem Ergehen verbindet, als sei es unser eigenes.
Da ist mir ein solcher Zufall erinnerlich, der sich in der Silvesternacht des Jahres 1924 ereignete.
Ich war von Paris aus nach Rouen gefahren.
Es gehört zum Schönsten, eine unbekannte Stadt zum ersten Mal bei Nacht zu sehn, eine gotische Stadt wie Rouen vor allem: anzukommen an diesen grauen Einfallstoren des 19. Jahrhunderts – den Bahnhöfen, den echten, den alten, vor allem wie sie nur Frankreich noch hat; Bahnhöfen, in welchen das elektrische Licht ein Eindringling ist, und wo Ruß und Regen, nasser Schnee, schwankende Handlaternen, ferne gellende Pfiffe und die Signalglocken so genau zu den schwarzgekleideten Familien gehören, die zwischen ihren Taschen, Körben und

Netzen unter Küssen und Umarmungen sich begrüßen oder Abschied nehmen.
Dann die frische, kühle Regenluft mit dem leichten Salzgehalt, denn der Wind kommt vom Meere her, die durch die breiten Vorstadtstraßen zieht; man kriegt die Tropfen hart ins Gesicht und atmet tief. Dann werden die Gassen enger, heller, die Fußgänger häufiger, bald drängen sie sich, und jetzt, im Innern der Stadt, gehen sie sonntäglich gekleidet den Wänden der taghellen Schaufenster entlang, und die Trambahn der Kleinstädte läutet durch die langsam in den schmutzigen Schneeresten vorwärtsstrebenden Wagenreihen. Die Kinder sind natürlich das Hübscheste; diese erwachsenen französischen Kinder, die doch so erwartungsvoll und wichtig und oft ganz beseligt an den Händen der Erwachsenen mit ihrem leichten Gang mit den Großen Schritt halten, die ihre Hüte grüßend lüften und eine Vorstellung haben von dem, was sie sind, wenn sie so mit den Ihren zu einem Fest durch die Straßen gehen. Auch die Luftballons gehören dazu – rote, grüne, blaue –, die aufleuchtend vor den von Seide und Metall blitzenden Auslagen vorbeiziehen. Fest werden die Schnüre von kleinen Fäusten gehalten, aber manchmal reißt einer sich dennoch los, schwankt gegen die feuchten Hauswände und die blinden, lichtlosen Scheiben der oberen Stockwerke und steigt in den kupfernen Himmel am Dächerrand vorbei, wo ihn der Wind aufnimmt und entführt. »Wer weiß, wohin«, sagt der freundliche Offizier mit dem gewichsten Schnurrbart zu seiner kleinen Tochter, und er tröstet sie, die mit einem Gesicht voll Tränen aufwärts in die unbekannte Neujahrsnacht schaut.
Dann tut sich die Seitengasse auf; sie ist eng, fast leer. Bisweilen lassen die Häuser eine Lücke, dann blitzt linkerhand ein finsteres Wasser auf. Am rostigen Geländer steht ein Mann, stopft seine Pfeife und schaut hinunter ins träge Vorüberfließen. Dann treten die Häuser noch näher heran, zu beiden Seiten schließlich verbindet sie ein Durchgang wie ein Torbogen auf der Höhe der ersten Stockwerke, und jetzt kommt es überraschend: in einem Licht von wenigen schwachen Straßenkandelabern, gebrochen von den seltenen, schweren Flocken, die vorübertreiben, wächst Gestein in ebenmäßigen Würfen aus der Gassenenge, herrlich gefügt, schlank, spielend, in der eigenen Kraft strebend um das weit geöffnete Portal einer Kirche, aus dem das Licht in Orgelklängen strömt, während höher aus der Fensterrose, durch das uralte Glas und seine Bilder, die Farben der fernen Jahrhunderte lautlos auf dem Lichtstrom hinuntersinken und mit ihm wegziehen. Zuletzt die Tür-

me; erst wenn man sehr nahe auf dem kleinen Platz vor dem Portal steht, wenn man den Kopf in den Nacken legt, sind sie da; und hinter den Türmen andere Türme, noch höhere – eine Gewalt aus Sehnsucht, Freude und Demut, steinern hervorgewachsen aus dem Gemüt einer Zeit und einer Gegend, die Normannen nach England entließ, wo dann diese im Gestein vorgezeichnete beherrschte Wucht sich durch die Zeiten und Länder verbreitete.

Der Abend gehörte mir, und so saß ich denn etwas später, nach Gängen kreuz und quer um diese unfaßlichen Gebilde herum, vor der gesprungenen Marmorplatte eines kleinen Tisches in einer leeren Schenke an dem schmalen Platz, und hinter den Scheiben, wenn man mit der Zeitung den Hauch des warmen Raumes wegwischte, lohten die Spitzbogen aufwärts, als erneuerten sie sich wie Flammen aus dem Innern der Erde.

Hinter der Bar stand ein fetter Bursche mit nackten Armen. Auf einem Holzthron saß verglast, mit unbewegtem Gesicht, das in Puder und Schminke wie festgefroren war, die Besitzerin, an deren kurzem Mittelfinger die Ringe mit den falschen Steinen fettig glänzten. Bisweilen schloß sie die Schublade einer mechanischen Kasse. Ich war der einzige Gast, und an einem Gespräch war mir nicht gelegen.

Merkwürdig, daß der Mann, der das Wasser betrachtete, mir wieder einfiel. Er sah so vergnügt aus in seinem festen Mantel. Jetzt mußte seine Pfeife schon halb geraucht sein. Er war einsam wie ich, er war ein Fremder, denn so unbeschwert und überlegen steht keiner in einer Stadt, zu der er gehört. Er war hergereist, das war klar; nichts von dem Druck der Stadt Flauberts lag auf ihm, er beabsichtigte bestimmt, eine Neujahrsente zu verspeisen und Rotwein zu trinken. Vielleicht würde er sich auch in die Bar setzen.

Die Tür ging auf, aber nicht er kam herein, sondern eine seltsam gekleidete Dame. Sie setzte sich und bestellte Tee mit Rum. Sie war groß und schlank, ja geschnürt, wunderschön und sicher ihre fünfzig Jahre alt. Gekleidet war sie genau nach der Mode von 1900. Ihr Hut schwelte auf dem Polster des über der Stirn gewellten Haares, um den Hals trug sie eine Federboa. Ihr ebenmäßiges, sanftes Gesicht war wie die Konserve einer schönen und seltenen Frucht. Ein Spitzenjabot quoll aus ihrer kleinen Jacke, an deren Aufschlag sie einen Veilchenbusch trug. Auf den Metallfuß des Tisches hatte sie einen mit Knöpfen hochgeschlossenen Stiefel gesetzt, der aus den langen Röcken hervorkam. Ihr Regenschirm war besonders befremdlich, lang und schlank, mit einem Elfenbeingriff, auf welchem ein goldenes, etwas verwischtes Monogramm graviert war. Die Vierundzwanzig hatte sie unverändert überdauert, und dabei schien sie in Eile zu sein und beunruhigt. Sie schaute zur Uhr, zur Türe, trank rasch in kurzen Schlücken ihren heißen Tee, zahlte aus einer kleinen Lederbörse und ging. Wie sie die Tür schloß, entstand ein kühler Luftzug. Der Bursche, der ihr Glas weggeräumt hatte, zog eine gestrickte Jacke an, stellte sich wieder hinter die Bar und schaute zur Kassiererin hinüber. Sie blinzelte mit ihren schwarz gefärbten Lidern und sagte: »Es ist Silvester heute.« Der Bursche grinste, und dann teilte er mir in wegwerfendem Tone mit: »Diese Dame kommt immer am Silvester, jedes Jahr.«

Später saß ich im Speisezimmer des Hotels. Alle Tische waren mit Familien besetzt, die fröhlich tafelten. Einige hatten, einer englischen Sitte folgend, Mützen aus farbigem Papier, Hahnenkämme oder Admiralshüte aufgesetzt, aber da es noch sehr früh war, sprachen sie in ernstem Tone miteinander über Steuern, neue Romane, Entartungen der Sprache und verstorbene Köche, welche die Enten anders zubereitet hatten. »In den Oliven eine Idee von Camembert mit rotem Pfeffer«, wiederholte immer wieder eine würdige Sechzigerin mit weißen Locken und großen Perlen, und wenn sie »Idee« sagte, zog sie die Brauen hoch, rundete den Mund, und ihre Stimme wurde zum Diskant, als wollte sie die fast mikroskopische Menge des kühnen Zusatzes zu den Oliven auf einer unerreichbar feinen Spitze darbieten. Der Oberkellner hörte traurig, aber ehrerbietig zu, wie sie fortfuhr: »Nur Lambert selig konnte das«, und dann plötzlich mit einer tiefen Bruststimme, »nur er.« Alle waren einverstanden, auch die Jungen, die es nicht mehr erlebt hatten.

Es konnte nicht fehlen, daß auch der Mann im festen Mantel das dunkle Speisezimmer betrat, in dem die schwachen Birnen in den Milchglaskugeln der alten Gasbeleuchtung brannten. Weil kein anderer Platz frei war, wurde er an meinen Tisch geführt. Wir verbeugten uns, er hustete, breitete die Serviette mit kräftigen, gepflegten Händen aus, und obwohl er noch nicht gegessen hatte, wischte er sich den Mund, schaute lachend mit seinem frischrasierten, roten Gesicht in die Runde, belustigt, aufgelegt, begütigend, als wollte er sagen: »Ach, diese Leute aus Rouen, diese guten Leute! So, so, ja, ja, auch solche muß es geben.« Dann suchte er nach seiner Brille, fand sie, eine schöne Hornbrille – damals kamen sie gerade auf –, er hauchte sie an, putzte sie mit dem Taschentuch, sah hindurch mit seinen vergnügten wasserblauen Augen,

und dann setzte er sie fest an ihren Platz unter die Stirn, mitten hinein zwischen seine hochgebürsteten weißen Haare und den in Spitzen nach oben gedrehten weißen Schnurrbart.
Das muß, sagte ich mir, ein französischer General sein, vielleicht ein Belgier. Aber wie er den Kellner rief, sprach er mit englischem Akzent. Er ließ sich beraten, begutachtete lange die Speisekarte, aber schließlich wählte er sehr eigenwillig, weder Fisch noch Ente, sondern Schildkrötensuppe, Weinbergschnecken, Rehbraten, eine Süßspeise mit Kirsch, Käse und auf keinen Fall Früchte, sondern dann gleich Kaffee; Zigarren habe er selbst, wobei er sich abfällig über die französische Tabakregie äußerte. Die Weine nahmen mehr Zeit in Anspruch. Die Witwe des verstorbenen Hotelbesitzers wurde gerufen, und auch hier wurde man einig: ein großes Glas Marsala, ein elsässischer Weißwein und zum Reh Burgunder im großen Glas. An all dem war nichts Verwunderliches.
Überraschend dagegen war, daß der verflossene General und nun vermeintliche Engländer – sein Akzent war wirklich sehr stark – nun sofort in einer bei seinen Landsleuten ungewöhnlichen Weise auf mich einzusprechen begann und mir erzählte, er käme von London, sei seit drei Wochen in Paris, sei zu Neujahr nach Rouen gefahren und kehre am nächsten Tag sehr früh wieder nach Paris zurück. Er habe vier Söhne und eine Tochter und erwarte nach Tisch einen alten Freund, den er seit vierundzwanzig Jahren nicht wiedergesehen habe. »Er hätte mit mir essen sollen, aber er hat seine Gewohnheiten. Er schrieb, daß er erst um zehn Uhr ins Hotel kommen werde.« Er schüttelte etwas den Kopf: »Ein Junggeselle, was wollen Sie!«
Dann erst betrachtete er mich prüfend. »Was haben Sie bestellt?« fragte er. Meine Wahl mißbilligte er, und nun erkundigte er sich etwas vorsichtiger nach meiner Nationalität. Sie sagte ihm zu. »Ein braves, ein arbeitsames Volk«, meinte er, »fortschrittlich. Ich habe die Schweiz bereist.« Etwas stimmte nicht, aber schon bei den Weinbergschnecken war ich im klaren: Er stammte aus Marseille, war früh in Geschäften weggekommen, zuerst vier Jahre lang nach Rouen, dann nach Quebec, von dort nach Montreal, und dort lebte er noch jetzt, nachdem er sich vor zwanzig Jahren mit der Tochter eines Müllereibesitzers aus Yorkshire verheiratet hatte und zu Vermögen gelangt war. »Im Krieg ging manches bergab, aber wir haben gut verdient«, sagte er.
Ich war fertig und wollte gehen. »Ach, bleiben Sie doch!« Er erschrak beinahe; er wurde ganz erregt, begann seine angelsächsischen Gebär-

den zu durchbrechen, mit den Händen zu reden, er rollte das »R« und leerte zweimal rasch hintereinander sein Rotweinglas.
»Nein«, sagte er, »bleiben Sie; wahrhaftig, es ist der Mühe wert. Sie müssen meinen Freund kennen; er ist ein Gelehrter, ein Original, wissen Sie, so ein richtiger Grübler.« Er schlug auf den Tisch, beugte sich vor. »Trinken Sie diesen Burgunder mit mir! Kellner, ein Glas! Ja, ja, ich sage Ihnen, ein Mordskerl, ich habe ihn seit zwanzig Jahren nicht mehr gesehen. Aber damals, da war er bezaubernd; so geistreich reden konnte er, wie der Vogel singt. Er hat Bücher geschrieben, ein Professor von der Sorbonne sagte ihm die größte Zukunft voraus. Ob sie erschienen sind, weiß ich nicht, ich habe keine Zeit, kümmere mich nicht um derartiges. Aber Sie haben bestimmt, sicher haben Sie von ihm gehört. Ein Tausendsassa, ja, das war er, aber still, ein Heimlicher und ein Träumer, gutherzig, ach wissen Sie und naiv, so einer, den man übers Ohr haut. Nichts für drüben, nein, das nicht. Und dann, nun ja, mit den Frauen, nein, da war er kein Held; so ein Stiftsfräulein oder ein Beichtvater, wenn Sie lieber wollen, aber einer von den zarten, die erröten; gutherzig, ja, er hätte keiner Fliege … «
Er war in Feuer geraten, das Blut stieg ihm zu Kopf, der Wein begann auch schon zu wirken. »Gut, daß ich Sie getroffen habe, ein reizender Zufall! Denn, nicht war, nach zwanzig Jahren, so ein Mann, den man nie wiedergesehen hat, man kann natürlich nicht wissen, natürlich nicht, aber immerhin zu dritt, wir werden jedenfalls lachen. Ja, das Lachen! Lachen hab ich immer gekonnt, vor zwanzig Jahren. Gott, war man jung damals! Auch so eine Neujahrsnacht war es: ›nächstes Jahr, Brüder,‹ sagte ich, ›da komm ich wieder, ein gemachter Mann!‹ Am nächsten Tag schiffte ich mich ein. Ja damals, da lebte man flott. Da war auch so ein Mädel, das sag ich Ihnen, so eine, da konnte man weit reisen. Oh, aus bestem Haus, eine Waise, und ein Tempo hat sie gehabt, einen Schwung! Ihn konnte sie nicht leiden, das allerdings. Nun, was sie wohl geworden sein mag? Das ist lange her … Er fiel ihr auf die Nerven, wissen Sie, mit seinen Rücksichten, seinem Tasten, als wende er Blätter eines kostbaren Buches um. Ja, so war er, so ein durchsichtiges Mönchlein … «
Immer weiter ging es so. Jetzt kamen die Schnäpse, Calvados und eine schwere Zigarre, versteht sich. Langsam leerte sich der Saal. Die kahlgegessenen Tische standen im fahlen Lampenlicht herum, und wie es etwa zehn Uhr war, betrat ein Mann den Raum. Er schaute sich um, ging dann zum Kleidergestell und begann sich seines Schirms, seines

Alphons Ehinger, genannt Globus, auf der Reise nach Wien

Werner Zuberbühler, Leiter des Landerziehungsheimes Glarisegg

Hutes, seines Mantels und eines Kragenschoners langsam, beinahe feierlich zu entledigen. Meinem Tischgenossen fiel er nicht auf. Ein mageres Männchen war es, unscheinbar, die Brust eingefallen, die Gebärden behutsam, die Hände etwas zitterig, das Gesicht gelb, vor kurzsichtigen Augen ein Zwicker über der herabgebogenen, starken Nase, die Haare spärlich, glatt in Strähnen über den Scheitel gebürstet. Er setzte sich an den ersten Tisch beim Eingang, er wartete.

Wie er nun die kleine Hand mit den starken Adern vor sich auf den Tischrand legte und mit den langen, aber eckigen Fingern leise zu trommeln begann, da war ein kühner Rhythmus in dem leisen Marsch, den er da skizzierte, und das Kühne teilte sich auch dem müden, vom Kinn zur Stirn bedeutenden, stark durchgearbeiteten Gesicht mit. Er zog eine Taschenuhr, nahm den Zwicker ab, wischte sich die Augen und begann plötzlich meinen Kanadier scharf zu fixieren, mit einem spöttischen, ja feindlichen, schon leise triumphierenden Ausdruck.

Jetzt kam der alte Oberkellner aus dem Vorraum wieder in den Saal. Er sah den neuen Ankömmling, näherte sich ihm beflissen, entschuldigte sich, wandte sich dann auf eine leise Frage des Unbekannten nach unserem Tische um und lief gleich darauf hinaus zum Portier, wohl um nach einem Gast zu fragen, dessen Name ihm genannt worden war. »Ist das nicht Ihr Freund?« sagte ich zu meinem immer weinseliger werdenden Gegenüber. Er schaute flüchtig hin: »Der dort? Nein, was denken Sie, der Zwerg; nein, nein, er ist groß.« Aber er schaute wieder und wieder. »Zum Teufel«, sagte er plötzlich, »der verdirbt mir die ganze Neujahrslaune; was hat der da so zu glotzen wie ein Spion?« Er starrte nun seinerseits den Mann mit dem Zwicker an, einen Augenblick glänzten die vier so verschiedenen Augengläser leise gegeneinander auf, aber dann war es mein Koloß, der vor dem Kleinen die Waffen streckte. Plötzlich vor sich hinschauend, mit immer röterem Schädel griff er tastend nach seiner Brieftasche, zog sie mit einiger Mühe heraus, fingerte ungeschickt und eilig darin herum, blickte noch einmal rasch nach der Richtung des späten Gastes, fand dann, was er suchte: die Fotografie seiner Familie, weiß gekleidet in Gartenstühlen. Während er sie mir mit ermutigend gehobenen Brauen hinreichte, sagte er vor sich hin: »Weiß der Teufel, der erinnert mich an etwas.«

Wie er dies sagte, betrat raschen Schrittes der längst erwartete Freund, hochgewachsen und nach der Manier der Symbolisten gekleidet, mit Lavallière und hängendem Schnurrbart den Saal. Der heitere Trinker aus Montreal sprang auf, und sie lagen sich in den Armen. Es handelte

sich um eine Akkolade in der Art, wie Generale sie zu erteilen pflegen, nur daß in diesem Fall beide der General sein wollten.
Auch der schöne »Symbolist« – denn er war schön und traurig, edel und entsagend, mit etwas Unaussprechlichem, was hätte sein können und nicht war, über seinem ganzen Wesen und auch in den verschleierten grünlichen Augen –, auch der Längsterwartete wollte General sein, das spürte man sofort, denn augenblicklich begann er in einem überaus wohlgesetzten Französisch seinen Jugendfreund und gelegentlich auch mich mit wahren Girlanden herrlich gefügter Sätze zu bewerfen, als sei er der Gastgeber des alten Kontinents, Galliens und im besonderen der Normandie. Wir saßen vorerst ganz gefangen in seinen Wortgewinden, umschlungen und verbunden. Es entging uns beinahe, daß plötzlich ein Tusch von Musik zu uns in das verlassene Hotelspeisezimmer hinüberklang, daß für einen Augenblick sich zwischen zwei Buffets in der gotischen Ausführung der achtziger Jahre eine Wandtüre öffnete und man kurz in einen hell erleuchteten Saal hinübersah, wo nun die Leute mit den papierenen Kronen, den Greifen-, Gänse-, Hühner- und Schweinsköpfen sich zum Tanze zusammenfanden. Dem kleinen Zwickerträger aber war es nicht entgangen. Gereizt sprang er plötzlich auf, schlug die Verbindungstüre zu und näherte sich dann langsam unserem Tisch, bis er ihn fast berührte. Jetzt erst unterbrach der »Symbolist« eine Periode, schaute auf, der Kanadier gleichzeitig. Nun schien seine Erinnerung Gestalt zu gewinnen. »Zitrone!« rief er aus, und der Symbolist ebenfalls »Zitrone!«
»Ja, ich bin's, den ihr Zitrone nanntet«, erwiderte der Kurzsichtige. »Ich habe den ›Menschenfresser‹ gleich erkannt, wie ich ihn heute auf der Straße sah. Nun ist er also doch zu einem Neujahrstag erschienen: Besser spät als nie!« Er begann zu kichern, indem er einen Sessel heranzog und sich ans Tischende setzte.

(Hier endet die Aufzeichnung. Der weitere Verlauf des Abends ist unbekannt.)

DANZIG

Das Hochkommissariat

Es war wenig Gutes daran. Alte Kutscherwohnungen des Generalfeldmarschalls von Mackensen[1]. Eine Kasernentreppe, die zu einem ärmlichen Flur hinaufführte, Kasernengeruch noch in den Vorräumen. Vergangenheit haftet ja immer untilgbar an den Wänden. Diese Vergangenheit gehörte dem preußischen Kommiß an, und es hätte eines stärkeren Zaubers bedurft als dessen, den der Völkerbund vermochte, um die hackenzusammenschlagenden Gespenster zu vertreiben. Mein Arbeitszimmer betrat man durch die Kanzlei, neben welcher ohne eigenen Eingang ein ödes Wartezimmer lag mit einer dunkelbraunen Tapete, die den Eindruck eines auf staubigem Tisch stehenden vertrockneten Tintenfasses vermehrte. Die Wand schmückte übrigens eine mächtige Karte Großpolens.

In der Kanzlei saßen zwei besondere Burschen, von denen der eine zwanzig, der andere zehn Jahre meinen Vorgängern gedient hatten. Herr Beier war ursprünglich dem Sozialismus nahegestanden und befand sich bereits in der Mauserung, Herr Lämmer war Nazi. Ob ihr Verhältnis gespannt war, weiß ich nicht, es wurde erschwert durch ihre sehr verschiedenen Aussichten auf Erfolg. Herrn Lämmer als PG schien er lächeln zu müssen. Herr Beier dagegen war ein nicht untragischer und doch lächelnder Philosoph. Beide sahen aus wie Spitzwegfiguren, und wenn es geschah, daß der Zeremonienmeister und Protokollchef des Danziger Senats, der hannöversche Herr Blume, den Raum betrat – denn durch diesen Raum kam jeder, groß oder klein –, dann katzbuckelten beide vor dem von seiner Schwester (er sagte Schwester) mit selbstgestricktem Schlips geschmückten kleinen und fistelnden Würdenträger, und es war das ganze anzusehn wie ein vollendetes Bild des skurrilen und bezaubernden Meisters aus Jean Pauls Welt. Das Vorzimmer war komödienhaft, das Empfangszimmer seiner

Exzellenz war einfach trist, auch mußte man bei ganz großen Gelegenheiten zu einem der Räume des Generalkommandos Zuflucht nehmen. Im Krieg kommt es vor, daß ein General drei Wochen lang nahe der Front mit einem Zimmer vorlieb nimmt, wie es die sieben Hohen Kommissare zu ihren Amtshandlungen benützten. Man war fern von den Marmorsälen des Palais des Nations. Selbst der Schreibtisch wäre gerade gut genug gewesen für einen Zahlmeister. An der Wand hingen die Fotografien meiner sämtlichen Vorgänger. Ich reduzierte ihre mich kontrollierende Anwesenheit auf die Gegenwart von zwei sympathischen Gestalten, den General Haking in Uniform mit dem schneeweißen Schnurrbart, wie ihn nur englische Generale zustande bringen, dann Manfredo Gravina, den in Danzig verstorbenen, der mir immer nach allem, was ich von ihm hörte, sympathisch gewesen war, ein unabhängiger Edelmann mit Scharfblick und menschlicher Einsicht. Auch meinen Freund Helmer Rosting legte ich mit den übrigen Herren Macdonald, van Hamel und Lester in ein tiefes und dunkles Schubfach, weil er mir in seinem Ebenbilde allzu erfüllt von seiner Mission und Würde erschien.

Der Blick aus den Fenstern war kärglich, man sah nach Osten eine Automobilwerkstätte, nach Westen einen engbrüstigen Stadtpark den Bahngeleisen angeschmiegt, auf dessen Bänken traurige Gestalten, wahrscheinlich Angehörige der politischen Opposition, vorwurfsvoll zu sitzen pflegten, sogenannte Stullen aus Wurstpapieren wickelnd. Nur wenn man sich vorbeugte, in der Perspektive eines schmutzig fließenden, von mürrischen Schwänen bevölkerten Stadtkanals, gewahrte man ein geschmücktes, schlankes, heiteres Giebelhaus mit blinkenden Messingbeschlägen an der gewichtigen Eichentür und hohe, im vielgeteilten Rahmen glitzernde Fenster: die leichte, aus schöngetöntem Backstein und Glas, Mauer und Licht gemischte Fassade großer hanseatischer Zeiten. Alles andere, so weit das Auge reichte, war wilhelminisch leer und laut, verquollen und verrenkt, mit der ganzen gehaltlos schwindelnden Frechheit der unbegnadeten zweiten Hälfte des letzten und der ersten zwanzig Jahre des neuen Jahrhunderts. Wie eine Lepra zerstörte es den herrlichen Körper der alten Stadt.

Brief an Marion Gräfin Dönhoff

Mir ist die Fahrt im flachen Boot über die weiten überschwemmten Felder völlig gegenwärtig. Ich sehe den hellen, ockerfarbigen Streifen unter dem im Westen aufgebrochenen Hochnebel. Wir fahren ständig im goldenen Schein seiner Spiegelung. Dann spüre ich den harschen Schnee beim Aussteigen, nachher das Lagern auf dem Rücken in den sorgfältig ausgehobenen Kuhlen, in unseren über den Pelzen getragenen weißen Mänteln, die schußbereiten eiskalten Flinten in den klammen Händen, die völlige Stille, das rasche Schwinden des Tageslichtes, zuletzt plötzlich den pfeifenden Ton, dieses einzigartige Knarren. Ich sehe die Spitze der pfeilförmigen Dreieckformation der schweren Vögel, bodennah. Ich lasse die Leitgans vorbei, schieße die dritte in der linken Flanke und höre ihren lauten, platzenden Aufschlag auf der Schneewehe neben mir.

Nach der Rückkehr in mein hiesiges Gefängnis[2] wurde ich von den kleinen Töchtern gemieden. »Du hast Ake getötet,« klagten sie. Aber Ake hatte ich vorbeigelassen.

Letztes Jahr, beim Rotwildtreiben, wurde von einem Unwissenden ein Leittier geschossen. Der Trieb, aus dem Wald kommend, überfiel das freie Feld. Das Leittier wollte nach Süden abbiegen, um in der Senkung des Feldes zu verschwinden und Schutz im großen Fichtenforst zu finden. Ich stand hinter einer Kiefer des Karrenweges, sah das getroffene Tier ganz nahe, wie es sich mit äußerstem Willen aufrecht hielt, noch drei schleppende, schwankende Fluchten machte, dann zusammenbrach, aber das Haupt noch hochhielt. Mir ist der Ausdruck der Verzweiflung in den Lichtern dieses Tieres vollkommen deutlich; etwas Furchtbares war geschehen, etwas, das mit dem zu tun hatte, was die Menschen Verantwortung nennen. In der ganzen Tierwelt ist diese Verantwortung bei der zur Leitung bestimmten Kreatur vorhanden. Bei den Cerviden geht es matriarchalisch zu.

Diese Erinnerung führt mich zu unserem abendlichen Gespräch zurück.

Bei welchem antiken Autor steht das Wort »Die Erde zittert, wenn der Knecht herrscht«? Steht es in der Bibel?

Ich liebe das abstrakte Wort »die Menschheit« nicht. Es gibt ein der Natur abtrünniges Wesen, das sich Mensch nennt, und das längst, außer bei sogenannten primitiven Völkern, dasjenige völlig verloren hat, was man despektierlich Instinkt nennt. Aber Instinkt heißt Einssein mit den Naturgesetzen. Noch Shakespeare kann sagen: »The lion will not touch the true prince«[3].

Das augenblickliche Erkennen des »true prince« ist der weißen Rasse völlig abhanden gekommen; die Mehrheiten geben sich dem »wrong prince« hin, folgen ihm wie dem Rattenfänger.

Mir scheint immer, es sei selbstverständlich, daß man lesen könne, was auf menschlichen Gesichtern geschrieben ist. Auf einem bestimmten Gesicht, an das wir beide ungern denken, steht Grauenhaftes geschrieben – nicht oben, *unten* – in der Mundpartie. Von diesem Gesicht sagte mir Ihre mütterliche Freundin, die künstlerisch, dichterisch so hoch begabte alte Dame, die den Bach in ihrem Park »Kephisos«[4] taufte: »Jeden Tag trete ich vor das Bild meines Führers und bitte Gott, er möge mir die Kraft verleihen, dieses Mannes würdig zu sein.« Was ist das?

Die opferbereite, kühne Stellung, die Sie einnehmen, den Widerstand, der von Ihren Freunden ausgeht, bewundere ich.

Hier bin ich einzig von Menschen umgeben, die im Netz einer unfaßbaren Hypnose hängen. Außer während meiner Ausflüge nach Ostpreußen und Polen habe ich überhaupt nur mit solchen Menschen zu tun. »Solche Menschen« – ich bin erstaunt, wie im Verlauf gewisser Gespräche, die ich mit einzelnen führe, bei den meisten Zweifel, Angst, plötzliche Einsicht zutage treten. Gewiß, immer handelt es sich nur um Individuen, und wenn ich genau dieselben Personen ein nächstes Mal treffe, geben sie sich wieder steinhart und wiederholen nur Sprüche und Modeworte, hinter denen sie sich sicher fühlen, weil sie von allen andern auch angewandt werden.

Die Frage, die mich täglich beschäftigt: Kann ein Gewaltregime, das nach einem verlorenen Krieg, einem schlechten Friedensschluß und einer unerfahrenen demokratischen Episode sich durchsetzt, durch andere Mittel überwunden werden als durch eine erneute internationale Katastrophe? Nach dieser Katastrophe – verbrecherischer Übertreibung des Autoritätsprinzips – wird dann jede Autorität bis zur letzten in Frage gestellt sein. Weiteste Gebiete aber werden durch eine sozialpolitische Doktrin von wahrhaft religiöser Wirkungsgewalt all die Machtmittel bewahren, die nur unter Diktaturen anwendbar sind. Ich fürchte, daß der russische Diktator, dem heute wie morgen eine Orthodoxie zur Verfügung steht, die (auf schwachen romantischen Anschauungen beruhende) Unternehmung Hitlers zuerst durch lockende

Solidaritätsangebote in das kriegerische Abenteuer hineinstoßen wird, um dann im Verlauf eines für Deutschland auf alle Fälle auf die Dauer aussichtslosen Kampfes den Spieß umzudrehen. Wahrscheinlich wird H. ihm dazu in seiner Verblendung, nach einigen Scheinsiegen, massive Vorwände zum Herumwerfen des Steuers bieten.

Ich bin immer bestürzt zu sehen, wie die Staaten sich hinter ihren völkerrechtlichen Kulissen verbergen, wie sie nie eine menschliche, nur immer eine konventionell juristische Sprache benützen, wobei dann für alles lebensgefährliche Geschehen trostlose formalistische Notenkriege vorausgehen.

Es gibt viele Deutsche, welche die Situation mit Klarsicht beurteilen. Viele unter ihnen wollen Widerstand leisten. Ich kenne Deutschland wenig, habe nur in meiner Studienzeit kurz in München und Göttingen gelebt.

Was mir aber jetzt von meinem Gefängnis aus wahrzunehmen möglich ist, beunruhigt mich aus folgenden Gründen: Man trifft ausgezeichnete Leute, die zum inneren Widerstand bereit sind, aber fast alle sprechen zu viel. Zum Unterschied von Slawen und romanischen Völkern ist die Kunst des Verschwörers kaum vorhanden. Rückhaltloses Vertrauen wird besonders den Engländern geschenkt; aber die Engländer sind vor allem ein eminent politisches Volk, von jeder vertraulichen Mitteilung werden sie politischen Gebrauch machen. Man vergißt zu leicht die unheimliche Interdependenz der Geheimdienste.

Zur Zeit sehe ich eine leichte Möglichkeit des rechtzeitigen Eingreifens, bevor dilettantische, nicht mehr rückgängig zu machende Abenteuer der deutschen Staatsleitung ihren Anfang nehmen. Eure Armee! Aber auch da bin ich skeptisch. Es gibt die militärische Erziehung, es gib den Eid.

Sollte es mir gelingen, diesen aus tiefster Besorgnis skizzierten Brief auf sicherem Weg zu Ihnen gelangen zu lassen, bitte verbrennen Sie ihn sofort. Er setzt unser Gespräch fort. Und bitte, was auch geschehen möge, sehen Sie sich vor. Es gibt ein *Nachher*, und in diesem »Nachher« wird Ihnen eine große Aufgabe zufallen.

Nochmals Dank für die glücklichen Tage in Friedrichstein.

Hermann Göring

Göring liegt und spricht. Im Unterschied zu seinem Chef sehr preußisch. Er ist so lebhaft und beweglich, daß man seine Leibesfülle vergißt. Er liegt wie Tristan im letzten Akt. Aber alles wagnerianisch, ein schöner Bassist mit leuchtenden blauen Augen, die Stirne im Profil gesehen hochgewölbt, der alle Karikaturen beherrschende Mund seltsam geschnitten, eingesunken wie bei einem alten Weib. Aus der ganzen Körperlichkeit aber dringt ein mächtiger Wille, er ist wie meist bei den Deutschen gemimt, nach außen gesteigert, sichtbar gemacht, aber hier ist dieser mimische Akt wirklich von einer Kraft gespeist. Leidenschaft, mächtiger Appetit aufs Leben, das breite schöpferische, sichtbare Leben, nackt wie aus Spielen kindlicher Phantasie, wie bei allen im Pubertätsalter stehengebliebenen Tätern, Hemmungslosigkeit bis zum Bösen, aber keine natürliche Bosheit, keine kleinliche Rachsucht, unter anderm auch Verstand, in Augenblicken scharfe, kräftige Verstandeshandlung. »Der einzige, der Bilanzen lesen kann«, sagte ein Großindustrieller. Da liegt er nun vor mir, glücklich wie es scheint, mit Zügen von Falstaff, der arriviert wäre, freigebig, sehr im Unterschied zu anderen in Augenblicken ritterlich, bisweilen gehen Wallungen des Gefühls vom Herzen aus. Mut ist in manchen Lagen sehr viel vorhanden, vor dem merkwürdig fieberhaften oder plötzlich erloschenem Auge seines Führers fällt all dies zusammen. Grausam liederliches Hinwegdenken über schwere Verantwortungen, ja auch die Lüge wird möglich durch diesen schweren, den einzelnen spaltenden deutschen Bruch, der durch Zwang, den militärischen Zwang vor allem, entstanden ist, in die Leute hineingeprügelt und geschrien wurde, als Summe unablässiger, über Generationen dauernder Schockwirkungen, aber auch diesen unorganischen Willen des Leistungszwanges, der Spitzenleistung, des sturen, sinnlosen Durchhaltens züchtete, der in höheren Wesen zum Heroismus an sich führt, zu einer Art von oft aufdringlichem, unfrommem Opfergedanken, der es unmöglich macht, in Geduld und Bereitschaft auf die tieferen Zeichen des Werdens in der Welt hinzuhören, sich ihnen zu fügen und zu dienen. Der harte, knappe, immer häufiger sinnlose Befehl wird allem übergeordnet, er wird zum einzigen Prinzip, er ist unendlich viel wichtiger als der Geist, der ihn ausdenkt und gar als der Sinn, der in ihm waltet. Und wieder bei den höheren Gestalten führt dies dazu, daß sie sich selbst bis zur letzten

Unnatur unter Zwang halten, und wehe, wenn sie sich gehen lassen ohne jedes Maß. Es ist alles wie in der Schlacht, ein Befehl in der Nacht, ein Befehl im Schrecken der Verwirrung, es ist wie der Entschluß eines verzweifelten Glücksspielers. Er ist sehr weit entfernt von einer der höchsten Leistungen des menschlichen Geistes, dem nach allen Seiten und Tiefen aufs rascheste messenden, erkennenden, sichernden wirklichen Befehl, von welchem das alte Preußen so vieles wußte. Diesem Befehl aber geht ein Gebet voran, und sei es auch nur ein Stoßgebet. Bei dem nach Macht und breitem Genuß des Lebens im Zustand der Flegeljahre erhärteten Menschen, der in seiner seltsamen Pracht vor mir liegt, ist der Befehl ein zum Wort gewordener Faustschlag, der durch die Wand hindurchhauen soll, falls eine Wand sich entgegenstellt. Es wird pariert, gehorcht, oder man wird zugrunde gerichtet. Aber noch anderes beherrscht sein Verhältnis zum Führer: Angst, die Angst einer unreifen, in der Pubertät stehengebliebenen, von Haus aus dem Licht der hellen, anständigen Richtung verschriebenen Natur vor den dunkeln, verdächtigen, zweideutigen Mächten, die um den anderen herumschleichen. Leute wie diesen künftigen Marschall hat es im Dreißigjährigen Krieg viele gegeben. Aber sie saßen nicht am Rundfunk, noch nicht einmal an der Druckerpresse, sie wirkten in einem relativ engen Raum, in den das Abenteuer sie gerade hinverschlug. Sie kannten keine Organisation, da und dort wirkten sie wild und frisch ins wilde und frische Leben hinein, und sodann: plötzlich saß ihnen die Höllenangst im Nacken. Jetzt fehlt die Höllenangst; einmal durch die Welle nach oben geworfen, greifen die neuen Herren nach allem, dann erstarrt die Welle in der Organisation, wird zum brüchigen Gipfel, und vor diesem Gipfel aus Sand über zu Sandkörnern gewordener, geordneter Menge erfassen die neuen Herrscher alles aufs Mal. Ihr zufälliger Charakter wird zum Grundriß, nach dem die unzähligen anderen ebenso zufällig sich einzuordnen haben. Da alles erstarrt, bleiben die zuerst Hinaufgetragenen, auch wenn sie jeder Qualität entbehren, zu lange oben, sie sind immer da, gewinnen die schlimme Macht der Gewohnheit zu ihrer zufälligen Stellung hinzu, eintönig wie Naturgewalten, willkürlich wie die Dämonen eines heidnischen Himmels. Wenn nun der Oberste, dem die andern blind gehorchen, das hemmungslose Tier aus dem Abgrund ist, das aus dem wahnsinnigen Zwang eines rachsüchtigen Impotenten heraus wähnt, alles zerstören zu müssen, um nach seinem Bilde gottähnlich alles neu zu schöpfen, dann kann nur die Gnade retten.

Aus einem Gespräch

Mit Weizsäcker[5] sprach ich 1938 einmal über die »Judenfrage«. Er sagte mir: »Gibt es Krieg, so wird auf diesem Gebiete Furchtbares geschehen. Warum versuchen die westlichen Mächte nicht eine konsequente Politik, um die liberalen Kräfte, die in Deutschland noch so stark sind, zu fördern und zu versammeln? Auch sollten sie den nun einmal vorhandenen nationalen und vielfach konservativen Tendenzen des deutschen Liberalismus Rechnung tragen. Aber nachdem man dem Deutschland Hindenburgs, Stresemanns und Brünings alles verweigerte, sogar die Zollunion mit Österreich, und jetzt vor der Gewaltanwendung beständig nachgibt, hat der ganze Teil Deutschlands, welcher noch an einer europäischen Ethik festhält, wenig Aussicht, gegen die Gewalthaber durchzukommen. Diese Nationalsozialisten sind eine bunt gemischte Gesellschaft; im Grund ist noch unendlich viel alter Individualismus und Liberalismus dabei. Auch sind die meisten erschreckt und möchten Abenteuer vermeiden. Wenn man mit den Angelsachsen in ein Verhältnis kommen könnte, welches leidenschaftslos, sachlich und für Deutschlands Zukunft etwas hoffnungsvoller wäre, würden die Doktrinäre unter den Nazis, die Extremen, rapid viel Wind aus den Segeln verlieren. Nur um alles in der Welt den Krieg vermeiden! Hitlers Antisemitismus ist ein pathologischer, monomanischer Zug dieses Mannes. Von der Partei aus gesehen aber war der Antisemitismus zu Beginn ein demagogisches Propagandamittel; es appellierte an die schlechtesten Instinkte, es nützte gewisse Voraussetzungen aus, die am Ende der zwanziger Jahre bestimmt vorhanden waren. Heute sind alle negativen Gefühle der Deutschen gegenüber den Juden abreagiert. Es gibt ja gerade zwischen diesen beiden Völkern auf dem höheren geistigen Gebiet so viele Bindungen! Nun denken Sie an Krieg und Ausnahmezustand. Da muß das Regime nun diesen natürlichen Tendenzen – den Tendenzen der Entspannung – jede Entwicklung abschneiden, das Unwiederbringliche schaffen, das Volk mitverantwortlich machen durch nicht wiedergutzumachende Taten.«

Otto Kuhn

Auf einmal steht eine Gestalt vor mir, die nur sehr wenige gekannt haben und die nur von sehr wenigen noch aufgerufen werden könnte: der alte, aus Ostpreußen stammende Danziger, der Waldläufer und Jäger, der knorrige, über alle Begriffe freie Otto Kuhn.

Was war dieser Kuhn für ein Kerl! Ende der dreißiger Jahre lebte man in Danzig zwischen lauter Menschen, die zu Funktionen herabgesunken waren. Man sprach mit Blockwarten, mit Standartenführern. Ein schmächtiger, krummbeiniger, gelbhäutiger Herr Standartenführer ist mir noch so umrißscharf vor Augen, als habe ihn Menzel gezeichnet. Man sprach mit Sturmbannführern, mit Gruppen-, ja Obergruppenführern – mit lauter Führern, über denen ein Führer, der Führer, wirkte. Jeder vertrat eine Funktion (wofür es kein deutsches Wort gibt), und jeder funktionierte zackig, eckig, stramm oder windelweich auf die Befehle von oben. Menschliches Wesen war von diesen wie auf Leitersprossen Aufgereihten weggerissen. Bisweilen hatte es sich spurenweise in einem unauffindbaren Winkel ihrer einstigen Anlage verborgen. Es gab auch andere, die wie Gräber schwiegen. Es gab Widerstrebende, die hin und wieder murrten, nachdem sie sich umgewandt und nach allen Seiten gespäht hatten, wer zuhöre, ober ob nicht einer hinter dem Vorhang verborgen sei. Endlich war die Gruppe der Mutigen vorhanden, die kämpften, fielen oder einfach verschwanden vor dem wandernden Schatten der Aussichtslosigkeit.

Zwischen all diesen Erscheinungen stand Otto Kuhn, der Jäger. Er sah sie alle, wich keinem aus, sagte jedem, was er zu sagen hatte offen ins Gesicht, immer heiter und derb auf dem Hintergrund eines unerschöpflichen Wissens über die Tatsache, daß es schade sei um die Menschen. Ihn rührte keiner an. Da stand er breitbeinig und gedrungen, trug seine mit Leder geflickten Kniehosen, seine Lodenjoppen, aber am Sonntag und bei festlichen Anlässen erschien er im reinlich gebürsteten Sonntagsanzug, und aus dem frischen weißen Hemdkragen stieg sein rotangelaufener Kürbiskopf mit den lachenden, wissenden, bäurisch-schlauen Augen, deren Helle von der goldgefaßten Brille noch gesteigert wurde. Es war kein Getue, keine übernommene Charakterrolle, die er spielte, wenn er seine »Schockschwerenot«, seine »Schrotbeutel in die Schnauze« oder, in ganz anderer Stimmlage, sein »Gott geb' es endlich« erschallen ließ.

Vor dem Ersten Weltkrieg hatte er eine kleine Jagdwaffenfabrik besessen. Waffenfabriken wurden durch die Verträge verboten. Er behielt die altmodischen, unansehnlichen Fabrikanlagen, er verkaufte sie nicht. Das eine langgestreckte Gebäude lief in einen Schießstand aus, und etwa hundertzwanzig Meter ihm gegenüber befanden sich die Scheiben: feste Scheiben, bewegliche Scheiben, der rasch über die Bühne laufende schwere Keiler, der langsame Überläufer, der ziehende oder der verhoffende Rehbock, der flüchtige Fuchs, der an seinem Draht blitzschnell vorübergerissene Hase und leider auch der »Franzose in den roten Hosen«, den man nie aufstellte, der aber zu Kuhns begreiflichem und alles wegfegenden Zorn von einem besonders eifrigen Blockwart plötzlich vor die Mitte des Kugelfanges gestellt wurde, als sich einmal der klarsichtige französische Generalkonsul angemeldet hatte, um sich im Schießen zu üben. Nur vier Wochen im Jahr schloß Kuhn seinen Übungsstand, in dem er all denjenigen, die das Waidwerk ausübten, den besten Unterricht erteilte; den besten, den auch ich selber jemals erhalten habe, und dies noch zu einer Zeit, da ich auf hundert Meter Entfernung eine Kupfermünze erkennen konnte. Kuhn wurde zu meinem Freund.

Mit ihm konnte ich völlig offen sprechen. Er behielt alles für sich und redete selbst nie ein unnötiges Wort. Wenn er sich äußerte, traf er den Nagel auf den Kopf. Gänzlich furchtlos, bisweilen polternd sagte er jedem seine Meinung, fern von aller Theorie, unverbildet gescheit, mit Augenmaß, treffsicher. Er drückte sich volksmäßig aus, bei ihm gab es keine Spekulation. Er verstand viel von Wirtschaft, vom Militärwesen, ja von Strategie. Wenn er mit seinen dicken Brillengläsern etwas las, so waren es Landkarten. Er schaute und rief: »Was stellen die Kerle sich vor, die größenwahnsinnigen!« Aber niemand befragte ihn, keiner suchte seine Ansichten zu kennen. Für die ins Triebwerk Eingebauten war er ein ungefährlicher Kauz, dem man seine Launen ließ, und wenn er einmal, selten genug, losbrach, so wurde schallend gelacht. »Du wirst noch am Galgen enden«, rief man, obwohl die Galgen damals noch nicht in Gebrauch genommen waren.

»Wißt ihr, was das ist, Deutschland?« fragte er einmal. »Es ist das, was ihr jetzt aufs Spiel setzt! Und was wird es bei seinem Zusammenbruch für immer alles mitreißen?« Gebrüll, Gewieher. »Was hat er heute? Trink noch einen Machandel! Komm, trink Schießwasser! Red' nicht wie ein verrückter Engländer!«

Alle, die in jenen wildreichen Gegenden Jäger werden wollten, mußten bei der Schießkunst anfangen, und Kuhn, der strenge Lehrer, war ihnen unentbehrlich. Zu allen Zeiten haben die Mächtigen oder die zu vorübergehender Macht Hinanklimmenden das Waidwerk ausgeübt. In den dreißiger Jahren lagen in Deutschland hinter Erdwällen und an Baumstämmen angelehnt vor allem Parteiorgane und ihre Trabanten; den Kuhn brauchten sie. »Warum«, so fragte ihn einmal in meiner Gegenwart ein späterer Widerstandskämpfer, »lassen Sie sich mit diesem Gesindel ein?« – »Wegen des Wildes«, antwortete der Alte.

Auch mir hat er Kenntnis des Wildes beigebracht, das Verhalten, wenn der Wind kräuselt, das Vorausspüren des Wetterumschlages, die Kunst des Pirschens vom ersten bis zum letzten Schußlicht. Dabei immer aufs neue: »Beim Kugelschießen fest einziehen, ohne Krampf, solang es geht über Kimme und Korn, nie zu weit, und mit dem Fernrohr erst wenn der Zielstachel sich um keinen Bruchteil des Millimeters mehr bewegt, meinetwegen hineinwackeln, aber dann wie im Schraubstock; und alles flüssig, leicht, ohne Ruck, den eingestochenen Hahn nur berühren.«

Wie viele frühe Morgenstunden, wie viele Abende sind wir zusammen gesessen, sind wir im Walde vorgepirscht, und zuletzt, wenn wir in seiner Bretterhütte ankamen und nach Speise und Trank auf den Strohsäcken lagen, begann er zu erzählen. Er kannte jedes Lebewesen seiner Heimat, jedes Kraut, alles, von den mächtigen ostpreußischen Hirschen bis zur Eichkatze, zum Marder, zum Wiesel. Die Füchse liebte er wie von jeher vertraute Hausgenossen. »Wenn unsere Herren in Berlin einen hundertsten Teil des Fuchsverstandes hätten, könnten wir leben wie man leben sollte«, sagte er. Oder ein andermal: »Wenn Menschen sich zusammenrotten, hören sie auf, Menschen zu sein.«

Ich könnte stundenlang von ihm berichten. »Es wird schlecht ausgehen«, meinte er bei unserem letzten kurzen Zusammentreffen am 26. August 1939, als ich von ihm und seiner stillen Hausfrau Abschied nahm.

Dann hörte ich nichts mehr von Otto Kuhn bis im Jahre 1945. Jetzt war er sehr betagt; ein Briefschreiber war er nie gewesen. Fünf Jahre lang saß ich selbst in einem Zentrum, wo ununterbrochen alle Schrekkensnachrichten aus der ganzen Welt eintrafen. Kein Brief konnte Danzig erreichen, ohne mitgelesen zu werden, und von Paris aus, wohin ich am 1. Juni 1945 übersiedelte, wurde es nicht besser. Nach der Besetzung Danzigs steigerte sich meine Besorgnis um diesen Freund täglich. Ich begann ihn zu suchen. Die erste Zuschrift, die mich auf

Umwegen erreichte, enthielt die Nachricht, er sei tot. Mit diesem Wort endeten die meisten Auskünfte auf die an Behörden gerichteten Fragen. Dann erhielt ich eines Tages einen kurzen, in der sauberen Geschäftsschrift des letzten Jahrhunderts abgefaßten Brief Kuhns aus – Amberg.

Amberg? Amberg wurde einst die »festeste Stadt Deutschlands« genannt. Wie in Lucca liegt die ganze Altstadt innerhalb von Wällen, die in einen Parkgürtel umgestaltet wurden. Ungefähr so viel wußte ich vom Refugium Kuhns.

Bei der ersten Gelegenheit fuhr ich los und gelangte eines Nachmittags in die von der Vils durchflossene Stadt in der Oberpfalz. Straßenname, Hausnummer – und schon befand ich mich vor einem geräumigen, aufs sauberste gehaltenen Zimmer, und in der Türe des vom Licht eines schönen Tages erfüllten Raumes stand Otto Kuhn. Er sprach kein Wort, er schloß mich auch nicht etwa in die Arme; er schaute nur aus der Helle ins Dunkle, und etwas leuchtete auf in seinem Blick. Er hatte einen kleinen Tisch mit frischen Astern geschmückt, hatte eine Flasche Bocksbeutel aufgestellt, dazu zwei Gläser, und weil ich ihn nie ohne Zigarre gesehen hatte, öffnete ich eine mitgebrachte Schachtel. Nun rauchten und schwiegen wir inmitten des mir noch ganz unbekannten Städtchens.

Dann begann er: »Ich war in ein russisches Lager gesteckt worden. Meine Frau befand sich in einem andern auf der Danziger Höhe; sie war krank. Ein guter Bekannter, der eine Begräbnisanstalt leitete, kam mit einem schwarzen Totenwagen täglich in die Lager; oft mehrmals, zu allen Tageszeiten, oft noch, wenn es schon dunkel war. Einmal gelang es mir, mich ungesehen in einen Sarg zu legen. Wir fuhren zum Kirchhof, und dort warteten wir, bis es stockfinster war. Dann ging es weiter, nicht zum Stall und nicht zur Remise, sondern im Schritt bis in die Nähe des Frauenlagers. Mein Kamerad riskierte sein Leben für mich. Als er das letzte Mal mit einer seiner Leichenfuhren droben gewesen war, hatte er meine Frau verständigt. So von acht Uhr abends an, wenn die Wachmannschaft aß, trank und sang, war es schon einigen Weibern gelungen, rauszukommen. Diesmal war der Treffpunkt an der Kreuzung von zwei Holzwegen, wo wir einmal zusammen – wissen Sie noch? – auf Sauen getrieben haben. Die Hoffnung, meine Frau zu finden, war gering, denn sie war schon sehr elend. Aber ich stieg aus, und da war sie! Diesmal war *sie* es, die wir in den Sarg legten. Wir deckten sie warm zu und fuhren zurück. Meine Absicht war es, aufzubrechen. Wir versteckten uns bei Bekannten in der Stadt. Ich wollte nach Berlin und von dort aus weiter; einen genauen Plan hatte ich nicht. Aber nun war mein Freund von der Begräbnisanstalt geschnappt worden. Was sie mit ihm gemacht haben, weiß ich nicht; ich steh in seiner Schuld.«

Wenn Kuhn, selten genug, von starker Empfindung übermannt wurde, pflegte er Lutherdeutsch zu reden.

Das Ende seiner Erzählung folgte: »Sie fanden und faßten uns, wollten uns nach Osten transportieren, im Viehwagen. Es hatte stark geschneit, und es war verdammt kalt. Der Zug fuhr in der Nacht los. In einem Wald, den ich gut kenne, waren die Geleise unterbrochen. Der Zug hielt, eine Schießerei begann; Dampfpfeife, Maschinengewehre, Befehle. Unser Wachtsoldat hatte die Wagentüre aufgerissen und war gelaufen. Ich sprang hinaus, hob meine Frau aus dem Viehwagen und nahm sie auf den Rücken. Dann wateten wir durch Unterholz. Die Kälte setzte mir zu, aber der Schnee trug, und schließlich erreichten wir den Pfad. Ich kannte die Richtung, aber die Frau hatte Gewicht. Ich mußte anhalten, sie absetzen. »Mach dich nicht so schwer«, sagte ich zu ihr. Es war schwierig, ihre Hände von meinem Hals zu lösen. Ich ärgerte mich. Dann fiel sie in den Schnee, rücklings; sie war verendet.« »Verendet«, sagte er, als ob es sich um edles Wild handelte.

»Dann habe ich sie begraben, unter viel Schnee. Gegen vier Uhr früh fand ich den Hof, wo der alte Bauer wohnte, der ein Jagdfreund war. Da waren die Russen noch nicht hingekommen. Er hat mich aufgenommen und freigehalten, dann zog ich weiter. Auf der Reise ist mir manches zugestoßen. Ich kam nach Berlin. Dort in den Trümmern gab's Unterschlupf, und nachher war ich in München. Da war auch alles kaputt, und schließlich kam ich nach Amberg, weil ein Bekannter erfahren hatte, daß sie dort einen suchten, der ihnen die Jagd wieder organisieren könnte. Das tue ich jetzt, das ist mein Amt.«

Dann, nachdem er sich mit dem alten Jagdmesser, das ich kannte – »Wissen Sie noch?« – eine neue Zigarre eingeschnitten hatte, sprach er weiter. »Wie ich immer gesagt habe, in den Abgrund führt uns der Narr! Ja, das hab ich Ihnen gesagt, und damals, als Sie den Vierzehnender geschossen hatten, redeten wir, ich weiß noch, über die Rohstoffe. Ja, die Rohstoffe! Wie stellten sich die Kerle vor, daß sie durchkommen würden gegen die ganze Welt und alles, was sie auch immer erobern konnten, zugrunde gehen mußten sie schon wegen der Rohstoffe.«

In der Tat, die Rohstoffe hatte er stets erwähnt, und deshalb hatten ihn die Jungen, die zu ihm kamen, den Rohstoffkuhn genannt.
»Ostpreußen«, fuhr er fort, »das war meine Heimat. Jetzt sollen an allem die dort grundbesitzenden Herren schuld sein. Die meisten aber waren dagegen, und wie! Sie waren auch keine schlechten Herren, nein, das waren sie nicht; die verstanden etwas von ihrer Sache. Und Königsberg! Unser Königsberg! Da waren wir doch stolz darauf! Wie hieß der Große, der dort – Sie wissen schon ... Ach, mein Schädel, die Namen! Wenn ich allein bin, bleibe ich nicht immer bei der Sache. Da ist die Sorge, die mich plagt: die Tochter, ihr Mann, ein braver Mann. Das war, was man eine glückliche Ehe nannte. Die zwei Enkelchen, zwei Mädchen, zwölfjährig und fünfzehnjährig, als ich wegging. Ich weiß nichts, habe alles versucht. Können Sie mir da helfen?
Das mit dem Waidwerk, das geht immer noch; ich bin auch noch gut zu Fuß; nur die ›Kuppchen‹, da muß ich schnaufen und stehenbleiben, es ist eine Schande. Aber jetzt, wo Sie bis Amberg gekommen sind, machen wir doch noch einen Gang. Sonst fahren Sie wieder nach Paris und haben Amberg nicht gesehen.«
So gingen wir denn zusammen durch die alten Straßen. Er zeigte mir nichts, verweilte nirgends, aber alles Sichtbare hat sich mir in der Begleitung dieses ausgezeichneten Mannes in einmaliger Weise eingeprägt, für immer.

Charles D. Bourcart, Schweizer Diplomat

Mit Graf Hermann Keyserling, Frau Burckhardt und Frau de Reynold

AUS EINEM PARISER TAGEBUCH 1947

5. 1. 1947
»Deutsche Unterhändler gibt es nicht«, sagte mir heute Herriot[1].
Es gibt bei dem begabtesten Volk des neueren Europa einen Mangel an natürlichem Spürsinn, Takt, Augenmaß und ruhiger, vernünftiger Vorsicht, die immer wieder in Erstaunen setzt. Man sagt, es sei um der höheren, der höchsten Eigenschaften willen, die alles aufzehren wie eine Flamme; aber das ist unrichtig. Die mittleren Qualitäten außerhalb des psychologischen Sektors sind glänzend ausgebildet. Der deutsche Kaufmann ist nicht nur, wie Simon zu sagen pflegte, brutal und gerissen, er ist geschickt, klar berechnend, ausdauernd, geduldig. Der seßhafte, besitzende Bauer ist in Deutschland wie überall: schlau, zäh, arbeitsam, kurz er hat alle Eigenschaften, die sich dort ergeben, wo man arbeitend und kämpfend der Natur gegenübersteht. Der badische Bauer ist dem besten Deutschschweizer sehr ähnlich; er ist feiner, der Württemberger ist begabter, tiefer. Gemeindedemokratie gibt es in Süddeutschland wie bei uns.
Deutschland ist, wenn man zurückblickt, im Lauf der vier letzten Jahrhunderte ungeheuer mißhandelt worden. Jede Schwäche, jedes innere Zerwürfnis wurde ausgenützt, jede Schwierigkeit mit Minoritäten, mit kleinen östlichen Nachbarn wurde verstärkt; man verband sich mit den Türken gegen das Reich. Der Dreißigjährige Krieg wurde von Frankreich entzündet und unterhalten. Angst war der treibende Faktor der französischen Reichspolitik seit dem 16. Jahrhundert. Deutschland ist, wie Polen, den nationalen Katastrophen wegen seiner langen offenen Grenzen in dem Augenblick ausgesetzt, in welchem es in irgendeiner Form geeint in Erscheinung tritt. Deutscher Föderalismus bedeutet Fremdherrschaft. Demilitarisierung ist unmöglich, denn eine Rolle als Schutzwall hat dieses an Asien grenzende Gebiet zwangsläufig.
Langes Gespräch mit Suzy Bidault. »Thorez[2] ist ein Staatsmann, aber er ist ein Gefangener. Der menschlichste aller Kommunisten. Er ist

Minenarbeiter aus dem Norden, aus den Schichten heraufgestiegen.« Sie erzählt: »Als mein Mann[3] mit General de Gaulle in Moskau war, besuchten sie eine Militärausstellung. Der General sagte: ›Das ist nichts, das ist mechanisierter Krieg, Kollektivismus. Der wahre Krieg ist begrenzt, Sache eines einzigen Mannes, eines Künstlers, ein Werk mit bestimmtem Ziel.‹ Bidault: ›Alle Kriege wachsen heute und fortan ins Grenzenlose, zerstören ihre Urheber.‹ De Gaulle: ›Mich interessieren die rettenden Ausnahmen; mich fesseln nur diejenigen, die begrenzen können, ich bin kein Nomade.‹ – Die Russen führen de Gaulle und Bidault nach Stalingrad. Der General schweigt den ganzen Tag. Schließlich fragt Molotow: ›Nun, was sagen Sie?‹ De Gaulle: ›Die Deutschen sind ein großes Volk‹.«

Warum führen wir fast gegenstandslose titanische Kriege für eine Generation von Pygmäen? Nur *ein* schwarzer Magier von Format: Stalin.

Chartres, stiller Samstag. Die Scheiben fast alle eingesetzt. In der Morgenfrühe werden alle Lampen und Lichter der Kirche gelöscht, was bedeutet, daß das alte Gesetz fortan nicht mehr gelte. Das neue Licht wird hierauf vom Priester entzündet. Aus dem Feuerstein schlägt er den Funken, den die Zündschnur übernimmt und der Kerze schenkt. Aus dem Stein springt das neue Licht, das bedeutet, daß Christus der Eckstein der Welt sei. Jetzt schreiten Bischof und Diakon zum Chor und neigen sich vor dem Licht der Osterkerze. Dreierlei bedeutet sie. Gelöscht, die finstere Säule, welche den Juden am Tage die Richtung ihrer Wanderschaft wies. Auch bedeutet sie den Leib Christi. Entzündet, die Lichtsäule, die Israel des Nachts erblickte, aber auch das neue Gesetz und Christi unsterbliche Seele, seinen seligen, auferstandenen Leib. Hierauf weist der Diakon hin, indem er vor dem Kandelaber das »exultate« spricht. Das Wachs der Kerze wird vom Priester mit fünf Körnern Weihrauch geritzt. Die fünf Wunden im Wachs bedeuten die fünf Wundmale Christi. Da diese Wunden aber im schmelzenden Wachs verschwinden, bedeuten sie auch die Narden, welche die Frauen benützten, um den Leib des Herrn einzubalsamieren.
Plötzlich werden in der Kirche alle Lampen entzündet, um die Ausbreitung des neuen Gesetzes kundzutun. Der Gregorianische Chor setzt ein: seine sieben Töne bedeuten die sieben Tugenden, die sieben Eigenschaften, die der Heilige Geist verleiht, die sieben Weltzeitalter.

Mittags die glückliche Wirtschaft, die glückliche Ehe des Wirtes, die blonde, tüchtige Frau, das gelehrige Kind, das schöne Französisch der Touraine.

Reise nach Montpellier

Autopanne. Ich zeichne Flußlandschaften und ruhe aus. In Mâcon versuche ich, Englisch zu lesen. Ich kenne kaum Schöneres mit Worten gemacht als Shakespeares dreiundsiebzigstes Sonett: Die letzten Blätter über den vom Herbstwind im Frost sich schüttelnden Zweigen, die Kadenz, die alles dies zugleich ausdrückt, Herbst in der Tiefe des allgemeinen Gefühls, das dieser gedankenreiche Zustand auslöst, dann das Entblößen, das Fallen, das gerade noch Halten, das Zufällige, Ausgelieferte, und im Rhythmus der ganze Naturvorgang so enthalten, daß jemand, der nie einen Baum gesehen, nie einen Herbst erlebt hätte, wüßte, worum es geht:

»Des Todes zweites Ich, das alles zwingt zur Ruh,
In mir siehst du die Gluten eines Feuers,
Verzehrt vom Fühlen, das es einst entfacht.
Dies spürst du, und dies steigert deine Liebe,
Zu lieben, was gar bald du wirst verlassen müssen[4].«

Nachtessen beim Präfekten. Ernste jüdische Großmutter. Fahrt nach St. Martin de Loudres. Herrlicher romanischer Kern der kleinen Siedlung. Ravennatische Kirche, achteckiger Platz mit ansteigenden Stufen vor den rein romanischen Häusern. Ein Anblick ewig wie Troja. (Rychners schönes Gedicht[5].) Auf den Stufen lauter schwarz gekleidete Frauen, andächtig, stolz, aufrecht sitzend, zutiefst auf den untersten Stufen Kinderschar, ernste Augen. Der Chor der Escoliers du Languedoc, gregorianisch. Dann das Spiel von Adam und Eva.
Fahrt: plötzlich die Grüne des durch die heroischen Felstäler des herrlichen kühnen Karstes strömenden Flusses. Abbaye de Saint Quilhem au Désert. Eine gewaltige Ruinenkathedrale im Felstal; Kreuzzugswelt. Der ernste Priester, sein schöner, fester, dunkler Blick. Die Kirche von der Französischen Revolution als Steinbruch benützt. Der Kreuzgang als ein Ganzes nach Chicago verkauft; er bestand aus lauter griechischen Säulen aus den Tempeln. Straßen wie auf Rhodos.
Zu späte Ankunft in Clermont d'Hérault. Ungeduld des wartenden

Kriegsministers. Ich halte, vom vergangenen Tag belebt, eine Rede. Nachher freundliche Stimmung.
Im großen Dorfgasthaus unter Speisen und Wein brechende Tafel. Mein linker Tischnachbar der Flachmaler Rocques aus den Pyrenäen. Sein Gespräch über Handwerk: »Il faut l'amour de la perfection, chaque jour porte sa récompense en lui; la vie des couleurs, leur passion.«* Seine Liebhaberei: Grotten. Es gibt unzählige in diesem Lande. Feenglauben. Plötzlich sein Streit mit dem gegenüber sitzenden Priester. Rocques als esprit fort: »C'est plus beau les histoires de fées, même si cela ne tient pas devant la raison, plus beau que vos histoires importées de l'orient.«**Der Priester sagt mir nachher: »Feenglauben existiert überall hier. Sie sind Kommunisten mit Feenglauben, das ist gut. Nichts Wesentliches ist ausgebrannt. Sie lieben das Leben über alles, das ist gut. Sie fürchten den Tod, sie begreifen seine Größe, das ist gut. Zuletzt kommen sie alle zu mir zur Letzten Ölung, der letzten Handlung der Gemeinschaft, der Hoffnung, der Liebe, der Verheißung ... «

Es gab Zeiten, etwa München 1912, in welchen ich mich sehr genau an ein früheres Leben nicht nur zu erinnern glaubte, sondern mich tatsächlich erinnerte. (Erinnerung früher Träume?) Alles war deutlich, genau, aber alles war aus einem andern Stoff als das jetzige Leben. Andere Farben, andere Klänge, andere Ordnungen. Eine viel einfachere Welt, homogen, problemlos, ohne Skurrilität von Umgebung und Umständen. Dieses Ich von früher war klarer als mein heutiges, hellsichtiger, zu allen geistigen Operationen fähig, streng, organisch, ebenmäßig. Ich Heutiger bin dumpf, trübe dagegen. Aber alles, was ich je zu überblicken vermochte, der Sinn für Richtiges stammt nicht von mir selbst, sondern von jenem Früheren, der viel stärker mein Selbst verkörperte als ich es je imstande war. – Dieses Gefühl hat mich in der Folge völlig verlassen. Nur ganz selten, wenn ich mir selbst oder einem andern Halt gebiete, steht jener Zweite, Ältere in mir auf.

Juni 1947
Heute nacht träumte mir, ich befände mich auf einer Burg, ganz selbst-

* »Man muß die Vollendung lieben. Jeder Tag trägt seinen Lohn in sich, das Leben der Farben, ihre Leidenschaft«.
** »Die Märchen sind schöner, auch wenn sie vor der Vernunft nicht standhalten, schöner als eure Geschichten aus dem Orient.«

verständlich, als hätte ich nie anders gelebt, als gehöre alles zu mir. Ich befand mich in einer besonders frischen und dabei reinen, wie durchsichtigen Verfassung. Mein Umgang mit lauter mir von jeher vertrauten Menschen war ein glücklicher, spannungsloser, ohne Neid, ohne Begehren. Ein Kind war da, ein kleines, etwa sechsjähriges Mädchen. Es war kränklich und sah in die Welt der Geheimnisse. Davon wußte ich, die andern wußten es auch, und wir verhielten uns ehrfürchtig und zart ihm gegenüber, während wir sonst immer heiter waren, unseren Geschäften in Feld und Wald nachgingen und selbstverständlich in der zusammengedrängten Fülle des Traumes auch wußten, daß wir jagen durften, wobei Speer und Pfeil unsere Waffen waren, gewohnte, unserer Umgebung und Geschicklichkeit angepaßte Waffen. Irgend etwas aber war los mit den Seelen der getöteten Tiere. Diese Seelen kamen abends nach den Jagdtagen immer zu dem kleinen Mädchen, und es labte und tröstete sie.

Merkwürdig ist nun, daß das Böse in den Traum einbrach in Gestalt eines zeitlosen, alterslosen Menschen, der, wie von einer sehr weiten Wanderung ermüdet, mich am Burgtor, das ich eben verließ, zu erwarten schien. Mit einer erloschenen Stimme, aber zwingend sagte er zu mir: »Wie heißt diese Burg?« Ich antwortete: »Sie heißt Böckelburg«, so selbstverständlich wie ich im Wachen einem Fremden, der, seinen Wagen anhaltend, mich gefragt hätte, wo er sich befinde, geantwortet hätte: in Basel oder in Zürich oder in Danzig, was immer an selbstverständlichen Ortsbegriffen in mir vorhanden ist.

Der Wanderer lachte häßlich, als ich meine Antwort gab. Das Lachen erschreckte und schmerzte mich – und ich erwachte.

Dieser Traum beschäftigte mich stark. Während der nächsten Tage, immer wieder, versuchte ich, das vertraute Gefühl dieses im Schlaf so glücklichen und selbstverständlichen Lebens wiederzufinden. Am merkwürdigsten aber war mir dieser Name Böckelburg, den ich im Wachen nie glaubte gehört zu haben. Noch war mir diese Ortsbezeichnung gegenwärtig und zu mir gehörend, als ich, in einem Lexikon unter »B« nach den Daten aus Bismarcks Leben suchend, auf Bingen stieß. Mein Auge blieb an Bingen hängen, ich überlas die Stelle, traf auf Hildegard von Bingen[6] und las, sie hätte ihre ersten Lebensjahre auf Böckelheim verbracht. Plötzlich bildete ich mir deutlich ein, sie sei das Kind meines Traumes. Etwas zwang mich fortan, mich mit ihr auseinanderzusetzen, und das hat mich in der Folge zu einer Anzahl von Lektüren veranlaßt, die mich aufs stärkste beschäftigten.

Abend mit Malraux

Malraux[7] erzählt, Stalin habe ihm einmal gesagt:
»Mein liebster Dichter stammt aus der Feudalepoche, er heißt Shakespeare.«
Von de Gaulle sagt er: »Er hat das Gefühl einer Berufung, aber er trägt schwer daran. Er glaubt nicht an den schließlichen Erfolg dessen, was er wünscht und was er durchzuführen hat. Er wehrt sich: ›Ach, könnte es von mir genommen werden‹, sagt er. Deshalb sei er so verwegen, gestatte nicht, daß Schutzmaßnahmen getroffen werden. ›Ach, wie gerne möchte ich sterben‹, sagt er bisweilen, ›dann hätte die Legende einen heroischen Abschluß, und das Schwerste bliebe mir erspart‹.«
Ich frage: »Was fühlt Stalin bei Shakespeare?« Antwort: »L'orgiasme de la mort à la fin des drames.«* Malraux erzählt: »Inoubliable son attitude lors de la représentation d'un film de guerre, pris sur le front de Stalingrad. Des Allemands tombent, Stalin sursaute sur son siège, se tape les cuisses. Des Russes tombent, même attitude jusqu'à la jouissance. Des Allemands tombent, rire horrible sans pouvoir s'arrêter.«**
Malraux sagt: »Le Général a une prodigieuse culture historique, mais il ne connaît pas le moyen-âge, cela dit tout. Sans le savoir il est de la lignée de St. Augustin. Il connaît l'Antiquité, l'Orient, la littérature aussi, mais il la connaît par les recoupements.
Il veut refaire une Europe, mais il doit créer pour cela un noyau qui, à son gré, sera la France. Il veut inculquer un sentiment aussi simple que celui des Nazis: tu es Français, tout le reste n'est pas vrai. Il est un retardataire. Totémisme, idolâtrie du mot France. Pour arriver à son but, il lui faut des nouveaux cataclysmes, la guerre. Si le type Ramadier réussissait, le Général finirait ses jours à Colombey.«***

* »Den Tod als Höhepunkt der Lust, am Ende der Dramen«

** »Unvergeßlich sein Verhalten bei der Vorführung eines bei Stalingrad gedrehten Kriegsfilmes. Es fallen Deutsche: Stalin fährt von seinem Sitze auf und schlägt sich auf die Schenkel. Russen fallen: gleiches Verhalten, bis zur Verzückung. Dann sind es wieder Deutsche: schreckliches, nicht mehr aufhören-wollendes Gelächter.«

*** »Der General besitzt ein ganz erstaunliches historisches Wissen, kennt aber das Mittelalter nicht. Das ist bezeichnend. Ohne es zu wissen, stammt er geistig von Augustinus ab. Er kennt das Altertum und den Orient. Auch die Literatur, aber letztere nur im Konnex ... Er will wieder ein Europa aufbauen, muß aber dazu einen Kern schaffen. Für ihn wird Frankreich dieser Kern sein. Er möchte ein Gefühl einimpfen, das so einfach ist wie

Das ist sein nächster Berater zur Zeit, in alle seine Geheimnisse eingeweiht. Die Franzosen sind alle Memorialisten »avant la lettre«.

Trauerfeier für General Leclerc

Es war während des Generalstreiks in Frankreich 1947. General Leclerc[8], der Befreier von Paris, der die Truppen in Algier befehligte, wurde mit seinem Stab nach der Metropole gerufen. In einem Sandsturm stürzte die Maschine, in welcher er mit elf Offizieren nach Paris fliegen sollte, ab. Sämtliche Insassen verbrannten. Zwölf verkohlte Leichen wurden »agnostiziert«; das Gericht wollte wissen, es sei eine dreizehnte unbekannte dabei gewesen.

Der Vorgang ergriff die Gemüter wie kein anderer seit 1945. Alle patriotisch-militärischen Schaustellungen, die General de Gaulle veranstaltet hatte, seine Paraden, das für Paul Valéry mit einer Tankparade gesteigerte Staatsbegräbnis begegneten einer wegwerfenden Haltung oder völliger Gleichgültigkeit. Aber beim Tode Leclercs flammte etwas auf, jenseits von allen Parteien. Die französische Nation erwachte, und für einen kurzen Augenblick spürte man die Gewalt, die von ihr ausgeht, wenn sie bei sich selbst ist und sich nicht im Dienste fremder Wahnideen verliert.

Das ganze Volk von Paris strömte während der Nacht unter dem Triumphbogen am Ende der Champs Elysées zusammen, dort, wo die Siege Napoleons in Stein aufgezeichnet sind und die ewige Flamme über den Gebeinen eines unbekannten Soldaten brennt. Dort waren die Särge der elf Offiziere aufgebahrt, zehn im Kreis, einer, jener des Generals, in der Mitte. Das dauerte bis in die frühen Morgenstunden; dann wurden die für das Vaterland Gefallenen nach Notre Dame von Paris überführt.

Wieder standen die elf Särge, zehn im Kreis und einer in der Mitte, und um den einen im Chor der Kathedrale standen die vier rangältesten

jenes der Nazis: du bist Franzose, alles andere ist nicht wahr. Er ist ein Spätkömmling. Totemismus, Vergötzung des Wortes Frankreich. Um sein Ziel zu erreichen braucht er neue Erschütterungen, Krieg. Sollte sich der Typus Ramadier durchsetzen, würde der General den Rest seines Lebens in Colombey verbringen.«

Generäle der Armee, unbeweglich mit gezogenem Degen. In den farbigen Scheiben der gotischen Fenster stand das Morgenlicht fremd, wie zurückgedrängt neben dem honigfarbenen Schein der hohen Wachskerzen, die im Schutze ihres Rauches brannten und nun aufleuchteten, als um neun Uhr das dämmerige Schiff der Kirche sich füllte und der ganze Episkopat Frankreichs, die Regierung, die hohe Verwaltung, Vertretungen der Städte, alte Kämpfer, Delegationen aller Art und das diplomatische Corps ihren Einzug hielten. Vor dem Altar aber, ihm am nächsten, standen die achtzigjährige Mutter Leclercs und seine Gattin, eine hochgewachsene schlanke blonde Gestalt mit ihren neun Kindern. Sie standen unbeweglich während der Totenmesse und dem Requiem, und nur hin und wieder bewegten sich ihre Lippen beim Nachsprechen der Gebete.
Es folgte im Regen der Zug durch die Stadt, nachdem, von Orgelgebraus getragen, die Menge der Kirche entströmte. Man zieht zum Rathaus, zur Mairie. Der Zug hält an. Er setzt sich wieder in Gang. Vor dem Finanzministerium gibt es eine Stockung; der Zug hält wieder. Einige treten auf den Platz, der ganze Weg ist von einer tief ergriffenen Menge gesäumt. So habe ich sie nie gesehen. Ein Beamter des Ministeriums grüßt mit der Faust. Eine alte, fast in Lumpen gekleidete Frau sieht es: »Oh, nicht dies, heute!« ruft sie und bekreuzigt sich. Überall auf dem ganzen Weg sieht man die Menge beim Vorüberziehn der Särge das alte Zeichen der Verbundenheit machen.

Giacometti

Alberto Giacometti traf ich ein erstes Mal bei Anlaß der Feier des 1. August und einmal zufällig in der Wirtschaft, deren Besitzer ein »Anjouvin« war, der einen köstlichen Wein seiner Provinz ausschenkte. Schon beim ersten Zusammentreffen hatte ich eine ganz bestimmte Sympathie gefühlt, die zwischen uns vorhanden blieb, obwohl wir uns, alles in allem, nur dreimal begegneten. Sein uralter Gebirgstypus, seine noble Selbstverständlichkeit taten es mir an. Das Gefühl des »Schon-lange-bekannt-Seins« ohne sich kennenlernen, ohne sich beobachten zu müssen, war vom ersten Augenblick an vorhanden.

Bei jenem zufälligen gemeinsamen Essen hatte er gebratenes Ziegenfleisch bestellt; es war auf der Speisekarte empfohlen. »Ziegen«, meinte er, »großartige Tiere! Tapfer, nein kühn, lebensfroh, kämpferisch. Ich träume bisweilen von brünstigen, kämpfenden Ziegenböcken. Da träumt mir, ich höre das Gehörn von zwei Kämpfenden aufeinanderschlagen; in meiner dunklen, staubigen, mit lauter Zeug verstellten Kammer träumt mir dieser harte Hall, wissen Sie, hohl, dumpf und zugleich krachend. Ich laufe einen schmalen Pfad hinauf zwischen Felsblöcken, dann bin ich am Rand einer Waldwiese, fett und grün. Und dort, die beiden gelben Kerle, sie nehmen ihren Anlauf und prallen aufeinander – und mich erfüllt ein Wohlgefühl.« Dann lacht er mit dem ganzen Gesicht, seiner strahlenden Zahnreihe, die Augen fast eindringlich fragend. »Träumen Sie?«

»Viel, aber beim Erwachen weiß ich nichts mehr. Ich habe keine Lust, es zu wissen, weil ich nicht erzählen möchte.«

Er schaute mich an, sehr fest, als schaute er in mich hinein. »So, so. Sich selbst kennenlernen, das macht man am besten, indem man über seine Träume nachdenkt. Wissen Sie, man soll über sich selbst nachdenken, das ist wichtig. Schlimm ist es, wenn andere sich wichtig machen, indem sie einen zu erklären suchen. Was wissen sie? Modeworte, wie Girlanden hängen sie einem aus dem Hals. Da kommen sie mit den verbrauchten Worten ihrer vermeintlichen Tiefenpsychologie! Worte, Worte! Mir ist der Jargon der Kunstliteratur zuwider. Es ist eine Frechheit, wenn einer kommt, der einen zu erklären sucht.«

Ich darauf: »Ja, Deutung ist prätentiös. Wirkliche Kunst hat keine Deutung nötig, und Giacometti sollte keine nötig haben. Aber sich selbst vor andern deuten, ist auch riskant.«

»Sobald das Wort sich ins Wort mischt, stört es den so schwierigen Weg, den wir zu gehen haben. Falscher Einfluß geht von den Worten aus. Wir Heutigen müssen aus dem Unbewußten schöpfen. Sehen Sie, ich suche und suche, immer gegen Widerstände, gegen oft endgültig scheinende Widerstände. Dann kommt die Verzweiflung und bricht den Boden unter unseren Füßen auf, dann sinken wir ins Meer eines kollektiven Unbewußten. Mir ist das oft geschehen ...«

Ich unterbrach: »Wenn Sie dies preisgeben, wehe vor den Kommentatoren! Das wird dann bis zur skelettartigen Formel getrocknet.«

Er winkte mit der Hand, trank mir zu und blinzelte mit dem einen Auge, Finger vor dem Mund: »Pst!« Dann das einzigartige Lachen: »Verstanden, das ist gut!«

Darauf unvermittelt, während er sein helles Pariser Brot brach: »Sterben, was meinen Sie, was ist der Sinn des Sterbens?«
Ich: »Wenn wir danach suchen müssen – jetzt will ich noch nicht suchen –, wird man etwas lernen müssen.«
Giacometti: »Kann man nicht. Man wird belehrt werden. Was man für Lernen hielte, wäre noch Interpretation, die Belehrung aber ist das gerade nicht. Sie ist ein Geschehen, vielleicht ganz langsam, vielleicht qualvoll, vielleicht als fast unmerkbares, schleichendes Verlaufen einem Ende zu. Nur das Ende belehrt. Es kann auch wie ein Fallbeil herabstürzen. Aber ob langsam oder schnell, wir begreifen die Belehrung nicht mehr. Sogar wenn es entsetzlich war, möchten wir wieder anfangen, auf die Belehrung hin. Wo liegt der Sinn? Warum der Sinn? Das ist auch solch ein menschlicher Begriff.«
Ich: »Das Begehren nach Sinn verdient Mitleid. Das ist ein wahrhaft menschliches Anliegen.«

Le »Tout Paris«

Das »Ballett« ist die seit der Monarchie, sagen wir seit Philipp dem Schönen[9] existierende Hofgesellschaft. Heute nennt man sie das »Tout Paris«. Mauriac möchte fürs Leben gern zu dieser Gruppe gehören, die den Inhalt von Prousts Romanen bildet, und in der Paul Valéry seine Tage und Nächte verbrachte. Diese Gruppe ist aus den allerverschiedensten Menschen zusammengesetzt, aber alle haben eines gemeinsam: sie klagen nicht, täuschen Heiterkeit vor und glauben, eine ästhetische Aufgabe erfüllen zu müssen. Sie sind gewiß nicht schlechter, auch nicht besser als andere Gruppen. Sie sind katholisch und alternieren zwischen leichten Sünden und leichter Reue; der Abbé Mugnier war ihr Hofprediger. Sie sind weniger hochmütig als die bürgerliche Schicht, sie lästern weniger, oder wenn sie es tun, nur zum Spiel. Ihnen sind die mittelständischen Lebensgewohnheiten, aus denen der Protestantismus und die moderne Agnostik mit ihren tausenderlei Verrenkungen stammt, sehr entgegen. Sie gehören zum »homo ludens«, stehen näher bei Pindar als bei Euripides, bei Sappho als bei Katharina von Bora[10], näher bei den Scipionen als bei Cato, bei Franz von Sales[11] als bei Savonarola. Sie sind leicht und welken rasch dahin; die Sévigné hätte unter ihnen gelebt. Ihre »férocité«, von welcher Mauriac spricht, liegt in der uralt eingespielten Schärfe ihrer Worte, mit denen sie am vergänglichen Gewebe des Ruhmes, des Tagesruhmes, arbeiten. Kein Ruhm, kein Erfolg einer Ausstellung, eines Buches, eines Konzertes, einer Theateraufführung ohne diese Leute, die ein hartes Leben haben, noch sterbend zu Diners gehen, weil sie das seltsamerweise für ihre Pflicht halten und keiner Schaustellung fernbleiben dürfen. Sie sind abgeschliffen und glitzern. Wer erpicht auf sie eindringt wie Julien Sorel[12] oder Rastignac[13], kann sich an den messerscharfen Kanten schneiden. Sie haben etwas Verdammtes an sich, weil sie sich immer drehen müssen wie Derwische, bis zum Zusammenbrechen, aber sie sind tüchtiger, fester als unsere Stauffacherinnen, die das Leben dieser Getriebenen keine drei Tage aushalten würden. Eine ihrer Eigentümlichkeiten ist, daß sie sehr gut zu sterben wissen, auf dem Schafott wie in den Konzentrationslagern.

Hat man als Diplomat die Aufgabe, etwas zu erreichen, so geht es nur durch sie, aber wenige Diplomaten bekommen sie zu sehen. Sie sind schwer zugänglich, auch für Mauriac, denn er stammt aus der Provinz, er insistiert infolgedessen, und das ist in jenen Kreisen verboten. Man fährt auf der äußeren Kante des Schlittschuhs über eine glänzende, aber kalte Bahn. Ich habe etwas in diese Welt hineingeschaut; sie haben anerkannt, daß ich nicht insistiere und nichts wörtlich nehme wie mitteleuropäische Ketzer oder Metaphysiker, angelsächsische Methodisten, Quäker oder Evolutionisten, französische Legisten, Doktrinäre, Jakobiner, Comtisten[14] etc., sondern daß ich im Vorübergehen hin und wieder half, ihnen die Schlittschuhe an- oder auszuziehen. Jetzt sehe ich sie nur von ferne, bin aber froh, durch ihren Spiralnebel kurz gewechselt zu haben.

Die Sibylle von Auxerre

Einmal, das erstemal, als ich über die lange Brücke nach Auxerre, die hochgebaute Stadt fuhr und vor der großartigen Kirche anlangte, fragte ich den »Marguillier« (Küster), wo sich das Bildnis der Sibylle befinde.

Er wußte es nicht. Ich suchte und fand sie nicht. Charles, mein Altersgenosse, der Begleiter meiner Reisen zwischen 1945 und 1960[15], riet mir, in ein Geschäft zu gehen, wo Utensilien für die Fischerei verkauft würden, dort werde man es wissen. Ich war erstaunt. »Ja«, meinte Charles, »dort kommen Herren aus Paris und aus den Universitätsstädten, gelehrte Herren hin, die sich beim Fischen in der Yonne erholen, die wollen wissen, wo das Bild sich befindet.«
Er führte mich zwischen Utrillo-Häusern und Gartenmauern, hinter denen Bäume standen, die in eine stille, lange Gasse, auf ihren im Mittagslicht warmen Sand bewegte Schatten warfen. Und da war das Fischerei-Geschäft, sauber, besonnt, still, mit herrlichen Gerten und Ruten hinter dem zwölfgeteilten Ladenfenster. Ich trat ein; beim Aufklinken der Tür läutete eine helle Ladenglocke. Der Besitzer des Geschäftes stand hinter seinem Ladentisch. Er trug einen kleinen, weißen Spitzbart und über der Bourbonennase eine scharfe, randlose Brille. Ich brachte meine Frage vor. Er antwortete: »Das weiß ich nicht. Der einzige, der das weiß, ist Monseigneur.« Er wies nach links, »gleich hundert Schritte weit, im großen Tor der Einfahrt neben dem Palais ist links eine kleine Tür in den Torflügel eingeschnitten. Diese Pforte ist immer offen. Drehen Sie nur den Türknopf; er geht etwas schwer, Sie müssen nach rechts drehen. Monseigneur ist jetzt im Garten, er schneidet die welken Rosen ab. Er weiß, er kennt die Antwort auf Ihre Frage.« Ich dankte, wir gingen, die Ladenglocke klingelte. »Meine Herren, Messieurs«, rief der Rutenhändler uns zurück, »der Monsignore ist nicht freundlich, machen Sie sich nichts daraus!« – »il n'est guère aimable, ne vous en faites pas!«
Wir taten wie uns angeraten. Unsere besonnte, stille Straße war eine Sackgasse, eine Anfahrt zum Palais des Prälaten. Das Einfahrtstor befand sich in der hohen Gartenmauer, der Palast aus dem 17. Jahrhundert lag rechts an einer schmalen, gepflasterten Gasse. Der Türknauf der kleinen Pforte drehte sich leicht, wohl frisch geschmiert. Wir betraten einen Hof, der von einem weiten Park umgeben war. Vor der gut hundert Meter langen Seitenfassade mit ihren hohen Fenstern des Erdgeschosses standen Orangenbäume in Kübeln und zwischen ihnen hochstämmige Rosen. Vor dem vierten Rosenbaum stand der Prälat mit seiner Schere. Hager, alt und zornig riß er sich herum. Er hatte schwarze, brennende Augen, sein schmaler Mund ging auf, die Blumenschere blitzte.
»Wer sind Sie, was wollen Sie zu dieser Stunde?«

Ich antwortete: »Wir sind Reisende und möchten um einen Rat fragen.«
Der Alte, immer noch ergrimmt: »Was soll das heißen? Man meldet sich an – l'on se fait annoncer.« Dann ungeduldig: »Also, einen Rat wofür?«
»Wir können die Sibylle von Auxerre in der Kathedrale nicht finden«, antwortete ich, »man sagte uns ...«
Er ließ mich nicht ausreden; er stampfte mit dem Absatz seiner Priesterpantoffeln, warf die Arme hoch und schrie: »Ah c'est cela, ah, je devais m'en douter. C'est encore Barrès, ce Barrès[16] de dixneufcent, vous lisez encore Barrès en quarantesix; ah, ce romantisme parfumé! C'est par Barrès que vous avez appris qu'il y avait une Sibylle quelque part en France, dans la cathédrale d'Auxerre; laissez-moi vous dire que l'on ne prononce pas Auxerre avec un X, mais *Aussèrre*, mais que par contre l'on est Auxerrois avex un X! Votre Sibylle se trouve dans la grande nef à droite, derrière la chaire. Qu'elle y reste, qu'elle y reste, un jour elle se remettra à bavarder. Je vous salue, Messieurs!«*
So fanden wir denn das Gesuchte. Die Sibylle betrachtete uns, ich aber betrachtete sie auch. Mir schien, es gleite ein Lächeln über ihre Züge.

* »Ach, darum geht es. Hätte ich mir ja denken können! Das ist immer noch Barrès, dieser Barrès von Neunzehnhundert, und Sie lesen Barrès noch Sechsundvierzig! Diese parfümierte Romantik! Bei Barrès haben Sie erfahren, daß es irgendwo in Frankreich, in der Kathedrale von Auxerre, eine Sibylle gibt. Lassen Sie sich sagen, daß man Auxerre nicht mit X ausspricht. Es heißt Aussèrre. Hingegen ist man ein Auxerrois mit X. Ihre Sibylle befindet sich im Mittelschiff, rechts, hinter der Kanzel. Dort soll sie bleiben, dort soll sie bleiben ... Eines Tages wird sie wieder zu schwatzen anfangen. Meine Herren, ich grüße Sie.«

KRETA 1961

Am 4. Juni stehen wir um vier Uhr auf, um Ein- und Durchfahrt durch den Kanal von Korinth zu sehen. Großer Sonnenaufgang: ex oriente lux. Der Kapitän zeigt mir am Beginn der Kanalstrecke ein kleines, in den Uferstein geschnittenes Monument Neros, des ersten, der den Bau des Kanals begann. Von der Ausfahrt des Kanals bis zum Piräus reine Herrlichkeit. Es beginnt die Musik der Linien, die nicht mehr aufhören soll.

Morgens, 6. Juni, erste Landung in Chania nach schwerem heißem Südsturm, der Sand aufs Deck trägt, schwere See, schweres Landungsmanöver. Viele griechische Kriegsschiffe. Nachher fahren wir immer der Küste Kretas entlang. Einsam, unbewohnt. Schnee auf dem Ida. Der Seegang wird stärker. Unsere zweite Landung erweist sich als wirklich schwierig. Dreimal wird durch zwei Ruderer ein großes, schweres Boot mit Hilfe eines Motorbootes bis zum heftig steigenden und sinkenden Fallreep des außerhalb des Hafens verbliebenen Dampfers gebracht. Alte Frauen, eine schöne junge Person mit ängstlichen Augen, Kinder werden zuerst die Hängetreppe hinunter geführt. Das Boot entfernt sich immer wieder bis auf zwei Meter vom Schiff. Alles geht ganz ruhig vor sich, jeder muß um die Ecke der Fallreeptreppe springen, die Kinder werden geworfen und aufgefangen. Das Boot, bis zur äußersten Belastung besetzt, springt auf hohen, kurzen, harten Wellen. Das schöne Mädchen bekreuzigt sich immer wieder. Endlich gelingt es dem Motorboot Kontakt zu nehmen, die Ruderer legen sich in die Riemen, die ganze Reisegesellschaft verschwindet hinter der Hafenmauer, aber schon nach zehn Minuten erscheinen sie wieder auf Backbord, fast alle Frauen seekrank. Es wird verhandelt, ob sie wieder ins Schiff einsteigen und bis Herakleion weiterfahren sollen. Der Versuch wird aber wiederholt, wieder verschwinden sie hinter der Hafenmauer und wieder erscheinen sie völlig abgekämpft an Backbord, im Windschutz, den der Dampfer bietet. Beim dritten Mal erst gelingt die Landung. Jetzt wiederholt sich dieselbe Schwierigkeit mit den Passa-

gieren, die für Herakleion-Athen bestimmt sind. Das Manöver scheint leichter zu sein, mit erstaunlicher Geschicklichkeit springen sie vom Bootsrand im Augenblick der Wellenhöhe auf die Fallreeptreppe.
Bei der Einfahrt in den Hafen von Herakleion hat sich der Sturm gelegt. Wir landen normal. Ein fettes junges, türkisch aussehendes Mädchen mit dunklen mandelförmigen Augen sagt uns: »Seien Sie vorsichtig, lassen Sie Ihr Gepäck nicht aus den Augen.« Sie spricht fließend englisch. In der Tat stürzen sich viele Träger auf unser elisabethanisch[1] schönes Gepäck. Alles wird aber in einem Taxi verstaut. Der Träger will keinen Tarif nennen, der Taxichauffeur will seinen Taxameter nicht in Gang setzen. Das aus Italien gewohnte: »Was Sie wollen« wird sehr levantinisch geschrieen. Dies aber ist die einzige Erfahrung dieser Art, solange wir in Kreta sind.
Das Hotel sauber, heiter, gut geführt. Angenehmes Zimmer, luftig, ohne Mücken und Fliegen. Hübscher Blick auf einen friedlichen Platz und die Kirche. Wir wanderten gegen halb acht durch die Stadt zum Morosinibrunnen und betrachteten das Fließen, das als Anblick und Klang so erfrischend wirkt. Wir setzten uns an einen Tisch vor dem Kaffee und der sehr byzantinischen Garküche und dachten: wir sind frei. Alles lag vor uns, alles war unbekannt, alles Gelesene wollten wir vergessen, was mir nicht schwerfällt. Wir bestellten einen Ouzo und schauten auf das Vorüberziehn, hin und wieder aber glaubten wir Minoer unserer Vorstellung zu erblicken, schlanke Männer mit schmalen Hüften, sehr langen Oberschenkeln und den geometrisch geschnittenen Augen.
Einmal verdichtete sich eine Gruppe, schloß sich enger zusammen und schien in die Runde zu spähen, dann faßte ihr immer gleichgerichteter Blick unsere Sessel und blieb ganz augenscheinlich an uns haften, die Augen begannen höflich zögernd zu sprechen, der Mund der drei Personen begann zu lächeln. Sie waren drei, zwei Herren, eine Dame, sie sprachen meinen Namen aus, ich erhob mich, sie traten heran, sie sprachen französisch, d. h. sie hatten eine Sprecherin mit dem ausgesprochenen Akzent des Berner Juras, die beiden Herren beherrschten das gallische Idiom nicht. Schon saßen nun alle drei an unserem und an einem eiligst herbeigebrachten zweiten Tisch. Sie stellten sich vor: der Präsident, die Vizepräsidentin, der Generalsekretär des kretischen Roten Kreuzes.
Sofort wurden wir für neun Uhr abends in das große Restaurant am Hafenrand eingeladen. Schon war es aus mit unserer Freiheit, und ab-

geholt und hingeführt tafelten wir in die warme Nacht hinein mit dem seltsamen alten Präsidenten, einem Junggesellen, der die zum Abschied gereichten Hände kleiner Knaben jeweils ungern losließ, mit der jurassischen, schweizerisch-welschen patriotischen Vizepräsidentin und einem kleinen schwarzen, fetten Vizepräsidenten, einem Arzt, mit dem ich, wie meistens, allzu harmlos sprach – er war nicht dumm –, um dann zu erfahren, er sei Kommunist, er sei es aus Bequemlichkeit, weil er die Entwicklung zum Kommunismus hin für unaufhaltbar ansehe. Schon machten wir Fluchtpläne, denn alles sollte uns abgenommen werden, alles organisiert, lauter Tagesausflüge in Begleitung, Empfänge bei lokalen Autoritäten. Aber die Angelegenheit sollte sich zum Guten wenden. Die beständig darauf Sinnenden, wie uns Gefälligkeiten erwiesen, unser Kontakt mit der geliebten Insel zugleich verstärkt und erleichtert werden könnte, verschafften uns vorerst einen guten Wagen und einen relativ fähigen, aber ehrgeizigen, Distanzen und Schnelligkeit schlecht abwägenden Fahrer. Und dann brachte uns die jurassische, heimwehbeschwerte, von regentropfenden Tannen träumende »sinnige« Schweizerpatriotin das Beste des Aufenthaltes, sie brachte uns einen in jeder Weise prachtvollen, hervorragenden Menschen, den Gymnasialdirektor mit dem schönen Titel: Ehren-Oberlehrer der Nation, Direktor des Lyceums Korais, Emmanuel L. Pertrakis. Petrakis saß am nächsten Morgen auf unserer Hotelterrasse. Ein kleiner, alter, schwer herzkranker Mann. Er und seine Frau meinen beide sehr gefaßt und sachlich, er werde nicht mehr lange leben. Er ist nicht nur ein großer Kenner der uralten Geschichte seines Landes Kreta, er ist ein bedeutender orthodoxer Theologe. Er hat vor 1914 in Konstantinopel und in Moskau studiert. Von ihm sollte ich zum ersten Mal ruhige, gerechte Urteile aus der Perspektive eines armen, auf russisch abzulegende Examina hinarbeitenden Theologiestudenten hören. Er hat ein schönes Greisengesicht, voller Kraft, voll von überwundenem, streng, recht, ernst und tapfer geführtem Leben. Er lebte während der Besetzung als Widerstandskämpfer und versteckt. Eines nachts gelang es ihm, an der Südküste, der Küste des libyschen Meeres, auf ein draußen wartendes englisches Kanonenboot und nach Ägypten zu entkommen. Was einen so anrührt: wie oft im Lauf von mehr als viertausend Jahren sind immer wieder Kreter nach schweren Zerstörungen, vor Not und Greueln nach Ägypten entkommen, jetzt soll Ägypten kein zum europäischen Kulturkreis gehörendes Land mehr sein.
Nun fuhren wir mit ihm der Küste entlang nach Osten, vorüber an den

Einrichtungen der amerikanischen Stützpunkte, einer fahrenden Stadt hinter Draht mit im Wind flatternder Wäsche. Die amerikanischen Soldaten leben mit ihren Familien in diesem Lager. Daneben der Flugplatz. Nun halten wir in Malia, betreten unsere erste minoische Stadt. Das organische Ganze läßt keine späteren Zutaten annehmen. Die labyrinthische Vorstellung ist von Untertanen, festländischen und Bewohnern anderer Inseln polemisch angewandt. Ich empfinde in Malia nichts Labyrinthisches. Alles ist verzaubernd, gewachsen, das Heiligtum ist der königliche Palast selbst. In Knossos sollten wir eine spätere Schicht sehen, wo der Tempel vor dem Palast steht: das ist schon Trennung von Kirche und Staat, geht schon dem Ende zu. Kreta war ein Inselreich wie England, es gebot einmal über ein Gebiet, das die damalige Welt umfaßte. Englands große Zeit dauerte fünfundsechzig Jahre, Kretas Blüte über tausend. Es beherrschte die See und kannte keine Gefahren, seine Städte, Königssitze, Herrenhäuser waren in der vorachäischen Zeit unbefestigt. Die Achäer eroberten das Land erst, als es von einem ungeheuren Erdbeben völlig verwüstet war, die Küstenorte weggeschwemmt, zertrümmert, die Städte des Innern zerfallen. Aber der herrschende Stamm war, trotz seines langen Ausruhens in Hochkulturen, von größter erhaltender Kraft. Er hat immer wieder durchgeschlagen, dieser Stamm der Stierspringer. Geformt wurde er innerhalb einer ungeheuren religiösen Spannung, ja die religiöse Radioaktivität schien unerschöpflich, immer wieder schöpferisch. Sie brachte Uranos hervor und ließ Zeus droben im Gebirge des Lichts entstehen. Zeus und Ida sind dieselben Namen, Namen des Lichts. Welch geistreicher Kommentar zu den mächtigen Wandlungen des religiösen Zustands: in Knossos hängen an der Wand die großen gewölbten Schilder, auf denen getrommelt wurde, damit Uranos die kindlichen Rufe des jungen Zeus nicht höre. Alles Wahre und Wirkliche verdichtet sich zum lebenden Symbol, und alle Symbole, zum Mythos verwoben, sprachen die Wahrheit – die in ihrem heutigen Zustand Geheimnis bleiben sollte »cum grano salis« – mit jener fast scherzenden Leichtigkeit aus, die es den Gefühlen der Scheu und des tiefsten Opferwillens möglich machte, sich immer zu erneuern, da sie sich an keinen national abgesteckten Dogmengrenzen, an keiner Theologie stießen. Innerhalb der großen, von fremden Einbrüchen noch unversehrten minoischen Kultur gibt es keine Tempel und keine dargestellte Gottheit. Die rein minoische Welt ist als Ganzes eine »Civitas Dei«. Kultstätten sind heilige Haine und Gipfel der Berge.

Welch merkwürdiger Mann, dieser Evans[2], der sein Leben und sein Vermögen der Erforschung der minoischen Vergangenheit widmete. Erst 1941 ist er neunzigjährig gestorben (in Oxford). Ich hätte ihn damals während des trüben regnerischen Aufenthalts in der gotischen Universitätsstadt nicht mehr getroffen. Mein Aufenthalt über ein Wochenende fand im Monat Dezember oder Ende November statt. Ich war von mißtrauischen Emigranten umgeben, und außer dem Kantianer, dem Dean des eiskalten (ungeheizten) Balliol College traf ich niemandem, der den alten englischen Universitätsgeist darstellte. Evans hat große Erkenntnisse zutage gefördert, er hat seiner Unternehmung in Kreta sein ganzes Vermögen geopfert. Man tadelt seine Rekonstruktionen in Knossos, ich finde, sie wirken auf die Phantasie, die sie korrigieren oder bereichern mag, sind Geschenk der Vorstellungsweise eines großen, mit seinem Gegenstand vertrauten wirklichen Liebhabers innerhalb der archäologischen Forschung. Er hat ein ganzes Zeitalter, eine reine Hochkultur von erstaunlicher Dauer, auf weiteste Gebiete ausstrahlend, aus Dunkel und Vergessenheit gehoben. Er hat die heutigen Kreter geliebt, verstanden, hat als ein Freund in dem schönen Haus, das er sich baute, unter ihnen gelebt, er hat die ungeheure Fülle des Unheils, das innerhalb von sechstausend Jahren über sie hereinbrach, gekannt und hat auch noch die schweren Partisanenkämpfe gegen die deutschen Fallschirmtruppen und die schweren deutschen Vergeltungsmaßnahmen erlebt.
Diese Partisanenkämpfe sind in der Erinnerung der Kreter so lebendig wie die Aufstände gegen die Türken. Petrakis war einer der Anführer der Partisanen, aber seine Aktion wurde, mehr als die deutschen Gegenmaßnahmen, durch den kommunistisch geleiteten Widerstand geschwächt. Die Deutschen verursachten viele »Oradours«, aber die Kommunisten trieben zur äußersten Grausamkeit an, um deutsche Grausamkeiten zu provozieren. Taten des Mutes, der Verwegenheit, schauerliche Rache auf beiden Seiten, die Wirksamkeit der seit Menschengedenken an Tarnung und Verschwörung gewöhnten Inselbewohner, die Einwirkung englischer und auch amerikanischer Agenten, wirkliche und scheinbare Heldentaten der einen, der andern, und hinter dem ganzen Vorgang die von Engländern und Amerikanern unterstützte, zentral gelenkte kommunistische Aktion, die alles Geleistete ausnützte und schließlich annullierte, wobei alle Freiheitskämpfer, wo auch sie gestanden haben, für die endgültige, alle bisherige Geschichte aufhebende Unfreiheit gekämpft haben. Wo war Einsicht in die Er-

gebnisse, die unvermeidlich und deutlich schon damals jedem Vernünftigen vor Augen lagen?
Wenn der alte Petrakis mir von äußersten Vorfällen, von bangsten Stunden des Gehetzt-, Verfolgt-, Verborgenseins erzählte, von seinen plötzlichen Aktionen (Gefangennahme des deutschen Generals, der zu einem »Liebesmahl« in die Villa Evans – die deutsche Offiziersmesse – fuhr), wenn er von seiner Tarnung im Gebirge als Hirte, seiner nächtlichen Gebirgswanderung sprach, Nacht für Nacht mit ein paar Oliven als Nahrung, überall unterstützt, nie verraten, wenn er schilderte, wie er in einer dunklen Gewitterstunde gegen zwei Uhr nachts aus einer verborgenen Bucht des Libyschen Meers in einem kleinen Boot einen englischen Zerstörer erreichte, wie so unzählbare seiner kretischen Vorfahren Ägypten erreichten, wenn er mir von seiner dortigen Tätigkeit für den seinen größten Feinden, den Kommunisten, jede Unterstützung bietenden englischen Geheimdienst sprach, wenn er stoßweise, gepreßt, vom Tod seines hochbegabten einzigen Sohnes redete, der als Flieger gegen die Kommunisten in Mazedonien fiel, wenn ich bedachte, wie er damals bei seiner Flucht die Kinder, seine Frau, sein Haus zurücklassen mußte, wie sie hungerten, wie das Haus geplündert und zerstört wurde – ja wenn ...
So war es mir doch während des ganzen kretischen Aufenthalts unmöglich, nicht an die einzelnen deutschen Fallschirmabspringer zu denken, die ersten, die eine strategische Luftlandung durchführten, abgesetzt wurden, aus vergifteten Quellen tranken, abgeschossen wurden wie die Hasen, um dezimiert und zu Untaten der Vergeltung angetrieben, schließlich in die allgemeine Niederlage hineingerissen zu werden. Was wußten sie? Was suchten sie? Wofür setzten sie sich ein? Junge Söhne dieses so wenig hellhörigen Volkes. Ich dachte an X. Ihn habe ich nicht gekannt. Aber lang vor dem Krieg hatte ich den Wunsch, ihm zu begegnen. Er war ein begabter Journalist. Ich hatte sein Buch gelesen, ein ungewöhnliches Buch mit einem Sinn für soziologische Wirklichkeiten, einem Verständnis für »andere Art«, das seinen Landsleuten sonst so vollkommen fehlt. Ich machte mir ein Bild von ihm. Er hatte einen kleinen Sohn, der bei Ottonie Degenfeld[3] in Hinterhör untergebracht war, einen sechs-, siebenjährigen Jungen. Die Mutter war mit einem hochbegabten, berüchtigten Verführer weggefahren. Eines Abends fand man das Bett des kleinen Jungen leer, man suchte ihn, fand ihn erst nachmittags in weiter Entfernung, schlafend, erschöpft im Walde. Er sagte: »Vater hat mich gerufen, ich bin ihm

nachgegangen.« Den Ruf hörte er im Augenblick, in dem der Vater in Kreta fiel.

Unheimlich, wenn man ein langes Leben hinter sich hat, wie alle Erinnerungen durcheinanderfluten, wie man kaum mehr Partei ergreifen, kaum mehr urteilen kann, nur noch staunen vor der Unheimlichkeit des menschlichen Geschicks, der völligen Sinnlosigkeit des politischen Geschehens, das immer auf einer so mittelmäßigen und deshalb so bösen Ebene in so völliger Unfreiheit ausgelöst wird.

Solche Gedanken umflatterten mich, während wir am ersten Tag unserer kretischen Wanderungen mit einem schwerkranken alten Weisen durch die Ruinen von Malia stiegen.

GESTALTEN

Globus

In den Frühlingsferien, im Juni 1913, fuhr ich mit meinem Freunde Alphons Ehinger[1] nach Salzburg. Alphons nahm damals in der Berlitz-Schule italienischen Sprachunterricht. Mit seiner angeborenen Leichtigkeit, Akzente nachzuahmen, gab er immer wieder den Reisesegen wieder, den ihm sein Lehrer mitgegeben hatte: »Buona fortuna a Salisburgo.« »Salisburgo«, murmelte er vor sich hin, oder »Salzburg im Salzkammergut«. Dann wiederholte er ganz genau, was er im Baedeker gelesen hatte, immer in der Aussprache des Berlitz-Italieners, dann eines im Bankverein tätigen St. Gallers, nasal, gequetscht. Unzählige lokale Größen Basels mußten den Text des Reiseführers aufsagen, bis ich rief: »Hör jetzt auf!«
So fuhren wir durch die Alpenländer. Im Arlbergtunnel hatte Alphons plötzlich laut gerufen: »Salzburger Barock – ich bin auch barock!« Er stammte in der Tat aus einem der schönsten Barockhäuser unserer Vaterstadt; ja, in einem ganz bestimmten Sinn war er barock, er hätte, immer lokal gesehen, genauso gut oder besser zu Beginn des 17. Jahrhunderts leben können.
Wir waren gute Kumpane seit langer Zeit. Mitte der neunziger Jahre hatten unsere Kindermädchen, die man bei uns »Vorgängerinnen« nannte, uns in den nur in Basel anzutreffenden strohgeflochtenen, weißgestrichenen Kinderwagen bis an die Stadtgrenze geführt; mich durch's Albantor, Alphons über den »Spritzbrunnen« genannten Platz, die St. Alban-Anlagen entlang und über den Gellert, am unheimlichen Galgenhügel vorbei bis vor die weiße Sommervilla eines mächtigen Herrn, der vom parkumgebenen Hause aus seine Pferde beobachten konnte, die am Rande der zur Birs abfallenden teppichartigen Wiesen, im sogenannten »Paddock«, vor den nach englischen Vorbildern gebauten Stallungen weideten. Gegenüber der durch gußeiserne

Tore und Gartengitter von der noch stillen äußeren Welt getrennten Besitzung war alles landwirtschaftlicher Grund und Boden. Über der Straße, die an der Villa vorbeiführte, zog sich am Rand des Ackers im Lehmboden ein hauptsächlich von Kindern ausgetretener, schmaler Pfad. Es gehörte zu den Gewohnheiten der »Vorgängerinnen«, ihre Zöglinge aus dem Wagen zu nehmen und sie auf diesen Pfad zu stellen, wo sie dann zu gehen hatten, ohne das Gleichgewicht zu verlieren. So geschah es denn eines Tages, daß Hülla mich dort hinaufstellte, am Straßenrand meinen unsicheren Schritten folgend. Die Betreuerin von Alphons aber hatte dasselbe getan, nur in der entgegengesetzten Richtung. Ich wankte von Ost nach West und er von West nach Ost. In der Mitte begegneten wir uns, und keiner von beiden wollte dem andern ausweichen. Die Kindermädchen waren ins Gespräch gekommen und paßten nicht auf. Alphons aber, in der Stellung Heinrichs VIII. von England – dem er ähnlich sah –, die Arme in die Hüften gestemmt, bewegte kauend seinen Mund, schaute mich mit starrem Blick an und spuckte mir reichlich mitten auf die Stirn. Dieser Vorgang war der Beginn unserer Freundschaft.

Nun aber waren wir erwachsen und unterwegs nach Wien. »In der Bahn ist die Zeit lang«, brummte Alphons. Die Eichenschwellen schlugen den Takt, und wir waren in Kohlenrauch gehüllt. »Kronos«, rief mein Freund, »Kronos?«, genau im Ton des Griechisch-Lehrers. »Sohn wessen?« fuhr er fort und antwortete mit der wohlbekannten Stimme: »Sohn des Uranos und der Gaea, jüngster Titan;« dann drohend, mit vorgestrecktem Zeigefinger: »Wie hieß er bei den Römern?«

»Saturn«, antwortete ich gelangweilt; »hüte dich vor Saturn!«

Der Zug hielt knirschend an. Ein etwa fünfzigjähriger, gedrungener Rotblonder betrat unser Abteil. »Grüß Gott«, begrüßte er uns, und Alphons antwortete genau im selben Tonfall »Grüß Gott.«

»Heiß hier herinnen«, meinte der Mann. »Herinnen«, wiederholte mein Kamerad; mit Behagen eignete er sich die ihm bisher unbekannte Vokabel an. Der Beleibte trug Rock und Hose aus Lodenstoff, eingefaßt mit grünen Borten. Sein gewölbter Leib steckte in einer froschgrünen Weste, die durch Hirschhornknöpfe zusammengehalten war. Er hielt einen kleinen geflochtenen Korb auf den Knien, öffnete dessen Deckel und entnahm ihm eine große, fette Wurst, von der er mit einem Stellmesser drei Scheiben wegschnitt und uns beiden je eine anbot. Er verneigte sich leicht und stellte sich vor: »Kastelhuber Franz, Ökonom.«

Mein Freund verneigte sich ebenfalls und nannte sich »Globus, stud.hum.«
Der Höfliche starrte ihn an. »Globus?« fragte er, »das ist Ihr Name?« und setzte gleich versöhnlich hinzu: »ein schöner, ein seltener Name!«
Globus nickte würdevoll.
»Die Herren san Ausländer? Hum, was soll des bedeiten?«
Und Globus: »Hum heißt zweierlei; einmal – einfach hum, so wie man Hum-hum sagt, und dann humanitas, das ist Latein und heißt Menschheit.«
»Die Menschheit wollens studieren?« Der Rote bog sich vor Lachen. »Prost, die Menschheit! No, do könnens was erforn! Nix Guats net. Jessas, die Menschheit! No gehns, do könnens hundertjährig wern und hoben net ausglernt. – No so was, die Menschheit! Do werns nix schens net erforn; do graust an jo vor derer Menschheit. Bleibens in Österreich, do hobens a a Menschheit, Kraut und Ruabn durchanand; die Besten san mir im Salzkammergut. Des wär scho groß gnua zum Studiern – aber die ganze Menschheit! Die Schwarzen a, die Gelben?«
»Alle«, meinte mein Freund, »alle der Reihe nach.«
»Und der andere Herr?« Darauf Globus: »Mein Sekretär.«
In Innsbruck stieg noch eine würdige ältere Dame ein. Sie fragte: »Ist hier noch Platz?«
»Betrachten Sie die Lage«, antwortete Globus. »Im Abteil sind acht Plätze, und wir sind drei Personen.«
Die neu Hinzugekommene musterte uns, versorgte dann ihre zahlreiche Habe, worunter sich auch ein von einem Kanarienvogel bewohnter Käfig befand, dann nahm sie aus einer kleinen Handtasche ein Fläschchen mit silbernem Verschluß, den sie aufdrehte, um sich die Hände mit Kölnischwasser zu begießen. Sie trocknete die wohlriechende Flüssigkeit nicht ab, sondern ließ sie, die gepflegten Hände schwenkend, sich verflüchtigen, worauf sie Handschuhe anzog. Der Ökonom verhielt sich von nun an respektvoll still, wie man sich eben im Jahre 1913 verhielt.
Nun stellte Globus die Frage: »Liebt der Kanarienvogel Kölnischwasser?«
Die Dame hob das Kinn, senkte die schweren Augenlider und die Mundwinkel und antwortete: »Fragen Sie ihn selbst.«
Das war die erste Niederlage auf dieser Reise, die mein Freund erlitt. Er nickte mehrmals bedeutungsvoll, dann wandte er sich wieder an den Herrn in der grünen Weste. »Also Ökonom sind Sie – Oikos = Haus,

Oikonomos = Hausverwalter, Landwirt, Ökonomie = sparsamster Kraftaufwand.«
Aber er erhielt keine Ermunterung. Der Rothaarige war mißtrauisch geworden. Der Respekt vor der Besitzerin des Kanarienvogels hatte seine Gemütlichkeit eingeschränkt. Er schwieg, wir schwiegen, der Kanarienvogel sprang ängstlich im Käfig herum.
Jetzt begann die Dame uns beide zu betrachten, und dann stellte sie die Frage: »Reisen Sie nach Bukarest? Österreicher sind Sie nicht, Ungarn auch nicht.«
»Nein«, erklärte Globus. »wir fahren weiter, nach Hause.«
»Weiter, nach Hause?« wiederholte die Dame ungläubig.
Globus hatte, seitdem sie eingestiegen war, mit einem leicht singenden, slawischen Akzent gesprochen. Er hatte seine berühmt schöne Hand aufs Knie gelegt; an dieser Hand trug er seinen barocken Siegelring mit dem Wappen der Familie. Die Kanarienvogelbesitzerin wurde nun plötzlich weniger herablassend-streng, sie lächelte: »Ah, die Herren sind Polen.«
»Polen«, nickte Globus, worauf die Neugierige einen ganzen Strom von polnischen Wörtern über ihn ergoß. Wieder nickte mein Freund bezaubernd. Er erhob sich, »allons«, rief er mir zu, »allons au wagon-restaurant«.
Froh, der polnischen Katastrophe zu entgehen, folgte ich ihm. Der Zug führte keinen Speisewagen. Wir blieben vorerst in einem Drittklaßkupee, wo Globus gestikulierend mit erstaunlichen phonetischen Künsten ein Pseudopolnisch eigener Erfindung zu reden begann, worauf ein Schaffner mitteilte, daß wir in einer Stunde in Salzburg eintreffen würden. Hierauf rezitierte mein Reisebegleiter unseren Lehrer, den Herrn Kandidaten Brömmel nachahmend, den ganzen ersten Gesang der »Odyssee«. Schon verlangsamte der Zug seine Fahrt, als wir unsere Habseligkeiten im ursprünglichen Abteil zu uns nahmen. »Dovizenia«, rief mein Freund, sich verneigend, und wir stürzten zum Ausgang.

Werner Zuberbühler

Freundschaft ist das Gleichbleibende, das immer mit dir wandert auf dem Wege, den du zu gehen hast, in den schweren, in den heiteren und in den vielen Stunden, die scheinbar farblos vorübergehen, im Grunde aber etwas anderes meinen als das, was sie aussagen. Freundschaft, Kameradschaft: das nüchterne, klare Lebensverhältnis, das über den Tod hinaus besteht und nicht wie Liebe oder gar die Liebesleidenschaft oder auch der Haß bestimmter Bedingungen, eines bestimmten Daseinsraumes bedarf, um sich zu erfüllen – nein, das immer, ob man krank sei oder gesund, tätig oder saumselig, in Gefahr oder in gesichertem Vorwärtskommen, das auch durch die Lebensalter hindurch unverändert bleibt, dann, wenn man in der Frische und im Saft steht, und dann noch, wenn man gewohnte Wege bereits mühsam geht und es einem hin und wieder schon kalt in den Nacken bläst. Freundschaft ist ohne Alter. Mitten in der Welt, irgendwo, nach langen Jahren zufällig begegnet man sich; der eine hat vielleicht gerade ein glänzendes Geschäft abgeschlossen, dem andern ist vielleicht vor einer Stunde sein Kind gestorben, und man begrüßt sich so, als sei man noch soeben zusammen gewesen.

Und wie ich so an allerlei über Freundschaft denke, da fallen mir zuerst die toten Freunde ein, weil die nun alle ganz nah in der eigenen Brust wohnen; und es fallen mir diejenigen ein, die mir auf Erden Berater und Führer gewesen waren und die weggegangen sind in reifen Jahren, in belasteten, übermäßig schweren Augenblicken. Auch die andern kommen mir in den Sinn, die, fast noch Jünglinge, abberufen worden waren, mitten in ihren Ahnungen, aus Wahn und Wollen hinaus, und die nun alle gleichermaßen alterslos in der Reife und im Ernst des Jenseitigen vor mir stehen. Um mir den Klang ihrer Stimmen, ihr Lachen oder den Hall ihrer Schritte in Erinnerung zu rufen, gedenke ich fröhlicher Fahrten in der Zeit der frühen Jugend, stiller Gespräche im abendlichen Zimmer, bei der Lampe, wenn man spät beim Gute-Nacht-Sagen sich aus dem Fenster beugte, um die Läden zu schließen und einem der Duft des Gartens, der blühenden nächtlichen Wiesen entgegenschlug, ein leiser Schauer über die ruhenden Wälder ging und in der Ferne bisweilen der durch die stille Landschaft dahinflutende Rhein leise aufleuchtete.

In den Klang dieser Gespräche mit den Toten mischt sich auch eine

Stimme, die einem Freund gehört, der unter allen anderen in besonderem Maße Freund ist. Und was ist die Eigenschaft, die ihn dazu macht? – Es ist die große Eigenschaft des Vertrauens, der Dauer, des Zeit-Habens. Dieses Immer-da-, Immer-bereit-Sein, das, was die Berge unserer Heimat haben, an deren Umrisse wir vom ersten Augenblick des Sehens an gewöhnt sind und von welchen uns Hilfe kommt, stets, wenn wir unsere Augen zu ihnen erheben.

Dieser Freund, mit allem, was zu ihm gehört, mit der in die Welt hinaus wachsenden Gemeinschaft, in deren Mitte er steht, die sich immer erneuert mit den frisch hinzutretenden Generationen, dieser Freund ist der wahre Erzieher. Und eben diese größte Eigenschaft, die ihn zum Freund macht, die macht ihn auch zum Erzieher: das große, das seltene, das aus Glaube und Liebe geborene Vertrauen; das Vertrauen, das er mit der Natur gemeinsam hat, der Natur, die wachsen und vergehen läßt, und in der das Wachstum doch immer stärker ist als das Vergehen, weshalb sie besteht und aus sich selber weiterwirkt; das Vertrauen, das aber auch den Weg zum Himmel auftut und zum Höchsten, was der Himmel uns verleiht, der Gnade.

Die meisten Erzieher glauben an die Kraft der Erziehung, nämlich an Einwirken, Bestimmen, Einfluß und Vorbild. Aber selbst wenn sie, was etwas sehr Hohes ist, als Vorbild zu wirken vermögen, dabei aber, was der Erzieher nicht sollte, urteilen, dem Werdenden seine Natur festlegen, seine Bahn voraussagen, seinen Wert bemessen, sein Karat bestimmen und sein Gewicht wägen – wenn sie solches tun und sich dabei vorbildlich halten, so bleiben sie doch zurück hinter dem, der mit eigenen Fehlern und Rückfällen seiner Natur für sich und die anderen das Gute will und dem Guten in jedem einzelnen von vorneherein völliges Zutrauen schenkt. Der vorbildliche Erzieher hat viel vom Wesen des Gerechten an sich, der gute Erzieher aber, mit all seinen Schwächen und Mängeln, gehört schon mehr in den Bezirk, in dem die Heiligen entstehen. So etwas muß man nicht pathetisch,sondern mit Humor nehmen, denn sicher gibt es auch lustige Heilige, und warum sollte nicht einmal ein Ketzer aus dem Appenzell, der am Fastnachtsdienstag einen Betrunkenen nachahmt und am Ostersonntag bei der Parade einen solchen Wutanfall bekommt, daß ihm die Stirnader beinahe platzt, warum sollte nicht auch ein solcher Appenzeller einmal etwas von einem Heiligen abgekriegt haben, und sei es nur die eine große Eigenschaft – das Maß. Der Gerechte verfällt gar leicht dem Maßlosen, der Heilige aber mißt alles mit dem Maß der Verzeihung, und der Verzeihung ist das Vertrauen sehr nahe verwandt. Nun muß man aber ja nicht glauben, daß es sich da um etwas handle, was auf der Oberfläche liegt, etwa gar um das, was man Vertrauensseligkeit nennt. Dafür hat einer mit Bauern- und gar mit Appenzellerblut wenig Sinn. Hineinleimen, anschwindeln und über das Ohr hauen läßt er sich ganz bestimmt nicht, nein, da hat dieser sonderbare Heilige von Erzieher eine Wachsamkeit, eine muntere Klugheit, die sich keine halbe Silbe Unwahrheit und keinen halben Rappen Schulden entgehen lassen.

Nein, das Vertrauen liegt dort, wo es liegen soll, nicht im Kopf, sondern im Herzen, und es ergreift das, was es ergreifen soll, das Ganze, ohne auf die Einzelheiten hineinzufallen. Die Einzelheit wird nie herausgerissen, wie dies in der Art so vieler Psychologen und Erzieher liegt. Weil dieser Erzieher nicht vormacht, sondern mitmacht, kann er immer und überall bei einem sein, kann man bei allem, was man unternimmt, an ihn denken und sich fragen: Was hätte er dazu gesagt, was würde er dabei finden?

Und so, was mich betrifft, hat er, seit ich Glarisegg verließ, wohl ohne Übertreibung täglich und oft auch ganze Tage und bis in die Nacht hinein – nicht leibhaftig, denn er war auf der Straße nach Steckborn oder in seinem Büro, ich aber war irgendwo in der Welt –, wohl aber tatsächlich mich begleitet und mit mir Zwiesprache gehalten. In allen möglichen Augenblicken, in den heitersten und auch in den schwersten, immer gab er mir, was zum Allerseltensten auf der Welt gehört: dieses Maß aus wohlwollendem Herzen. So ist er viel mit mir gereist, und davon möchte ich etwas erzählen.

Es war an der ungarischen Grenze auf einem Hügel mit den Steinen eines verfallenen Römerturmes an einem warmen Wintertag, und unten trieb die breite Donau ihr Eis durch viel entzweite Länder hindurch. Kormorane, ganze Scharen, setzten sich auf die größten Eisstücke, die sich krachend, gewaltig und blitzend den Weg durch die kleineren Schollen bahnten. Dieses fremde Getier, seine seltsame Reise, die niedrigen, dürftig gebauten Häuser am Fuße des Berges, die Ebene, die unabsehbare, die drei auseinandergerissenen Länder, die hier zusammentrafen, all dies rührte mich im Zeichen eines verfallenen römischen Turmes, dem Zeugen der Einheit, unheimlich an. Ich stand damals vor einem schweren Entschluß, und alles, was ich im Augenblick sah, war dazu angetan, ihn mir noch schwerer zu machen.

Da fiel plötzlich ein Lichtschein auf einen Föhrenstamm, und da war es mir, ich weiß nicht wie, als sitze mein Freund neben mir, und wir be-

trachteten zusammen dieses zerrissene Spiel der Welt vor unseren Augen mit Ruhe und Festigkeit wie zwei Kriegskameraden. Auch der zu fassende Entschluß hielt nun still, da eine so starke Hand mit anpackte. Er ließ sich betrachten und das Richtige erkennen.
Bei diesem ordnenden Vorgang fällt mir noch eine andere Reisebegegnung ein, weiter im Osten, als wir in Anatolien nach den versprengten griechischen Gefangenen und den Verwundeten oder malariakrank Zurückgebliebenen suchten. Es war im Juli, bei einer Hitze von vierzig Grad im Schatten, etwa hundertfünfzig Kilometer von Ankara, der neuen türkischen Hauptstadt entfernt und etwa doppelt so weit von jenem Cäsarea, das wir aus der Apostelgeschichte kennen. An einem braunfließenden, trägen Fluß lag ein Feldlazarett: zwei aus Lehm errichtete Baracken, in denen achtzig Malariakranke, Schwerkranke, erdfarben in der siedenden Luft, auf ihren Schragen ausgestreckt in Reih und Glied ihre schweren Leiden trugen; die einen voll Angst und bettelnd, einige stumpf, wenige andere ergeben und viele im Fieber redend, meilenweit von ihrer Heimat, denn es waren alles Griechen, fern vom Meere, wie die Soldaten der Anabasis, wie diese eine ewige, wundervoll gegliederte Sprache sprechend, da ihre Fieber ihnen Bilder und den Klang vertrauter Stimmen aus der Heimat heranspülte, aus dem Bezirk des Lebens, den man so leicht mit der frischen Freude des Neubegründens, des Abenteuers, des Kämpfens und Wagens verläßt, und in den man in der Not, in der Einsamkeit und beim Sterben zurückstrebt, so daß auf Schlachtfeldern, wo die Sterbenden liegen, das häufigste Wort das heimatlichste aller Worte unserer Sprache ist, das Wort: Mutter. Denn nur die wenigsten haben die Kraft, sich eine neue Heimat aus sich selbst heraus zu begründen. Die es aber aus Leichtsinn vermögen, die weht der Wind vor sich hin wie Spreu.
Unter den Schwerkranken lag auch ein junger Student, der in Deutschland und in Frankreich gewesen war. Ich saß lange an seinem Bett, und er bat mich, einen Brief von ihm in seine Heimat mitzunehmen. Wie ich aber den Brief von ihm verlangte, begann er zu schluchzen. Ich versuchte nun, ihn zu trösten und fragte, an wen er denn geschrieben habe. Wie er schwieg, sagte ich: »Sie schrieben wohl an Ihre Braut?« Da wurde sein Schluchzen stärker, und er antwortete: »Was soll ich ihr schreiben, sie ist nun eines andern Frau.« Es wurde spät, man mahnte zum Aufbruch. Der Student hatte sich müde zurückgelehnt.
»Ich muß gehen, geben Sie mir den Brief«, bat ich.
Da sagte er: »Der Brief ist auch nicht an meine Eltern, denn sie sind tot,

und Geschwister habe ich keine«, und wie der Fiebernde dies sagte, da begriff ich, daß er sich auch keines Freundes erinnerte, den ein Wort von ihm freuen würde, daß er mir zwar einen Brief mitgeben wollte und daß alle Sehnsucht seines in harten Stößen arbeitenden Herzens ihn trieb, einen solchen Brief zu schreiben, daß er aber niemanden fand, der ihn mit Freude und Anteil empfangen hätte – und daß er auch keinen geschrieben hatte.

Wie ich hinaustrat vor die Baracke, war auch schon der harte Ton vom Motor unseres Lastautomobils zu hören, und wir mußten uns bereit machen, um wieder zu fahren, denn bei Tagesanbruch sollten wir hoch im Gebirge sein. Müdigkeit, Hitze und wenig Schlaf hatten in mir Raum geschaffen für eine tiefe Entmutigung, die aus dem soeben Geschauten und Erlebten mich befiel. Wie ich nun meine Habseligkeiten zusammenpacken sollte, da tat ich es nicht, wie ich mich auf der bisherigen Reise dazu angehalten hatte, mit Sorgfalt und Genauigkeit, sondern so, wie es meiner schlechten Gewohnheit in den Ländern entsprach, in denen ich mich auf fürsorgliche Hilfe verlassen konnte. Ich warf die Sachen kunterbunt in einen Winkel des Wagens, Kleider, Schuhe, Notizen, Kochapparat, und meine Haarbürste mitten hinein. Doch da war es mir, als ziehe mich jemand am Ärmel. Ich ließ mich führen, wie man sich als Kind für die ersten Briefe die Hand führen läßt, und ganz gehorsam ordnete und versorgte ich Stück um Stück, und mir war, als ob in diesem Tun und Ordnen ein Trost der Welt liege. Wie mir dann besser zumute wurde und später in der Nacht, als wir aus der dumpfen Hitze langsam aufwärts in die Kühle des Gebirges und in die nachdenklichen, die frühen Morgenstunden hineinfuhren, da erkannte ich auch diese Hand, die mich geführt hatte, diese kleine, kraftvolle Hand, und ich faßte sie und drückte sie dem Erzieher und dem Freund und dankte ihm für dieses Mal und für die vielen andern Male auch.

Als die Sonne, wie sie es im Osten tut, sich in den Himmel hineinwarf und die Höhen aufflammten, das Licht an den Flanken der Gebirge hinunterströmte, um Täler und Ebene zu füllen, da war es mir, als höre ich meinen Kameraden singen oder jodeln, und als wir dann am Feuer saßen, unser Frühstück bereiteten, uns in die Decken schlugen, um nicht zu frieren, und wie der Schlaf uns zu übermannen begann, da war mir, als beginne er in unserer heimatlichen Sprache von diesem und jenem zu erzählen; und da kamen schöne, junge Freiberger[2] darin vor mit hohen, breiten Kruppen und glattem braunem Haar, und von klaren Bächen erzählte er, die an schlanken Eschen vorbei über das Gestein, von spielenden Forellen belebt, hinunterstürzen zu den grünen Seen, auf deren Spiegel Schiffe mit fröhlichen, singenden Menschen fahren bis hinunter, wo der See zum Fluß wird und zu strömen beginnt, noch grüner, noch reiner, so grün und rein wie einstmals unter der gedeckten Brücke von Eglisau, bevor man ein Wasserwerk dorthin gebaut hatte. Aber wir sprachen nicht von Wasserwerken, auch nicht von Statistiken, sondern von lauter schönen, heiteren und lebendigen Dingen, ich glaube sogar von Frauen, die so rein und klar sind wie die Seen unserer Heimat und so gut wie ihre Luft, und die ein großes Glück bedeuten.

Charles Daniel Bourcart

Der Prinz Eugen von Savoyen sagte einmal in einer Ansprache an Offiziere: »Meine Herren, Sie haben nur eine Lebensberechtigung, wenn Sie beständig, auch in der größten Gefahr, als Beispiel wirken, aber in so leichter und heiterer Weise, daß es Ihnen niemand zum Vorwurf machen kann.«

Unwillkürlich fällt einem dieses Wort ein, wenn man sich der Zeit erinnert, in der man den Vorzug genoß, Minister Charles Bourcart als Chef zu haben. Er verkörperte noch einmal den Typus, den das alte Regime in Frankreich als »honnête homme« bezeichnete. Er war ein Diplomat der alten Schule, kein Techniker der Außenpolitik, kein Beamter, kein Spezialist, sondern ein Mann, der die Welt, der die Gesellschaft kannte, so wie sie noch aus dem 19. in das 20. Jahrhundert hineinragte. Er besaß Lebenskenntnis und die seltene Eigenschaft des Taktes, die sich nur erwerben lassen, wo die Erfahrung auf dem Menschlichen und seiner Begrenzung durch eine homogene Sitte beruht. Etwas von der Skepsis und der Versöhnlichkeit war ihm eigen, die sich aus den Schriften der französischen Moralisten und aus der älteren englischen Romanliteratur ergibt. Er war in der Geschichte zu Hause, der Geschichte der großen Memoirenschreiber, der Höfe und der Staatsverträge.

Wenn er junge Leute für den diplomatischen Dienst zu formen hatte, sagte er ihnen gerne das Wort Talleyrands »pas trop de zèle«. Er fürchtete unreife Begeisterung und ehrgeizige Rechthabereien und bestand darauf, daß man über den Problemen einmal schlafe und nie »ab irato« zur Feder greife. Er verlangte, daß man rasch, leicht und genau den Inhalt eines Dossiers überblicke und verwerte. Bei der Beantwortung von Briefen wies er einen an, nur dann auf die Sache einzugehen, wenn man etwas Bestimmtes zu ihrer Lösung beitragen könne. Im übrigen bedauerte er, daß ein entspannendes Element der diplomatischen Korrespondenz, die Höflichkeit, immer mehr verloren gehe, und er ließ sich nicht dazu bekehren, daß Sachlichkeit mit barscher Ausdrucksweise gleichbedeutend sei. Ja, er war der Ansicht, Entgegenkommen in der Form erleichtere das Festhalten an einem Standpunkt. Er meinte, beim Empfänger und Leser eines Schreibens müsse man immer eine Bereitschaft herstellen und die Ablehnung schon durch den Ton der Anrede ausschließen. Durchgehend hielt er auf Stil. Es gibt heute nicht mehr viele Diplomaten, die so vorbildliche französische Noten abfassen wie er. Die Unterschiede im Ton, die eine Verbalnote oder eine Mantelnote kennzeichnen, beherrschte er mit Sicherheit, wußte dabei sehr wohl, daß Leute, die solche Vorzüge zu schätzen wissen, immer seltener werden.

Als junger Mann hat er in Paris die Schule einer jener kleinen Gesandtschaften durchgemacht, wie sie die Schweiz im letzten Jahrhundert zu den großen Staaten unterhielt: Kanzleitätigkeit, Konsulartätigkeit, diplomatische Aktion und Information, alles ging in einem. Ein erstaunliches Gedächtnis für Personen, ihre Lebensumstände und Verbindungen hat er sich damals angeeignet, und in diesem Gedächtnis konnte er jederzeit nachschlagen. Wenn er in seinen späteren Jahren die Hintergründe etwa der Boulanger-Affäre[3] erzählte, dann klang sein Bericht so frisch, als sei er von heute, so genau kannte er die Verhältnisse, die Daten und vor allem das entscheidende persönliche Moment, das die Vorgänge bestimmte.

Er stand in den frühen dreißiger Jahren, als er Gesandter in London wurde. Das intakte viktorianische England wurde in seinen Schilderungen während der dunklen, langen Winterabende der Wiener Revolutionszeit für ihn selbst wie für seine Zuhörer zu einer Art Refugium, in welchem das damalige Geschehen des Zusammenstürzens und langsamen Verwesens einer alten Welt ein festes Maß erhielt. Das Solide, Festgegründete, deutlich Gestufte der Zeiten, aus denen er kam, blieb für ihn immer das Wirkliche. Das Unsichere und hastig herandrängende Neue erschien ihm wie ein Provisorium, eine vorübergehende Störung, der er seine festen Begriffe mit überlieferten Methoden entgegensetzte.

Für ihn war der diplomatische Beruf vor allem die Kunst der Menschenbehandlung, und seine Aufgabe sah er darin, Ausgleiche zu schaffen, indem er dem Unerwarteten bewährte Formen entgegenstellte. Bisweilen schalt man ihn konventionell. Hinter dem aber, was so oft vorschnell als Konvention bezeichnet wird, lag bei ihm alte Erfahrung und auch Bescheidenheit. Im Unkonventionellen der politischen Sitten haben wir es ja inzwischen so weit gebracht, daß man vielleicht nächstens nicht ohne ein gewisses Bedauern der vielgescholtenen Konvention anstatt eines verächtlichen ein wehmütiges oder gar ein positives Vorzeichen verleihen wird. Derartiges sah er selbst mit dem ihm eigenen Humor voraus, jenem Humor, der es ihm erlaubte, mit seinem welschen Akzent aufschlußreiche, mit einem Schlag ganze Zustände beleuchtende Anekdoten der guten alten Zeit zu erzählen. So schuf er oft eigentliche Paradigmen, die sich dann für seine diplomatischen Schüler als Wegleitung in entsprechenden Lebenslagen bewährten. »Nur keine Pedanterien«, pflegte er zu sagen, und wenn er auch genaueste Arbeit forderte und es ihm nicht darauf ankam, einen während zwei schönen Osterfeiertagen chiffrieren zu lassen, so verlangte er doch von seinen Mitarbeitern vor allem, daß sie vom Leben und den Menschen lernen und sich nie in Theorien verlieren sollten.

In dieser Weise hat er unser Land in Frankreich wie in England, als Leiter der Abteilung für Auswärtiges wie als Gesandter in Wien, zur Zeit der Habsburger wie in der Republik vorbildlich vertreten. Jeder seiner Mitarbeiter konnte, wenn er aufgeschlossen war, etwas von der Kunst seines Chefs auf den Weg mitbekommen: im kleinen wie bisweilen im großen mit Imponderabilien umzugehen.

Hermann Graf Keyserling

Hermann Keyserling[4] lernte ich an einem Empfang im Palais Lanckoronski an der Jacquingasse in Wien kennen. Anwesend waren lauter Österreicher aus der Gesellschaft, auch einige stark nach Paris ausge-

Erzherzog Eugen von Habsburg-Lothringen

Annette Kolb

richtete Polen, sodann ausgewählte Vertreter der sehr gebildeten Finanzkreise und einige Schriftsteller, Professoren und Journalisten. Keyserling war in mancher Beziehung gerade in Wien eine besonders auffallende Erscheinung: sehr groß, schon massig, schien er die tatarischen Züge seiner Physiognomie herausfordernd zur Schau zu tragen. Alle seine Gebärden waren heftig, immer etwas drohend oder in Augenblicken so genießerisch breit in ein Gelächter eingebettet, an dem nicht nur die scharf einsetzende Stimme, sondern ein wetterleuchtendes Grinsen des ganzen Gesichtes, eine Erschütterung der Schultermuskeln, des Bauches, der Hüften und der wie zum stampfenden Tanz ansetzenden gewaltigen Beine und Füße beteiligt waren. Das Auffallendste aber war der Monolog, die Suada, die nicht abreißende Folge extrem baltisch ausgesprochener Worte, die um scheinbar gewaltige Themen herumflatterten.

Im alten Österreich, das damals gerade noch existierte und das wirkte wie ein Saal, in dem schon die halbe Decke eingestürzt ist und nur noch einige Stukkaturen an Drähten hängen, wurde Suada abgelehnt, Suada und Ostentation. Der sich als Mittelpunkt fühlende baltische Gast war nach einem von Einfällen wahrhaft sprühenden Auftritt, in dessen Verlauf er mit Befremden bestaunt und dann plötzlich gemieden wurde, enttäuscht. Jene, die er selbst mit dem Begriff »Standesgenossen« anzusprechen pflegte, hatten sich, wie innerhalb einer choreographischen Wendung, leise und sicher in Nebenräume zurückgezogen. Die Polen fanden Keyserling, trotz seiner Anleihen bei Dschingis-Khan, »très tudesque« und sogar unecht. Er wirkte damals viel weniger auf sie als bei anderen Gelegenheiten auf das immer neugierige »Tout Paris«. Die gebildeten Wiener Finanzleute waren gegenüber dem Weisheitsgehalt der gebieterisch vorgebrachten Einfälle skeptisch, die Vertreter der Universitätsphilosophie blieben gravitätisch, zunftverbunden und mißbilligend. Keyserling war immer schöpferisch und reproduzierend, das ertrugen die Leute vom Fach nur schwer. Nun waren nur noch Literaten und Journalisten vorhanden, die ersteren ganz westlich eingestellt. Sie stießen sich an »reaktionär-feudalistischen« Zügen, die andern stellten Fragen, memorierten die Antworten, sie rasch verändernd. Zurück blieben unter ihnen einige österreichische Faschisten; diese aber waren besonders mißtrauisch, einmal, weil es sich um einen Grafen handelte und sodann um einen, der kämpfte und nicht zu Kreuze kroch. Keyserling spürte die vielen Widerstände und schwieg schließlich ermattet. Er hatte sich wieder einmal verschwendet. Auf diese Weise kam es, daß er in einen tiefen Lehnsessel sank und plötzlich zu meinem Nachbarn wurde. Zuerst ächzte er vernehmlich, fuhr sich mit den Händen in den Bart, nahm dann einem Diener ein Glas Champagner vom Tablett, leerte es und rief gleich nach einem anderen, während er mit den Absätzen auf einen chinesischen Seidenteppich trommelte.

Dann wälzte er sich zu mir herum, betrachtete mich mit diesem im Alkoholglanz listig scharfen Blick aus den Augenwinkeln und sagte ganz langsam, wie zu sich selbst: »Der Spießer hat überall gesiegt!«

Gut, darüber ließ sich reden. »Wo im besonderen?« fragte ich.

»Wo?«, zischte er zornig zurück, »überall, in allen Formen, in jeder Weise; von den Deutschen nicht zu reden, von den französischen Gärtnern auch nicht. Der Inbegriff eines ewig beleidigten Spießerlandes, skurril und gräßlich, ist die Schweiz.«

Ich darauf: »Kennen Sie viele Schweizer?«

Keyserling: »Viele, nein. Die wenigen, die ich kenne, genügen mir. Ich brauche nie zu beobachten. Ich spüre, sobald ich in Zürich bin, wie dort etwas auf mich eindringt, etwas mir Unerträgliches. Es gibt nur eine einzige Ausnahme: Kaspar Badrutt[5].«

»Es gibt viele Kaspar Badrutts in der Schweiz«, erklärte ich, und der Philosoph: »Unsinn, woher wollen Sie das wissen?«

»Ich bin selbst Schweizer.«

Mit einem Ruck wandte er sich ganz nach mir um, das Grinsen leuchtete auf, die Hände hoben sich, als wollte er mich erwürgen, dann erschallte das gewaltige Lachen. Einem vorübergehenden Diener, der überrascht stehen blieb, rief er zu: »Der da behauptet, er sei Schweizer«, und wieder das dröhnende »Haha!«

Das war die erste Begegnung. Ich versuchte dann, den Philosophen mit einigen meiner Landsleute in Verbindung zu bringen, was mir im großen ganzen gelang. Ich traf Keyserling in München, er besuchte mich auf dem Schönenberg, später erschien er in Cressier bei meinem Schwiegervater. Nach dem Jahre 1933 schrieb er mir einige sehr gehaltvolle Briefe, und immer wollte er dringend etwas. Er bat ausdrücklich um Einladungen; er litt wie ein Tier im Käfig. Ich fragte ihn, ob er nicht nach Genf kommen wolle, um gegebenenfalls eine Fahrt in die Provence zu unternehmen; er möge sich ansagen.

In jener Zeit war ich Substitut bei einer internationalen Institution, dem »Institut de Coopération Intellectuelle«, das seinen Sitz in Paris hatte. Es bildete die Vorkriegszelle, aus der dann nach 1945 das allum-

fassende Gebilde der UNESCO hervorging. Der gemeinsame Nenner der beiden Organisationen war die Aufklärung.
Am Abend des vorletzten Sitzungstages in Paris wurde ich von meiner Frau aus Genf angerufen. Sie bat mich, möglichst rasch zurückzukehren, Hermann Keyserling sei bei ihr eingetroffen, und sie fühle sich in einen Wirbel von Ansprüchen hineingerissen, dem weder ihre Nerven noch die Hilfsmittel des Haushaltes – vor allem des Kellers – gewachsen seien.
Bei meiner Ankunft zu Hause fand ich eine gespannte Lage vor. Es war drei Uhr nachmittags, der Gast schlief. Wie immer schlief er in seinem zerknitterten Anzug, und auch die Schuhe pflegte er bei solchen Gelegenheiten nicht auszuziehen.
Ich hörte lauter Klagen. Ein nicht mehr sehr junges Zimmermädchen war gekniffen und »gebuddelt« worden. Der gewaltige Eindringling hatte im Bett gefrühstückt; die Butter war mitsamt dem Teller an die Wand, auf die neue Tapete geschleudert worden, in Flüssen und Mäandern hatte der Fettstrom sich verteilt. Eine Gardine lag zerrissen am Boden, Medizinflaschen hatten sich auf dem Teppich entleert. Die Köchin hatte rotgeweinte Augen, weil man keine Stunden für die Mahlzeiten einhielt, die längste Zeit bei einem zusagenden Gericht – gleichzeitig rauchend und Schnäpse trinkend – verweilte und andere Küchenkünste barsch ablehnte.
Das Personal kündigte. Meine Frau war nie vor vier Uhr früh zur Ruhe gekommen. Allabendlich mußte ein Nachtlokal besucht, mußten Tanzmädchen bewirtet werden, dann kehrte man nach der Polizeistunde, beladen mit Champagnerflaschen, zurück. Der Philosoph setzte sich an den Flügel, stemmte den Fuß aufs Pedal und spielte. Die Sektgläser kippten um, und ihr Inhalt ergoß sich ins Innere des Instrumentes. Jede Stunde blieb mein damals sechzehnjähriger Neffe meiner Frau zur Seite. Am letzten Abend vor meiner Rückkehr geleitete er seine Tante bis zur Türes ihres Schlafzimmers, zog eine Pistole aus der Tasche und entlud sie. »Sie war die ganze Zeit gesichert«, erklärte er beruhigend. Der Junge hielt den Gast für einen Lustmörder.
Nun war ich wieder vorhanden. Keyserling war blendend, er erzählte inspiriert, im Lavastrom seiner Eruptionen blitzten hart geschleuderte Edelsteine auf. Es lag damals tiefe Bitternis in der immer mehr gesteigerten, ja fieberhaften Leistung dieses großen Balten, der vergeudete, ohne je zu zählen. Seine Stimmung wechselte zwischen zornigen Ausbrüchen und Unheil ahnender Versunkenheit. Redeverbot war durch

Goebbels über ihn verhängt worden, er durfte weder öffentlich sprechen noch schreiben. Er geriet in Geldnot und beharrte darauf, hier in Genf vor einem großen Publikum für ein hohes Honorar aufzutreten, aber ohne irgendeine Publizität – das war lebenswichtig. Mit jedem Thema war er einverstanden.

Da war nun guter Rat teuer in der Völkerbundstadt, zwischen Calvin, Rousseau und einer nach der Sorbonne gerichteten, vorderhand positivistischen Universität, unter lauter durch Laski[6] und Karl Mannheim[7] geformten jungen, internationalen Beamten. Ich überlegte, was für ihn am ungefährlichsten wäre. Eines war sicher: daß man die Anonymität seines Auftretens nicht wahren konnte, daß jeder seiner Schritte, seitdem er mein Haus betreten hatte, registriert und, in die stumpfen Formulierungen der Nachrichtendienste eingepackt, nach Berlin verfrachtet wurde. Er war ständig beschattet.

Meine Frau hatte einen rettenden Einfall. Es gab in Genf in jenen Jahren eine faschistische Partei; ihr Führer hieß Oltramare, genannt Géo[8]. Er hatte eine gewisse äußerliche Ähnlichkeit mit Mussolini und verstand es, die Augen zu rollen wie er. Er war künstlerisch, dichterisch begabt. Wir überlegten: vielleicht wird Oltramare die Gelegenheit ergreifen, an seinen Parteiabenden einen Redner vom Range Keyserlings vorzuführen; das Ganze muß als private Veranstaltung, ohne Presse durchgeführt werden; der politischen Richtung des Veranstalters wegen wird man in Deutschland keine Sanktionen ergreifen.

Der Philosoph erklärte sich sofort einverstanden. Thema: Faschismus; Termin: übernächster Tag. Das Hauptquartier der Partei befand sich im ersten oder zweiten Stockwerk eines großen Miethauses hinter dem Hotel Métropole. Als wir zur festgesetzten Stunde dort eintrafen, wurde eine eiserne Türe geöffnet. Keyserling meinte nachher, links von dieser Türe hätten sich zwei leichte Maschinengewehre befunden; ich habe sie nicht wahrgenommen. Was ich erblickte, war ein großer Saal, vollbesetzt mit Männern verschiedener Altersstufen. Alle waren in graue, weder braune noch schwarze, nein, in ausgesprochen graue Hemden gekleidet, alle erhoben sich von ihren Sitzen und warfen scharf aufrauschend ihre Arme zum römischen Gruß hoch. Die Sitzreihen waren durch einen Mittelgang geteilt, am Saalende befand sich ein Podium. Auf dem Podium stand ein Tisch, dahinter ein Lehnsessel, und über ihm hing an der Wand ein etwas mehr als lebensgroßes Porträt Oltramares, das die Schar seiner Anhänger streng betrachtete. Am Ende der rechten Längswand öffnete sich eine Türe, die in einen Raum von normalen Dimensionen führte. Dorthin geleiteten uns die ersten Chargen des »Führers«. Der »Führer« selbst aber und seine Paladine waren dort um einen Tisch geschart, und auf dem Tisch standen, an den Bedürfnissen des Gastes gemessen etwas ärmlich, eine Vermouth- und eine Wasserflasche sowie Trinkgläser.

»Führer« und Anhang traten mit erhobenen Armen vor, der »Führer« setzte zu Begrüßungsworten an. Keyserling aber, mit schallendem Gelächter, den Salut der Prätorianer nicht erwidernd, versetzte dem genferischen Duce einen leichten Faustschlag in die Magengegend, dann zwei Hiebe mit der flachen Hand auf Schulter und Rücken, was augenblicklich einen Autoritätsverlust verursachte und zu empörter Überraschung der Adlaten führte.

Aber der Philosoph ließ nichts derartiges aufkommen. Er klatschte in die Hände und rief: »Bringen Sie sofort Champagner, Lanson brût!« Die Paladine starrten auf ihren Meister, dieser aber nickte. »Drüben im Hotel«, befahl er, »zwei Flaschen Lanson brût in einem Kessel mit viel Eis. Beeilen Sie sich, wir müssen bald beginnen!«

Wieder schloß ihn Keyserling mächtig in die Arme und drückte ihn an seine Brust. Der Champagner wurde gebracht, der Philosoph stieß mit den Veranstaltern an, drehte sich auf dem Absatz etwas im Kreis, redete über Spanien, das allein dem Untergang entgehen werde, und leerte nun Glas um Glas. Als beide Flaschen leer waren, richtete er sich auf und rief: »Die Damen mögen nun ihren Platz im Saal einnehmen!« Drei Damen waren anwesend. Sie gehorchten sofort dem Geheiß. Dann rief er auf Englisch: »Now let's begin!«

Die Tür wurde geöffnet, und er betrat mit unheilverkündendem, verächtlichem Lächeln den Saal, winkte, als der Vorschußapplaus erschallte, ab, richtete sich in seiner ganzen Größe auf und hielt eine Stunde lang in einem rabelaisianisch reichen, wie von Sturmstößen bewegten Französisch die geistreichste und schärfste antifaschistische Rede, die ich je gehört habe. Das war für die Zuhörer recht verdrießlich. Ihr »Führer« aber, großzügig, geleitete den Gast bis zur Haustüre und sagte: »Der Widerspruch, den Sie erhoben haben, wird für unsere Sache von Vorteil sein.«

Die Reise in die Provence

Am nächsten Morgen fiel ein leichter Regen, als wir um elf Uhr im offenen Wagen losfuhren. Keyserling wollte nicht, daß das Verdeck geschlossen werde. So saßen wir einer neben dem andern, in dieser durch die Erfindung des Automobils so besondern gegenseitigen Nähe und Abgeschlossenheit, die so vielfache Folgen zeitigen sollte. Sympathie zwischen uns? Ausgesprochen, zugleich ein abwartender Schwebezustand, von des Philosophen Seite für Sekunden wieder jene Wellen des Behagens. Der vorbeiziehenden Landschaft, den Dörfern, Städten, Gärten schenkte er keine Aufmerksamkeit. Er war sichtlich froh zu fahren, hinter sich zu lassen, loszukommen, jedoch blieb er finster, er war ein Gejagter. Auf dem Haupt trug er eine Tuchmütze wie Sherlock Holmes und war in einen faltenreichen, wassergetränkten Lodenmantel gehüllt. Er knöpfte ihn nicht zu. Die beiden äußeren Brusttaschen seiner Joppe enthielten links eine mit Baldrianessenz, rechts eine mit Kirschwasser gefüllte Flasche. Aus beiden trank er abwechselnd. Dabei schilderte er düster, aber eingehend die Besonderheiten seiner Konstitution und die Notwendigkeit der von ihm allein erdachten Doppelwirkung der zwei Essenzen auf sein, wie er sagte, Sonnengeflecht und auf das Herz.

Von Zeit zu Zeit sprach er wie zu sich selbst, oder er berichtete von seinem Freunde Hardenberg, dem seiner Ansicht nach letzten Rosenkreuzer, bald gab er wie im Traum Gespräche wieder, bisweilen tauchte er auch lautlos in sich hinein, seufzte wieder tief, hin und wieder warf er einen plötzlichen Blick nach rechts oder links. Wenn man durch eine graue Vorstadtstraße fuhr, rief er: »Lepra, Lepra! Schauen Sie diese trostlosen Fassaden an! Gräßlich, was dahinter lebt, herumkriecht, darbt und rafft, schuftet und haßt! Ah, und der Curé und der radikale Bürgermeister und der Nougatfabrikant und seine Töchter in Seidenkleidern, in Equipagen, das Café du Commerce.

Keyserling liebte Frankreich und die Franzosen. Deshalb entstand, wenn er so dahinredete, seine augenblicklichen Gereiztheiten wegräumend, ein Bild höherer Art, man spürte es, das hinter dem aufwirbelnden Staub des Ärgers sich langsam zusammenfügte, aber gleich wieder verschwand. – Ein Schluck Kirsch aus dem Flaschenhals, dann plötzlich drohend: »Warum nennen Sie sich Carl J. wie ein Amerikaner? Das ist völlig verkehrt, geschmacklos. Was soll Ihnen dieses ›Jott‹, dieses stupide ›Jott‹ mit seinen Widerhaken?« Er erwartete keine Antwort, starrte vor sich hin. Dann: »Warum reden Sie nichts? So reden Sie doch! Wozu fahren wir denn zu zweit?«

Nun verlegte ich mich aufs Anekdotenerzählen. Da wurde er wach, ja heiter, hin und wieder hieb er sich mit flacher Hand aufs Knie. »Ha! So

ist es recht, weiter!« und dann, wie mit einem Fallbeil: »Genug!« Schließlich, ganz wach: »Wann essen wir endlich?«
»Jetzt«, antwortete ich, wir waren in Vienne eingefahren. In Vienne gab es damals ein hochberühmtes Feinschmeckerlokal, La Pyramide, dessen Wirt weltbekannt war. Er hieß Point, war hochgewachsen und so fett, daß man seine Beine bewunderte, die eine solche Körperlast zu tragen vermochten. Bisweilen erschien er unter der Türe seines Restaurants, bekleidet mit weißer Mütze, weißem Mantel, als Koch, als absoluter Herrscher in der Kochkunst. Sein ursprünglich langes Gesicht mit Hakennase und dunklen Augen war zu einer käsefarbenen Scheibe geworden, in der unter Wülsten Nase und Augen fast verschwanden. Ja, dieser nach allen Richtungen, in Höhe und Breite kolossale Menschenleib enthielt und verbarg ein Individuum von ganz singulärem Können auf einem Gebiet, das nur durch Jahrhunderte und Jahrhunderte zu dieser Vollendung gelangen konnte. Dieser überdimensionierte leibliche Dämon des Gaumenzaubers aber hieß Monsieur Point, Herr Punkt.
Es ist möglich, daß seine Erscheinung, seine Überlegenheit, seine herrscherhafte Sicherheit, Leutseligkeit, seine je nach dem Rang der Gäste abgetönte, aber immer gewinnende Höflichkeit mir, da ich dies aufschreibe, auch noch aus der zweiten Hälfte der vierziger Jahre erinnerlich ist, der Epoche, in der Point, kurz vor seinem Lebensende, seine allerhöchsten Triumphe feierte. Damals kamen Adepten, Wissende aus der ganzen Welt zu ihm. Duff Cooper[9] pflegte alljährlich, nach Anmeldung, ohne jede Begleitung im Pyramidenrestaurant einzutreffen, und zwar um elf Uhr früh. Dann besprach er sich mit dem Gewaltigen, redete lange über den zur Speisenfolge passenden Vortrunk, den »appetizer«, dann über die zu jedem Gang passenden Weine, die Gänge. Ihr Inhalt, ihre Besonderheiten wurden gewöhnlich schon auf dem Korrespondenzwege aufs sorgfältigste beraten. Sie erschienen dann in ihrer Verwirklichung durch Stunden hindurch. Erst beim Einbrechen der Dunkelheit verließ der englische Botschafter das einzigartige Lokal, wo er im Zustand äußerster Konzentration jede Meldung der Gaumennerven entgegengenommen hatte, ohne ein Wort mit Point zu sprechen.
Nun, vor diesem kulinarischen Gipfelpunkt hielten wir im September 1935 den Wagen an. »Wann essen wir endlich?« hatte Keyserling ein zweites Mal gefragt. Ich öffnete die Wagentür, Keyserling schlug mit breitem Griff den feuchten Lodenmantel über seiner Brust zusammen,

starrte auf den ungeheuren, im Türrahmen stehenden, die blasse Stirn mit einem roten Seidentuch trocknenden Wirt, schnitt ihm plötzlich eine Grimasse und rief: »Grauenhaft! Schauerlich! Gas, Gas geben, weiterfahren!« Er schlug sich mit der Hand, als verscheuche er Tsetsefliegen von den Kirgisenaugen. »Untergang, Ende, Auflösung«, schrie er, »weg von hier!« Um so besser, dachte ich, und schon ließen wir uns wieder den scharfen Fahrtwind entgegenschlagen. Die Wolken waren hinter Bergkulissen verschwunden, der Himmel war nun blau, und wir trockneten allmählich.

»Keinen Hunger mehr?«

»Für lange nicht!« Und dann im Befehlston: »Erzählen Sie!«

Vienne lag nun hinter uns. »Schade, Vienne ist sehenswürdig«, meinte ich, »nur Aix ist Vienne ebenbürtig.«

»Sehenswürdig, sehenswert«, tobte der Philosoph, »sehenswert ist ein Spießerwort ersten Ranges. Was heißt sehenswert? Jeder frische Haufen Roßmist ist sehenswert. Vienne sehenswert! Wenn Sie solchen Quatsch reden, befinden Sie sich auf dem Niveau von jenem Hochzeitsreisenden, den ich einmal im Antikenmuseum in Neapel traf. Er schleppte eine semmelblonde Frau hinter sich her, er belehrte streng, sie blieb stehen und meinte: ›Ja, es ist schön, aber die Venus gefällt mir nicht.‹ – ›Gefällt dir nicht, was soll das heißen?‹ schrie er. – ›Nein, ich meine nur so.‹ Und er: ›Quatsch!‹ – Das war der Herr ›Sehenswert‹. Heute fotografiert er. Also los, was ist mit Vienne?«

»Vienne«, begann ich, als stünde ich auf Rappards Katheder[10], »Vienne, einst Hauptstadt der Allobroger. Die Römer gründeten eine zweite Stadt, von dieser aus wurde Lyon besiedelt. Vienne wurde zur Stadt gebildeter ›Pensionisten‹ – wie die andern Viennesen, die Wiener sagen. Vienne hat nie einen Zirkus gehabt, nur griechische und lateinische Bühnen. Sehr früh wurde die Stadt zur kirchlichen Metropole.«

»Sind Sie fertig?« schimpfte mein Fahrgast. »Wenn Sie mich noch weiter anöden, steige ich aus und nehme den Zug. Den Zug ...« und dann heftig »den Zug wohin? Nur nicht zurück! Nur nicht in dieses grauenhafte Deutschland! Wohin? Nach Marseille, dann hinüber nach Afrika, verschwinden in Fez, in die islamische Universität und dann weiter, immer weiter, so weit der Islam reicht. – Was noch von Vienne?«

»Wenn ich reise«, antwortete ich, »sagt mir die Geschichte sehr viel; jeder Stein redet zu mir. An einem steinernen Türrahmen in einer oberitalienischen Stadt las ich ›Quocumque ingredimur in aliquam historiam pedem ponimus.‹ So ist es. Wenn ich sogenannte, aus irgend-

welchen handschriftlichen Dokumenten abgeschriebene Einzelforschungen der uniformierten Fachleute, solch in der Luft hängendes, zusammenhangloses Zeug lese, wird mir auch schlecht.«
»Mir wird zur Zeit schlecht, wenn ich nur das Wort Geschichte höre; das rührt mich an wie das Gesicht von Ihrem vermaledeiten Wirt.«
Wir fuhren, Keyserling nahm zur Abwechslung einen Schluck Kirsch, wir fuhren. Die Platanen der Alleen schlugen in die von uns mitgerissene Luft den Takt.
»Zum Teufel mit der Geschichte!« rief der Philosoph.
»Zum Teufel mit den Übertreibungen!« rief ich zurück.
Keyserling, plötzlich gereizt: »Ich bin kein Übertreiber. Die Deutschen sind Übertreiber, Nachahmer, ja, Übertreiber, entsetzlich. Sie werden noch sehen, bis zu welch absurden Übertreibungen sie es bringen werden, zu welch grauenhaften, himmelschreienden Übertreibungen. Ich übertreibe nie; in mir ist die asiatische Weite. An ihr gemessen, erscheint alles vergänglich, kurzlebig. Die Erscheinungen, an denen wir vorüberziehen, können nicht übertrieben werden, sie würden augenblicklich an Lächerlichkeit eingehen. Also, was sagen Sie, ich sei ein Übertreiber? Das hat mir noch niemand zu sagen gewagt!«
»Zum Teufel mit der Geschichte! – das ist eine Übertreibung. Ich brauche Geschichte.«
»Ich nicht, die Geschichte braucht mich. – Also weiter mit Vienne!«
Wenn er sprach, monologisierte er in abgerissenen Sätzen vor sich hin, über Sein und Glauben, Denken und Glauben, Denken und Sein; er bewegte sich im Kreis um eine Erkenntnis, die er suchte. »Wann«, rief er plötzlich, »hat der Mensch sich für sein eigenes Denken entschieden?« Dann verfiel er wieder in Schweigen und forderte nach einiger Zeit: »Erzählen – Geschichte – Klatsch! Klatsch ist Beobachtung und Bericht über das Sosein eines rasend schnellen Ablaufs der Beziehungen zwischen Menschen, ihrer Absichten, ihres Begehrens, ihres Hasses, ihrer Liebe – Liebe ist das Seltenste –, Absicht, Verrat, Konkurrenz, das Übliche, Eintönige.
Kaßners[11] Denken geht vom Klatsch aus. Ich gebe dem Wort eine sehr hohe Bedeutung. Den Klatsch deute ich anders als er; bei mir ist nie etwas Hämisches dabei, bei Kaßner bisweilen. Das hängt mit seiner leiblichen Konstitution zusammen. Er braucht immer wieder etwas Rache, etwas Freude an der Rache. Der Schärfe seiner Beobachtung versuchen die Leute auszuweichen. Sie behaupten, er berichte vom Hörensagen, er verändere. Das ist völlig falsch. Kaßner berichtet haarge-

nau, weil er viel genauer hinhört und sieht als alle andern. Er ist ein mitleidloser Beobachter, er kennt keinerlei Angst, er berechnet keine Folgen.«
Da Kaßner mich seit meiner Wiener Zeit interessierte, habe ich am nächsten Tag in Avignon ein paar Notizen über diese Aussprüche Keyserlings gemacht. Kaßner beschäftigte den Balten unablässig. Sie hatten oft monatelang in täglichem Verkehr gestanden, in Österreich, in Paris. Kaßners Objektivität übte eine für Keyserling oft lästige Bremswirkung aus, denn wenn Kaßner definierte, war der Balte schon längst weit weg von den Urteilen seines Freundes. Er ärgerte sich und schlug wiederum durch heftige Formulierungen zurück. Frauen schalteten sich ein, beklagten sich über den einen, den andern oder, im Gegenteil, lobten im Überschwang den einen vor dem andern. Beide, Kaßner und Keyserling, begannen gegeneinander öffentlich zu polemisieren, die Beziehung spannte sich. Keyserling wollte geliebt und bewundert sein; von beidem konnte er nie genug erhalten.
Die psychologischen Gründe für dieses Bedürfnis waren einfach. Im Laufe der Reise sollte die Ursache in schmerzlicher Weise zum Ausdruck kommen.
In Avignon angelangt, stiegen wir in dem alten Hôtel de l'Europe ab. Jetzt war Keyserling heiter. Er trank zwei große Gläser Calvados, als nachträglichen »Satteltrunk«, in den leeren Magen, und dann wollte er sich sofort in ein damals berühmtes Restaurant an der Hauptstraße begeben. Dort saßen wir schon bald vor einer Flasche »Châteauneuf«, und mein Gast wurde bezaubernd.
Lust des leiblichen wie des geistigen Daseins ergriff ihn, wandelte sich in helles Entzücken, und voller Liebenswürdigkeit, herrlich eingespielt wirkte jetzt Keyserlings Mitteilung. Jetzt war er es, der erzählte: von Indien, in merkwürdiger Überschätzung, wie mir schien, von Tagore[12] – »einem der größten Dichter aller Zeiten.« Dann redete er von Volkscharakteren: »Alle Nationen sind scheußlich!«, sein bekannter Ausspruch.
Die dritte Flasche Rotwein war leer. Der Kellner, ohne zu fragen, brachte die vierte und schenkte ein. Ich hatte zwei Gläser davon getrunken. Keyserling ließ sein gefülltes Glas nun auch stehen und schaute plötzlich mit einem Ausdruck von ungeheurer Ironie in die Runde. »Alle Nationen sind scheußlich«, rief er wieder. »Schauen Sie sich diesen Kerl an«, und er zeigte mit der Bartspitze, das Kinn hebend auf einen Familienvater, der mit einer alten Frau, seiner beleibten,

stark geschminkten Gattin und einer blassen Tochter eine Schafskeule verzehrte.
»Ein ganz Echter, eingeschnürt in Fettringe; schauen Sie diese Augensäcke, diese abstehenden Ohren, ein Vertreter, ein echter ...!«
Der Gast, der in dieser Weise beschrieben und beschimpft wurde, begann sich aufzuregen. Er richtete sich, immer noch sitzend, so hoch auf als er konnte, wandte sich dann an einen Nebentisch mit dem bösen Wort »boche«.
Ich stand auf und nahm den Philosophen am Arm. Er stieß den Tisch zurück, erhob sich willig und, nach allen Seiten winkend, folgte er mir, noch sicher schreitend bis zur Kasse, an der die übliche Dame mit der schwarzen Perücke thronte. Hinter uns Gemurmel, einige unfreundliche Rufe. So gelangten wir auf die Straße und an die frische Luft. Dort wurde es gefährlich. Keyserling hing schwer an meinem Arm, in der Rechten schwang er seinen mächtigen Knotenstock. Er beschrieb stolpernd weite Kurven, mich vorwärtsreißend.
»In die große Acht müssen wir, in die große Acht! Dort herrscht die Wahrheit, die völlige Wahrheit! Sternberg in Mailand – immer zu Weihnacht. – Hier ist alles voll von Negern«, und als ein hoher Offizier in Uniform vorüberging: »Ah, la grande armée, la grande armée«, den Knotenstock schwingend. Nie hoffte ich dringender auf ein Taxi aus einer Nebenstraße, aber in müdem Trab erschien bloß ein Fiaker, offensichtlich auf dem Rückweg zum Stall. Das elende kleine Pferd mit seinen Fliegenklappen über den erschöpften Ohren wollte nicht mehr, aber es mußte, nachdem wir in den Kissen lagen, nochmals in die seinem Ziel entgegengesetzte Richtung einbiegen.
Leise, eindringlich sagte ich dem Kutscher: »Zum Bahnhof!« Ich wußte, daß die Rückkehr ins Hotel noch ausgeschlossen war. Keyserling schloß die Augen, mit weit geöffnetem Mund atmete er stark, hin und wieder lallte er »grand huit«, aber der Kutscher hatte verstanden, und so gelangten wir denn zum Bahnhofrestaurant. Keyserling lud ihn ein: »Kommen sie, wir fahren noch lange weiter.« Dem Pferd wurde ein Futtersack umgehängt. Das Bahnhofrestaurant dritter Klasse war, der späten Stunde wegen, fast leer, nur an einem langen Tisch saßen zwölf kleine Matrosen mit ihren Pompons auf den runden Mützen. Der Philosoph setzte sich mit mir und dem Kutscher mitten unter sie, legte seinen beiden Nachbarn die Arme über die Schultern und erklärte, er zahle eine Runde. »Bier«, entschieden die angehenden Seeleute. Und nun begann etwas Erstaunliches. Der Philosoph fing an zu erzählen,

wie man Kindern erzählt, gütig, ja gerührt, zart und wieder kraftvoll heiter. Abenteuer aller Art, wunderbare Erlebnisse von Seeleuten in nordischen Meeren. Meergeister tauchten aus dem Nebeldampf der See, Winde, Stürme, die Stimmen menschenferner Welten rauschten auf, große Seevögel auf tragenden Schwingen streiften beinahe, aber nie ganz, die Rahen, dann rissen Wolken, der volle Mond stand in einer Bucht des Himmelsgewölkes, und dann fiel ein großer Schatten über das Deck: der Fliegende Holländer, lautlos, in vollster Fahrt, zog vorbei ...

Schließlich fuhr der erwartete Nachtzug ein. Die kleinen Mittelmeermatrosen sammelten eilig ihr Zubehör, und jetzt saßen wir ganz allein in dem leeren Saal, in dem ein alter Kellner mit arabischen Zügen mit einem zerzausten Besen kleine Haufen von Abfällen und Staub zusammenzukehren begann.

Der Kutscher half dann im Hotel den sonderbaren Mann – »c'est un grand poète«, meinte er, und er hatte recht – die Treppen hinauf und in sein Zimmer tragen. Dort fiel der zu Tod Erschöpfte wieder mit den Schuhen aufs Bett und fast augenblicklich in tiefen Schlaf.

Dann begann wieder ein Tag. Um zwölf Uhr mittags betrat ich Keyserlings Zimmer. Er erwachte, reckte sich gewaltig, erhob sich krachend und finsteren Mutes. »Weg von hier!« befahl er, indem er sich mit einem Kamm, dessen Zähne gebrochen waren, durchs Haar fuhr, wie abwesend und doch tückisch und verärgert durch die grau gewordenen Gardinen in den Hof des Hotels starrend.

»Wohin?«

»Mittags nach Villeneuve, nur über die Brücke.«

»Rotwein, Côte du Rhône«, brummte er, und ein Anflug von Begier streifte über den Widerwillen des hoffnungslosen Gesichtes.

Dann saßen wir schon gleich im Garten eines Hotels. Ein Weinkellner mit weißer Schürze brachte die erste Rotweinflasche, bald darauf die zweite. Keyserling redete kaum, auf Fragen ging er nicht ein. Er atmete durch die Nüstern den nach Lavendel duftenden Wind, der die Wipfel der Zypressen bis zum Punkt ihres elastischen Zurückschnellens bog. Er pfiff einmal einer kleinen Eidechse, die aus dem ein vertrocknetes Beet säumenden Buchsstreifen schlüpfte, er pfiff und lächelte ihr zu. »Nachkomme«, rief er, »armer, letzter, zurückgebildeter!«

Nun wurde das Lächeln breiter, und freundlich legte er mir die Hand auf den Unterarm. »Ach, hier ist es schön! Sonne auf dem Handrükken, Sonne auf den warmen Fliesen – der Wein!« Und dann: »Sind wir

weit weg?« er schüttelte sich; »weit genug?«. Dann gepeinigt: »Ach, es folgt uns, drängt nach, holt uns, holt alles ein!« Und nun trank er wieder Glas auf Glas.
Plötzlich bemerkte ich, daß er sich verfärbte, gelb wurde, plötzlich weiß. Er stützte sich mit beiden Händen auf den Tischrand, erhob sich mit letzter Anstrengung, versuchte einen Schritt zwischen Bank und Tisch hindurch nach links, ich sprang auf, die Knie wurden ihm weich, und er sackte in sich zusammen. Es gelang mir gerade noch, ihn unter der rechten Schulter und um den Nacken zu fassen. Rückwärts, langsam, mit totenhafter Schwere sank er bewußtlos zu Boden. Ich lief in den Gasthof, der Wirt eilte zum Telefon. Der Arzt, ein kleiner, schmächtiger Mann, olivfarben, schwarz behaart und o-beinig, erschien mit einer strapazierten schwarzen Mappe. Er öffnete dem Riesen Jacke und Kragen, untersuchte das Herz, entnahm der Mappe Watte, Alkohol und eine Spritze, die er aus einer großen braunen Medizinflasche füllte. Dann hieß er mich und den Wirt den Gefällten an den Füßen hochheben, zog ihm die Hose herunter und machte ihm eine Einspritzung, verordnete sofortige Rückkehr ins Hotel und völlige Ruhe bis zum nächsten Tag. Er versprach, um sieben Uhr abends nachzusehen. Jetzt regte sich der Reglose, der stoßweise atmete. Er drehte ganz allmählich das Haupt, und dann, wie Polyphem, entleerte er seinen gewaltigen Magen auf die Fliesen, deren warmes Baden im Licht er soeben noch genossen hatte. Es war, als liege er in seinem Blut, das in roten Strömen über die Platten floß und sich in Mäandern verteilte. Der Hausknecht und der Wirt brachten eine Bank, die man mit Kissen polsterte. Mit vereinten Kräften hoben wir den Gestürzten und betteten ihn im Schatten einer Platane.
Der Hausknecht brachte Kessel, Lappen und Besen, lief wieder weg und kehrte mit einem Waschbecken, Schwamm und Handtüchern zurück. Er reinigte sorgfältig den Kranken mit einer Art von nachdenklicher Sanftheit. Er betrachtete ihn, indem er innehielt, als betrachte er sein eigenes Werk. »Quel beau visage«, sagte er zu meinem Erstaunen, und in der Tat, das Gesicht des nun ruhig, mit geschlossenen Augen die Luft einziehenden Riesen war gestillt, entspannt und wahrhaft von großer Schönheit in seiner von Leiden, Fieberstürmen allzu raschen Denkens, allzu wirrer Passionen unbeschädigten Grundform, die nun das Zeichen einer tief inneren, meist verborgenen Güte trug. So lag er und ruhte er, am Rande des Schlafes.
Dann, weil man ihn nicht in meinem niedern, engen Wagen unterbrin-

gen konnte, besorgte der Wirt einen jener schwarzen, hochgebauten »Taxameter«, wie man damals sagte, von der Art, wie sie durch die Marneschlacht berühmt geworden waren. Keyserling ließ alles mit sich geschehen, bis er wieder in seinem Zimmer in Avignon auf dem seit dem letzten Abend noch nicht geordneten Bett lag und durch Handbewegungen zu verstehen gab, man möge ihn allein lassen und nicht mehr stören.

Am nächsten Morgen war er es, der an meine Zimmertür klopfte. »Auf!« rief er freudig, »es ist ein schöner Tag, leichte Luft. Ich möchte den Pont du Gard sehen und mittags meinen Freund Baroncelli in der Camargue besuchen, seine weißen Pferde, seine Stiere und seine Flamingos sehen.«

Zusammen tranken wir unsern Morgenkaffee, brachen weißes, noch warmes Brot und waren ein Herz und eine Seele. »Heute sind wir glücklich«, sagte er, aber dieses sein augenblickliches Glück, sein Wohlbehagen war in eine eigenartige, weit nach rückwärts ins vergangene Leben schweifende Trauer eingeschlossen. So fuhren wir denn wieder durch Platanen- und Zypressenalleen, und dann saßen wir am Ufer des Gard oder Gardon unter frischem Laub und Grün. Lautlos strömte das Wasser des Flusses vorbei.

Unter den dreifachen Bögen der zweitausendjährigen Brücke, diesen herrlich schreitenden Bögen, zog Landschaft auf Landschaft vorüber, vom Quellengebiet der Eure und des Ainon bis nach Nîmes. Kein Mensch war vorhanden, wir blieben allein, wohl eine Stunde lang. Dann fragte Keyserling: »Wie stark ist das Gefälle der Leitung?«

»Gestern nachmittag las ich, sechs Tonnen schwere Blöcke seien auf mehr als vierzig Meter Höhe durch eine Winde gehoben worden, die mittels eines gewaltigen, von Sklaven wie von Eichhörnchen bewegten Tretrades die Lasten hob. Das Gefälle der Leitung war im Mittel vierunddreißig Zentimeter auf einen Kilometer. Es leitete etwa zwanzigtausend Kubikmeter Wasser im Tag.«

»Genug«, winkte er ab, »ich fragte nur nach dem Gefälle. Also das haben Sie gelesen, während ich erledigt war. Vielleicht stimmt es nicht. Sowas hat Interesse nur, wenn es ganz genau ist, außerdem werden Sie's gleich wieder vergessen.« Dies sprach er so unbetont als mittlere, recht gleichgültige Bemerkung aus, wie ich solches in den fast stets affektgeladenen Plötzlichkeiten der letzten Tage noch nicht vernommen hatte. Ebenso beiläufig und gleichzeitig im Widerspruch zum soeben Geäußerten meinte er: »Auf dem staubigen Tisch im Hoteleingang la-

gen zerrissene Zeitschriften herum. Da war von Nîmes die Rede. Ein Wappen der Stadt war abgebildet, da war ein Krokodil mitten drin. Gab es hier Krokodile?«
Wieder hatte ich etwas gelesen; es war gerade noch vorhanden, aber ich zögerte, es wiederzugeben, setzte schon dazu an, zu äußern: »Vielleicht, wer weiß, hat es hier Krokodile gegeben«, da wurde mir die aus dem Reiseführer stammende Information plötzlich merkwürdig, und ich berichtete: »Ein gefesseltes Krokodil! Oktavian, also Kaiser Augustus, schenkte nach seinem Sieg über Antonius und Kleopatra seinen Veteranen das Land um Nemausus – Nîmes. Er beschenkte die Stadt reichlich. Unter Hadrian sollte Nîmes seine Glanzzeit erleben. Das gefesselte Krokodil aber ist augusteisch, Sinnbild des von den neuen Siedlern unter dem ersten Kaiser erfochtenen Sieges am Nil.«
Mein Begleiter lachte herzlich, ohne Tücke, ohne Widerwillen, ganz freundlich. »Das gefesselte Krokodil, Antonius und Kleopatra, jetzt sind wir wieder soweit!« und dann: »Nein, heute möchte ich von etwas Ernstem sprechen.« Hierauf wurde er wieder still und nachdenklich. Wie anders war die burgundische Reise mit Ludwig Curtius[13] gewesen! Jedes leiseste Zeichen hatte ihn gefesselt, vor Inschriften rätselte er, wo er im Gespräch etwas von lokalen Vorgängen durch die Zeiten hindurch erfahren konnte, horchte er mit Spannung auf. Das, was diesen Gescheiten auch innerhalb tragischer Umstände durch die Wachheit seiner Aufmerksamkeit und Anteilnahme, durch einen ständigen intellektuellen Appetit und eine glückliche Anlage zur intellektuellen Futterverwertung so vergnügt stimmte, war dem Balten ganz entgegen. Was sollte das? Keinen Schritt näher führte es, wie er meinte, zum Sinn, den er immer suchte, allzu oft gefunden zu haben glaubte und dann laut verkündete. Geschichte? Geschichte war er selbst. »Erzählen Sie mir nichts! Wir sind immer dabei gewesen, von jeher. In uns inkarniert sich die ganze Vergangenheit. Was ihr da ergrabt und voneinander abschreibt, geht uns nichts an. Ihr Ahnungslosen, mit euren Namen, Zahlen und vermeintlichen Tatsachen geht ihr fehl! Tatsachen gibt es gar nicht, nur Vorstellungen, und Vorstellung sind wir; eine Vorstellung, vor der sich seit Erschaffung der Welt alles geneigt hat.«
Nun ja, aber inzwischen, mitten durch Keyserlings Leben hindurch, waren wir aus dem Zeichen des Fisches unter das Zeichen des Wassermanns getreten, und da hörte es mit den sogenannten Tatsachen und den sogenannten Vorstellungen gleichzeitig auf. Das wenigstens war

des Philosophen Meinung; immer wieder hatte er es ausgesprochen. Er dachte gerne in Äonen.
Und so fuhren wir weiter. In Nîmes rief er seinen Freund Baroncelli an, aber Baroncelli war abwesend. Nun konnten wir frei über den schönen langen Tag verfügen. Also Les Baux und dann doch die Camargue, ohne Empfang beim großen Züchter.
Wir fuhren, und jetzt redete der Graf. »Sie müssen mich verstehen lernen, ich gebe Ihnen den Schlüssel. Ich erscheine allen unverständlich, laut, provokant – ich bin es. Nie genug! Mein Leben lang versuche ich, jemand zu erreichen, jemand zu gewinnen, mich anzuhören; mehr, mich endlich anzuerkennen. Ich schreie, brülle, schlage um mich, ich will Erfolg auf Erfolg türmen. Wenn die andern mich nicht genug rühmen, rühme ich mich selbst. Vergeblich. Ja, verstehen Sie mich, völlig vergeblich. Aber Sie wissen nicht, von wem ich rede. Sind Sie ein Muttermensch?«
»Ein Vatermensch.«
»Alle Großen sind Muttermenschen, wollen die Mutter gewinnen, wollen Zärtlichkeit von ihr, Ermutigung, Verständnis, Bewunderung, ja, höchste Bewunderung. Oh, diese Ruhe, diese Erfüllung, wenn endlich ein Wort, nur ein leichtes Zeichen, ein Blick, ein Lächeln einem bekennen würde: ich bin stolz auf dich! Aber nichts, nichts. Können Sie das spüren, verstehen? Hier geht es um das tiefste, das erschütterndste Begehren des Menschen. Wenn es unerfüllt bleibt, kann keiner, kein Freund, keine Geliebte es auch nur für Augenblicke ersetzen. Wissen Sie, was mir geschehen ist? Meine Mutter hat mich zurückgestoßen, hat mich gehaßt, *gehaßt«* – fast begann er zu schluchzen. »Sie hat mich beleidigt, erniedrigt, verachtet. Einem Sklaven hat sie sich hingegeben, dem Mann, mit dem ich mich geschlagen habe auf Tod und Leben, und der mir die Lunge durchstoßen hat. Aber hören Sie zu, hören Sie mich: durch dieses Loch in meiner Lunge ist der Geist in mich hineingefahren, und mit diesem Geist und seinen Triumphen versuchte ich die Verlorene zurückzugewinnen, sie zu erlösen. Die gräßlichen Vorstellungen, die mich in den Nächten peinigten, oh, schauerliche Vorstellungen, Obsessionen – ersparen Sie mir's, begreifen Sie ohne Worte! – Nichts, nichts konnte, nichts kann mich davon frei machen, das Erkennen der eigenen Kraft nicht, die Liebe nicht, die mir in so aufopfernder Weise täglich bewiesen wird.«
Erschöpft sank er in sich zusammen. Wieder sprachen Furcht und Bitternis aus seinen starr gewordenen Augen. »Gestern«, rief er dann,

Oben: »La Bâtie«, Wohnsitz ab 1953; Zeichnung von Theodor Heuss, 1955
Unten: »La Bâtie«, Luftaufnahme

Als Achtzigjähriger

»vorgestern, all die Tage vorher, und das Grauen unserer Zeit, in das wir hineingeraten sind, auswegslos, oder sehen Sie noch irgendeine Hoffnung?«
Jetzt waren wir in Les Baux eingetroffen. Er wollte nicht aussteigen. »Weiter, weiter, ans Mittelmeer«, bat er, »zu den weißen Pferden.« Wir fuhren vorbei an dem im Ruinenschutt noch haftenden leeren Fensterrahmen, auf dem geschrieben steht »Post tenebras lux«, der alte Spruch der Hugenotten, der Wappenspruch Genfs. Ich hielt einen Augenblick an und zeigte auf die biblische Sentenz. »Weiter«, bat Keyserling leise und eindringlich, »bitte weiter, nicht bei dieser Lüge stehenbleiben.«
Erst als wir in Saintes Maries das mediterrane Leuchten gewahrten, warf er beide Arme im Kreuz zurück, atmete tief ein und rief: »Und jetzt sprechen wir nur noch mit schwarzen Stieren und weißen Pferden – die wenigstens verstehen uns.«

Rainer Maria Rilke

Zum erstenmal sah ich Rilke, wie ich 1919 für vierzehn Tage in der Schweiz war, wir trafen uns in einer größeren Gesellschaft, wo Rilke jenes eigentümliche spiritistische Erlebnis aus dem Schlosse Duino erzählte, er kam auch später wiederholt darauf zurück. Die Frau, die wohl den richtunggebenden und entscheidenden Einfluß auf Rilkes Leben und Werk hatte, war die Fürstin Marie von Thurn und Taxis-Hohenlohe[14], der die Elegien zugeeignet sind, und bei welcher er in Duino häufig und lange wohnte. Diese bedeutende und merkwürdige Frau war die Tochter des letzten österreichischen Gouverneurs von Venedig und einer Römerin. In ihr war diese große, die ganze hohe Zeit der deutschen Musik tragenden Mäzenen- und Kennertradition des hohen alten Reichsadels lebendig; man kann sagen, sie hat Rilke gerettet und geführt. Er war zerfallen mit seiner Mutter, mit seiner Frau, mit seiner Tochter: das Verhältnis zu dieser einen Gestalt aus seinem ungeheuer menschenreichen Leben war unwandelbar. Bei seinem letzten Aufenthalt nun in Duino wurden spiritistische Versuche gemacht, derartiges zog ihn immer sehr an. Allerlei seltsame Manifestationen, wie stets in seiner Gegenwart, geschahen, und endlich, inmitten schreckhaften und lemurischen Gesindels, meldete sich immer wieder eine Mädchengestalt, die durch den Glanz und die Tiefe, die wunderbare Prägung ihrer Antworten Rilke bezauberte. Er konnte sich in Gedanken kaum trennen von ihr, und nächtelang, wenn er lag und auf den Wellengang der Adria in den Felsen hinhörte, konnte er sich ihre Gegenwart vorstellen, bis zur Halluzination. Die allabendlichen Experimente wurden mit der sogenannten Baguette, dem an einem Seidenfaden aufgehängten Bleistift gemacht, der unter magnetischer Einwirkung selbsttätig zu schreiben beginnt. Einmal nun nahm Rilke sich ein Herz, durchbrach seine Scheu und fragte das geahnte Wesen: »Wie war dein Leben?« Die Antwort lautete: »Hastig, grausam und kurz.« Nun fragte er nach Namen, Heimat und Zeit des Lebens, der Name wurde genannt, das Leben, achtzehn Jahre im 16. Jahrhundert, bestimmt, und die Heimat, die Stadt »Bayonne« hingeschrieben auf das Papier, das Rilke immer aufbewahrte. Er war nun völlig bezaubert und flehte diese Unsichtbare an, ihm, nach soviel Vertrauen, zu erscheinen. Sie sagte ihm: »Vielleicht gelingt mir dies, wenn du in Toledo die Kirche findest, an deren Front sechzehn Ketten von Märtyrern herunterhängen, und wenn es dir dann möglich ist, die richtige Kette zu berühren. Wenn dies dir nicht gelingt, so steige, wo immer in Spanien, unter den ersten Bogen aller Brücken, die du triffst.« Rilke hat die ganze spanische Reise im Zeichen dieses Erlebnisses gemacht. Zuerst aber blieb er in Bayonne. Ihn führte etwas, so glaubte er mit Bestimmtheit, in einen Kreuzgang der alten Stadt und dort im Kreuzgang vor ein Grabmal, und es war das Grabmal jener achtzehnjährigen Toten, die zu ihm gesprochen hatte[15]. Namen und Jahre der Geburt und des Todes, alles stand gemeißelt in dem Stein, so wie der Stift in Duino es aufgezeichnet hatte. Ungeheure Ergriffenheit von diesem Augenblicke an führten nun den Dichter. Er gelangte nach Toledo, er fand die Kirche, er sah die Ketten der Märtyrer – und er berührte die falsche Kette. Dann suchte er noch unter vielen Brücken in Städten und Dörfern, die er bereiste, die Kinder folgten dem seltsamen kleinen Mann mit dem hängenden Schnurrbart und den traurigen slawischen Augen, der mühsam und wenig behende am Strand seichter Flüsse und Bäche unter die Brückenbogen stieg und dort wartete und nichts erfuhr.

Dies erzählte er am ersten Abend unseres Zusammenseins und vor gleichgültigen Leuten.

Am nächsten Tag spazierten wir, er und ich allein, im Wald hinter dem

Schönenberg. Da erzählte er mir seine ganze schwere Kindheit: wie seine Mutter bis zum achten Jahr ihn als Mädchen erzog in seidenen Kleidchen mit langen gebrannten Locken, wie einem Vertrage zwischen den in freudlosem Gespanntsein lebenden Eltern gemäß er sodann, am achten Geburtstag, der Erziehung des Vaters verfiel, und wie der Vater ihn von diesem Tage an in die Kadettenschule steckte, wo er die seidenen Kleidchen mit der Uniform vertauschte. Nun begann eines jener Schulmartyrien, wie sie der zweiten Hälfte des letzten Jahrhunderts eigen sind, furchtbare Quälereien der älteren Kameraden bis zu sadistischen Szenen, schreckliche Übergriffe vor allem des Deutschlehrers, den Rilke nie ohne Abscheu erwähnen konnte, dann Rilkes Zusammenbruch, Zustände der Hellsichtigkeit, die sich der Westphalschen Krankheit näherten, ausgenützt auch diese Zustände zu rohem Spiel der Kameraden, und dann die Lähmung des Körpers während vielen Monaten; die langen Tage im Lazarett der Schule, und dort die frühe lyrische Inspiration. Vorher noch ein eigentümlicher Vorgang: einmal, nach dreijähriger Schulzeit, gab der Vater die Erlaubnis, Weihnachten zu Hause zuzubringen; zum ersten Male sollte ihm ein Wiedersehen mit der Mutter vergönnt sein, der Mutter, die damals alles für ihn bedeutete. Der kleine Rilke hatte nun, mit dem überaus zierlichen Ordnungssinn, der ihn zeitlebens auszeichnete, seinen kleinen Koffer gepackt, er hatte ihn, wie der Wagen vorfuhr, der die Kadetten zur Bahn bringen sollte – offen noch –, über zwei Stühle gelegt, seine ersten Gedichte, wohlgeschrieben, lagen da über den reinen Hemden, die Tinte in der verschlossenen Flasche, das Zahnpulver in der Glasschachtel: da kam der ältere Kamerad, der Rilke am meisten zu quälen pflegte, und mit einem Fußtritt warf er das Gepäck von den Stühlen, so daß Tinte und Zahnpulver vermischt in Kleider, Hemden und die schönverwahrten Schriften floß. »Da habe ich«, sagte Rilke, »zum ersten Male nicht geweint, ich sagte nur: auch du wirst nicht verreisen, und ich spürte, daß eine Kraft von mir ausging.« Der Kamerad machte einen Schritt, achselzuckend, er fiel hin und brach sich den Oberschenkel.

»Von da an wurde ich mir bewußt, was in mir war«, sagte Rilke zu mir.

Auch wie er aus der Schule entwich, wie er durch eine Fügung wieder zu der Fürstin Taxis kam, die sein äußeres Leben ermöglichte, es in die Breite, in die reiche gestufte alte Welt einführte, all das erzählte er mir damals. Hier nur noch dies, einen idyllischen, fast sentimentalen Zug will ich erwähnen, an dem er mit größter Liebe hing: wieso die Begegnung mit der Fürstin ein »Wiederbegegnen« war.

In der Zeit, da Rilke noch bei seiner Mutter lebte, in seinem sechsten Jahr, besaß er ein weißes Kaninchen. Einmal, da er mit der Mutter zur Kur in einem dieser altmodischen, kleinen böhmischen Bäder weilte, erkrankte das Tier. Rilke war untröstlich. Das Bad lag in einer der Thurn- und Taxischen Gutsherrschaften. Wie einmal die Fürstin vorüberging und Bauern mit allerlei Bitten sich an sie wandten, riß der kleine Rilke sich von der Hand seiner Mutter los, lief zur Fürstin, von der er eine höhere Macht erwartete, und bat sie, seinen Hasen zu heilen. Diese kleine, komische und rührende Kindergeschichte blieb ihr im Gedächtnis, und so war sie denn, wie einmal irgendeiner den armen jungen Lyriker vor ihr erwähnte, aufgeschlossen und bereit.

Dies fällt mir ein, wenn ich an jenen Spaziergang denke, und ich erwähne es, weil auch dies mir in einem leisen Zusammenhang zu stehen scheint mit dem, was in dem Erlebnis mit dem Mädchen von Bayonne aus dem Gemüt des Dichters heraustritt: die unsägliche, die niemals aussetzende Beschäftigung und mitleidende Erfahrung von Leiden, Verlassenheit, Krankheit und Tod, die sein ganzes Wesen – umgewandelt und wieder rückgebildet, aufgelöst und wieder in stummer ernster Versammlung – beherrschte.

Darin war Rilke für mich ein Romantiker, daß ihm der Begriff der Zeit, der sich schlangenartig um uns schlingt, daß ihm der Tod als Ende der Zeit, der Tod in seiner Heiterkeit und auch des Todes Melancholie soviel bedeutete, und daß das Leiden einen so eigenen Sinn für ihn erhielt. Mir ist immer, die Romantik sei dem Zeitbegriff unlösbar verbunden, das der Romantik Entgegengesetzte aber dem Begriff des Raums.

Nicht so sehr eine Vorahnung des eigenen Geschicks gipfelt in den Elegien: der Frühvollendete ist für Rilke – und dies beschäftigt sein ganzes Leben und sein ganzes Werk – der von der Feindin, von der Zeit Befreite. Die Angst vor der Zeit erfüllt Rilkes ganzes Verhältnis zu Lou Andreas. Der Glaube an die Zeit macht ihm Ehe und Vaterschaft unmöglich, da diese doch nur als Mysterien in der Zeitlosigkeit bestehen können. Er ist sehr fern von diesem Wissen des unromantischen Genius Hölderlin, dem Zeit und Raum zum ewigen Raume des Helden werden, des Helden, in welchem Schicksal und Gestalt kongruent sind, in welchem das Tragische zum tief Freudigen wird, in welchem die große weltüberwindende Synthese vollbracht ist.

Die dritte Begegnung umfaßt meinen dreitägigen Aufenthalt bei Rilke in Sierre. Was ich soeben auszusprechen versuchte, wurde mir klar an den Abenden, an denen Rilke mir die damals fast vollendeten Elegien vorlas. Aus seinen katholischen Voraussetzungen war ein Zusammenschluß, die Schließung einer Wunde nun fast völlig gelungen, der Riß zwischen Geist und Materie hatte sich hier geschlossen. Der Begriff der Zeit aber klaffte beinahe noch, und Rilkes Seiltänzer[16] gingen ihren gefahrvollen Schritt darüberhin und »Madame Lamort«[17], romantisch lugubre, saß und warf den Abfall von ihren Rüschen und Bändern in den Abgrund hinunter.

Es gibt in Rilkes Leben noch einen reiferen Zustand als den der Elegien: der Zustand, in welchem der eigene Tod ihn traf.

Ich war im Winter 1925 einen Tag in Sierre, damals war Rilke schon sehr krank. Es wurde allerhand an ihm herumbehandelt, er aber sagte mir: »Ich fürchte, mein Zustand ist unheilbar, und es handelt sich um einen Krebs«, und es war auch sonst viel vom Sterben die Rede. »Ich habe immer den Tod in allen Dingen gespürt«, sagte er mir, »aber heute kann ich ihn vom Leben kaum mehr trennen, ich sehe jetzt die Grenzen nicht mehr«. Er war wehmütig, aber wehmütig wie vor einer großen Heiterkeit.

Im September 1926 begegnete ich ihm in einem waadtländischen Landhaus. Die »Vergers«[18] waren erschienen, wieder stand ihm vor allen andern Bildern dasjenige des Brunnens, das hier und dort schon früher immer erscheint. Dies beherrschte ihn jetzt völlig, dieses Gefühl für das Werden im Vergehen, das ewig Quellende. Er las uns am Abend seine herrliche Übertragung des Valéryschen »Eupalinos«. Hier, über das künstliche Gestein des französischen Bildwerkes hinweg, strömt und flutet die deutsche Sprache als ewiges Element. Und für mein Empfinden – wenn da und dort in Rilkes Sprache ein romantisches Genießen des Augenblickes oder artistische Einbrüche aus slawischen Klängen oder aus Mallarmé erfolgen – hier ist nun seine Sprache völlig souverän und in sich erfüllt.

Zum letzten Mal sah ich Rilke Anfang November. Es war ein zufälliges Zusammentreffen in jener ersten Theatervorstellung, die Copeau[19] mit dem »Vieux Colombier« gab, nachdem er drei Jahre lang Paris gemieden und in burgundischen Dörfern gelebt hatte. Copeau spielte eine von ihm selbst für die Gelegenheit dieses Wiederauftretens recht lose gefügte Handlung ohne Wert. Der Eindruck dieses Mißverhältnisses zwischen schauspielerischem Können und diesem schwachen Gebräu aus persönlichen Schmerzen, Rankünen und Tagesquark war äußerst

verstimmend. Ich verließ das Haus unter diesem Eindruck und schimpfte, als plötzlich jemand die Hand mir auf den Arm legte: es war Rilke. Er sagte: »Nein, es war sehr schön, es war wie ein großes Tuchgeschäft mit herrlichen Stoffen, und der Händler steht da und sagt den Dichtern, die vorübergehen, ›dies haben wir, jetzt wählt und schneidert euch eure Gewänder daraus‹.« Wir gingen dann zu einem gemeinsamen Freund und blieben bis um zwei Uhr früh. Rilke war von größter Heiterkeit, er erzählte aus Rußland vor allem, von Landschaften, und immer wieder tönte sein bezauberndes unvergeßliches Lachen. In allem aber war voll Zuversicht und Ruhe dieses »den Dichtern, die vorübergehen«, es klang durch wie ein Rhythmus von einem unablässigen und gewaltigen Schreiten.
Den Tod hat Rilke ganz und mit einem ruhigen Mut gelitten. So hatte er nie gelebt, so völlig mit seiner Kraft auch dem Schwersten genügend und nicht ausweichend. Im Leben war er ausgewichen bisweilen, hatte er gescheut vor dem unter ihm Vorübergleiten der Zeit, wie ein laufendes Pferd vor dem Vorübergleiten des Bodens scheut. Beim Sterben hielt er am Leben mit allen Kräften fest und kam er dem Tod mit allen Kräften entgegen, er hatte endlich beides in sich gebunden, und er erlitt es, indem er es überwand.
Clara Westhoff wollte ihn noch sehen, er ließ sie abweisen. Mit ihr war er längst vollkommen fertig; in einer wirklichen Ehe mit ihr hatte er nie gelebt, es war eine Spiegelung davon gewesen, eine Episode, die die Zeit verschlungen hatte. Er hat einmal die Bezeichnung »neidisch und rachsüchtig« auf diese Frau angewandt. Sie hatte ihn in einem eigentümlichen Sinn verraten: um ihren Wert vor sich selbst zu behaupten und um denselben Rilke nach dem Bruch aufzudrängen, hatte sie sich zu Wolfskehl gewandt, der, als im Kreis George stehend, Rilkes ganzes Werk mit Hochmut ablehnte. Später hat sie noch mehr getan, indem sie sich mit Rudolf Alexander Schröder befreundete und ihn zum Ratgeber gewann, somit den einzigen Mann herausgriff, den Rilke als Künstler aus dem tiefsten haßte, von dem er zu sagen pflegte: »Dieser Übersetzer, der in Geleisen dichtet.«
Dies war erledigt; Lou Andreas-Salomé – diese seltsame Freundin Nietzsches und Wedekinds – ebenfalls. Alles hatte die Zeit weggenommen, alles war weggestorben. Frauen, mit Mitleid oder mit irgendwelchem Entzücken in Betracht gezogene, tauchten auf und verschwanden wieder. Freundinnen der allerletzten Jahre umstanden Rilkes Totenbett. Bleibend war nur die alte Fürstin Taxis. Sie war das letz-

te, was Rilke an Österreich band, denn er haßte und fürchtete diese Heimat. Völlig hatte er sie verloren, und auch Deutschland war ihm versunken, fremd. Bis zur letzten Krankheit konnte er ein deutsches Gespräch kaum mehr ertragen; mit mir sprach er immer französisch. In den letzten Tagen seines Lebens aber sprach er nur noch deutsch; da war die Angst, war die feindliche Welt überwunden. Was ihn an Paris anzog, was Paris, den großen Mythos der Franzosen, auch zu dem seinigen machte, das war das Dauernde, das Zeitlose, was in diesem geistigen Begriffe und im Wesen der Stadt liegt. Er fürchtete sich dort weniger, er spürte das Vorüberziehen nicht. In der wahrhaft bewundernden Liebe, die er Valéry widmete, versuchte er das Beständige, ewig Überlieferte zu umfassen. Aber ein Freund war Valéry nicht, kein Bund bestand zwischen diesen beiden, und ich habe Valéry 1926 nach dem Erscheinen der »Hommage à Rilke« fragen hören: »Ce Rilke, est-ce qu'il vaut quelque chose?«
Ein Freund war Rudolf Kaßner, und doch war auch diese Beziehung nicht im vollen Sinne gegenseitig. Kaßner sagt: »Rilke ist der einzige Mensch, der mich rührte«, und damit ist die Beschränkung auch dieses Lebensverhältnisses ausgesprochen. Es blieb doch im ganzen an dem aus den »Neuen Gedichten«:

... Ich habe keine Geliebte, kein Haus,
keine Stelle, auf der ich lebe.
Alle Dinge, an die ich mich gebe,
werden reich und geben mich aus[20].

Auch die Engel berührten ihn und zogen wieder weiter, er rang mit ihnen, und ihre Kraft verflüchtigte sich. An alles verlor er sich, und alles wurde ihm entrückt, es war ein ständiges Verbluten.

Erzherzog Eugen

Dieses von einem Meister stilisierte Wappenbild: jeder Zoll ein Herrscher, der über siegreiche Armeen des Ersten Weltkrieges gebot[21], als Deutschordensmeister eine Verkörperung dieses Ordens war, der wie ein Renaissancefürst über alle Frauen herrschte, die er mit seinen scharfen, jägerischen und beuterichtigen kleinen Augen erblickte, der ungarische Herzog in Tirol, der ein Volksbegräbnis erhielt, wie keines im Laufe des Jahrhunderts stattgefunden hat. Das Merkwürdigste aber: Basel.

Am Weihnachtstag 1918 hatte die Bewohnerin der obersten Etage des Hauses in Wien, in dem ich mich niedergelassen hatte, die junge Mutter schöner Kinder, mich nach dem Abendessen mit ihrer Schwester eingeladen. Ich war noch mitgenommen von der Spanischen Grippe, jener Virus-Erkrankung des Unglücksjahres, an deren Folgen damals mehr Menschen gestorben sein sollen als an der Waffenwirkung des Krieges.

Während man sich noch über mein erbärmliches Aussehen in teilnehmender Weise unterhielt, wurde die Flügeltüre des Salons mit einer ganz bestimmten Beimischung von Ehrfurcht geöffnet, und die hohe, schlanke Gestalt des Erzherzogs betrat den Raum. Wo er zur Zeit Unterkunft gefunden hatte, wurde nicht erwähnt. Vielleicht lebte er noch in einem Zimmer seines ungeheizten Palais.

Ich wurde ihm vorgestellt, und gleich begann er das Gespräch mit den Worten: »Ich möchte, falls Ihre Regierung es bewilligen sollte, mich in die Schweiz begeben, um mich dort bis auf weiteres niederzulassen. Aber wohin? Es wäre mein Wunsch, über die Geschichte des Deutschen Ritterordens zu arbeiten, oder sagen wir, mich mit ihr zu beschäftigen. Daß ich mich in Ihrer Hauptstadt, dem Regierungssitz niederlasse, wäre nicht passend; dort ist das Diplomatische Corps. Ich möchte ganz zurückgezogen, als Privatmann leben. An Ihr Freiburg, die andere Zähringerstadt, habe ich gedacht. Aber dort gibt es, so sagt man mir, kein Hotel, in dem man leben könnte, auch wohl einige andere Nachteile praktischer Art, theologische Gruppen, eine sehr französisch orientierte Gesellschaft. Wozu würden Sie mir raten?«

Ich sagte spontan: »Zu Basel.«

Das edle, an die Erwägung derartiger Probleme nicht gewöhnte Gesicht konzentrierte sich, der Habsburger dachte nach. »Basel«, wiederholte er nachdenklich, kurz überrascht, mit einem merkwürdigen Blitzen der kleinen, immer leicht faunischen Augen. Ich sah den Münsterplatz, die Augustinergasse vor mir, die zum Staatsarchiv führt. »Quellen zur Geschichte des Deutschritterordens wären in Basel am reichlichsten vorhanden. Die Stadt steht außerhalb jedes aufdringlichen internationalen Gesellschaftstreibens, hat aber immer noch eine tief begründete, oft bis zur wertvollsten Qualität sich erhaltende Ei-

genart. Unterkunft bildet keine Schwierigkeit.« Ich empfahl das Hotel Drei Könige.
»So, Drei Könige«, meinte der Erzherzog; »bei diesen drei wäre man in gutem Schutz. Wo liegt dieses Haus?«
»Am Rhein, mit dem Blick in den Schwarzwald.«
Die Übersiedelung des einstigen Oberkommandierenden der Tirolerfront gegen Italien wurde dann von Minister Charles Daniel Bourcart in der ihm eigenen taktvollen und auf alle Einzelheiten eingehenden Art gelöst.
Die Aufnahme, die der hohe Herr in Basel fand, war ungewöhnlich. Warum? Er wurde in allen Ständen beliebt als eine Figur, die an allen Vorgängen, welche sein Refugium betrafen, teilnahm, beliebt durch sein Auftreten bei öffentlichen Anlässen, durch seine humorvolle Würde. Wenn er mit dem kurzgewachsenen, dickbäuchigen Herrn Schönauer erschien, der ihm als wirkungsvolle Staffage diente und ihm aus seiner echt baslerischen Eigenschaft, alles zu wissen und sich nichts darauf zugute zu tun – darin den echten Wienern so ähnlich –, über unerschöpfliche stadtgeschichtliche Gegenstände, ehrerbietig und selbstironisch zu der hohen Gestalt aufblickend, aus seinem Vorrat an genauen und echten Kenntnissen Vortrag hielt –, dann gehörte dies zum Stadtbild.
Ich sah den Erzherzog in der ersten Zeit seines Aufenthaltes, wenn ich vom Schönenberg in die Stadt kam, oft. Er war viel im Ritterhof und hat nie aufgehört, aufs anschaulichste über das Hofgeschehen der Vorkriegszeit zu erzählen. Über Politik sprach er nie mit mir. Aber wenn er Wilhelm II. oder die mit nichts zu vergleichende Eleganz der Petersburger Gesellschaft schilderte, vermittelte er durch den Standpunkt, auf den er einst gestellt war, einzigartige Anschauungen, die nie mehr in dieser Weise wiederkehren werden.
Selbstverständlich entstanden um ihn viele Anekdoten, und Aussprüche, die er angeblich getan haben soll, wurden ständig kolportiert. So die Antwort, die er einer alten Dame gab, welche eine proportionslose Vorstellung von ihrer gesellschaftlichen Stellung hatte und ihm Vorwürfe machte, daß er mit Krethi und Plethi verkehre. Die Antwort, nachdenklich, immer mit dem scharfen, in die Ferne gerichteten Blick: »Es ist nicht ganz leicht, wenn man immer als Montblanc mit dem Monterosa gesprochen hat, die genauen Unterschiede zwischen Chrischona[22] und Gempenstollen[23] zu erkennen.«
Diese Formulierung scheint mir fast zu prägnant und auch zu über-

drüssig und gereizt, um von diesem so unbeirrbar maßvollen Herrn zu stammen, dessen Überlegenheit in der Kunst bestand, sie niemandem gegenüber bemerkbar zu machen. Wie dem auch sei, sie bezeichnet seine Situation innerhalb der für ihn neuen und sicher seltsamen Lage, in der die Bewohner Basels, ohne es zu wissen oder es wissen zu wollen, altreichsstädtische Züge zeigten, die der Erzherzog scheinbar geschätzt, ja, fast würde ich es zu schreiben wagen, die er in seiner feinen Weise geliebt hat.

Unvergeßlich war der Abschied von dieser Gestalt. Wie hat ihn, den Erzherzog Eugen, den letzten zivilen Hoch- und Deutschmeister des Deutschritterordens, den Generalfeldmarschall, den Erzherzog der Tiroler, einmal noch, das tirolische Volk geliebt! Er starb in den ersten Tagen des Jahres 1954 im Südtirol. Zuerst wurde seine Leiche in der Heilig Kreuz-Kirche von Lana bei Meran, der Deutschordenskirche, aufgebahrt. Von den einsamsten Gebirgsdörfern und Höfen, auf harten Winterwegen strömten, wie aus den Städten Südtirols, aus allen Tälern die Menschen zusammen, um ihren einstigen Kommandanten in dem für die Tiroler so glorreichen Ersten Weltkrieg ein letztes Mal zu sehen, die Verkörperung abgeklärter Würde, wie einer damals schrieb. Eine Gefühlslage, deren Saiten heute bis zur letzten zerrissen sind, klang einmal noch auf: ritterliche Ehrfurcht. Auch die Italiener verhielten sich dem einstigen Gegner gegenüber in altem soldatischem Geist.

Dann kehrte der hohe Habsburger in die alte Landeshauptstadt zurück, in der er so lange gelebt hatte. In der Kälte geduldig ausharrend, strömte jung und alt am Leichnam des Verewigten vorbei. Dann, am Nachmittag des Dreikönigstages, zog der endlose Leichenzug durch die Straßen Innsbrucks, außer den Mitgliedern des Erzhauses Offiziere der alten Armee, aus allen Ländern der einstigen Monarchie Geistlichkeit und Adel. In der Gruft der Pfarrkirche ruht der hohe Herr. In der Kirche sang der unvergleichliche Knabenchor – und während der Wandlung ließ die Orgel ganz leise die Haydn-Hymne, das »Gott erhalte«, erklingen ...

Annette Kolb, Schickungen – Voraussagen

Wenn ein jeder, der beobachtungs- und ausdrucksfähig ist, im Laufe der fünfzig bis sechzig Jahre seiner Erfahrung über das Ergehen seiner Mitlebenden, die er einigermaßen kennt, Buch führen würde, dann hätten wir einen Beitrag zu dem, was ich, losgelöst von allem Psychologisieren, »Schicksalskunde« nennen möchte.
Da würden, von günstigen wie von ungünstigen Voraussetzungen ausgehend, Lebensläufe vor uns sichtbar, die, allen ursprünglichen Bedingungen und infolgedessen Erwartungen entgegen, in bestimmten Abständen oder einmal plötzlich schwer belastet, verdüstert oder zerschlagen und zerrissen wären. Wir würden der Erkenntnis des widerstehenden menschlichen Willens näherrücken, des Widerstehens, des Durchhaltens. Die Grenzen dieses gegen ein Schicksal ankämpfenden Willens würden uns von Fall zu Fall deutlich: die immer wieder beginnenden Perioden eines Einzellebens, in welchem stets Dunkelheit einbricht, unsichtbare Kräfte des Mißlingens wirksam werden. Oder im Gegenteil: Blendendes Gelingen, materielle Triumphe, Ruhm, die demjenigen zuteil werden, der weder über günstige Umstände der Lage verfügt, aus der er kommt, noch über geistige oder moralische Fähigkeiten und Verdienste.
Es gibt alle denkbaren Kombinationen. Verbindung eines lauteren Charakters mit höchsten Denkfähigkeiten, Rücksicht, Klugheit, Voraussicht, ungewöhnliches Können sind imstande, nichts anderes als einen tragischen Verlauf des Daseins zu bringen. Unehrlichkeit, Mittelmäßigkeit in jedem Sinne, ränkehafte Anlagen bilden oft die Voraussetzung für ein behagliches, glückliches Wirken, bis zu einem die Existenz krönenden, von andern umsorgten, gehätschelten, verwöhnten Lebensabend – Schicksal auch dies.
Und hier die Frage: Wer schickt?
Da haben wir denn durch alle Breiten, in denen Menschen leben, durch alle Zeiten hindurch die im besten Falle magischen, meist nur angeblich erfahrungstheoretischen Praktiken, die dazu dienen sollen, Glück anzuziehen, durch rechtzeitiges Warnen Unglück zu vermeiden, und trotz aller im Ton meist hochmütigen, zumindest hochfahrenden Ablehnung durch Theologie, Vernunftgebundenheit oder selbstsichere Wissenschaftlichkeit bestehen die ersehnten Zaubermittel immer weiter wie eh und je, von Medizinmännern angewandt, von echten oder

falschen Medien, die mit Kaffeesatz, Spielkarten oder Glaskugeln operieren. Man glaubt an den unheilbringenden bösen Blick, man wehrt ihn durch pythagoreische Zeichen ab, man weicht dem oder der Unglücklichen, denen man ihn zuschreibt, bis zu ihrer verzweifelten Vereinsamung aus, man liest in den Linien der Hand – und was immer sonst. In allem hält sich alte Erfahrung verborgen, all dies setzt immer wieder ein.

Derartiges habe ich tunlichst vermieden. Fälle, die etwas Einleuchtendes zutage förderten, habe ich nur zweimal im Zusammenhang mit einer einzigen Person, der Dichterin Annette Kolb, erlebt.

Fräulein Kolb pflegte aus einem auf ihren Knien ausgebreiteten, ständig herabrutschenden und zu Boden fallenden Spiel Karten zu prophezeien. Einmal, im Jahre 1936, wohnte sie für einige Zeit bei uns in Genf. Zufällig äußerte ich eines Abends die Frage, ob ich wohl nächstes Jahr mit meiner historischen Arbeit weiterkommen würde. Schon wurden einer unergründlichen schwarzen Ledertasche Karten entnommen und ausgebreitet. Veränderung des Gesichtsausdrucks der alten Dame. Sie wurde blaß, über die halb geschlossenen Augen fiel es wie ein Schleier. Die Karten zur Rechten und zur Linken rutschten auf den Teppich, dann ertönte es im Sordinenklang, dunkel und leise: »Nein, nichts; nicht mehr hier werden Sie sein. Da ist ein dunkles Meer, da sind Bahngeleise um ein großes, mächtiges, sehr häßliches Haus herum; dort lebt ein Gespenst. Züge rattern, sie pfeifen, an einem großen Garten fahren sie mit Getöse vorbei. Jedes Blatt im Garten ist von Ruß bedeckt, überall, wo man hingreift, werden die Finger schwarz.«

»Nein«, erklärte ich, »dort werde ich mich nie befinden!«

Ein Jahr später war ich in Danzig, im einstigen Palais des Marschalls Mackensen, im massigen, wilhelminischen Prachtbau mit Renaissance-Parodie. (Es leben noch Zeugen jener stammelnden Mitteilung.)

Und nochmals, 1941, wieder in Genf. Wieder erschien Annette für einige Tage bei uns. Ich klagte: »Im Internationalen Komitee vom Roten Kreuz gehe ich an der Überfülle der sich andrängenden Aufgaben fast zugrunde. In meine Papierberge vermögen die opferbereiten Damen, die mir helfen wollen, kein System, keine Ordnung zu bringen. Ich fühle mich überlastet. Vorlesungen, acht bis zwölf und mehr Stunden freiwillige Arbeit im I.K.R.K., Geldsorgen ... « Ich klagte.

Und Fräulein Kolb – wieder dasselbe, schwarze Tasche, Karten, leise Grabesstimme: »In drei Wochen erscheint ein junger Mann, ein Jurist.

Er kann anrühren, was er will, es entsteht Ordnung und Methode.« Drei Wochen später traf Dr. Hans Bachmann[24] aus Winterthur ein, und mit unfehlbarer Methode griff er an. Wir berieten, wir handelten, wir wehrten uns, wir wurden Freunde fürs Leben.

Ich habe die unvergeßliche bayerisch-französische Seherin nie mehr befragt. Ich vermied es sogar, ungefragt eine Antwort zu erhalten.

Emil Georg Bührle

Jede Zeit, jede soziale Schichtung, jedes Wirtschaftssystem bietet seine eigenen Möglichkeiten, um den Aufstieg starker Individuen zu gestatten, dem Epos eines kraftvoll geführten Lebens produktiven Abschluß zu gewähren. Volksführer, Heerführer, Cäsaren, Staatsmänner aller Art und Schicksal, Wirtschaftsgrößen sind aus demselben Stoff, entscheidende Eigenschaften haben sie gemeinsam. Was über die schließliche Wirkung ihres Einsatzes entscheidet, was das Gelingen bedingt, ist letzten Endes auf Grund besonderer Gaben und leidenschaftlichen Willens ihre Konzentrationsfähigkeit und die aus dieser entspringende Tat. In einer Zeit, in welcher die meisten Bevormundung, eingeteilten, vorgeschriebenen Leistungsanspruch, Versicherung und mittlere Garantie anstreben, sind die Wagemutigsten am allernotwendigsten. Die letzten Reste der freien Wirtschaft bieten ihnen noch einige offene Strecken, Wege ihrer Laufbahn. Über diese Laufbahn gelangen einige zum Ziel, und dadurch haben sie entscheidend beigetragen zum gehobenen Lebensstand der Kollektivität, zum Einbau sozialer Sicherungen. Für sich selbst aber haben diese Seltenen die Freiheit gefunden, kulturschaffend zu wirken und zu fördern; ihre Leistung auf diesem Gebiet trägt bisweilen den Stempel der Einmaligkeit. Sie sind Individuen geblieben und haben damit die schwierigste Aufgabe gelöst, die unser Jahrhundert stellt.

Zu diesen wenigen gehört als eindrucksvoller Vertreter Emil Bührle[25], den ich alles in allem nur viermal gesehen habe, der mir aber mit größerer Deutlichkeit vor Augen steht als so manche, die während Jahren täglich meinen Weg kreuzten.

Ein erstes Mal wechselten wir zwei Worte im Kunsthaus, als die Ausstellung des Petit Palais eröffnet wurde. Ich traf ihn wieder am Abschluß der Vortragsreihe über »Sammlungen und Sammler«, die vom Institut für Auslandsforschung veranstaltet wurde. Nachher war ich zweimal Gast in seinem Haus, das erste Mal abends. Man wartete auf den Gastgeber, dann ging man ohne ihn zu Tisch, er war im Geschäft zurückgehalten worden, und alles erschien wie vorläufig, bevor er dann plötzlich müde und kraftvoll das Zimmer betrat, alles augenblicklich in seine Bezüge fassend, fast ohne zu sprechen, den Ton und den Rang der allgemeinen Stimmung angab. Durch seine Gegenwart entstanden andere Perspektiven, Licht und Schatten wurden schärfer, und durch die Wände über die nächtliche Stadt und die Grenzen des Landes eröffnete sich die Weite; es war, als höre man mit einem Mal den Zeitstrom rauschen. Männliche Tragik mächtigen Wirkens, Wachheit, beherrschender Verstand waren spürbar und über allem die Spannung eines einsam bestandenen, großen Lebensabenteuers. All dies war gegenwärtig, obwohl der Hausherr schwieg. Ein Freund erzählte launige Späße, ein Mitarbeiter berichtete klug, sachlich und anschaulich, die liebenswürdige Hausfrau führte uns in die anderen Räume, dann stand Bührle mit mir, immer noch wortlos, vor einem van Gogh. Schließlich zogen wir uns beide in eine Zimmerecke zurück und sprachen über Politik.

Innerhalb der politischen Anschauung war Bührle frei von dem jeweils üblichen, vom einen zum andern weitergereichten Tagesurteil. Alle Fragen stellte er neu, mit präziser Sachkenntnis in die Vergangenheit zurückgreifend und die Gegenwart als ein Mithandelnder begreifend, als ein Erfahrener, der von Entschluß zu Entschluß zu Ende denkt. Ich betrachtete sein Gesicht: über den willensmächtigen Formen des Kieferbogens überraschte der Blick hellsichtig treffender und dabei gütiger Augen. Zwischen Augen und Kinn wirkte die Spannung, die dieser Mann ausgehalten hat und innerhalb welcher er schöpferisch geworden ist. Dasselbe Auge, welches leisteste Andeutungen eines Kunstwerkes augenblicklich erfaßte, ordnete den wirren und furchtbaren Stoff gegenwärtigen Lebens souverän. An jenem Abend sprach Bührle von der Suggestionskraft als von einem bestimmenden Faktor alles politischen Geschehens und von der Anfälligkeit des analytisch geschulten, zeitgenössischen Intellektuellen innerhalb der politischen Hypnosen, die von einem unsichtbar im Zeitalter wirkenden Willenszentrum ausgingen, wobei die sich führend Wähnenden immer zu Geführten würden. »Anfälligkeit«, sagte er, »aus dem Unvermögen, einfach zu sehen und den entscheidenden Einsatz, um den es unweigerlich geht, wirklich wahrzunehmen.« In der Tat, unbestechliche Wahrnehmung und Preisgabe alles irreführenden Beiwerks war die Folge seiner großen inneren Sammlung, aus ihr erklären sich die Richtigkeit seiner Entschlüsse und sein rasches Handeln. Er dachte konkret, ließ sich von keinem dialektischen Zwang fortreißen. Die billige Gewohnheit, sich verführerischer Abwechslung hinzugeben und in der Lust an Satz und Gegensatz auszuruhen, war ihm fremd. Aus diesem Grunde war er in keiner Weise Anhänger und Nachbeter wechselnd im Kurs befindlicher Tagesgrößen. Er urteilte nach seinem eigenen Gesetz als der einzelne, der er innerhalb der Zeitgesellschaft war, als welcher er dem alles verschlingenden Leviathan des abstrakten Machtgebildes Staat gegenüberstand.

Das zweite Mal lud er mich und meine Frau mittags im Familienkreis zu Tisch. Es war ein schöner Sommertag, und wir aßen im Garten. Ein Wort von ihm über Kunst und Literatur ist mir gegenwärtig. Er erklärte damals: »Man sollte weniger klagen und anklagen und mehr handeln. Es geht darum, das Menschliche zu erfüllen.«

Nach Tisch blieb ich mit Bührle allein, und vier Stunden lang, von zwei Uhr nachmittags bis sechs Uhr abends, zeigte er mir seine Bilder.

An diesem Tage war er heiter und frisch, ein junger, über große Reserven verfügender Mann, und doch trennten ihn nur wenige Monate von seinem Tod. Damals hat er mir als Kenner, als Liebhaber, als Entdekker, als kaufmännisch sicherer Käufer die große spannende Geschichte seiner Anschaffungen erzählt. Jedes einzelne Kunstwerk hatte seine besondere Episode, die er eindrücklich wiedergab. Ich möchte es nicht unternehmen, Einzelheiten mitzuteilen, es bestünde die Gefahr, daß ich Anekdote und Deutung, die sich in meinem Gedächtnis abgelagert und wie guter Wein verändert haben, ihrer Ursprünglichkeit beraube. An jenem Nachmittag gingen wir treppauf und treppab, kehrten zu schon Gesehenem zurück, und jedesmal wurde das einzelne durch den inzwischen eingetretenen Eindruck wieder anders. Bührle meinte damals, in dieser Weise sollte man immer die Museen anschauen, nicht einfach durch angeordnete Räume wandern, sondern im Rösselsprung vor- und rückwärts unter Auslassungen, nach Maßgabe der wunderbaren Beziehung, die sich zwischen den Kunstwerken herstelle, wobei das einzelne Werk der größte Lehrer für die Betrachtung des andern sei. Er hatte Lieblinge unter seinen Gemälden. Mit welcher Freude führte er mich von Rembrandt zu Daumier und wieder zurück! Was ihm an jenem Tage besonders wichtig zu sein schien, war der Wunsch, mir die Verwandtschaft zwischen Tiepolo und Guardi auf der einen, den französischen Impressionisten auf der andern Seite möglichst deutlich zu machen. Nachdenklich stand er vor dem Wunder dieser späten, manchmal bis zur Seligkeit gehenden Fähigkeit, das allen Sinnen sich darbietende Bild der Natur zu belauschen und hinter Licht und Farbe seine Seelenkräfte zu lösen, um sie abermals durch Licht, Farbe und Form als eine Essenz wiederzugeben.

»Unablässig«, sagte er, » – das ging durch mein ganzes Leben – war ich entschlossen, solche Bilder einmal um mich zu versammeln. Monets Zauber hat mich nie losgelassen. Cézanne, Degas, Manet, Renoir wollte ich in meinem Umkreis an meinen Wänden haben, und es ist gelungen. Nun sind sie hier, ich habe mir alle Zeit zum Umgang mit ihnen stehlen müssen, aber dieser Umgang hat mir die gestohlene Zeit vervielfacht wiedergegeben. Alle Augenblicke, die ich hier verbrachte, sind grenzenlos. Aus den ersten erfüllten Wünschen ergaben sich die andern«, und schließlich brauchte er dann das unverbrauchte Bild, das er in seinem Vortrag am 14. Juni 1954 angewandt hat: vom Stein, der, ins Wasser geworfen, seine konzentrischen Kreise zieht. »Vom einen kam ich zum andern«, fuhr er fort, »auch die Niederländer durften nicht ausbleiben, und ich gelangte schließlich bis zu jenen, die so lange schon die ›Modernen‹ genannt werden. Ich selbst bin überzeugt, daß der Anblick der Welt unerschöpflich ist, und daß nach wie vor in ihren von den aufeinanderfolgenden Generationen abgewandelten Formen sich alles ausdrücken läßt, was in uns selbst vorhanden ist, alles und noch viel mehr.«

Dieses letzte Wort ist mir von jenem Nachmittag besonders deutlich in Erinnerung geblieben.

Eigentümlich gegenwärtig ist mir der Moment, in welchem wir auf der Treppe Bührles blondem Enkel im Arm seines Kindermädchens begegneten. Da geschah dem kampfgewohnten Täter, dem vier Jahre Weltkrieg, wie er selbst bekennt, die Haut gegerbt hatten, etwas Überraschendes. Er erschien völlig umgewandelt, die Schlagbereitschaft, die wache Entschlußkraft, der unbändige Wille traten zurück, und eine sinnende, aus Liebe und stolzer Freude gemischte Überraschung, ein aufleuchtendes Erstaunen ergriffen von ihm Besitz.

Das war die letzte Begegnung, die ich mit dem ungewöhnlichen Manne hatte. Damals begann unsere wirkliche Bekanntschaft. Wir machten Pläne, wir wechselten noch einige Briefe, aber wir trafen uns nicht

wieder. Mitten aus Arbeit und Entwurf zu weiterer Leistung verließ er uns.
Er hat die stille Zeit nach eingebrachter Ernte, den Rückblick aus reifer Erfahrung nicht gekannt. Ich vermute aber, daß er ihm vor dem Abschluß noch zuweilen vergönnt war, und zwar dann, wenn er allein den von ihm vereinigten Kunstwerken gegenüberstand und die schmale Zeit ihm in die Tiefe hinein in Sekunden zur Ewigkeit wurde, wo er dann die stumme Sprache des durch den Menschen gedeuteten Sichtbaren plötzlich vernahm und ihre große, versöhnende Weisheit.

Der Bettler von Verona

Verona 1952 – Juni, abends um sieben Uhr. An der Piazza della Signoria, wenn man in der Richtung der Piazza delle Erbe unterwegs ist, befand sich an der rechten Ecke ein Antiquitätenladen. Ich betrachte eine venezianische Lampe. Ein großer, hagerer Mann mit erdfarbenem Gesicht, erloschenen blaugrauen Augen, schütterem langem, blondem Haar stellt sich neben mich und bettelt mich leise an. Er spricht italienisch mit einem fremden Akzent. Ich denke: ein Deutscher, vielleicht ein Österreicher. Seine Kleider sind zu weit für ihn, gut geschnitten, aber abgenützt, er trägt Sandalen.
Ich gehe weiter ohne zu antworten; er folgt mir. Wir haben den belebten Platz betreten. Der Marktverkauf ist noch im Gang: Gemüse, Früchte, Textilien, Küchenzubehör, Goldfische, Schuhe, Messer, und die sandbraunen Turteltauben mit dem Halsband, das wie mit Tusche durchgezogen ist, sie legen den Kopf unter die Flügel und beginnen zu schlafen. Ich sage zu dem leise auf mich Einredenden, der mir folgt wie mein Schatten: »Trinken wir etwas« – und setze mich an einen kleinen Marmortisch. Wir trinken einen schwarzen Landwein, und ich bestelle Brot und Käse. Er ißt mit Heißhunger, und nun beginnt er auch zu trinken.
Immer noch sprechen wir in abgerissenen Sätzen italienisch.
»Ich kann Ihre Nationalität nicht feststellen«, erklärt er.
»Reden Sie ruhig deutsch«, sage ich, und er lacht plötzlich ein hohes, lustiges, jugendliches Lachen.

»Heute morgen«, sagt er, »saß ich in der Sonne auf einer Stufe der Arena und habe nachgedacht.«
»Worüber?«
»Über Spinoza«, sagte der Bettler und fuhr fort, »Spinoza hat sehr selten jemanden gelobt, aber er konnte sich des Lobes nicht genug tun, wenn es sich um Machiavelli handelt. Dabei übernimmt er keine Gedanken von ihm. Dort, wo er Anleihen macht, nennt er keine Namen.«
»Und Hobbes?«
»Er nennt ihn kaum; er stimmt in vielem mit ihm überein. Nimmt man einzelne Sätze heraus, so ist es oft schwer zu unterscheiden, ob sie von Spinoza oder von dem Engländer sind.«
Ein nobel aussehender älterer Italiener ging vorüber. Sein Blick streifte uns, wurde aufmerksam, dann sofort belustigt, ironisch. Mein Bettler hatte aufgeschaut, herausfordernd. Aber die Störung verscheuchend, fuhr er fort: »Freiheit, Zweck, Transzendenz? Was meinen Sie? Immer nur Immanenz, Gott und Welt identisch ...«
Ich unterbrach ihn: »Warum reden Sie eigentlich von all dem?«
»Ich las« – er war erstaunt, leicht verletzt, enttäuscht – »ich las und dachte darüber nach. Mir schien, auch Sie müßten Anteil daran nehmen. Ich habe Sie um eine kleine Unterstützung gebeten, Sie luden mich an Ihren Tisch. Ich wollte nur andeuten, womit ich mich beschäftige.«
»Nun, meine Frage war kein Vorwurf. Ich wunderte mich, daß Sie ohne weiteres einem Unbekannten zutrauen, daß er sich für Spinoza interessiere.«
»Oh, das wußte ich eigentlich«; er sprach es aus wie nebenbei und kehrte dann gleich zu seinem Gegenstand zurück.
Und wieder unterbrach ich ihn. »Heute war ich glücklich«, sagte ich, »ja, glücklich, weil ich die Alpen hinter mir habe, weil ich in Verona bin, wieder in diesem Licht, auf einem der ewigen Plätze. Ich möchte dieses Land, seinen Tag, die Stunde ganz in mich aufnehmen; diesen Geruch von Menschen und Tieren, von Blumen, Gemüsen und den Fleischwaren aus heißen Küchen. Ich möchte lieber nicht an Spinoza, an Hobbes und an Machiavelli denken.«
»Wollen Sie wieder allein sein?« fragte er.
»Mir scheint, ich würde es vorziehen.« Ich schenkte ihm etwas, er stand auf, verneigte sich leicht und verschwand in der Menge. Kaum war er weg, tat es mir leid, ihn in dieser Weise entlassen zu haben. Nun spürte ich meine Einsamkeit plötzlich nicht mehr als eine Wohltat.

Ich zahlte, ging zum Gasthof und warf mich im weißgetünchten Zimmer auf mein einsames Bett. Das Fenster stand weit offen. Der eine Fensterflügel dem Bett gegenüber spiegelte die dunklen Bäume des Hotelgartens und das gegenüberliegende Haus mit seinem neuen roten Dach. Von den Kirchtürmen tönte von nah und fern das hohe Vesperläuten.

EPILOG

Aus den Aufzeichnungen des Bruders Paul

So wie ich ihn gekannt habe, war er vollkommen unkonformistisch – wie der abgegriffene, eigentlich nichtssagende Kunstausdruck lautet. Jene, die ihn in ihrem sich wissenschaftlich gebärdenden Rotwelsch für reaktionär hielten, hatten ebenso unrecht wie die, welche behaupteten, er bewege sich schillernd, ränkereich und geschmeidig zwischen den Standpunkten der andern. Diese Standpunkte interessierten ihn im ganzen gesehen kaum. Sodann würde ich sagen: seine Standpunkte veränderten sich im positiven Sinne lebenslang eigentlich wenig. Er war hilfreich aus wirklichen, aber stets sehr subjektiven Ursachen. Er kannte fast immer den Ausgang einer Sache im voraus, er war sehr ungerecht gegenüber denjenigen, die nichtsahnend auf den schlimmen Ausgang hinarbeiteten. Er, der für höflich galt, konnte sie ganz direkt, ja grob angreifen, konnte vor dazu nicht im mindesten geeigneten Menschen – unter Verzicht auf jede Flankendeckung gegen links oder rechts – schimpfen, so als sei er wirklich mit einem Male primitiv geworden. Er liebte dabei Raffiniertheiten des Denkens und Empfindens über alles, aber wehe, wenn diese Raffinements ihm gewissermaßen wie ein ortsgebundenes Stadtgebäck, oder wenn sie ihm aus zweiter Hand serviert wurden, wie die Subtilitäten gewisser blasser, gequälter, von Amiel nie loskommender, sich ewig wiederholender Landsleute aus dem lateinischen Landesteil seiner Heimat.

Es konnte vorkommen, daß bajuwarischer Überschwang der »Ecclesia triumphans« bis in ihre derbsten Kundgebungen in ihm ein ungeheures, heilsames Behagen auslösten, und zwar unmittelbar nachdem er drei unvergleichlich geschriebene, aber zerfasernde Seiten Mauriacscher Psychologie gelesen hatte oder gar die Expektorationen einer gewissen Diasporafranzösin darüber.

Er konnte Monate, ja Jahre lang schweigen, nach dem Grundsatz »Sagt es niemand, nur den Weisen«. Dann aber plötzlich, wenn er einem mit Wissen überladenen, in Kombinationstricks hocherfahrenen Rhetor begegnete oder einem faustischen Wagnerlein, einem dieser emsigen Zwischenläufer-Zwischenträger, konnte er, auf jede Zurückhaltung oder Vorsicht verzichtend, in ganz übertriebener Weise lospoltern. Dabei war ich viel streitsüchtiger veranlagt als er; aber wenn die Affekte bei ihm einmal durchbrachen, so geschah es, wie gesagt, meist vor schlecht gewählten Zeugen, die wenig verstanden und das meiste nachträglich veränderten. Wenn ich fragte: »Was hast du angerichtet?« reckte er sich, schüttelte sich wie ein zum Kampf bereiter Primat, beinahe hätte er mit den Fäusten auf den Tisch getrommelt, und schließlich bemerkte er nur: »Wir überstehen's.« – Er hat vieles überstanden, aber selten ohne große Schmerzen.

Er hielt im Umgang mit Menschen gewisse Typen, eine gewisse Art, für tragfähiger als Individuen; ja, in Individuen konnte er sich irren. Er konnte ein Individuum sowohl überschätzen, weil die Art, zu der es gehörte, ihm besonders wertvoll war, oder er lehnte es trotz ausgezeichneter Eigenschaften ab, weil artmäßig Eigenschaften, gewisse Gebärden, ein Akzent, ein oft kleiner Zug vorhanden waren, die ihm nicht paßten.

Fast sicher wurde diese Art zu urteilen, zu wählen, Treue zu halten, dadurch in ihm befestigt und lebenslang gesteigert, daß er in der Ehe mit einem Wesen lebte, das in vollkommener Weise all die Eigenschaften besaß, die ihm als die höchsten galten, und dies ohne das leiseste Schwanken, wie ein heller, windstiller Septembertag, der immer gedauert hätte. Etwas, neben vielem anderen, hat er als seltenstes Geschenk erhalten: völlige, restlose Übereinstimmung, Partnerschaft in allem und nie versagende heitere und kluge Hilfe.

NACHWORT

von Michael Stettler

Le pied déjà à l'étrier,
Voyageur aux gorges de la Mort ...
(Cervantes – St. John Perse)

I

Nachdem Carl J. Burckhardt seine im Juni 1945 angetretene Mission als bevollmächtigter Minister der Schweizerischen Eidgenossenschaft in Paris 1950 beendet hatte, blieb er zur Ausbildung seiner Kinder noch drei Jahre dort. Dann aber kehrte er in die Schweiz zurück, in das seiner Gattin zugekommene Weingut La Bâtie in Vinzel ob Rolle, ein Haus aus dem 18. Jahrhundert mit hohen Fenstern unter hohem Dach, das er fortan bewohnte, mit weitem Blick auf den Genfersee und zum Montblanc hinüber. Endlich, glaubte er, war die Bahn frei für das, woran ihm allein noch lag: schreiben. Jahrzehntelang hatte er sich an seine Mitmenschen verausgabt, als Hochschullehrer in Zürich und Genf, im Dienste des Völkerbundes und des Internationalen Komitees vom Roten Kreuz vor, während und nach dem Zweiten Weltkrieg, als Diplomat früh in Wien und spät in Paris – so wie er es einst als junger Mann im Brief vom 1. Juni 1919 an Hofmannsthal mit der ihm eigenen Intuition für Künftiges voraussah: »Ich habe ein Vorgefühl, es werde manches durch die Zeitumstände an mich herantreten, und ich werde veranlaßt sein, Aufgaben zu bestehen oder zu erledigen, die ich von mir aus nicht aussuchen würde.«
Heinrich Wölfflin, der Carl J. Burckhardt während dessen Münchner Studienzeit freundschaftlichen Umgangs gewürdigt, pflegte später im Gespräch dem Vorwurf, Burckhardt täte besser daran, zu schreiben statt aktuelle Aufgaben zu erfüllen, mit der Feststellung zu begegnen, welch andere Einsichten der gewinne, der seine Tage nicht am Schreibtisch zubringe; es war Wölfflin anzumerken, wie sehr er, vielleicht fast

etwas neidisch, die Vita activa als die ihm gegensätzliche Lebenshaltung bewunderte.

Die für Burckhardt nach seinem Rücktritt vom Pariser Posten nunmehr freie Bahn war indes nur eine vermeintliche. Wieder sah er sich gedrängt, Arbeiten zu übernehmen, die dem ihm im Geiste vorschwebenden Werk nicht entsprachen. Zunächst machte er sich an den Rechenschaftsbericht über die wohl schwierigste Aufgabe, die ihm im Leben zugefallen war: »Meine Danziger Mission«. Auf Grund der Dokumente und wenigen erhaltenen persönlichen Aufzeichnungen entstand das »trockenste, kälteste Buch, das ich je schrieb und schreiben werde« (Brief vom 27. Nov. 1959 an den Verf.), es kam 1960 heraus und nahm seinen Platz sogleich unter den unentbehrlichen Quellen zum Kriegsausbruch von 1939 ein.

Anschließend stellte er sich selbst die Aufgabe, die ihn sieben weitere Jahre festhielt. Als junger Mann hatte er auf Grund eines 1929 an ihn gelangten verlegerischen Vorschlags das Buch »Richelieu – Der Aufstieg zur Macht« geschrieben und mit diesem epischen Wurf weiten, frühen Ruhm erlangt. Es erschien 1935, im gleichen Jahr verpflichtete er sich vertraglich, die Biographie zu Ende zu schreiben. Das Geheiß »Pacta sunt servanda« war ihm, nach seinen eigenen Worten in einem Brief an Walther Meier vom Silvester 1970, so eingemeißelt, daß er sich, fast siebzigjährig, an die Riesenarbeit machte und sie mit über tausend Seiten zu gutem Abschluß brachte, ungeachtet seines Alters und der Entferntheit seines Wohnsitzes von den Bibliotheken. Jahrelang hatte ihn die »Richelieu-Fron«, wie er sie nannte, fast völlig an jedem Versuch anderer lockender Arbeiten gehindert. Dabei hatte er viel stärker als früher die Problematik der großen historischen Biographien empfunden. Im Aufsatz »Wiederaufnahme einer alten Arbeit« ist er auf die Frage eingegangen: »Wenn man in späten Jahren endlich wiederfinden darf, was man in der Jugend verlassen mußte, wenn man dem Besten wiederbegegnet, nämlich einer Aufgabe, dann stellt sich alsbald die ernste Frage: Wird man auch die innere Spannung gewinnen, die notwendig ist, um eine solche Aufgabe zu lösen?« Was kann jemand wie Richelieu uns überhaupt noch bedeuten?, »heute, wo wir nur noch befürchten und erleiden, was bedeutet er uns jetzt? (...) Wie entwertet, wie abgespielt erscheinen uns heute so viele der großen Akteure, die in der europäischen Tragödie auftraten. Diejenigen unter uns aber, die gewohnt waren, vom Vorüberziehen der Geschlechter Entfaltung und Steigerung zu erwarten, schließen nun auch die Augen, wenden sich verdrossen ab von jenen einstigen Großen; wohin hat ihr Wirken geführt?« In ein kleines Wachstuchheft notiert er während einer Pause auf der Reise nach Kreta 1961: »Unheimlich, wenn man ein langes Leben hinter sich hat, wie alle Erinnerungen durcheinanderfluten, wie man kaum mehr Partei ergreifen, kaum mehr urteilen kann, nur noch staunen vor der Unheimlichkeit des menschlichen Geschicks, der völligen Sinnlosigkeit des politischen Geschehens, das immer auf einer so mittelmäßigen und deshalb so bösen Ebene in so völliger Unfreiheit ausgelöst wird.« Dennoch gewinnt er unter der schwierigen Voraussetzung eigener Skepsis aus der dramatischen Gegenüberstellung von Verkörperungen so entgegengesetzter Wesensarten wie derjenigen von Richelieu und von Wallenstein den Blick auf die Spannungen, wie sie zwischen Nationen bestehen, »innerhalb einer Gegensätzlichkeit, die, letzten Endes, auch immer wieder schöpferisch geworden ist«. Vom Individuum her erlangt er den Impuls zur Vollendung seiner Arbeit, vom Menschen her, auf den Menschen hin scheint es ihm sinnvoll, noch immer Geschichte zu treiben. Und, wie es der Verleger gewünscht, lag das dreibändige Werk an seinem 75. Geburtstag am 10. September 1966 ausgedruckt vor, Jugend- und Alterswerk verschieden in Absicht und Methode, jenes ein mitreißender Fluß, dieses ein ruhiger Strom zum Meer. Ein Registerband dazu folgte 1967. Endlich brauchte er nicht mehr die ihm lebenslang taktlos gestellte, ihn stets neu verdrießende Frage »Wann kommt der zweite Band?« zu vernehmen. Der Dank der Mitwelt nach der Vollendung war groß, auch der an den Verleger: »Er hat sie ihm abverlangt.«

II

Schon acht Tage nach dem erwähnten 75. Geburtstag, am 18. September 1966, schrieb Carl J. Burckhardt an den Bildhauer Hermann Hubacher in Zürich, mit dem ihn eine erst im Alter geschlossene Freundschaft verband: »Also, Dank ist die Parole! Und aus dem Dankgefühl heraus ergibt sich gesunder Gleichmut gegenüber dem Andrang des Konventionellen und der zeitraubenden Notwendigkeit, ihm zu begegnen, darüber hinaus aber die Lust, Neues zu unternehmen und für die Freunde, die lebenden und die verschwundenen, noch etwas zustande zu bringen.«

Dieses Neue war das Buch seiner Erinnerungen. Darüber gibt es schon

1955 eine Briefkopie an Unbekannt mit Datum 19. Oktober: »Was die Memoiren anbetrifft, so glaube ich, ist der Vorgang, dem ich bisher gefolgt bin, doch der richtige. Er besteht darin, einzelne Episoden und Gestalten aus der Erinnerung festzuhalten, hin und wieder sogar aus dem Vorhandenen einzelne Publikationen zu gestatten und gelegentlich einmal das Ganze zu sammeln.
Walther Meier will nächstes Jahr einen Manesseband bringen und denkt in seiner optimistischen Weise an eine spätere Ausgabe, welcher er den etwas mächtigen Titel ›Memorabilien‹ geben möchte.«
Der Manesseband erschien 1958 unter dem Titel »Begegnungen«, er enthielt ausgewählte Stücke aus Carl J. Burckhardts lebenslanger Konfession und Menschenschilderung, so die Erinnerungen an den Rhein, an Wien und an Hofmannsthal, an jungverstorbene Freunde, an Osteuropa, an Claudel, de Lattre de Tassigny und viele andere.
Im gleichen Rahmen folgte 1961 die neue, vermehrte Ausgabe der erstmals 1941, mitten im Krieg, bei Fretz und Wasmuth in Zürich veröffentlichten »Gestalten und Mächte«, laut Burckhardts Vorwort »Gelegenheitsarbeiten, die zum großen Teil nicht in der Ruhe und dem Zusammenhang fortlaufender Beschäftigung mit geschichtlichen Stoffen, sondern in knapp bemessener Zeit, mitten aus praktischer Tätigkeit heraus, entstanden sind«. Darin befinden sich so meisterliche Aufsätze wie die über Erasmus von Rotterdam, Maria Theresia und den Honnête Homme. Ein dritter Band in derselben Reihe, ähnlich wie die »Begegnungen« zusammengestellt, erschien 1964 unter dem Titel »Betrachtungen und Berichte«.
Am 27. März 1967 heißt es dann: »Ich möchte jetzt, wo ich die Pflichtaufgabe am Richelieu beendet habe, noch frei – endlich einmal frei – schreiben können; was mich im Lauf des Lebens bewegt, betroffen, beglückt und betrübt hat – Menschen und Länder möchte ich schildern, nicht etwa autobiographisch aufgereiht, sondern durch Reflexionen hindurchscheinend.« Zugleich die häufig wiederkehrende Klage: »Aber man läßt mir auch jetzt, in meinem 76sten Jahr so wenig Muße« (an Richard Menzel). Trotzdem macht er sich daran, »aus Überlegungen, Kommentaren zum gelebten Leben und erzählenden Teilen« Kapitel der großen Arbeit zu schreiben oder, wenn eine geeignete Hilfskraft zur Verfügung steht, zu diktieren, »Vielleicht gelingt es mir, sie noch abzuschließen« (an Ellen Delp, 25. Sept. 1967).
Im Frühjahr 1968 wirft ihn in München eine schwere Grippe mit doppelseitiger Lungenentzündung nieder. Unbefriedigende Blutbilder

führen zur unerbittlichen Diagnose der Leukämie. Unter ihrem Zeichen werden die Jahre stehen, die ihm noch vergönnt sind, Jahre zermürbenden Kampfes um die Gnade, sich die spät, zu spät begonnene Arbeit abzuringen. In Briefen an die ihm Nächsten kommt er immer wieder auf das Thema seiner Erinnerungen zurück. »Schade«, schreibt er an Hermann Hubacher am 7. November 1970, »immer hatte ich mich auf die freie Zeit gefreut, in der ich hoffte, etwas schreiben zu dürfen, das mir schon lange am Herzen lag. Ich schreibe auch tatsächlich noch, aber nach einer bis zwei Stunden geht es nicht mehr ... All unser Tun in dieser fremd und fremder uns anhauchenden Welt hat etwas Rätselhaftes an sich. Zu wem reden wir, zu wem versuchen wir, so wie Sie durch bleibende Gestalten, und, so ganz am Rande, ich, mit schwachen Worten, mitten in diesem lärmigen Tumult, dieser verzerrten Gestik, ja – zu wem versuchen wir noch in Übereinstimmung zu treten?

Lesen, Gespräch mit denen, die nicht mehr da sind, die vergangenen strahlenden Sommertage, dieser milde, gedankenvolle Herbst, ja, das sind noch Geschenke, so wertvoll und beglückend wie immer.« An denselben, am 9. März 1971: »Wie ich Ihnen erzählte, hatte ich den Versuch unternommen, über Lebenserfahrungen und eher über Schicksalslehre als über Psychologie zu schreiben. Dann kam die Krankheit, sie kam schleichend, so nach und nach, ausgelöst durch diese in München mit Mühe und viel Chemie überstandene doppelte Lungenentzündung.«

Noch einmal weicht er, kaum begreiflich, in eine Pflichtaufgabe aus, indem er den an ihn ergangenen Auftrag annimmt, über einen anderen Kardinal, den Walliser Matthäus Schiner zu schreiben, »von dessen Taten ich nun schon manches weiß, dessen Gestalt und menschliche Art mir aber völlig unsichtbar bleibt, sobald, sage ich, als sein Porträt abgeschlossen sein wird, kehre ich in das andere Fahrwasser zurück: ›Lebenserfahrungen‹. Aber werde ich es noch vermögen? Ich will zuversichtlich sein ...«.

Am Heiligen Abend 1971 hält er, zu Walther Meier gewendet, Rückblick: »Nun die Memorabilien: Dieser Titel stammt von Dir und deshalb ist er mir lieb. Natürlich stellt sich die Frage, ob, was für mich erinnerungswürdig erscheint, es auch für andere ist? (...)

Lebensenden sind schwer. Man hat bisweilen den Eindruck, daß man mehr zurückzahlen müsse, als was man schuldig sei. Aber der Schuldenstand, den unsere Vorfahren in ernster Weise berechneten und auf

dessen Kompensation sie hofften, ist für uns schwer faßbar, eben, wie alles, relativ.
Gestern abend hörte ich mir das G-Moll-Quintett von Mozart an. Nie vernahm ich eine so traurige Mitteilung auf eine derartige Höhe sublimer Aussage erhoben. Es verfolgte mich tief in die Nacht- und Morgenstunden.«
Zu Mozart-Quintetten noch einmal an Gerhard Meyer-Sichting am 15. April 1972: »Von eigener Trauer tröstet nur die Welttrauer, weder Pathos noch Trotz der Titanen, noch sprühendes Farbenspiel der Freude. Und doch, auch diese ist bei Mozart, auch hier, in Augenblikken vorhanden.«
An denselben am 14. August 1972: »In den letzten Wochen konnte ich, zum erstenmal seit fast drei Jahren, etwas schreiben. Das erfreute mich, obwohl es nie mehr zu einer abgeschlossenen Form kommen wird. Aber mit einem leichten Widerschein von Glück saß ich an meinem Tisch und bisweilen lief mir die Feder fast davon.«
In Briefen setzen sein Gedankenreichtum und seine Aussagekraft sich immer wieder durch. Dem Freunde Christoph Bernoulli teilt er am 23. Juli 1973 tiefe Einsichten mit, so »›In tristitia hilaris, in hilaritate tristis‹, gedacht, bei Lektüren begegnet«. Daraus ein paar Proben:
»Europa: Erziehung zur Individualität – Seit etwa drei Generationen: Desindividualisierung – Wollust, sich im Kollektiven aufzulösen.
Europa leidet am Ermatten seiner Wunschfähigkeit.
Der Greis hat keine Wünsche; am Ort, der von Wünschen leer steht, lassen sich die unerzählbaren Erinnerungen nieder.«
Im gleichen Brief finden sich launige Karikaturen von Besuchern, die in Vinzel auftauchen: »Wiener Überrest von 1918-1922. Germanisten aus U.S.A. Bundesdienst. Gens du monde. Wirtschaft«, am Anfang sein Fenster mit der großen Zeder davor und dem Vermerk »CLAUSURA SEMPER IDEM«, und als letzte Zeichnung ein Berg, unten eine Hütte, oben ein Kreuz, daneben steht TERMINUS.
Unaufhörlich verrinnt die ihm noch vergönnte Zeit. Am 1. November 1973 fragt er Ellen Delp: »Muß man, am Rand des hohen Alters angelangt, unter diesem kaudinischen Joch der Krankheit hindurch? Darf es so selten stiller, heller, durchsichtiger werden? Welch einzigartige Lage, diejenige des erdgebundenen Menschen. Welch tief ernster, unheimlicher Anruf: ›Prüfung‹.« Und tags darauf an Hermann Hubacher: »Die Nachricht trifft ein, Sie hätten im letzten Sommer einen wunderschönen Mädchenkopf mit versonnenem Lächeln geschaffen.

Dies beweist schöpferische Frische. Was kann der Mensch sich Glücklicheres wünschen als dies. Erst wenn man nicht mehr imstande ist, eine Aufgabe abzuschließen, weiß man, welch eine Gnade im Vollendenkönnen liegt.
Wir hatten eine goldene, ganz große Ernte, dann stand der Garten voll von Astern, das ganze alte Gebäude war und ist jetzt noch mit diesen in allen denkbaren Farben leuchtenden Blumen geschmückt. Das Landleben bleibt ein Trost.«
Im gleichen Monat erfolgte die Hospitalisierung in der Klinik Beaulieu in Genf, die er nur an Weihnachten ein letztes Mal auf ein paar Tage mit Vinzel vertauschte und wo sein Leben am 3. März 1974 erlosch.

III

In Kenntnis dieser Entstehungsgeschichte will das Buch gelesen sein, das dem Leser unter dem Titel »Memorabilien« hier vorgelegt wird. Was Burckhardt geben wollte, hat er in den zitierten Briefstellen selber ausgesprochen. Auch heißt es einmal bei ihm: »Ich erzählte, wie es nach einer langen, inzwischen verflossenen Zeitspanne zu geschehen pflegt, gleichzeitig aus der äußeren, tatsächlichen, und aus der inneren, noch viel wirklicheren Erinnerung an das einstige Geschehen heraus.« Ein andermal spricht er anläßlich von Begegnungen von »den unergründlichen Spiralen des Gedächtnisses«. Sein Erinnerungsvermögen sah er »nach der Art, die ihm verliehen war, alles nach wenigen Grundsätzen anzugehen und das Weitere dann völlig dem günstigen Augenblick zu überlassen«. Eine andere solche Stelle: »Gegen Ende des Lebens kann das Gedächtnis über weite Strecken des gelebten Daseins wie eine vergrößernde Linse wirken; die Bilder, die sie vermittelt, können zwingend andringen und einen umstellen. Alles ist da, einstige Atmosphäre, einstiger Gehalt...« Endlich, in einer Notiz über Memoiren: »Die Hauptsache aber blieb immer die Zeugenaussage über bedeutende Begebenheiten oder handelnde Menschen.«
Was er als Ganzes erstrebte, geht aus mehreren erhaltenen Dispositiven hervor. Zwei handschriftliche Seiten, betitelt »Tâches à remplir«, auf kariertem Papier in französischer Sprache zu Händen einer Hilfskraft ohne Datum geschrieben, geben Auskunft über die zu leistende Vorarbeit:
Lektüre und Auswahl der Briefe, Auszüge daraus, Zusammenstellung

von Literatur über die politische, wirtschaftliche und soziale Situation Europas zwischen 1890 und 1914, auch Memoiren, persönliche frühe Erinnerungen, Optimismus der ersten Nachkriegsjahre, erste Mission 1923 in die Türkei (deren literarische Frucht die »Kleinasiatische Reise« wurde), und so weiter bis hin zur Wiederaufnahme literarischer Arbeiten, zu den großen Freundschaften und dem Tod der Freunde, zuletzt als Ziffer 16 »Considérations générales«.

Ein deutsch geschriebenes kariertes Blatt enthält neunzehn Nummern. Mit »Frühe Kindheit« beginnend, durchläuft es die örtlichen Etappen seines Lebens, Schönenberg, Basel, Glarisegg, München, Göttingen, Zürich etc., nennt es Gestalten: Vater, Jugendfreundschaften, Kapitel 9 heißt: Krieg, Tod meines Vaters, Zürich, Kap. 19 Rückblick.

Ein viertes mit Tinte beschriebenes Blatt, gleichfalls zu Händen einer Hilfskraft, betitelt »Pour Madame Iconomow« weist auf französisch an, was alles herauszusuchen ist: »1.) Les Lettres de mon père à mon grandpère (De Göttingen et de Berlin). 2.) Les lettres de mon père à moi-même (à Glarisegg, Bâle, Schönenberg, Munich et Göttingen)« etc. Darunter in roter Tinte: »Plan général du livre«, beginnend: »A: Enfance«, gibt sechzehn Nummern allein für einen ersten Band, schließt mit »Ma Carrière Universitaire. Zurich, Genève«. Hier geben die geplanten ersten Kapitel allgemeine Betrachtungen: »1.) Situation politique en Europe entre 1891 et 1900. 2.) Suisse à la même époque. 3.) Transition à des souvenirs personnels et à des portraits, à intercaler en partie dans le texte sur: Bâle«. Endlich gibt es zwei 1970 datierte, bis in die Gegenwart reichende maschinengeschriebene Dispositionen, offensichtlich für seinen Verleger gedacht, der, wie es Burckhardt in seinem Jahresrückblick an Walther Meier vom Silvester 1970 schreibt, ihn gleich nach dem Abschluß des »Richelieu« zur Abfassung der Aufzeichnungen drängte.

IV

Als Hofmannsthal im Herbst 1922 seinem Freund Burckhardt die Herausgabe der »Kleinasiatischen Reise« vorgeschlagen hatte, erhielt er zunächst mit Brief vom 22. November eine Absage:

»Die Aufzeichnungen möchte ich lieber nicht im Druck erscheinen lassen. All das rührt an Erinnerungen, und zum Erinnern ist es mir noch etwas zu früh am Tage. Erinnern braucht Abendlicht.«

Dennoch reichen die Vorarbeiten zu den »Memorabilien« vielfach in frühere Jahre seines Lebens zurück. Die Manuskripte bewahrte Burckhardt in einem Koffer auf, der davon fast überquoll und in seinem Archiv im Dachgeschoß des Hauses lag, Rohfassungen, die er im Laufe der Zeit, zum Teil also viel früher, geschrieben und gesammelt hatte. Daraus diktierte er zuweilen eine Anzahl Stücke, er nahm mehrere Texte in die Hand, fand ein Thema und griff es auf, es wartete ja nur darauf, die gültige Fassung zu erhalten.

Nach Carl J. Burckhardts Hinschied fanden sich die vielen Texte, zum Teil in verschiedenen Versionen, Diktate, Handschriftliches, Kopien in Maschinenschrift, Notizen, vieles davon in einer Mappe mit Aufschrift »Buch«, wie er die Arbeit oft auch mündlich und schriftlich gern bezeichnete. Dem Wunsch Carl J. Burckhardts entsprechend, bat Frau Elisabeth Burckhardt einige Freunde des Entschlafenen, sich zu einem Kuratorium zusammenzuschließen, dem die Edition der Erinnerungen wie der später folgenden Briefbände und die Ordnung des Nachlasses obliegen. Dem Kuratorium gehören außer dem Verfasser dieses Nachwortes an: Prof. Herbert Lüthy, Basel; Dr. Hans Bachmann, Winterthur; Peter Schifferli, Zürich; Alexander Bruggmann, Genf, der auch zusammen mit Ingrid Metzger, Basel, die Inventarisierung der umfangreichen Papiere besorgt. Die »Memorabilien« wurden dagegen von Charlotte König gesichert und ausgewertet, worüber sie, wie auch über die Kriterien der Edition, nachstehend Auskunft erteilt.

Der Leser mag aus dem Vergleich all dieser Hinweise mit dem gedruckten Text selbst erschließen, was Burckhardt von seinen Absichten verwirklicht hat. Er mag zuweilen das Fehlen von Übergängen, Brücken und Gelenken feststellen. Er wird die Lektüre dieses in Optik und unverkennbarem Tenor dennoch so einheitlichen Bandes um diejenigen der »Begegnungen«, der »Betrachtungen und Berichte«, aber auch der beiden klassischen Schriften, der »Kleinasiatischen Reise« und des »Vormittags beim Buchhändler«, ergänzen. Burckhardt wollte keine Autobiographie geben, wohl aber, frei von biographischer Kontinuität, ein zusammenhängendes Ganzes anhand von Episode und Kontemplation, nach seinen eigenen Worten eher Schicksalslehre als Psychologie, ein Lebensbild in seiner Zeit, und damit, seiner phantasievollen, tief musischen Natur entsprechend, Dichtung und Wahrheit. Ihn beschäftigte dabei, daß »so vieles nicht sagbar« ist. Diskretion? Wie weit? Wie gibt man vergangene Gespräche wieder? Immer aber bricht

seine ursprüngliche Freude am Fabulieren durch. Inhaltlich wäre Carl J. Burckhardt wohl auch, wenn er gesund geblieben wäre, niemals fertig geworden.
Seine Aufnahmebereitschaft und seine Dankbarkeit für den Reichtum der Menschen im kleinen und im großen, im hohen und im niedrigen, seine Offenheit dafür waren nahezu unerschöpflich; wie für den doch so andersgearteten Karl Wolfskehl galt auch für ihn dessen Ausspruch »Menschen sind meine Landschaft«. Täglich lernte er da hinzu.
Das Gefühl des Untergangs, auf dessen Anzeichen er immer wieder stieß, war stark in ihm wach, er ist früh davon durchdrungen und setzt darin die Linie des Familienältern Jacob Burckhardt fort, der Briefwechsel mit Hofmannsthal ist schon voll davon. Aus ihm schöpft er seine Ahnungen und Voraussagen, die die Zeitgenossen oft so staunenswert berührten. Offenkundig viel größer als dasjenige für Innenpolitik ist sein Interesse an Außenpolitik und an Staatsmännern, die solche prägten. Hervorzuheben ist seine »bis ins hohe Alter dauernde intensive Aufmerksamkeit auf Schicksalswendungen, ob es sich nun um Völker oder um Individuen handelte«.
Immer dachte er als Europäer, wie ja auch die späteren Bände des »Richelieu« das ganze Europa jener Zeit in synoptischer Darstellung spiegeln.
Offenkundig auch sein Humor, mit dem sein großes Auge auf den Mitmenschen ruht, das Wohlwollen, mit dem er ihnen überall, in jeder Lebenslage, auf Reisen, wo immer es war, gegenübertrat. Man lese daraufhin etwa die Kapitel über Rouen und Paris. Im Abschnitt über seinen Lehrer Werner Zuberbühler hat er sich über das Wesen der Heiterkeit aufschlußreich geäußert. Über wieviel Schalk und Schabernack er verfügte, ist vielfältig bezeugt, zuletzt im Erinnerungsbuch der Gräfin Marion Dönhoff, »Menschen, die wissen, worum es geht«.
Von Jugend auf war ihm anderseits jene »stille Grundtrauer« eigen, von der Gottfried Keller in einem Brief an Wilhelm Petersen aus Zürich am 21. April 1881 schreibt: »Mehr oder weniger traurig sind am Ende alle, die über die Brotfrage hinaus noch etwas kennen und sind; aber wer wollte am Ende ohne diese stille Grundtrauer leben, ohne die es keine echte Freude gibt?« Sie war, soweit sie nicht Anlage war, stark vom Schicksal des geliebten Vaters bestimmt. »Mein Vater – noch heute, wenn ich dieses Wort ausspreche, hinschreibe, ist es so groß, daß es mir beinahe den Atem nimmt; nicht das Allgemeine davon, nicht etwa die Vorstellung vom Lebensspender, Beschützer, vom Kundigen,

Weisen, vom Herrscher, sondern weit weg von solch mythischem Schauer das völlig Einmalige: *mein* Vater, der meine, für welchen ich eine Freundschaft empfand, eine Liebe, ein Mitleid ohnegleichen, nichts anderem in meinem Leben irgendwie verwandt. Wenn ich darangehe, über das Rätsel meiner Jahre nachzudenken, so steigt das eine Gefühl für diesen einsamen und so rührend kühnen Menschen auf wie eine mächtige Flamme in der Nacht, die weit im Umkreis die Landschaft mit ihren Höhen und Tiefen erleuchtet.«

Das tragische Ende des noblen Mannes hat Carl J. Burckhardts Leben bis zuletzt überschattet. Es hat auch sein Verhältnis zur Vaterstadt lebenslang bestimmt, in der seine Mutter und seine gleichfalls bedeutende Schwester Theodora wohnhaft blieben. Trotz der Bemühungen der Studenten, ihn für die Alma mater Basiliensis zu gewinnen, hat er Basel nach seiner dortigen Schulzeit, die er vorzeitig mit den glücklichen Glarisegger Jahren vertauschte, nur noch zu vorübergehenden Aufenthalten betreten. Wie eng bezogen sein Verhältnis zu Basel dennoch blieb, tut seine 1953 gehaltene Nürnberger Rede über den Städtegeist eindrücklich kund, sie sollte all seinen Mitbürgern zu denken geben, die den Auswärtigen mit ihrer Kritikfreudigkeit zeitlebens nicht schonten. Es bleibt der Satz: »Das Wort ›Vater‹ wird ihm mehr bedeuten als alles andere in der Welt.«

Schon vor dem ungeheuren Verlust, in frühen Glarisegger Tagen, schrieb er an den Jugendfreund Georges Walter – die Briefe des Fünfzehnjährigen an ihn sind kostbare Selbstzeugnisse des ganz jungen Carl: »Und die Menschen will ich lieben und versuchen, ihnen einige Härten des Lebens zu mildern« (1. Sept. 1908).

Diesen frühen Briefen sind meist Gedichte beigegeben, etwas, was später kaum mehr der Fall war. In den Göttinger Aufzeichnungen des imaginären Bruders Paul wird erwähnt, er habe, »so wie man es damals tat, gedichtet. Ich sehe noch den großen gelben Umschlag, in dem er die Gedichte aufbewahrte. Ich habe manche im Ohr: viel Wohlklang, zu viel für das kommende Zeitalter, und dann eben der Rhythmus, den er nicht loswerden konnte. Keines der Gedichte ist mehr vorhanden. In einem bestimmten Augenblick hat er sie alle vernichtet. Er liebte und fürchtete zugleich den Reim, der Bild und Gedanken aus ihrer ursprünglichen Richtung drängte.«

Was ihm zeitlebens unverrückbar eignete, war seine hohe Auffassung vom Dichter, wie sie in einem Brief an den Rechtshistoriker Hans Thieme vom 14. Juni 1968 zum Ausdruck kommt: »Über mittelalterliche Geschichte Italiens kenne ich keine Aussage, die so nah an den Wahrheitsgehalt jener außerordentlichen Zeitspanne heranführt wie die ›Divina Commedia‹.« Und weiter: »Über seinen eigenen Schatten zu springen vermag kein Sterblicher. Aber die wirklich Großen, die Seltenen, denen der Name Dichter zukommt, vermögen es in entscheidenden Augenblicken, von ihren eigenen Vorbedingungen wie von den Bedingungen ihres Zeitalters frei zu werden. Wir sind uns wohl einig darin, daß, wie gesagt, Dichter das Seltenste sind, was wir innerhalb hoher menschlicher Begabung antreffen können.« Und ganz spät, in seinem letzten Lebensjahr, am 23. Juli 1973 an Christoph Bernoulli: »Poesie ist eine Kunst und als solche dem Gesetz des Fortschritts nicht unterworfen. Sie steht als ein Absolutes außerhalb der Geschichte. Kunst kann eine Zeit beschreiben, aber sie ist, sobald sie ihren Namen verdient, nicht zeitgemäß. Alles sich aus der Zeit erklären gehört zu den Nachwehen des Historismus. Im übrigen ist die Ilias heute so wahr wie vor 3000 Jahren.«

Vor solchem hohen Anspruch wollen die »Memorabilien« gelesen sein. Man darf sich dabei die Galluspforte vor Augen halten, der sich der kleine Knabe zuhause »Auf Burg« am Basler Münster gegenübersah, das große steinerne Glücksrad, das in seinem Geist sich immerfort gedreht hat, Auf- und Niedergang der Mächtigen zeigend. Ihr entnahm er den Maßstab für die tiefen Segenssprüche, auf die er immer wieder gehört hat, auch als die Sanduhr seiner letzten Lebensjahre unaufhaltsam rieselnd am Werk war.

Erst die Veröffentlichung der Briefe wird das Aktuelle seines Denkens, ja die Wucht, mit der er den Kundgebungen des Zeitalters begegnete, ganz erschließen, zugleich die tiefe Herzenshöflichkeit, deren Burckhardt, auch wenn er zornig wurde, sich nie begab. Wir lieben es, ihn uns am Tisch in seiner Bibliothek in Vinzel schreibend vorzustellen in Augenblicken, da ihm die Feder davonläuft. Bis zuletzt war er ein Geist der Assoziationen, im Schreiben strömten sie ihm in langen Perioden zu. Täglich schrieb er Briefe in alle Welt hinaus, Kommas setzend, wo er im Lesen innehielt, er liebte zu erzählen, zu betrachten, zu deuten. Die Gattin Elisabeth hat ihm sowohl die Existenz am Schreibtisch wie den Empfang der zahllosen Besucher, die in seiner letzten Lebenszeit fast pausenlos den Weg nach Vinzel fanden, überhaupt erst möglich gemacht. »Ein Besucherstrom riß fast nicht ab: ernste, zeiterschreckte alte Männer, oft mit sehr viel wertvollem, einstigem Wissen versehen, deutsche Studienräte, Studenten gespannt, aggressiv, irgendeinem noch lebenden oder eben verschwundenen Manne verschrieben, erschienen heischend, rügend oder auch, besonders wenn es deutsche Schweizer waren, naiv nach Rezepten fragend« (am 14. Sept. 1972 an den Verf.).

Zuletzt beschäftigt ihn, wie seine Lektüre zeigt, Politisches – Bücher über Lenin – und Physikalisches, über das er mit Werner Heisenberg einen Briefwechsel führt.

Es bleibt der Umstand zu erwähnen, daß sich im Nachlaß zwei umfangreiche Romanfragmente fanden. Das eine, betitelt »Malters«, ist teils handschriftlich, teils in Maschinenschrift überliefert, aus ihm hat Burckhardt selber »Die Episode Randa« und »Die Höhle« weiter bearbeitet und drucken lassen. Das zweite, ohne Titel, ist ein Typoskript von 449 Seiten. Am 19. November 1952 schrieb er darüber aus Versailles an Rudolf Alexander Schröder: »Nächstes Jahr wollte ich den Roman beenden, den ich damals, fast zufällig, ohne Bücher, im Laufe eines der von Elisabeth stets so unverdrossen durchgeführten Umzüge begann ...«. Es handelt sich um einen Schlüsselroman mit stark autobiographischen Zügen, dessen erste Abschnitte er später, sie aus der Drittperson in die Ichperson transkribierend, unter dem Titel »Erinnerungen an den Rhein« in den Manesseband »Begegnungen« gegeben hat. Auffällig ist an diesem Roman das Interesse an parapsychologischen oder unheimlichen Vorgängen, wie sie ja auch in den »Memorabilien« vorkommen und wie sie das Gespräch mit Burckhardt oft so hintergründig vierdimensional belebten.

Keiner der beiden Romane wurde vollendet, so sehr ihn Hofmannsthal seinerzeit zur Arbeit daran ermuntert hatte. Es gehörte zu seinem Wesen, daß er immer wieder dem Ruf zur Übernahme philantropischer und diplomatischer Pflichten Folge leistete und auch seine schriftstellerische Tätigkeit fast immer durch Anregungen von außen ausgelöst wurde.

Carl J. Burckhardt war ein Wissender, das Buch, mit dem er Abschied von uns nimmt, bekundet es. In seinen »Maximen und Reflexionen« spricht Goethe vom Alter als stufenweisem Zurücktreten aus der Erscheinung. Davon geben auch die »Memorabilien« Zeugnis.

EDITIONSBERICHT

Im Nachwort wird mitgeteilt, wie dieses Buch entstand, unter welchen Lebensumständen Carl J. Burckhardt sich mit seinem Stoff befaßte, was er plante und wie weit es ihm noch möglich war, etwas von dem zu verwirklichen, was ihm vorschwebte. Außer einigen Ergänzungen hierzu soll nun noch dargelegt werden, welchen Überlegungen die herausgeberische Arbeit folgte.

Das für die »Memorabilien« vom Verfasser zusammengetragene Material umfaßt ungefähr achthundert Seiten, eingeschlossen die reinen Arbeitsunterlagen (teilweise kommentierte Buchauszüge, Notizen, Geschichtstabellen, bibliographische Angaben usw.). Die Texte wurden zu verschiedenen Zeiten niedergeschrieben und sind, mit Ausnahme der Tagebucheintragungen, nur selten datiert. Sie liegen zum Teil als Handschrift mit verschiedenen maschinengeschriebenen Kopien vor, manchmal ohne diese oder aber nur als Abschriften, so daß kein Handschriftenvergleich möglich ist.

Wie aus dem im Nachwort zitierten Briefstellen hervorgeht, handelt es sich um mehr oder weniger abgerundete Einzeldarstellungen verschiedenen Charakters, um Bruchstücke, ja bloße Skizzen, bestimmt, einmal in einen Zusammenhang gebracht zu werden. Diese Arbeit konnte Carl J. Burckhardt nur noch bei den Anfangskapiteln machen. Später fehlen die Gelenke, Klammern und natürlichen Übergänge. Hie und da findet sich auf einem Blatt ein diesbezüglicher Vermerk.

Die genannten Briefauszüge lassen auch Bedauern und Sorge wegen der Lückenhaftigkeit des Buchstoffes durchblicken. Einzelne im Burckhardt-Archiv in Vinzel noch aufgefundene und in die »Memorabilien« eingefügte Stücke können diese vom Autor schmerzlich empfundenen leeren Stellen nur zum Teil auffüllen, ebensowenig vermag eine noch so sorgfältige Gliederung an dieser Sachlage etwas zu ändern.

Die nun zum Buch zusammengestellten Einzelteile zeigen einen unterschiedlichen Grad der Ausarbeitung. Für alles gilt vorweg das eine: Carl J. Burckhardt hätte, wäre es ihm vergönnt gewesen, wohl überall

noch einmal oder mehrmals Hand angelegt. Einzelne Kapitel lassen den ersten Entwurf noch merklich durchscheinen. Andere halten mit Bedacht in breiter Ausführlichkeit die Sachfülle der Erinnerung fest, im Bestreben, das von ferne herangerufene und so leicht sich wieder verflüchtigende oder sich mit anderem verwirrende Gut aus den Klüften des Bewußtseins zu späterer auswählender und gestaltender Verwendung gegenwärtig zu halten. Verschiedene Abschnitte liegen in zwei oder drei Fassungen vor, die entweder sprachlich oder auch sachlich voneinander abweichen. Was Fragment geblieben ist, reicht vom losgelösten Blatt, das in keinen Zusammenhang gebracht werden kann, bis zu Arbeiten, die offensichtlich bis kurz vor ihren Abschluß gediehen sind. Die Ursache von unfertigen Stücken liegt manchmal auch darin, daß den Verfasser ein Nebenthema stärker zu fesseln beginnt, so daß er eine Zeitlang die Hauptsache aus den Augen verliert und dann aus irgendwelchen Gründen nicht mehr zu ihr zurückkehrt. Bloße Skizze ist alles geblieben, was Burckhardts Gesandtenjahre in Paris betrifft. Mit wenig Ausnahmen halten die Tagebücher bloß in Stichworten Namen, Vorgänge, Arbeit, Gespräche, Verpflichtungen, Erlebnisse, Betrachtungen fest, aus denen ein weiter und randvoller, mit angespanntem Bewußtsein aufgenommener Lebensinhalt sichtbar wird.
Aus dem zur Verfügung stehenden Material wurden jene Stücke ausgeschieden, die bereits in Einzelpublikationen oder in den »Gesammelten Werken« erschienen sind. Nur wo es sich dabei um Veröffentlichungen in begrenzten Sonderausgaben (z. B. Festschriften) handelt, wurden sie aufgenommen. Man verzichtete ferner auf jene Teile, welche nur von Burckhardt selber bearbeitet und in den gehörigen Zusammenhang hätten gebracht werden können. Schließlich wurde eine Anzahl von Maximen und Betrachtungen weggelassen, welche das menschliche Dasein im allgemeinen, Europa und den Europäer, die Veränderung der Welt durch die Naturwissenschaften u. a. m. zum Gegenstand haben. Ihr rein philosophischer und erörternder Charakter entspricht dem übrigen Text des Buches nicht so, daß sein aus dem Erlebnis berichtender Grundstrom gewahrt worden wäre. Zusammen mit weiteren verwandten Texten werden sie eine eigene Veröffentlichung ergeben.

In einer schwarzen Mappe fanden sich die Anfangskapitel und einige andere Teile, Burckhardts Aufstellungen von 1970 gemäß, geordnet. Es schien außer Frage, daß die herausgeberische Arbeit sich an diese Gliederung zu halten hatte, soweit der vorhandene Stoff es erlaubte.

Das hieß also, die chronologische Grundbewegung der Darstellung durchzuhalten, dabei aber jenes Maß an Elastizität zu wahren, das Burckhardt selber verschiedenenorts durch Vor- und Rückgriffe im gradlinigen Fluß des Berichts angewendet hatte, wie es seiner beziehungsreichen Vorstellungswelt und Denkweise entsprach. In ihrer Form und Aufeinanderfolge waren, wie schon erwähnt, nur die Kapitel über die Kinderjahre des Verfassers gesichert. Alles andere mußte im Rahmen des vorgegebenen Planes so sinnvoll als möglich aneinander- und ineinandergefügt werden. Bei jenen Texten, welche bloß unter einem wahrscheinlich vorläufigen Arbeitstitel gesammelt waren, aus denen sich also weder eine ordnende Absicht des Autors noch in den Gegenständen selbst eine zeitliche Abfolge erkennen ließ – wie z. B. in den Kapiteln über Glarisegg –, konnte man nur nach sachlichen Kriterien verfahren, oder aber es waren die Zeichen aufzuspüren, aus denen der innere Lebensfortgang Carl J. Burckhardts sprach und vertretbare Anhaltspunkte für die Ordnung der Aufzeichnungen bot. Die da und dort vom Leser zu leistende überbrückende Mitarbeit wird ihm durch den von Carl J. Burckhardt selbst verfaßten Lebenslauf erleichtert.

Burckhardts Erinnerungstorso liegt hier nicht in einer kritischen Ausgabe vor. Diese Mitteilungen aus einem vielschichtigen Leben – des Autors Lust und Sorge seiner letzten Jahre und schließlich Gegenstand harten Verzichts – sollten ganz einfach ans Licht gebracht werden. Eine Pflicht und ein Dienst waren zu erfüllen und der Welt wenigstens etwas von dem zu sichern, was, wäre es vollendet worden, aus Vergangenheit, Gegenwart und Zukunft eine weiträumige »Lebenslehre und Schicksalskunde« hätte entstehen lassen. Auch im Bruchstück ist die Spur dieses für Burckhardt so entscheidenden Gedankens zu erkennen, und damit genügt es dem wahrscheinlich wichtigsten Anspruch des Autors an sein Werk.

Auf dieser Grundlage steht die Arbeit am Text. Mit der gebotenen Behutsamkeit war die Zeichensetzung zu ordnen, Gedächtniszitate wurden korrigiert und Lücken für Namen, Ereignisse und Jahrzahlen geschlossen.

Die heikelste Aufgabe stellte sich dort, wo unter verschiedenen Versionen ein- und desselben Textes keiner sich nach Inhalt und Form unmißverständlich als der gültige verriet und der gesamte Stoff zur Verwendung geeignet war, weil überall, in verschiedenem Grade der Ausarbeitung, Wesentliches zur Sprache kam, dessen Unterschlagung man hätte bedauern müssen. In einem solchen Fall versuchte man, alles zum Gegenstande Gehörende zu fassen und die sachlich möglichst entsprechende oder die vollkommenere der vorhandenen Formulierungen zu wählen.

Wo, wie bei der Erzählung von der Russin Anna (im Göttinger Kapitel), noch lose Ergänzungen zum Thema vorhanden waren, klar als solche zu erkennen und nicht als möglichen Ersatz für etwas anderes zu verstehen, wurden sie, durch einem Abstand vom Haupttext abgehoben, diesem in sinngemäßer Reihenfolge beigefügt. Sie erwecken die Vorstellung einer noch von andern Standpunkten her vorgenommenen Betrachtung des in Frage stehenden Gegenstandes.

Die Titel hat Carl J. Burckhardt teilweise vorgesehen, wobei es nicht sicher ist, wie weit er sie nur als Arbeitstitel gebrauchte.

Die Arbeit an den »Memorabilien« wurde dem Kuratorium in dankenswerter Weise vom Schweizerischen Nationalfonds zur Förderung der wissenschaftlichen Forschung ermöglicht. Für das Vertrauen, das mir mit der Redaktion dieses Buches entgegengebracht wurde, . habe ich dem Kuratorium Carl. J. Buckhardt sehr zu danken, desgleichen Frau Elisabeth Burckhardt für viel verläßliche Hilfe. Bei historischen, biographischen und bibliographischen Nachforschungen haben Prof. Dr. Ludwig Forrer, Winterthur, und Dr. h.c. Hermann Böschenstein, Eugénie Lange und Dr. Heinz Peter Linder, alle in Bern, zur Lösung mancher Fragen beigetragen. Herzlich dankbar bin ich auch meinem Gatten, der die Arbeit mit Rat und Hilfeleistung begleitet hat.

Charlotte König

ANMERKUNGEN

Frühe Kindheit

1 Geburtshaus Münsterplatz 4/5, genannt »Auf Burg«. Erbaut für Marie Burckhardt-Hess (1805–1856, Tochter des Zürcher Schriftstellers David Hess). Später im Besitz der Tochter, Marie Steffensen-Burckhardt.

2 Tante Marie Steffensen-Burckhardt, Marie, 1831–1908. 1888 verwitwet. Wohnte bis zu ihrem Tod im Haus »Auf Burg«.

3 Steffensen, Karl 1816–1888. Deutscher Philosoph. Von 1854 an Professor in Basel.

4 Hess, David 1770–1843. Zürcher Schriftsteller.

5 Schweizer, Johann Caspar 1754–1811. Zürcher Finanzmann.

6 Magdalena Schweizer, Anna Magdalena, geb. Hess, 1751–1814. Kusine von David Hess.

7 Baslerin Vischer, Salomé, Tochter des Ratsherrn Peter Vischer vom Rheinsprung. Heirat mit Hess 1805.

8 Breiten-Landenberg Die Landenberg, nachgewiesen seit 1209, waren ein Ministerialengeschlecht im Herrschaftsbereich des Klosters St. Gallen, der Kyburger und der Habsburger.

9 Landammann Oberhaupt des 1803 durch Napoleons Mediationsakte geschaffenen eidgenössischen Bundes von 19 Kantonen, deren 6 die Vororte bildeten, welche, jährlich wechselnd, die Bundesbestimmungen ausübten und den Landammann stellten.

10 Junker Reinhard Reinhard, Hans, 1755–1835. Zürcher Politiker während der Helvetik, in der Mediations- und Restaurationszeit.

11 Für Martin Bachofen erbautes frühklassizistisches Landhaus.

12 Schloß Wildenstein Mitte des 13. Jahrhunderts von den Herren von Eptingen angelegte Burg bei Bubendorf (Baselland).

13 Carmi, Maria Frau des Schriftstellers Karl Gustav Vollmoeller (1878–1948).

14 Ratsherr CJBs Großvater, Carl Burckhardt-Burckhardt, 1831–1901. Jurist, Kriminal- und Appellationsrichter in Basel, Mitglied des Großen und des Kleinen Rates. Sein Lebensbild ist enthalten im Band der *Schriften und Vorträge* von Carl Christoph Burckhardt, dem Sohn des Vorgenannten.

15 Tante Sophie Merian-Burckhardt, Sophie, 1836–1917. Verheiratet mit dem Ingenieur Rudolf Merian, 1823–1872.

[16] Ritterhof Rittergasse 20, Basel.
[17] Vischer, Wilhelm 1808–1874.
[18] Ritschl, Friedrich 1806–1876. Deutscher Philologe. Lehrer von Nietzsche.
[19] Nietzsche, Friedrich 1844–1900. In die Basler Professur des Philosophen, 1869–1876, fallen die Schriften: *Die Geburt der Tragödie aus dem Geiste der Musik Über die Zukunft unserer Bildungsanstalten Unzeitgemäße Betrachtungen.*
[20] CJB spielt auf die Kassandra-Stellen im Eingangsteil *Agamemnon* der *Orestie* von Aeschylos an.
[21] Ganz, Hans 1890–1957. Schweizer Schriftsteller, Komponist und Maler.
[22] Hartmann, Nicolai 1882–1950. Deutscher Philosoph.
[23] Großvater Vgl. Anm. 14.
[24] Schönenberg In der Höhe über Pratteln (Baselland) liegendes Landgut, das kurz vor 1769 erbaut und dann rasch erweitert wurde. Das Anwesen kam 1848 an den Seidenbandfabrikanten Burckhardt-Vischer, dann an dessen Sohn Carl Burckhardt-Burckhardt.
[25] Die Leute kommen und gehn Anfangsstrophe des Gedichtes *Auf meines Kindes Tod,* Nr. 7 im Zyklus *Totenopfer* von Joseph von Eichendorff.
[26] Die beiden schauen und lesen Schlußstrophe von Nr. 8 der Eichendorffschen *Wandersprüche.*
[27] Gracian, Baltasar 1601–1658. Spanischer Philosoph.

Die Eltern

[1] Meine Mutter Schazmann, Aline Hélène, 1871–1949.
[2] Ihre Heimat Das Châtelet de la Boissière bei Genf.
[3] Bachofen, Johann Jakob 1815–1887. Schweizer Rechtsgelehrter und Mythenforscher.
[4] Burckhardt, Jacob 1818–1879. Basler Kunst- und Kulturhistoriker. Mit CJB entfernt verwandt.
[5] Onkel Fred Schazmann, Frédéric-Jacques, 1868-1947.
[6] Burckhardt, Carl Christoph 1862–1915. Basler Jurist, Professor für römisches Recht, Gerichtspräsident, 1906 Regierungsrat, 1911 Nationalrat. Sein Lebensbild, verfaßt von CJB, bildet die Einleitung zum Band der *Schriften und Vorträge* von Carl Christoph Burckhardt, die CJB 1917 herausgab.
[7] Boehringer, Robert 1884–1974. Nationalökonom. Erwarb sich im Zweiten Weltkrieg große Verdienste als Leiter des Vereinigten Hilfswerks vom Roten Kreuz. Auch Lyriker, betreute den Nachlaß von Stefan George.
[8] Haus auf Burg bezieht sich auf das Burckhardtsche Haus am Münsterplatz.
[9] Rappard, William 1883–1958. Schweizer Volkswirtschafter. Direktor des *Institut Universitaire de Hautes Etudes Internationales.*

10 Micheli, Horace 1866–1931. Direktor des *Journal de Genève*, Nationalrat.
11 Roth, Arnold 1836–1904. Schweizer Diplomat.
12 Kardinal Jules Mazarin 1602–1661.
13 Antistes Aus dem römischen Kult übernommener frühchristlicher geistlicher Ehrentitel: Vorsteher. In Basel und Zürich noch bis in die neuere Zeit gebräuchlich für den rangobersten Geistlichen einer reformierten Kirchgemeinde.
14 Salis, Arnold von 1847–1923. Hauptpfarrer am Basler Münster von 1891–1920. Der letzte Antistes der Basler Kirche.
15 Hagenbach, Carl Rudolf 1801–1874. Basler Theologe.
16 Huber, Max 1874–1960. Schweizer Rechtsgelehrter. 1928–1945 Präsident des IKRK.
17 Mariastein Ehemalige Benediktinerabtei im solothurnischen Amt Dorneck-Thierstein. 1874 aufgehoben, 1972 wieder anerkannt.
18 Bei St. Jakob unterlagen 1444 die verbündeten Heere der Zürcher, Österreicher und Franzosen dem kleinen Kontingent der Eidgenossen.
19 Chäronea Griechische Stadt in Böotien.
20 Antipater um 400–319 v. Chr. Feldherr Philipps von Mazedonien.
21 Franz Wahrscheinlich Franz von Muralt, ein Freund von CJB, Maler und Landwirt, geb. 1890.

Gymnasium Basel

1 Zimmer, Heinrich 1890–1943. Deutscher Indologe und Erforscher der keltischen Sprachen.
2 diese Geschichte Enthalten in *Karman, ein buddhistischer Legendenkranz.* 1925 von Heinrich Zimmer übersetzt und herausgegeben.
3 Armida Zauberin in Torquato Tassos *Befreitem Jerusalem.*
4 Vilmorin, Louise de 1902–1969. Französische Schriftstellerin.
5 Gemeint ist André Malraux.
6 Ostrazismus Scherbengericht in Athen, Ende des 6. Jahrh. v. Chr.

Glarisegg

1 Glarisegg Schlößchen bei Steckborn am Untersee, erbaut 1772–1774. Seit 1901 Landerziehungsheim für Knaben, gegründet von W. Frei und Werner Zuberbühler (1872–1942). CJB hielt sich dort von 1908–1911 auf.
2 Clerc, Charly 1882–1958.
3 Gregorovius, Ferdinand 1821–1891. Deutscher Historiker.
4 Akominatos, Michael 1140–1220. Metropolit von Athen.
5 Spartakuskämpfe In der deutschen Novemberrevolution von 1918 die Beteiligung des linksradikalen sogenannten Spartakusbundes, der 1917 von Karl Liebknecht und Rosa Luxemburg gegründet worden war und eine Räteregierung forderte.

[6] Nemesis, Ananke, Tyche, Fatum, Kismet Begriffe für ausgleichende göttliche Gerechtigkeit (Nemesis), Gesetz der Notwendigkeit (Ananke), Macht des Glücks und Zufalls (Tyche), Idee des unabänderlichen Schicksals (Fatum), bei den Mohammedanern Kismet.

[7] Clémenceau, Georges 1841–1939. Französischer Politiker.

[8] Greyerz, Otto von 1863–1940. Schweizer Sprachforscher, Literarhistoriker, Erforscher und Sammler schweizerischen Volksliedgutes *(Im Röseligarte)*, berndeutscher Mundartschriftsteller, Förderer der Dialektbühne. Lehrer am Robert-College in Konstantinopel 1888–1891, am Städtischen Gymnasium in Bern 1891–1907, in Glarisegg 1907–1915, Professor an der Universität Bern 1915–1933.

[9] Gagliardi, Ernst 1882–1940. Schweizer Historiker.

[10] Die italienischen Michelangelo-Verse werden zitiert nach: *Michel Angelo Buonarroti's des Aelteren sämmtliche Gedichte italiänisch und deutsch, herausgegeben von Gottlob Regis*. Berlin 1842.

[11] Peripathetiker 1. Vertreter der Aristotelischen Philosophie, 2. die Art, wie einst Aristoteles – hin und her gehend – einen Gedankengang vorzutragen.

[12] Forel, Auguste 1848–1931. Schweizer Psychiater und Entomologe.

[13] Micheli, Louis 1893–1945. Schweizer Diplomat.

[14] Gafencu, Gregory 1892–1957. Rumänischer Politiker.

[15] Gortschakow, Alexander Michajlowitsch 1798–1883. Russischer Staatsmann.

[16] Tocqueville, Alexis de 1805–1859. Französischer Politiker und Geschichtsphilosoph.

München

[1] Wir fanden CJB war 1912–1913 in München.

[2] Von der Mühll, Hans 1887–1953. Architekt aus Basel, Freund und später Schwager von CJB.

[3] Salis-Soglio, Giacomo (Jakob Friedrich) von Geb. 1891. Ingenieur-Agronom in Blonay.

[4] Ehinger, Alphons 1892–1953. Bankier in Basel.

[5] de Geer, Gustav 1890–1955. Schweizer Diplomat.

[6] Wölfflin, Heinrich 1864–1945. Schweizer Kunsthistoriker.

[7] Heusler, Andreas 1865–1940. Schweizer Germanist.

[8] Dilthey, Wilhelm 1833–1911. Deutscher Philosoph.

[9] Peplon altathenisches Obergewand für Frauen, ein Festkleid.

[10] Sulger-Gebing, Emil 1863–1923. Deutscher Literarhistoriker.

[11] Gulbransson, Olaf 1873–1958. Norwegischer Zeichner und Maler.

[12] Rilke-Westhoff, Clara 1878–1954. Deutsche Bildhauerin.

[13] Wolfskehl, Karl 1869–1948. Deutscher Lyriker, Dramatiker, Essayist.

[14] Pilar-Pilchau, Andreas Baron von 1891–1960. Balte aus Estland. Page des letzten Zaren, Emigrant seit der russischen Revolution.

[15] »Bruder Paul« Die aus einem Spaß entstandene Phantasiefigur und zugleich ein »alter ego« von CJB, welcher diesem in den nachgelassenen

Aufzeichnungen mancherlei kritische Ansichten in den Mund legt, auch Selbstbespiegelungen, wie sie sonst in CJBs Werk nicht vorkommen.

Göttingen

1 Brandi, Karl 1868–1946. Deutscher Historiker.
2 Husserl, Edmund 1859–1938. Deutscher Philosoph.
3 Walter, Georges 1890–1962. Schweizer Ingenieur. Freund von CJB.
4 Haldane, Richard Burdon 1856–1928. Englischer Politiker. Kriegsminister 1905–1912, Lordkanzler 1912–1915. Unterstützte die englisch-französische Allianz.
5 Campbell-Bannerman, Henry 1836–1908. Englischer Politiker.
6 Kitchener, Horatio Herbert Lord 1850–1916. Englischer Feldmarschall und Politiker.
7 Holstein, Friedrich von 1837–1909. Deutscher Politiker.
8 Arnim, Harry von 1824–1881. Preußischer Diplomat.
9 Aussprüche Bismarcks Die hier und auf den folgenden Seiten wiedergegebenen Äußerungen Bismarcks sind keine wörtlichen Zitate, stimmen jedoch in sachlicher Hinsicht.
10 Bülow, Bernhard Fürst von 1849–1929. Deutscher Staatsmann.
11 Bethmann-Hollweg, Theobald von 1856–1921. Deutscher Staatsmann.
12 Landsitz bei Murten, Kanton Freiburg, im 17. Jh. erbaut.
13 Landsitz bei Thun.
14 Landgut bei Hilterfingen, unweit Thun am rechten Ufer des Thunersees.
15 Hohenfinow Schloß in der Altmark, nordöstlich von Berlin.
16 Iswolskij, Alexander Petrowitsch 1856–1919. Russischer Politiker. 1910–1917 Botschafter in Paris.
17 Jagow, Gottlieb von 1863–1935. Deutscher Politiker.
18 Kuropatkin, Alexej Nikolajewitsch 1848–1925. Russischer Kriegsminister und General.
19 Witte, Sergei Juljewitsch Graf von 1849–1915. Russischer Staatsmann baltischer Herkunft.
20 Plehwe, Wjatscheslaw Konstantinowitsch 1846–1904. Russischer Minister ostpreußischer Herkunft.
21 Thadden-Trieglaff, Adolf von 1796–1882. Gutsbesitzer in Hinterpommern.
22 Gerlach, Leopold von 1790–1861. Preußischer General in den napoleonischen Kriegen.
Gerlach, Ernst Ludwig von 1795–1877. Preußischer Jurist und Politiker.

Auf dem Schönenberg

1 »Schwarzbubenland«, nordwestlicher Teil des Kantons Solothurn.

2 Dieser Ritter und seine drei Brüder, Söhne des Herzogs Aymes de Dordone, sind die Hauptfiguren eines Chanson de Geste aus dem 12. Jh.

Im Beckenhof

1 Beckenhofstraße 31–35. Die Familie Hess besaß den Beckenhof 1763 bis 1844.
2 Ledoux, Claude Nicolas 1737–1806. Französischer Architekt und Städtebauer.
3 Escher, Conrad 1833–1919. Schweizer Jurist.
4 Andreas-Salomé, Lou 1861–1937. Tochter des russischen Generals von Salomé, verheiratet mit dem deutschen Orientalisten Andreas. Schriftstellerin, Gefährtin von Nietzsche und Rilke, von 1911 an Schülerin von Freud.
5 *Die Weltbühne.* Kulturpolitische Wochenschrift. 1905 als Theaterzeitschrift *Schaubühne* in Berlin gegründet. Heutiger Titel seit 1918. 1933 in Prag weitergeführt und 1946 von Maud von Ossietzky in Berlin neu ins Leben gerufen.
6 Simon, Charles 1862–1942. Jurist, Versicherungsfachmann.
7 Siegfried, André 1875–1959. Französischer Soziologe, Historiker und Nationalökonom.
8 Strohl, Jean 1886–1942. Schweizer Zoologe elsässischer Herkunft.
9 Ernst, Fritz 1889–1958. Schweizer Historiker.
10 Wichtigster italienischer politischer Geheimbund im 19. Jahrhundert.
11 Pellico, Silvio 1788–1854.
12 Lewald, Fanny 1811–1889. Deutsche Schriftstellerin.
13 Pellicos Drama *Francesca da Rimini.*
14 Im 2. Koalitionskrieg (1799–1802) das Gebiet von Neapel, welches von den Franzosen besetzt wurde.
15 Borgia, Cesare 1478–1507.
16 Julius II. Giuliano della Rovere. 1443–1513. Papst 1503–1513.
17 Hohenzollernkandidatur 1870 trug der spanische Regent Serrano die Krone des Landes dem Prinzen Leopold von Hohenzollern-Sigmaringen an.
18 »Pastor aeternus« Päpstliches Unfehlbarkeitsdogma, erlassen am 18. Juli 1870.
19 Uljanow, Wladimir Iljitsch (Lenin) 1870–1924.
20 Nobs, Ernst 1886–1957. Schweizer Politiker.
21 In Zürich, 1479–1484 auf einer Limmatinsel, angeblich dem Richtplatz der beiden Stadtheiligen Felix und Regula, erbaute Kirche. Säkularisiert 1524, 1636–1917 Stadtbibliothek, wo Lenin während seines Zürcher Aufenthaltes täglich ein- und ausging.
22 Axelrod, Pavel Borissowitsch 1850–1928. Einer der Gründer der ersten sozialistischen Partei Rußlands.
23 Zimmerwald 5.–9. September 1915 erste Internationale Sozialistische Konferenz.

[24] Balabanow, Angelika, 1869–1965. Russische Revolutionärin.
Platten, Fritz 1883–1942. Schweizer Kommunist.
Sinowjew, Grigorij Jesejewitsch 1883–1936. Bolschewik, enger Mitarbeiter Lenins und Stalins.
Guilbeaux, Henri 1885–1938. Französischer Kommunist.
Bronski, Mieczyslaw 1882–1941. Eigentlich Moses Warszawski aus Lodz. Teilnehmer an der Konferenz von Kiental. 1917 mit Lenin nach Rußland.
Münzenberg, Willi 1889–1940. Deutscher Sozialist, dann Kommunist.

[25] Bosch, Eugénie 1879–1925. Russische Revolutionärin.

[26] Pjatakow, Leonid Leonidowitsch 1888–1918. Ukrainer, Mitglied der kommunistischen Partei seit 1915.

[27] Das Manifest von Zimmerwald: Die von Grimm und Trotzki redigierte Erklärung mit den Ergebnissen der Konferenz von 1915.

[28] Internationale Sozialistische Kommission (ISK) mit Grimm, Naine, Morgari, Angelika Balabanow.

[29] Die Konferenz von Kiental. 24.–30. April 1916.

[30] Grimm, Robert, 1881–1958. Schweizer Politiker.
Graber, E. Paul 1875–1956. Schweizerischer Politiker.
Naine, Charles 1874–1926. Schweizer Jurist.

Wien

[1] Bourcart, Charles Daniel 1860–1940. Schweizer Diplomat.

[2] Faninal Figur des frisch geadelten Neureichen in Hofmannsthals *Rosenkavalier.*

[3] ärarischer Adel Beamtenadel.

[4] Anhänger des 1918 entthronten Kaisers Karl.

[5] Baumgartner, Karl Hausmeister der schweizerischen Gesandtschaft.

[6] Renner, Karl 1870–1950. Österreichischer Staatsmann.

[7] Schober, Johannes 1874–1932. Österreichischer Staatsmann.

[8] Motta, Giuseppe 1871–1940. Schweizer Staatsmann.

[9] Ballhausplatz Abkürzende Bezeichnung für das am Ballhausplatz gelegene Ministerium des Äußeren und später des Bundeskanzleramtes.

[10] Vertrag von Lana 1921. Bereinigte die Streitigkeiten zwischen Österreich und Ungarn um die Zugehörigkeit des Burgenlandes.

[11] Benesch, Eduard 1884–1948. Tschechoslowakischer Staatsmann.

[12] Kaiserin Zita Geb. 1892. Gemahlin Kaiser Karls, geborene Prinzessin von Bourbon-Parma.

[13] Kaiser Karl 1887–1922. Regierte 1916–1918. Nach dem Umsturz emigrierte er in die Schweiz. Starb auf Madeira.

[14] Erzherzog Leopold Salvator 1863–1931.

[15] Poincaré, Raymond 1860–1934. Französischer Politiker.

[16] Bauer, Otto 1882–1938. Österreichischer Staatsmann.

[17] Berchtold, Leopold Graf von 1863–1942. Österreichischer Staatsmann.

[18] Burian, Stephan Graf von 1851–1922. Österreichischer Staatsmann.

19 Andrassy, Julius Graf von 1860–1929. Österreichisch-ungarischer Staatsmann.

20 Der Sohn des österreichischen Malers Karl Ritter von Blaas, 1815–1894.

21 Windischgraetz, Otto Prinz von 1873–1952. Gatte der Erzherzogin Elisabeth von Habsburg (1883–1963), Tochter des Kronprinzen Rudolf.

22 Zweimalige Versuche Kaiser Karls, Ostern und Herbst 1921, die Monarchie und das Haus Habsburg wenigstens in Ungarn wieder einzusetzen. Die Bestrebungen scheiterten. Am Allerheiligentag 1921 nahm ein englisches Kanonenboot das Kaiserpaar an Bord und brachte es nach Madeira.

23 Bahr, Hermann 1863–1934. Österreichischer Schriftsteller.

24 Gerty (Gertrude) von Hofmannsthal, geb. Schlesinger, 1880–1959.

25 Stadt in Mähren. Die berühmte Bibliothek umfaßte zur Zeit von CJBs Besuch wahrscheinlich über 20 000 Bände.

26 Dietrichstein Altes aus Kärnten stammendes Geschlecht.

27 Eine der ältesten fürstlichen Familien Rußlands, die sich direkt von Rurik, dem Gründer des alten russischen Reiches Nowgorod ableitet.

28 Kardinal Dietrichstein, Franz von 1570–1636. Bischof zu Olmütz, Statthalter in Mähren.

29 Bei der zweiten Belagerung Wiens durch die Türken unter dem Großwesir Kara Mustapha, 1683.

30 Türkenchronik Es handelt sich um die Chronik des Ašikpašazade.

31 Tschudi, Rudolf 1884–1960. Schweizer Orientalist.

32 Massignon, Louis 1883–1962. Französischer Orientalist.

33 Kun, Béla 1886– um 1940. Journalist, Führer der ungarischen Kommunisten, als Volkskommissär des Auswärtigen führend in der Räterepublik (März bis August 1919).

34 Szamueli, Tibor 1890–1919. Ungarischer Kommunist.

35 Horty von Nagybanya, Nikolaus 1868–1957. 1920–1944 Reichsverweser von Ungarn.

Paris

1 Rastaquouère Dem Sinne nach ein Fremder, der in etwas unklaren Verhältnissen, aber auf großem Fuße lebt.

2 Constant, Benjamin 1767–1830. Französischer Schriftsteller schweizerischer Herkunft.

3 Action française 1907 von Charles Maurras und Léon Daudet gegründete nationalistisch-katholische Bewegung.

4 Daudet, Léon 1867–1942.

Danzig

1 Mackensen, August von 1849–1945. Preußischer Generalfeldmarschall.

2 CJBs Stellung als Hochkommissar in Danzig 1937–1939.

[3] Der Löwe rührt den echten Prinzen nicht an (Shakespeare, *Heinrich IV.*, 1. Teil, 2. Aufzug, 4. Szene).
[4] Im Altertum der Name mehrerer Flüsse in Griechenland. Derjenige, welcher seinen Namen weiter behalten hat, entspringt am Briletto in Attika bei der Ortschaft Kephisia und fließt durch die athenische Ebene.
[5] Weizsäcker, Ernst Freiherr von 1882–1951. Deutscher Diplomat. Staatssekretär im Auswärtigen Amt 1938–1943.

Aus einem Pariser Tagebuch 1947

[1] Herriot, Edouard 1872–1957. Französischer Staatsmann und Schriftsteller.
[2] Thorez, Maurice 1900–1964. Vorsitzender der französischen kommunistischen Partei. 1941–1947 Vize-Ministerpräsident. Starb an Bord eines sowjetischen Schiffes.
[3] Bidault, Georges Geb. 1899. Französischer Staatsmann.
[4] Paraphrase von CJB zum 73. Sonett von Shakespeare.
[5] Rychners Gedicht: Es handelt sich um *Troja* in der Gedichtsammlung *Glut und Asche*, Zürich 1946.
[6] Hildegard von Bingen 1098–1179. Deutsche Mystikerin.
[7] Malraux, André 1901–1976. Französischer Schriftsteller, Minister unter de Gaulle.
[8] Leclerc Philippe Marie de Hauteclocque 1902–1947. Maréchal de France.
[9] Philipp der Schöne Philipp IV., König von Frankreich, 1268–1314.
[10] Bora, Katharina von 1499–1552. Gattin Luthers.
[11] Sales, Franz von 1567–1622. Französischer Theologe. Heiliger.
[12] Sorel Held in Stendhals Roman *Le Rouge et le Noir.*
[13] Rastignac Gestalt in Balzacs *Comédie humaine.*
[14] Comtisten Comte, Auguste 1798–1857. Französischer Philosoph.
[15] Der Fahrer von CJB.
[16] Barrès, Maurice 1862–1923. Französischer Schriftsteller.

Kreta 1961

[1] Anspielung auf den Vornamen von Frau Elisabeth Burckhardt.
[2] Evans, Arthur Sir 1851–1941. Englischer Archäologe.
[3] Degenfeld, Ottonie Gräfin von 1882–1970. Von 1909 an mit Hofmannsthal befreundet.

Gestalten

[1] Globus war der Spitzname von Alphons Ehinger.
[2] Pferderasse, die im Schweizer Jura (in den Freibergen) gezüchtet wird.
[3] Boulanger-Affäre Die vom französischen General Georges Boulanger (1837–1891) angezettelten politischen Umsturzversuche seit 1886.
[4] Keyserling, Hermann Graf 1880–1946. Aus dem Baltikum stammender Philosoph und Kulturpsychologe.

[5] Badrutt, Kaspar Schweizer Hotelier.
[6] Laski, Harold Joseph 1893–1950. Englischer Staatswissenschaftler und sozialistischer Politiker.
[7] Mannheim, Karl 1893–1960. Ungarischer Soziologe.
[8] Oltramare, Georges 1896–1960. Genfer Schriftsteller, Gründer der *Union Nationale.*
[9] Cooper, Alfred Duff Viscount of Norwich 1890–1954. Englischer Politiker und Schriftsteller.
[10] Rappards Katheder Gemeint ist Prof. William Rappard in Genf.
[11] Kassner, Rudolf 1873–1959. Österreichischer Kulturphilosoph.
[12] Tagore, Rabindranath 1861–1941. Indischer Dichter und Philosoph.
[13] Curtius, Ludwig 1874–1954. Deutscher Archäologe.
[14] Thurn und Taxis, Marie Fürstin von 1855–1934.
[15] Im Briefwechsel mit der Fürstin Marie steht das Gegenteil: Rilke fand das Grab in Bayonne nicht.
[16] Rilkes Seiltänzer *Saltimbanques* = Titel der 5. Elegie.
[17] »Madame Lamort« In der 5. Elegie.
[18] *Vergers* Gruppe französischer Gedichte Rilkes.
[19] Copeau, Jacques 1879–1949. Französischer Schriftsteller und Theaterdirektor.
[20] Ich habe keine Geliebte 2. Strophe des Gedichtes *Der Dichter.*
[21] Erzherzog Eugen 1863–1954. Österreichischer Feldmarschall.
[22] Chrischona Hügelrücken auf der rechten Seite des Rheins über dem Dorf Riehen.
[23] Gempenstollen Ausläufer der Jurakette über dem Birstal.
[24] Bachmann, Hans Geb. 1912. Schweizer Jurist. 1942–1946 engster Mitarbeiter von CJB im IKRK.
[25] Bührle, Emil Georg 1890–1956. Schweizer Industrieller süddeutscher Herkunft. Nach Neigung und Studien Kunsthistoriker.

QUELLENNACHWEIS

Folgende Kapitel sind zum Teil in etwas ausführlicherer Form früher veröffentlicht worden:

Charles Simon, Buch der Freunde für J. R. v. Salis zum 70. Geburtstag. Zürich, Orell Füssli Verlag 1971.
Kreta 1961, Für Rudolf Hirsch. Zum siebzigsten Geburtstag am 25. Dezember 1975. Frankfurt a. M., S. Fischer Verlag 1975.
Rainer Maria Rilke, Merkur, Stuttgart 1974, Heft 11.
Emil Georg Bührle, Stiftung Sammlung Emil G. Bührle, Zürich, Artemis Verlag 1974.

SYNOPTISCHE TAFEL

Lebensdaten		*Hauptkapitel der Memorabilien*
10. 9. 1891	Geburt. Kindheit in Basel.	Frühe Kindheit
1898–1908	Primarschule und 5 Klassen Gymnasium in Basel.	Gymnasium Basel
1908–1911	3 Schuljahre im Landerziehungsheim Schloß Glarisegg am Bodensee.	Glarisegg
1911–1912	Universität Basel.	
1912–1913	Universität München.	München
1913–1914	Universität Göttingen.	Göttingen
	Zahlreiche Aufenthalte auf dem Schönenberg bei Pratteln.	Auf dem Schönenberg
1914–1915	Militärdienst.	
1915–1918	Weiterstudium in Zürich.	Im Beckenhof
1919	Dr. phil. der Universität Zürich	
1918–1922	Als Attaché der Schweizer Gesandtschaft in Wien.	Wien
1923	Im Auftrag des Internationalen Komitees vom Roten Kreuz in der Türkei.	
1925	Studienaufenthalt in Paris.	Paris

Lebensdaten		*Hauptkapitel der Memorabilien*
1926	Heirat mit der Tochter des Historikers und Schriftstellers Gonzague de Reynold.	
1927	Habilitation als Privatdozent für Geschichte der Neuzeit an der Universität Zürich.	
1929	Extraordinarius für Geschichte der Neuzeit an der Universität Zürich.	
1932	Ordinarius für Geschichte der Neuzeit am Universitätsinstitut für internationale Studien in Genf.	
1933	Mitglied des Internationalen Komitees vom Roten Kreuz (IKRK)	
1934	Delegierter des IKRK am Internationalen Rotkreuzkongreß in Tokio.	
1937–1939	Hoher Kommissar des Völkerbundes in der Freien Stadt Danzig.	Danzig
Ab 1939	Tätigkeit in der Leitung des IKRK, dessen Präsident er von 1944 bis 1948 war.	
1945–1949	Schweizer Gesandter in Frankreich.	Aus einem Pariser Tagebuch
Ab 1949	Wissenschaftliche und literarische Arbeiten. Tätigkeit in wirtschaftlichen Unternehmungen. Von 1953 an lebte Carl J. Burckhardt in Vinzel am Genfersee.	Kreta Gestalten
Am 3. 3. 74	starb Carl J. Burckhardt.	

DIE HAUPTWERKE VON CARL J. BURCKHARDT

Carl Chr. Burckhardt, Verlag Helbing & Lichtenhahn, Basel 1917

Der Berner Schultheiß Charles Neuhaus, Verlag Huber, Frauenfeld 1925

Kleinasiatische Reise, Verlag Georg D. W. Callwey, München 1926

Maria Theresia, Verlag Charles Coleman, Lübeck 1932

Briefe des Staatskanzlers Fürsten Metternich-Winneburg an den Minister Grafen Buol-Schauenstein (Hrsg. von CJB), Verlag von R. Oldenbourg, München und Berlin, 1934

Richelieu, Der Aufstieg zur Macht (Bd. I), Verlag Georg D. W. Callwey, München 1935

Erinnerungen an Hofmannsthal und Briefe des Dichters, Verlag Benno Schwabe, Basel 1943

Ein Vormittag beim Buchhändler, Verlag Benno Schwabe, Basel 1943

Rodin, Verlag Kunstverein Basel 1950

Drei Erzählungen (enthält: Die Höhle, R. W., ein Bericht, Die Jagd), Manesse Verlag, Zürich 1952

Gedanken über Karl V., Verlag Hermann Rinn, München 1954

Briefwechsel Hugo von Hofmannsthal – Carl J. Burckhardt, S. Fischer Verlag, Frankfurt a. M. 1956

Begegnungen (enthält: Erinnerungen an den Rhein, Werner Zuberbühler, Erinnerungen an Wien 1918–1919, Erinnerung an Hugo von Hofmannsthal, Spaziergang mit François Franzoni, Erinnerungen an jungverstorbene Freunde, Pilecki, Erinnerungen an Osteuropa, Dinu Lipatti, De Lattre de Tassigny, Erinnerung an Claudel, Begegnung mit Ortega y Gasset, Erinnerung an Werner Reinhart, Begegnung mit Theodor Heuss, Bei Betrachtung von Desmoulins' Denkmal, Fortuna, Begegnung mit einem Kind, Zwerg), Manesse Bibliothek der Weltliteratur, Manesse Verlag, Zürich 1958

Bildnisse (enthält: Gedanken über Karl V., Voltaires Geschichte Karls XII., Zu Goethes Gerechtigkeit, Friedrich Schiller, Alexis de Tocqueville, Shakespeares Jago, Franz Grillparzer, Paul Claudel und der Ferne Osten, Karl Joël, Rudolf Alexander Schröder, Rudolf Alexander Schröder zum 80. Geburtstag, Hermann Hesse zum 80. Geburtstag, Felix Somary, Rudolf Kassner, Max Rychner, Thornton Wilder, Der Sammler), S. Fischer Verlag, Frankfurt a. M. 1958

Meine Danziger Mission 1937–1939, Verlag Georg D. W. Callwey, München 1960

Gestalten und Mächte (enthält: Erasmus von Rotterdam, Willibald Pirkheimer, Calvin und die theokratische Staatsform, Gedanken über Karl V., Sullys Plan einer Europaordnung, Ludwig XIV. und die Kaiserkrone, Maria Theresia, Friedrich von Gentz, Der Honnête Homme, Städtegeist, Zur Geschichte der politischen Leitworte, Gedanken über Goethes Idee der Gerechtigkeit, Franz Grillparzer, Der treue Hebel), Manesse Bibliothek der Weltliteratur, Manesse Verlag, Zürich 1961

Betrachtungen und Berichte (enthält: Heimat, Europäische Konstanten, Völkerpersönlichkeit und Sprache, Schillers Mut, Kalter Krieg im 17. Jahrhundert, Wiederaufnahme einer alten Arbeit, Richelieus Ende, Jacques Barthélemy Micheli de Crest, Metternichs Maximen, Eine Bestattungsfeier, Theodor Heuss, Karl Blechen, Rodin, Ein Vormittag beim Buchhändler, Flüchtigste Begegnung, Begegnung mit Musil in Genf, Erinnerungen an Auguste Piccard, Gespräch in Peking, Gespräche in Cressier, Am Grabe Rudolf Alexander Schröders, Annette Kolb), Manesse Bibliothek der Weltliteratur, Manesse Verlag, Zürich 1964

Richelieu, Behauptung der Macht und kalter Krieg (Band II), Verlag Georg D. W. Callwey, München 1965

Richelieu, Großmachtpolitik und Tod des Kardinals (Band III), Verlag Georg D. W. Callwey, München 1966

Richelieu, Registerband (Band IV), Verlag Georg D. W. Callwey, München 1967

Musik, Erinnerungen, Im Verlag der Arche, Zürich 1968

Werner Bergengruen, Im Verlag der Arche, Zürich 1968

Briefe Carl J. Burckhardt – Max Rychner, S. Fischer Verlag, Frankfurt a. M. 1970

Jugendfreundschaften, Im Verlag der Arche, Zürich 1969
Wolfsjagd (enthält: Der stumme Major, Der Schloßbrand, Der Fährmann, Die Episode Randa, Schlangengeschichte, Wolfsjagd), Im Verlag der Arche, Zürich 1970

Gesammelte Werke (Band I–VI), Scherz Verlag, Bern 1971
Zum Begriff der Macht, Im Verlag der Arche, Zürich 1972

Für die wichtigsten Einzelwerke wurden Datum und Erscheinungsort der *ersten Buchausgabe* erwähnt. Für die Sammelbände stehen Datum und Erscheinungsort der erweiterten endgültigen Ausgabe.

INDEX